Aufgreifkriterien in der Fusionskontrolle

Veröffentlichungen des Instituts für Energie- und Regulierungsrecht Berlin
Herausgegeben von Franz Jürgen Säcker

Band 52

PL ACADEMIC RESEARCH

Fengliang Jin

# Aufgreifkriterien in der Fusionskontrolle

## Eine rechtsvergleichende Untersuchung des europäischen (Art. 3 FKVO), deutschen (§ 37 GWB), taiwanesischen (§ 6 FHG) und festlandchinesischen (§ 20 AMG) Rechts

PL ACADEMIC RESEARCH

**Bibliografische Information der Deutschen Nationalbibliothek**
Die Deutsche Nationalbibliothek verzeichnet diese Publikation in der Deutschen Nationalbibliografie; detaillierte bibliografische Daten sind im Internet über http://dnb.d-nb.de abrufbar.

Zugl.: Berlin, Freie Univ., Diss., 2015

D 188
ISSN 2363-684X
ISBN 978-3-631-65918-2 (Print)
E-ISBN 978-3-653-05307-4 (E-Book)
DOI 10.3726/978-3-653-05307-4


PL Academic Research ist ein Imprint der Peter Lang GmbH.

Peter Lang – Frankfurt am Main · Bern · Bruxelles · New York · Oxford · Warszawa · Wien



Diese Publikation wurde begutachtet.

www.peterlang.com

谨以此书缅怀
太祖母**骆福莲**女士
（1912.11.27.-1998.10.02.）
与
外祖母**虞桂南**女士
（1925.09.16.-1994.04.14.）

Zum Andenken an
meine Urgroßmutter **Luo-Fulian**
(27. Nov. 1912-02. Okt. 1998)
und
meine Großmutter **Yu-Guinan**
(16. Sept. 1925-14. Apr. 1994)

# Vorwort des Herausgebers

Das gesetzliche Aufgreifkriterium für Fusionen hat die Funktion, anmeldepflichtige und genehmigungsbedürftige Fusionen von nicht genehmigungsbedürftigen und anmeldefreien Zusammenschlussvorhaben von Unternehmen nach möglichst klaren und rechtssicheren Tatbestandsmerkmalen abzugrenzen. Das Aufgreifkriterium muss weit genug sein, um alle für den Wettbewerb schädlichen Fusionen erfassen zu können, damit Fusionen, die zu einer erheblichen Einschränkung des Wettbewerbs führen, nicht ohne Kontrolle bleiben.

In der Praxis erweisen sich aber weniger als 1% aller anmeldepflichtigen Fusionen als wettbewerblich unbedenklich, weil sie bei Prüfung des Eingriffskriteriums (marktbeherrschende Stellung bzw. signifikante Beeinträchtigung wirksamen Wettbewerbs) ohne erheblichen Schaden für den Wettbewerb realisiert werden können. Eine der besonders umstrittenen Fragen ist, ob nur sog. Hardcore-Fusionen, bei denen ein Mehrheits- bzw. ein Vollerwerb stattfindet oder auch Minderheitsbeteiligungen mit wettbewerbsrelevantem Einfluss einer präventiven Kontrolle unterworfen werden sollen. Das chinesische Recht bejaht dies in Übereinstimmung mit dem deutschen Recht. (vgl. § 37 Abs. 1 Nr. 3b und 4 GWB, Art. 10 AMG).

Der Verfasser analysiert rechtsvergleichend den Inhalt der Aufgreifkriterien anhand der Streitfragen, die bei der Auslegung dieser Vorschriften in der Praxis der verglichenen Länder entstanden sind. Rechtsvergleichung ist allerdings nur dann ergiebig, wenn sie nicht allein abstrakt über Prinzipien stattfindet, sondern detailliert auch über die einzelnen Vorschriften, in denen sich diese Prinzipien widerspiegeln. Der Verfasser hat in seiner Arbeit als erster die Aufgreifkriterien der chinesischen Fusionskontrolle mit denen der deutschen Fusionskontrolle auf hohem Argumentationsniveau verglichen und die Fallgruppen herausgearbeitet, deren Subsumption unter die gesetzlichen Vorschriften im deutschen und chinesischen Recht Probleme bereitet.

Die Erscheinungsformen des Zusammenschlusses sind sowohl nach chinesischem Recht als auch nach deutschem und europäischem Recht vielfältig und werfen daher nicht unerhebliche Rechtsfragen bei der Erfüllung der Aufgreifkriterien auf. Das gilt insbesondere für nicht- beherrschende Minderheitsbeteiligungen als auch für Gemeinschaftsunternehmen, die fusionsgleiche Wirkungen haben und deshalb der Fusionskontrolle unterfallen. Das Beispiel der von der MOFCOM untersagten Schifffahrtsallianz zwischen drei großen Reedereien, die auf der Europa-Asien-Route fahren, ist für diese Schwierigkeiten ein besonders anschauliches Beispiel (vgl. Säcker, WuW 2014, S. 1031). Dass bisher die Praxis zwischen deutschen, europäischen und chinesischen Kartellbehörden nicht völlig deckungsgleich ist, zeigt sich vor allem bei solchen Zusammenschlussvorhaben, die sowohl bei der europäischen wie bei der chinesischen Kartellbehörde angemeldet werden müssen. Nicht immer stimmen die Entscheidungen überein.

Der Verfasser hat in klarer Sprache durch Vergleich der deutschen und chinesischen Vorschriften die bestehenden Rechtsunsicherheiten ausgeleuchtet und klare Lösungsvorschläge unterbreitet. Nach Lektüre der Arbeit sind zahlreiche Zweifel bzgl. der Frage ausräumt, ob ein Zusammenschlussvorhaben fusionskontrollfrei ist oder ob es bei der chinesischen und europäischen Kartellbehörde angemeldet werden muss. Die Arbeit leistet so für den deutschen Leser einen wichtigen Beitrag zum besseren Verständnis des chinesischen Fusionskontrollrechts. Es ist deshalb sehr zu begrüßen, dass China jungen Doktoranden und Post-Doktoranden Gelegenheit gibt, durch mehrjährige Stipendien sich mit dem deutschen und europäischen Wirtschaftsrecht vertraut zu machen. Für jeden, der sich mit dem chinesischen Antimonopolrecht beschäftigen muss, ist die Arbeit von Herrn Fengliang Jin eine unverzichtbare Lektüre.

Prof. Dr. iur. Dr. rer. pol. Dres. h.c. Franz Jürgen Säcker

# Vorwort des Verfassers

Extra Dahlem non est vita, si est vita non est ita!

Die Aufgreifkriterien als Schlüsselbegriff der präventiven Fusionskontrolle nehmen die Aufgabe wahr, alle potentiell wettbewerbsgefährlichen Konzentrationsvorgänge möglichst vollständig funktionsgerecht zu erfassen[1] und zeitlich eng begrenzte Vorhaben sowie rein kooperativen Verhaltensweisen, die dem Kartellverbot unterfallen,[2] auszuscheiden. Seit dem Inkrafttreten des AMG am 30. August 2008 ist die vom deutschen und europäischen Kartellrecht stark beeinflusste festlandchinesische Fusionskontrolle eine der wichtigsten Jurisdiktionen in der Welt geworden und feierte am 30. August 2013 ihre fünfjährige Rechtspraxis. Erforderlich und sinnvoll ist eine praxisnahe und rechtsvergleichende Untersuchung zu den Aufgreifkriterien. Für den Wideraufbau des Rechtssystems Festlandchinas seit 1978 war und ist das taiwanesische Recht einschließlich des Kartellrechts, das vom kontinentaleuropäischen, insbesondere dem deutschen Recht starkt beeinflusst ist, immer ein wichtiger Mittler, um das deutsche bzw. europäische Rechtssystem in Festlandchina zu rezipieren. Der Beitrag des deutschen und europäischen Kartellrechts bzw. der Fusionskontrolle zur europäischen Integration ist für die Integration Großchinas ebenfalls sehr aufschlussreich. Die Erkenntnisse der Aufgreifkriterien der taiwanesischen Fusionskontrolle durch den funktionalen Rechtsvergleich zu gewinnen, hat daher auch eine grundlegende Bedeutung.

Die vorliegende Arbeit lag als Dissertation im Januar 2014 dem Fachbereich Rechtswissenschaft an der Freien Universität Berlin vor und wurde Ende Sommersemester 2014 als Dissertation angenommen. Sie wurde gemäß zwei Gutachten noch überarbeitet und spätere Rechtsprechungen und Literatur bis Ende November 2014 sind noch teilweise eingearbeitet worden. Für einen zuvor nur in China ausgebildeten Jurastudenten, ist der Erwerb eines juristischen Doktortitels an einer deutschen Eliteuniversität eine ernsthafte Herausforderung, sogar „also ein wildes Hasard"[3]. Ohne eine umfassende Unterstützung wäre mir ein erfolgreiches Promotionsstudium unmöglich gewesen. Es ist mir ein besonderes Anliegen, ihnen für die Unterstützung aufrichtig zu danken. Mein tief empfundener

1 Paschke, Zusammenschlussbegriff, S. 17; Shyr, Konzentrationsbekämpfung, S. 120.

2 Hirsch/Montag/Säcker/Wessely/Wegner, Art. 3 FKVO, Rn. 2; Kögel, Die Angleichung, S. 50.

3 Max Weber, Wissenschaft als Beruf, S. 11.

Dank gebührt vor allem meinem verehrten akademischen Lehrer und Doktorvater, Herrn Prof. Dr. iur. Dr. rer. pol. Dres. Dr. h.c. mult. Franz Jürgen Säcker. Vor 12 Jahren motivierte sein Vortrag an meiner Heimatuni mich zum Jurastudium in Deutschland. Nach 7 Jahren seit seinem Vortrag hat er schicksalhaft mich als Doktorand durch den freundlichen Prof. Dr. Frank Bayreuther aufgenommen und mir die Anregung zu diesem Arbeitsthema gegeben. 5 Jahren nach dem Beginn des Promotionsstudiums, am 15. Januar 2014, hat er erfreulicherweise diese Arbeit aufgenommen und danach in die von ihm herausgegebenen „Rote Schriftenreihe" des Instituts für Energie- und Regulierungsrecht Berlin, die lediglich die Arbeiten „mit besonderem Erfolg"[4] veröffentlicht, aufgenommen. Vor dem Beginn des Rigorosums am 15. Okt. 2014 beschwichtigte er, wie ein Vater zu seinem Sohn, die mir gegenüberstehende mögliche Nervosität. Ohne seine vielfältige Unterstützung und stetige Aufmunterung wären mein Promotionsstudium und ein darüber hinausgehender Hochgenuss zur Faszination der deutschen Rechtskultur unmöglich gewesen.

Ein besonderes Dankschön gilt auch meiner verehrten Zweitgutachterin, Frau Prof. Dr. Heike Schweitzer, LL.M. (Yale), die das Zweitgutachten trotz besonders hoher Arbeitsbelastung durch ihren Antritt der Professur an der FU Berlin erstellte. Ebenfalls schulde ich meinem verehrten Lehrer Prof. Dr. Dr. h.c. mult. Philip Kunig Dank. Bei ihm habe ich meine zuvor in China sich verlierende Leidenschaft zum Verfassungsrecht wieder gewonnen. Gleiches gilt auch Prof. Dr. Kuan-Hsi Wang, Prof. Phd. Steven Shei-Ping Kan und Frau Prof. Dr. Hui Huang, die mir immer steten Zuspruch geben. Ich muss auch dem freundlichen Vorsitzenden der Prüfungskommission meines Rigorosums, Prof. Dr. Lomfeld und den anderen Prüfern für ihre besonders freundliche und geduldige Atmosphäre im Rigorosum, auch Herrn Schönwälder und Frau Hummel für die Unterstützung beim Promotionsverfahren danken.

Zu herzlichen Dank verpflichtet bin ich Frau Yanyan Wu, die inzwischen von meiner Freundin zu meiner Ehefrau geworden ist und in Shanghai geduldig auf mich gewartet hat. Mit liebvoller und stetiger Förderung begleitete sie mein ganzes Promotionsstudium. Diese Dissertation und deren „rote" Hülle sind auch die beste Urkunde unserer Liebe. Ich widme dieser Dissertation auch meiner Familie, meinen Eltern, Herrn Shenglin Jin und Frau Juxian Luo, und meinem kleinen Neffe „Herrn" Haoqi Xu, 6 Monaten nach dessen Geburt im Jahr 2009 ich nach Deutschland zum Studieren musste.

4 Institut für Energie- und Regulierungsrecht Berlin e.V., Über das Institut, http://enreg.eu/ueber-das-institut/, eingesehen am 11.12.2014.

Jura aus Leidenschaft! Allerdings setzt diese Leidenschaft auch die finanzielle Unabhängigkeit voraus. Daher gilt ein besonderes Dankschön dem „China Scholarship Council - Freie Universität Berlin-Programm“, der mir die finanzielle Unabhängigkeit zur Forschungsarbeit gewährt hat. Dadurch kann ich in eine völlige „Einsamkeit und Freiheit“[5] eintauschen und „diesen seltsamen, von jedem Draußenstehenden belächelten Rausch und diese Leidenschaft, dieses: ‚Jahrtausende mussten vergehen, ehe du ins Leben tratest, und andere Jahrtausende warten schweigend‘“[6] genießen.

Extra Dahlem non est vita, si est vita non est ita! „Ich bin ein Berliner!“.

12. Dez. 2014
Institut für Wettbewerbsrecht und-politik der Shanghai-Jiaotong Universität
Fengliang Jin

---

5 Helmut Schelsky, Einsamkeit und Freiheit: Idee und Gestalt der deutschen Universität und ihrer Reformen, 2. Aufl., 1971.

6 Max Weber, Wissenschaft als Beruf, S. 12.

# Inhaltverzeichnis

Abkürzungsverzeichnis ... 41

Teil 1: Einleitung ... 47

A. Untersuchungsgegenstand ... 47
I. Globalisierung und Zusammenschlusskontrolle ... 47
II. Zielsetzung der Untersuchung ... 49
B. Aufgreifkriterien in den jeweiligen Normtexten ... 50
I. Art. 3 FKVO ... 50
1. Normtext ... 50
2. Tatbestandsstruktur ... 51
II. § 37 GWB ... 51
1. Normtext ... 51
2. Tatbestansstruktur ... 52
III. § 6 FHG ... 52
1. Normtext ... 52
2. Tatbestandsstruktur ... 53
IV. § 20 AMG ... 53
1. Normtext ... 53
2. Tatbestandsstruktur ... 53
C. Funktionale Rechtsvergleichung zu den Aufgreifkriterien ... 54
I. Funktionalitätsprinzip als Ausgangpunkt der Rechtsvergleichung ... 54
II. Makrovergleichung: Kartellbehörde und Konkretisierungsmethode ... 55
1. Konkretisierungsmechanismus ... 56
(1) Konkretisierungsträger ... 56
a. Rechtsprechung als „endgültige Konkretisierungsträger" ... 56
b. Verwaltungsbehörde als hauptsächliche Konkretisierungsträger ... 57

(2) Unabhängigkeit und Transparenz ..... 58
2. Konkretisierungsmethoden ..... 58
(1) Begriff der Auslegung ..... 58
a. Auslegung als Konkretisierung ..... 58
b. Einzelfallbezogenheit der Auslegung ..... 59
(2) Auslegungsmethodik ..... 60
III. Mikrovergleichung: Auswahl des Rechtsvergleichungspunkts ..... 61
1. Fusion ..... 61
2. Kontrollerwerb ..... 61
3. Anteils- bzw. Anteilsrechtserwerb ..... 62
4. Gründung von GU ..... 62
5. Vermögenserwerb ..... 63

Teil 2: Grundlage der Aufgreifkriterien ..... 65

A. Verwaltungsbehörde ..... 65
I. EU: EU-Kommission ..... 65
1. Grundzüge ..... 65
2. Begründungszwang ..... 66
3. Zuständigkeitsmitteilung ..... 66
II. Deutschland: BKartA ..... 67
1. Grundzüge ..... 67
2. Unabhängigkeit ..... 68
a. Äußere Unabhängigkeit ..... 68
b. Innere Unabhängigkeit ..... 69
3. Verwaltungsgrundsätze ..... 69
III. Taiwan: FTC ..... 70
1. Grundzüge der FTC ..... 70
2. Unabhängigkeit ..... 70
(1) Unabhängigkeit als dauerhafte Zielsetzung ..... 70
a. § 28 FHG ..... 70
b. Verstärkte Unabhängigkeit nach dem FTC-OrgG ..... 72
c. Reform von 2012 ..... 72
(2) Innere Unabhängigkeit ..... 72

3. Transparenz und Verwaltungsauslegung ... 73
(1) Transparenz ... 73
(2) Verwaltungsauslegung ... 73
IV. Festlandchina: MOFCOM ... 74
1. MOFCOM als ausschließliches Zuständigkeitsorgan für Zusammenschlusskontrolle ... 74
(1) Die drei Säulen der versteuerten Zentralkartellbehörde ... 74
(2) Die Unabhängigkeit des MOFCOM gegenüber Einflüssen von außen ... 74
2. Innere Unabhängigkeit des MOFCOM-AMA gegenüber MOFCOM ... 75
(1) Grundzüge ... 75
(2) Rechtstellung des AMA ... 76
a. Ein internes Organ des MOFCOM ... 76
a) Rechtstellungsänderung des AMA ... 76
b) Geschäftszeichenzuordnung ... 76
b. AMA als Büro der AMK ... 77
a) § 9 I AMG ... 77
b) Grundzüge ... 77
c. Abhängigkeit des MOFCOM ... 78
3. Intransparenz- und Begründungsproblem im Rahmen der Verwaltungspraxis ... 78
(1) Intransparenzproblem bei Freigabeentscheidungen ... 78
a. Nichtveröffentlichung von Freigabeentscheidungen ... 78
b. Freigabeauflistung als Ersatz der Veröffentlichung ... 79
c. Stellungnahme ... 79
(2) Fehlende Entscheidungsgründe in den veröffentlichten Entscheidungen ... 80
a. Grundzüge ... 80
b. Fallvergleich: ARM/Giesecke & Devrient/Gemalto/JV ... 80
B. Auslegungsmethodik ... 81
I. Spezifische Methodik für das Kartellrecht bzw. die Aufgreifkriterien? ... 81

1. Problemumriss ... 81
2. Wirtschaftliche Betrachtungsweise von Peter Ulmer ... 82
(1) Hauptargumente ... 82
(2) Bewertung ... 82
3. „Politik des Gesetzes“ von Steindorff ... 83
(1) Hauptargumente ... 83
(2) Bewertung ... 83
II. Diskussion in der Wirtschaftsrechtswissenschaft Chinas ... 84
1. Paradigmenwechsel im chinesischen Wirtschaftsrecht ... 84
2. Die „schöpferische“ Methodenlehre ... 85
(1) Entwicklung der Methodik ... 85
(2) Die sog. „schöpferische“ Methodik ... 85
(3) Gegenauffassung ... 86
3. Bewertung ... 86
(1) Gefahr der Ablehnung des tradierten Methodenkanons ... 86
(2) Keine eigenständige Methodik ... 87
III. Methodenkanon ... 88
1. Grammatische Auslegung ... 88
2. Historische Auslegung ... 89
3. Systematische Auslegung ... 90
4. Teleologische Auslegung: Die fusionskontrollspezifische Auslegung ... 91
5. Rechtsvergleichung als „fünfte“ Auslegungsmethode ... 92
C. Einschränkung auf die Aufgreifkriterien ... 93
I. FKVO ... 93
1. Ausschieden der reinen konzerninterne Veränderung ... 93
(1) Ausschieden aus der Fusion ... 93
(2) Ausschieden aus dem Kontrollerwerb ... 94
2. Zusammenschluss unter Staatsunternehmen ... 94
(1) Grundsatz ... 94

(2) Verwaltungspraxis ... 94
a. CEA Industrie/France Telecom/Finmeccanica/ SGSThomson ... 94
b. Neste / IVO ... 95
c. SoFFin/ HYPO REAL ESTATE ... 95
II. GWB ... 95
1. § 37 II GWB ... 95
2. § 130 I S. 1 GWB ... 96
(1) Grundsatz ... 96
(2) Universitätsklinikum Greifswald/ Kreiskrankenhaus Wolgas ... 96
III. § 11-1 FHG ... 97
1. Rechtszustand vor dem Erlass der 3. FHG -Novelle im Jahre 2002 ... 97
(1) Auffassung der FTC ... 97
a. Verwaltungsauslegung ... 97
b. Verwaltungspraxis ... 97
a) Entscheidung der FTC über Sanktionen im Fall „Greatwall" ... 97
b) Fall „Lian Hua/He Tai/Lian Chen/Lian Jia/Lian Rui" ... 97
c) Fall „China Fluggesellschaft" ... 97
(2) Auffassungen dazu im Schrifttum ... 98
2. § 11-1 FHG ... 98
3. Zusammenschluss unter Staatsunternehmen ... 99
IV. AMG ... 99
1. Rechtsgrundlage ... 99
(1) § 7 AMG ... 99
(2) § 22 AMG ... 100
(3) § 2 BestAuslInvest ... 101
2. „China Unicom/China Netcom" ... 102
(1) Sachverhalt ... 102
(2) Meinungsstand zu diesem Fall ... 103

a. Auffassung des MOFCOM ... 103
b. Auffassung der SASAC ... 103
aa) SASAC ... 103
bb) Ansicht ... 104
c. Schrifttumsmeinung ... 104
(3) Schlussfolgerung ... 104
D. Zwischenergebnis ... 105
I. Kartellverwaltungsbehörde ... 105
II. Auslegungsmethodik ... 105
III. Einschränkung der Aufgreifkriterien ... 106
Teil 3: Fusion ... 107
A. Fusion nach der FKVO ... 107
I. Allgemeines ... 107
1. Rechtsgrundlage ... 107
(1) Fusion i.S.v. Art. 3 I lit. a) FKVO ... 107
(2) Kontrollerwerb i.S.v. Art. 3 I lit. b) FKVO ... 107
2. Normadressat ... 108
(1) Unternehmensbegriff ... 108
(2) Unternehmensteile ... 109
II. Rechtliche Fusion ... 109
1. Grundsatz ... 109
2. Abweichende Entscheidungen ... 110
III. Wirtschaftliche Fusion ... 110
1. Kommissionsauffassung ... 110
(1) Zuständigkeitsmitteilung ... 110
(2) Verwaltungspraxis ... 111
a. RTZ/CTA ... 111
b. Price Waterhouse/Coopers & Lybrand ... 112
c. Conoco/Philipps Petroleum ... 112
(3) Abweichende Verwaltungspraxis ... 112
a. Renault/Volvo ... 112
b. AG/Amev ... 113

2. Schrifttumsmeinungen ... 113
(1) Gegenauffassung ... 113
a. Erfassung der gemeinsamen Kontrolle ... 113
b. Gleichordnungskonzern ... 114
(2) Bejahung ... 114
3. Stellungnahme ... 114

B. Fusion nach § 37 I GWB ... 115
I. Vermögenserwerb nach § 37 I Nr. 1 GWB ... 115
II. Schlussfolgerung ... 116

C. Fusion nach 6 I Nr. 1 FHG ... 116
I. Rechtliche Fusion ... 116
1. Schrifttumsmeinungen ... 116
2. Verwaltungspraxis ... 117
(1) Überblick ... 117
(2) Abweichende Verwaltungspraxis ... 117
II. Wirtschaftliche Fusion ... 118
1. Subsumierbarkeit unter den Begriff der Fusion nach § 6 I Nr. 1 FHG ... 118
(1) Schrifttumsmeinung ... 118
(2) Taipingyang/WCCT ... 118
2. § 6 I Nr. 4 Alt. 1 FHG ... 119
(1) § 6 I Nr. 4 Alt. 1 FHG ... 119
a. Subsumierbarkeit unter§ 6 I Nr. 4 Alt. 1 FHG ... 119
b. Begriff eines ständigen gemeinsamen Betrieb ... 119
(2) Verwaltungspraxis ... 120
a. Dafeng Media Group / DigiTai TV Ltd. ... 120
b. Microsoft/Yahoo! ... 120

D. Fusionen nach § 20 AMG ... 120
I. Die rechtliche Fusion ... 120
1. Schrifttumsmeinung: Die gesellschaftsrechtliche Auslegung ... 120
2. Verwaltungspraxis ... 121

(1) Entscheidungen ... 121
(2) Abweichende Entscheidung ... 122
3. Stellungnahme: Fusionskontrollspezifische Auslegung ... 122
(1) Grammatische und systematische Auslegung ... 122
(2) Teleologische Auslegung ... 122
II. Die wirtschaftliche Fusion ... 123
1. Schrifttumsmeinungen ... 123
(1) h. M. ... 123
(2) M.M. ... 123
2. MOFCOM ... 124
(1) Kommentar des MOFCOM ... 124
(2) Verwaltungspraxis: Master Kong AktG/Pepsi ... 124
3. Stellungnahme ... 125
(1) Grammatische Auslegung ... 125
(2) Historische Auslegung ... 125
(3) Systematische und teleologische Auslegung ... 126
a. § 22 Nr. 2 Alt. 2 AMG i.V.m § 20 AMG ... 126
a) § 22 Nr. 2 Alt. 2 AMG ... 126
b) Tatbestandsstruktur i.S.v. § 20 AMG ... 126
b. Der Begriff der Verbindung i.S.v. § 5 AMG ... 127
a) Meinungstand ... 127
b) Stellungnahme ... 127
E. Zwischenergebnis ... 127

Teil 4: Der Kontrollerwerb ... 129
A. Kontrollerwerb i. V. Art. 3 FKVO ... 129
I. Subjekt der Kontrolle ... 129
1. Personen i.S.v. Art. 3 I lit. b) FKVO ... 129
2. Art. 3 I b) FKVO ... 130
(1) Grundsatz ... 130
(2) Cementbouw/Kommission ... 130

II. Objekt der Kontrolle ... 131
1. Gesamtheit ... 131
2. Teil oder Teile ... 132
III. Kontrollbegriff i.S.v. Art. 3 I lit. b) FKVO ... 132
1. Tätigkeit des Unternehmens sowie Unternehmensteils ... 132
(1) Hinzufügung der Tätigkeit des Unternehmensteils ... 132
(2) Tätigkeitsumfang ... 133
a. Schrifttumsmeinungen ... 133
a) M.M. ... 133
b) h. M. ... 134
b. Kommissionsauffassung ... 134
a) Paradigma der Kommission ... 134
b) Rechte zum Schutz von Minderheitsaktionären ... 135
aa) Ford/Hertz ... 136
bb) SITA/RC/Scorci ... 136
2. Einflussintensität: „Bestimmender Einfluss ... 136
(1) Begriff ... 136
(2) Negative Abgrenzung ... 137
3. Möglichkeit ... 137
(1) Unbeachtlichkeit des Kontrollausübungswillens ... 138
a. M.M.: Erforderlichkeit der Kontrollerwerbsabsicht ... 138
b. h. M: Unbeachtlichkeit des Kontrollausübungswillens ... 138
(2) Entbehrlichkeit tatsächlicher Kontrollausübung ... 139
(3) Gesicherte Grundlage: Fähigkeit der tatsächlichen Kontrollausübung ... 140
4. Dauerhaftigkeit ... 140
(1) Verankerung der Dauerhaftigkeit in die FKVO ... 140
(2) Zurechnung der Dauerhaftigkeit ... 141
a. Quantitatives Kriterium ... 141
b. Qualitatives Kriterium ... 142
(3) Sonderfall: Abfolge von Transkation ... 142

a. Szenario 1: Erwerb zum Zweck der Aufteilung .............. 142
b. Szenario 2: Gemeinsame Kontrolle für eine Übergangzeit .............. 143
c. Szenario 3: „Parken“ von Zielunternehmen („Warehousing“) .............. 144
IV. Form des Kontrollerwerbs .............. 144
1. Verträge .............. 145
(1) Typische Verträge .............. 145
(2) Gewinnabführungsverträge .............. 146
2. Sonstige Weise .............. 146
(1) Wirtschaftliche Abhängigkeit .............. 146
(2) Personelle Verflechtung .............. 147
(3) Nichtvertragliche Erwerbsvorgänge .............. 147
3. Änderung der Kontrollarten .............. 148
(1) Kontrollarten .............. 148
a. Alleinige oder gemeinsame Kontrolle .............. 148
b. De jure und De facto Kontrolle und negative und positive Kontrolle .............. 148
(2) Änderung bei alleiniger Kontrolle .............. 149
a. Änderung zwischen de jure und de facto .............. 149
b. Wechsel von negativer zu positiver alleiniger Kontrolle .............. 149
(3) Veränderungen bei der gemeinsamen Kontrolle .............. 150
(4) Wechsel zwischen alleiniger und gemeinsamer Kontrolle .............. 150
a. Wechsel von alleiniger zu gemeinsamer Kontrolle .............. 150
b. Wechsel von gemeinsamer zu alleiniger Kontrolle .............. 151
B. Kontrollerwerb i.S.v. § 37 I Nr. 2 GWB .............. 151
I. Verhältnis zum Kontrollerwerb i.S.v. Art. 3 I lit. b) FKVO .............. 151
1. Berücksichtigung der europäischen Konkretisierungserfahrung .............. 151
2. Keine Pflicht zur gemeinschaftskonformen Auslegung der Kontrolle .............. 152

II. Kontrollbegriff ... 153
1. Erwerber der Kontrolle ... 153
2. Dauerhaftigkeit ... 153
3. Einflussgrad ... 154
III. Kontrollform ... 154
1. Personelle Verflechtung ... 154
2. Keine Erfassung der wirtschaftlichen Abhängigkeit ... 154
3. Kontrollwechsel ... 155

C. Kontrollerwerb i.S.v. § 6 I Nr. 5 FHG ... 155
I. § 6 I Nr. 5 FHG als eine Generalklausel ... 155
II. Kontrollbegriff ... 156
1. Die Art des unternehmerischen Einflusses ... 156
2. Bewertung ... 156
III. Erwerb der Personalentscheidungsmacht ... 157
1. Schrifttumsmeinung ... 157
2. Verwaltungspraxis ... 157
(1) San Ching Engineering/ Cathaylife/Cathay-con ... 157
(2) Entscheidung gegen Holiday Co./Cashbox Partyworld Co., Ltd ... 158
(3) Entscheidung über Sanktionen gegen NPCGAS ... 158
3. Stellungnahme zur Erfassung von Aufsichtsratsmitgliedern im Kontrollbegriff ... 158
(1) Verwaltungspraxis ... 158
a. Die innerhalb der Praxis der FTC abweichende Auffassung ... 158
b. TSMC/TI-ACER ... 158
(2) Schlussfolgerung ... 159
IV. Franchising ... 159
1. Auffassung der FTC ... 159
2. Auffassung im Schrifttum ... 160
(1) Prof. Yeong-Chin Su ... 160
(2) Liaw und Chen Liying ... 160
3. Zwischenergebnis ... 161

D. Kontrollerwerb nach AMG ........ 161
I. Verhältnis zu einem bestimmenden Einfluss i.S.v. § 20 Nr. 3 Alt. 1 AMG ........ 161
1. Problemstellung ........ 161
(1) Übersetzungsproblematik ........ 161
(2) Tatbestandsstruktur des § 20 Nr. 3 AMG ........ 162
2. Schrifttumsmeinung ........ 162
(1) M.M.: Gleichstellungslehre ........ 162
a. Shao Jiandong/Fang Xiaomin/Wang Bing/Tanjin ........ 162
a) Hauptargument ........ 162
b) Bewertung ........ 163
b. Wang Xianlin ........ 164
a) Hauptargument ........ 164
b) Bewertung ........ 164
(2) h. M.: Trennungslehre ........ 164
a. Bezugnahme auf § 37 I Nr. 4 GWB ........ 165
a) Grenzzone zwischen Kontrolle und § 37 I Nr. 4 GWB ........ 165
b) Anlehnung an § 37 I Nr. 4 GWB ........ 165
c) Bewertung ........ 165
b. Intensität des Einflusses ........ 166
a) „Der entscheidender Einfluss“ ........ 166
b) „Der gewichtige Einfluss“ ........ 166
c) Bewertung ........ 167
c. Verweisung auf Eingreifkriterien (§ 28 I AMG) ........ 167
a) Inhalt ........ 167
b) Bewertung ........ 168
d. Positive und negative Kontrolle ........ 168
a) Inhalt ........ 168
b) Bewertung ........ 168
3. Meinungsverschiedenheit innerhalb des MOFCOM ........ 169
(1) Verschwiegenheit ........ 169

(2) Widersprüchliche Auffassung der Beamten des MOFCOM-AMA ........ 169
a. Negative Kontrolle ........ 169
b. Gleichstellung mit dem Begriff der Kontrolle ........ 169
(3) Verwaltungspraxis: Mahle GmbH/Behr Group ........ 170
4. Stellungnahme ........ 170
(1) Methodenkanon ........ 170
a. Grammatische Auslegung ........ 170
a) Begrifflicher Kern von Kontrolle ........ 170
b) Begrifflicher Kern des bestimmenden Einflusses ........ 171
c) Schlussfolgerung ........ 171
b. Historische Auslegung: in Anlehnung an Art. 3 I lit. b) FKVO ........ 171
c. Systematische Auslegung ........ 172
d. Teleologische Auslegung ........ 173
(2) Schlussfolgerung: Vorliegen eines Redaktionsversehens ........ 173
II. Kontrollbegriff ........ 173
1. Subjekt der Kontrolle: Unternehmen ........ 174
(1) § 12 I AMG ........ 174
(2) Funktionale Auslegung ........ 174
(3) Abweichung der funktionalen Auslegung ........ 174
2. Kontrollgegenstand: „ein anderes Unternehmen" ........ 175
(1) Unternehmen mit Rechtspersonlichkeit ........ 175
(2) Unternehmen i.S.v. „andere Organisationen" i.S.v. § 12 I AMG ........ 175
3. Die Fähigkeit, einen bestimmenden Einfluss auszuüben ........ 176
(1) Einflussnahme ........ 176
a. Natur des unternehmerischen Einflusses ........ 176
a) Keine Erfassung des hoheitlichen Einflusses ........ 176
aa) Grundsatz ........ 176
bb) Verwaltungsmonopol durch Zusammenschluss unter Kohlenunternehmen ........ 176

b. Keine Erfassung der Rechte zum Schutz von Minderheitsaktionären ..... 177
c. Grad des Einflusses ..... 177
(2) Dauerhaftigkeit ..... 177
(3) Fähigkeit ..... 178
III. Formen des Kontrollerwerbs gemäß § 20 Nr. 3 AMG ..... 178
1. Verträge ..... 178
(1) Typische Verträge ..... 178
(2) Franchisevertrag ..... 179
2. In sonstiger Weise ..... 180
(1) Personelle Verflechtung ..... 180
(2) Wirtschaftliche Abhängigkeit ..... 180
(3) Änderung der Kontrollarten ..... 181
E. Zwischenergebnis ..... 181
I. Kontrolle ..... 181
1. Erwerber der Kontrolle ..... 181
2. Objekt der Kontrolle ..... 182
3. Kontrolldefinition ..... 182
II. Erwerbsform ..... 182

Teil 5: Anteils- und Anteilsrechtserwerb ..... 183
A. Anteilsrechtserwerb i.S.v. Art. 3 I lit. b) FKVO ..... 183
I. Allgemeines ..... 183
1. Anteilsrechte ..... 183
(1) Begriff ..... 183
(2) Stimmrechte ..... 183
(3) Optionen auf Anteilsrecht ..... 184
a. Grundsatz ..... 184
b. Ausnahme ..... 185
a) Die vorstehende Ausübung auf der rechtverbindlichen Vereinbarung ..... 185
b) Das jederzeit Optionsrecht mit qualifizierten Elementen ..... 185

aa) Arla/Ingmanfoods ... 185
bb) Ford / Hertz ... 186
2. Erwerb ... 186
(1) Grundsatz ... 186
(2) Aufstockung einer Beteiligung ... 186
(3) Mittelbarer Erwerb ... 187
II. Mehrheitsbeteiligung ... 187
1. Stimmrechtslose Mehrheitsbeteiligung ... 187
2. Stimmrechtsmehrheit ... 187
(1) Alleinige Kontrolle ... 187
a. Grundsatz ... 187
b. Besonderheit ... 188
a) 3i/CONSORS/ 100 WORLD ... 188
b) CLF/HBB ... 188
(2) Gemeinsame Kontrolle ... 189
a. MOLARIS/ COMMERZ REAL/ RWE/ AMPRION ... 189
b. TWD / Akzo Nobel /Kuagtextil ... 189
III. Minderheitsbeteiligungen ... 189
1. Qualifizierte Minderheitsbeteiligungen ... 189
(1) Minderheitsbeteiligung mit zusätzlichen rechtlichen Umständen ... 190
a. Alleinige Kontrolle ... 190
a) CCIE/GTE ... 190
b) Conagra/Idea ... 190
c) Man/Scannia ... 190
d) „Renault/Nissan“ ... 191
b. Gemeinsame Kontrolle ... 191
a) Renault/Volvo ... 191
b) Lyonnasie des Eaux Dumez/Brochier ... 191
c) Paribas/MTH/MBH ... 192
(2) Minderheitsbeteiligung mit zusätzlicher faktische Umstände ... 192
a. Alleinige Kontrolle ... 192

a) Societé Générale de Belgique/Générale de Banque ........ 192
b) Arjomari/WTA ........ 192
c) SoFFin/Hypo Real Estate ........ 193
b. Gemeinsame Kontrolle ........ 193
a) „EDFI / GRANINGE“ ........ 193
b) Recoletos/Unedisa ........ 193
2. Bloße Minderheitsbeteiligung ........ 193
(1) Keine Erfassung der FKVO ........ 193
a. Grundsatz ........ 193
a) Mediobanca/Generali ........ 194
b) BT/MCI ........ 194
b. Beurteilung nach Art. 101, 102 AEUV ........ 194
a) Art. 101 AEUV: Philip Morris ........ 194
b) Art. 102 AEUV: Lambert/Gillette ........ 195
c. Beurteilung nach der nationalen Fusionskontrolle ........ 195
a) Ryanari/Air Lngus ........ 195
b) Goodyear/Michelin ........ 195
(2) Neuentwicklung ........ 196
a. Anlass: Fall Ryanair/Aer Lingus ........ 196
b. Ersuchung des Entflechtungsverfahren von Aer Ligus ........ 196
c. Änderungsvorschlag der Kommission ........ 197

B. Anteilserwerb i.S.v. § 37 I GWB ........ 197

I. Anteilserwerb. i.S.v. § 37 I Nr. 3 GWB ........ 198
1. Erwerbgegenstand ........ 198
(1) Entwicklungsgeschichte ........ 198
(2) Anteile und Stimmrechte ........ 199
a. Anteile ........ 199
b. Stimmrechte ........ 199
c. Optionsrechte ........ 200
2. Erwerbstatbestand ........ 200
(1) Entbehrlichkeit der Erwerbgrundlage ........ 200
(2) Erforderlichkeit des Vollerwerbs ........ 200
3. Aufgreifschwelle: 25% oder 50%: ........ 201

(1) Entbehrlichkeit der Kontrollbegründung ........................ 201
(2) Zurechnung von Anteilsbesitz (§ 37 I S. 2 GWB) ........... 201
II. Kontrollerwerb i.S.v. § 37 I Nr. 2 GWB ........................................ 202
1. Mehrheitsbeteiligung ........................................................ 202
(1) Stimmrechtsberechtigte Mehrheitsbeteiligung ................ 202
2. Qualifizierte Minderheitsbeteiligung ............................... 202
(1) 25%- unter 50% .................................................................. 202
III. Wettbewerblich erheblicher Einfluss i.S.v. § 37 I Nr. 4 GWB ...... 203
1. Allgemeines ........................................................................ 203
2. Tatbestandsmerkmal ......................................................... 204
(1) Gesellschaftsrechtliche Vermittlung ................................. 204
C. Anteilserwerb nach § 6 FHG ......................................................... 205
I. § 6 I Nr. 2 FHG ....................................................................... 205
1. Stimmrechtsberechtigte Anteile oder Einlagen ............... 205
2. Erwerbshöhe: 30%-Schwelle ............................................. 206
(1) Überlegung zur 30%-Schwelle ........................................... 206
(2) Zurechnungsklauseln i.S.v. § 6 II FHG ............................. 207
a. § 6 II FHG ........................................................................... 207
b. Verwaltungsauslegung von 27.03.2012 ............................ 207
(3) Verwaltungspraxis .............................................................. 208
a. Entscheidungen .................................................................. 208
b. Ausnahmen nach § 11-1 Nr. 1 und Nr. 2 FHG ................ 208
3. Erwerbsform ....................................................................... 208
(1) Überblick ............................................................................. 208
(2) Schriftliches Auftragsschreiben ......................................... 209
II. § 6 I Nr. 4 FHG ......................................................................... 209
III. § 6 I Nr. 5 FHG ......................................................................... 210
1. Parallele Anwendung mit § 6 I Nr. 2 FHG ........................ 210
(1) Bayern/Aventis ................................................................... 210
(2) TASC/Hungkai .................................................................... 210
2. § 6 I Nr. 5 FHG ..................................................................... 210
(1) Sanktionsentscheidung gegen Far Eastern Department Stores Co. Ltd. ........................................................ 210

(2) Sanktionsentscheidung gegen Bai-Vermögensverwaltungsgesellschaft 211
3. Qualifizierte Minderheitsbeteiligung unterhalb von 30% 211

D. Anteilsrechtserwerb i.S.v. § 20 Nr. 2, Alt. 1. AMG 211
I. Erwerbsgegenstand 211
1. Übersetzungsproblem 211
(1) Meinungsstand 211
(2) „Gu feng" als „Anteile" 212
a. Grammtische, teleologische Auslegung 212
b. Historische Auslegung 212
c. Systematische Auslegung 213
2. Auslegung des Begriffs des Anteilsrechts 213
(1) Das gesellschaftsrechtliche Verständnis 213
(2) Die extensive Auslegung 214
3. Stellungnahme 214
(1) Fusionskontrollspezifische Auslegung 214
(2) Einzelfälle 214
a. Einmann-GmbH und staatseigene Einmann-GmbH 214
b. Einzelpersonenunternehmen 215
c. Partnerschaftsunternehmen 215
(3) Die nicht umgewandelten Staats- und Kollektivunternehmen 215
II. Erwerbsformen 215
1. Vollerwerb 215
2. Kapitalerhöhung 216
3. „Debt-Equity-Swap" 216
III. Die Erwerbshöhe der „Anteilsrechte" 217
1. Mehrheitsbeteiligung 217
(1) Schrifttumsmeinung: § 216 II Halbsatz 1. GeGCH 217
(2) Verwaltungspraxis 217
(3) Stellungnahme 218
2. Minderheitsbeteiligung 218

(1) Schrifttumsmeinungen ........ 218
(2) MOFCOM ........ 219
a. Kommentar des MOFCOM ........ 219
b. Verwaltungspraxis ........ 219
3. Stellungnahme ........ 219

E. Zwischenergebnis ........ 219
I. Anteils-, Anteilsrechte ........ 219
II. Erwerbshöhe ........ 220
1. Mehrheitsbeteiligung ........ 220
2. Minderheitsbeteiligung ........ 220
III. Erwerbsform ........ 220

Teil 6: Gründung eines GU ........ 221

A. GU in der FKVO ........ 221
I. Entwicklungsgeschichte ........ 221
II. Gründung ........ 221
III. Gemeinsame Kontrolle ........ 222
1. Begriff der gemeinsamen Kontrolle ........ 222
2. Form der gemeinsamen Kontrolle ........ 222
(1) Gleiche Stimmrechte oder Setzung der Entscheidungsgremien ........ 222
a. Cementbouw/Kommission ........ 222
b. Maersk Data/ Eurogate IT/Global Transport Solutions JV ........ 223
c. SPAR/ALLIANZ/JV ........ 223
(2) Vetorechte ........ 223
a. Air France II/ Kommission ........ 223
b. Conagra/Idea ........ 224
(3) Gemeinsame Ausübung der Stimmrechte ........ 224
a. De jure ........ 224
aa) NAW / SALTANO / CONTRAC ........ 224
bb) Costa Crociere/Chargeurs/Accor ........ 225

b. de facto: Starke gemeinsame Interessen als Klebemittel ..... 225
a) Bereits bisher bestehenden Verbindungen zwischen den Kontrollausübenden ..... 225
b) Ein hoher Grad gegenseitiger Abhängigkeit ..... 226
aa) Hutchision/RCPM/ECT ..... 226
bb) Industri Kapital/Telia Enterprise ..... 226
cc) Areclor/Oyak/Erdemir ..... 226
c) Qualifizierte Entscheidungsverfahren ..... 227
aa) Hutchison/RCPM/ECT ..... 227
bb) RTL/Veronica/Endemol ..... 227
(4) Sonstige Überlegung zur gemeinsamen Kontrolle ..... 227
a. Unterschiedliche Rolle der Muttergesellschaft ..... 228
b. Ausschlaggebende Stimme ..... 228
IV. Vollfunktionsfähigkeit ..... 228
1. Grundzüge ..... 228
(1) Trennung zwischen Vollfunktion- und Teilfunktions-GU ..... 228
(2) Vollfunktion-GU ..... 229
2. Vollfunktionsfähigkeit i.e.S. ..... 230
(1) Mehr als eine spezifische Funktion für die Muttergesellschaften ..... 230
(2) Marktbezug ..... 231
3. Selbständigkeit ..... 231
(1) Begriff der Selbständigkeit ..... 231
(2) Hinreichende Ausstattung ..... 232
a. Ausstattung ..... 232
b. Hinreichender Grad ..... 233
aa. SAP/Siemens/JV ..... 233
bb. RSB/Tenx/Fuel Logistics ..... 233
cc. ENW/Eastern ..... 233
dd. Flachglas/Vegla ..... 234
(3) Marktpräsenz ..... 234

a. Erforderlichkeit der Marktpräsenz 234
b. Besonderheit der Anlaufphase 235
4. Dauerhaftigkeit 235

B. Gründung des GU im GWB 236
I. Meinungsstand 236
1. Schrifttumsmeinungen 236
(1) Zweischrankentheorie 236
(2) Trennungstheorie 237
(3) Spezialitätstheorie 237
(4) Immanenztheoire 237
(5) Investitionstheorie 238
(6) Rechtsfolgentheorie 238
(7) Subordinationstheorie 239
(8) Theorie von der Austauschbarkeit oder ersatzbarkeit der Ressourcen 239
2. Rechtspraxis 240
II. § 37 I GWB 240
1. Vermögenserwerb i.S.v. § 37 I GWB 240
2. Kontrollerwerb i.S.v. § 37 I Nr. 2 GWB 241
(1) Verweis auf den Erwerb der gemeinsamen Kontrolle i.S.v. Art. 3 FKVO 241
(2) Unentbehrlichkeit der Vollfunktionsfähigkeit 241
3. Anteilserwerb i.S.v. § 37 I Nr. 3 S. 3 GWB 242
(1) Überblick 242
(2) „gleichzeitig oder nacheinander“ 242
(3) 20% und 50% 243
4. Erwerb des erheblich wettbewerblichen Einflusses i.S.v. § 37 I Nr. 4 GWB 243

C. Gründung von GU nach dem FHG 243
I. Gleichbehandlung des GU 243
1. Änderung des Beurteilungskriteriums 243
2. Dafeng Media Group/DigiTai TV Ltd. 243
II. Rechtsgrundlage 244

1. Zusammenschlusskatalog 244
2. § 6 I Nr. 4 Alt. 1 FHG 244
(1) Grundsatz 244
(2) Verwaltungspraxis 245
a. Cashbox Partyworld Co., Ltd/ Holiday Co. 245
b. LG /Pioneer/Koninklijke Philips /Sony 245
III. Neugründung eines GU als Sonderproblem 245
1. Verwaltungsauslegung (Nr. 012) 245
2. Die 561. Kommissionssitzung der FTC 246
3. Verwaltungspraxis 246
D. Gründung eines GU nach AMG 247
I. Gemeinsame Kontrolle 247
II. Gründung 247
1. Meinungsstand 247
2. Bewertung 248
III. Behandlung der Gründung eines GU 248
1. Auffassungen im Schrifttum 248
(1) h. M.: Angeleichung an Art. 3 I V FKVO 248
(2) M.M.: Gleichbehandlung aller Arten von GU 249
2. Auffassung des MOFCOM: Gleichbehandlung aller GU 249
(1) Gescheiterte Versuche durch Ministerregelung 249
(2) Verwaltungspraxis 249
a. Veröffentlichte Entscheidungen 249
a) GE China/CSCLC 250
b) Henkel /Tiande 250
c) ARM/Giesecke & Devrient/Gemalto 251
d) Maersk /MSC / CMA CGM 251
b. Freigabe-Entscheidung: Gulfstream Aerospace/ Deer Jet/GCAT 252
3. Stellungnahme 253
(1) Auslegung nach dem Wortlaut 253
(2) Systemaitk 253

(3) Rechtspolitische Überlegung ... 253
E. Zwischenergebnis ... 254
I. Form der Gründung ... 254
II. Form der GU ... 254
1. Gründung eines GU nach Art. 3 I V FKVO ... 254
2. Gründung eines GU nach § 37 GWB ... 255
3. Gründung eines GU nach FHG ... 255
4. Gründung eines GU nach AMG ... 255

Teil 7: Vermögenserwerb ... 257
A. FKVO ... 257
I. Rechtsgrundlage ... 257
1. Anwendbarkeitsmöglichkeit ... 257
(1) Fusion i.S.v. Art. 3 I lit. a) ... 257
(2) Kontrollerwerb i.S.v. Art. 3 I lit. b. FKVO ... 257
2. Kontrollerwerb i.S.v. Art. 3 I lit. b. FKVO als Hauptrechtsgrundlage ... 257
II. „Teile des Vermögens des Unternehmens“ ... 258
1. Vermögensbegriff ... 258
2. Erforderlichkeit der Wesentlichkeit ... 258
(1) M.M. ... 258
(2) h. M. ... 259
(3) Bewertung ... 259
3. Marktrelevanz von Vermögenswerten ... 260
(1) Vorhandene Marktstellung: Marktumsatzzuweisung ... 260
(2) Potentielle Marktstellung ... 260
III. Erwerbstatbestand ... 261
B. Vermögen nach § 37 I GWB ... 262
I. Vermögenserwerb i.S.v. § 37 I Nr. 1 GWB ... 262
1. Vermögensbegriff ... 262
(1) Begriff ... 262
(2) Einschränkung auf die unternehmerische Nutzung ... 263

2. „Zum einen wesentlichen Teil“ 263
(1) Meinungsstand 263
a. Quantitativer Ansatz 263
b. Parallele Ansätze 264
c. Qualitativer Ansatz 265
a) Rechtsprechung 265
aa) Kettenstichnähmaschinen 265
bb) Warenzeichenerwerb 266
b) Schrifttumsmeinung 266
(2) Stellungnahme 266
3. Erwerbstatbestand 267
(1) Erforderlichkeit des Inhaberwechsels 267
(2) Entbehrlichkeit der Erwerbsform 268
a. Unerheblichkeit des Rechtsgrunds 268
b. Umwandlung 268
II. Kontrollerwerb i.S.v. § 37 I Nr. 2 GWB 268
1. Anforderung der Wesentlichkeit des Vermögens 269
(1) Quack/Quack 269
(2) h. M. 269
2. Erfassung der Marktpotential 270
(1) Rechtspraxis 270
a. BKartA 270
b. OLG Düsseldorf 270
c. BGH 271
(2) Schrifttumsemeinungen 271
(3) Stellungnahme 272
3. Erwerb 272
III. Schlussfolgerung 272
C. Vermögenserwerb nach § 6 I FHG 273
I. § 6 I Nr. 1 FHG 273
II. § 6 Nr. 3 FHG 273
1. Vermögensbegriff 273

(1) Nebeneinander zwischen Betrieb und Vermögen ........... 273
(2) Begriff des Vermögens ........... 274
a. Überwiegende Auffassung im Schrifttum ........... 274
b. Verwaltungspraxis ........... 274
2. Wesentlichkeitskriterium des Vermögensteils ........... 275
(1) 420. Kommissionsitzung ........... 275
(2) Verwaltungspraxis der FTC ........... 275
a. Der Fall „Yang Ming Shan/ Shinkansen" ........... 275
b. Der Fall „Chuyun Jiann/Taijung CATV/Chang Jung Cable TV" ........... 276
aa) Die Auffassung der Beklagten ........... 276
bb) Meinung der FTC ........... 276
3. Erwerbsformen ........... 277
(1) Übernahme ........... 277
(2) Pacht ........... 277
III. § 6 Nr. 4 FHG ........... 278
1. § 6 Nr. 4 Alt. 1 FHG ........... 278
2. § 6 Nr. 4 Alt. 2 FHG ........... 278
IV. § 6 Nr. 5 Alt. 1 FHG ........... 278
D. Vermögenserwerb nach § 20 AMG ........... 279
I. Vermögenserwerb gem. § 20 Nr. 2, Alt. 2 AMG ........... 279
1. Schrifttumsmeinungen ........... 279
(1) M.M. ........... 279
(2) h. M. ........... 280
a. Die Ansicht von Prof.Wang Xiaoye ........... 280
a) Inhalt ........... 280
b) Bewertung ........... 281
b. Shang Ming/Kong Ling/Ye Jun ........... 281
a) Inhalt ........... 281
b) Bewertung ........... 281
2. Auffassung des MOFCOM ........... 281
(1) Vermögenserwerb gem. § 2 Halbsatz 2 BestAuslInvest vom 2009 ........... 281

(2) Verwaltungspraxis ... 282
a. Freigabe-Auflistung ... 282
b. Veröffentlichte Entscheidung ... 282
3. Stellungnahme ... 283
(1) Wortlaut und Systematik ... 283
(2) Teleologische Auslegung ... 283
II. Vermögensbegriff ... 284
1. Grundsatz ... 284
(1) Wurzel des Vermögenbegriffs ... 284
(2) Fusionskontrollspezifische Auslegung ... 284
2. Abgrenzung ... 285
(1) Schulden/Passiva als Vermögen? ... 285
(2) Anteil bzw. Anteilsrecht als Vermögen? ... 285
a. Verfassungsrechtlicher bzw. politischer Einfluss ... 285
b. Verwechslung zwischen Vermögen und Anteilsrecht ... 287
c. Bewertung ... 287
III. Kriterium des wesentlichen Teils ... 288
1. Auffassungen im Schrifttum ... 288
(1) Quantitatives Kriterium ... 288
a. Verweisung auf das VRwVbG ... 288
b. 50%-Schwelle ... 289
(2) Parallele Anwendung: Quantitatives und qualitatives Kriterium ... 289
(3) Qualitatives Kriterium ... 290
2. Auffassung des MOFCOM ... 290
a. MOFCOM-Kommentar ... 290
a) Inahlt ... 290
aa) Transaktionswert ... 290
bb) Produktionsmitteltauglichkeit ... 291
cc) Betriebsfähigkeit ... 291
b) Verwaltungspraxis ... 291
aa) Huiyuan/Coca Cola: Transportfunktion der Marktstellung ... 291

bb) Seagate/Samsung: Erhöhung des Konzentrationsgrades 292
3. Stellungnahme 292
IV. Erwerbsformen 293
1. Das funktionale Verständnis 293
(1) Rechtsformneutralität 293
(2) Entbehrlichkeit der synallagmatischen Austauschverhältnisse bzw. des Kriteriums der Entgeltlichkeit 293
2. Begründung von dinglichem Sicherungsrecht als Erwerbsform? 293
(1) Dingliches Sicherungsrecht 293
(2) h. M. 294
(3) Stellungnahme 295
3. Begründung des Besitzes als Erwerbsform? 295
(1) Problemstellung 295
(2) Stellungnahme 295
E. Zwischenergebnis 296
I. Betroffene Rechtsgrundlage 296
II. Vermögen 296
III. Erwerb 297

Teil 8: Fazit 299
A. Deutsche Fassung 299
B. Englishe Fassung 300

Literaturverzeichnis 305
I. Texte in deutscher und englischer Sprache 305
II. Literaturliste in chinesischer Sprache 318
III. Internetquellen 323

# Abkürzungsverzeichnis

| | |
|---|---|
| a.A | andere Auffassung |
| a.F. | alte Fassung |
| Abl | Amtsblatt |
| Abs. | Absatz |
| AEUV | Vertrag über die Arbeitsweise der Europäischen Union |
| AcP | Archiv für die civilistische Praxis |
| a.F. | alte Fassung |
| AG | Die Aktiengesellschaft (Zeitschrift) |
| AktG | Aktiengesellschaftsgesetz, Aktiengesellschaft |
| Alt. | Altnative |
| AMA | Antimonopolamt des MOFCOM der VR China |
| AMG | Antimonopolgesetz der VR China |
| AMK | Antimonopolkommission des Staatsrats der VR China |
| AnMe | Anmeldungsmethode der Fusionskontrolle der VR China |
| AnMeEnt | Entwurfs-Anmeldungsmethode der Fusionskontrolle der VR China |
| AnMM | Anmeldungsmethode |
| ARSP | Archiv für Rechts- und Sozialphilosophie |
| ASWU | Förderung zum Wettbewerb und Verhinderung zur Entstehung der Monopole Chinas |
| Aufl. | Auflage |
| BB | Betriebsberater (Zeitschrift) |
| BBGA | Beschluss der Bekräftigung zur Gesetzauslegungsarbeit von 10.06.1981 (VR China) |
| Bd. | Band |
| Begr. | Begründung |
| BestAuslInvest | Vorläufigen Bestimmungen zur inländischen Übernahme durch ausländische Investoren |
| BGB | Bürgerliches Gesetzbuch (der Bundesrepublik Deutschland) |
| BGBl. | das Bundesgesetzblatt |
| BGH | Bundesgerichtshof |
| BGHZ | Sammlung der Entscheidungen des Bundesgerichtshofes in Zivilsachen |
| BkartA | Bundeskartellamt |

| | |
|---|---|
| BkoS | Beratung- und Koordinierungsorgan des Staatrats (der VR China) |
| BMWi | Bundesministerium für Wirtschaft und Technologie |
| BSL | Büro des Staatsrats für Legislative (der VR China) |
| BVerfG | Bundesverfassungsgericht (der Bundesrepublik Deutschland) |
| BWM | Bundeswirtschaftsminister, Bundeswirtschaftsministerin |
| bzw. | beziehungsweise |
| CASS | Chinese Academy of Social Sciences |
| CR | Computer und Recht (Zeitschrift) |
| d.h. | das heißt |
| ders. | Derselbe |
| dies. | Dieselbe |
| DB | Der Betrieb (Zeitschrift) |
| DZWiR | Deutsche Zeitschrift für Wirtschafts- und Insolvenzrecht |
| EGKSV | Vertrag über die Gründung der Europäischen Gemeinschaft für Kohle und Stahl |
| Einl. | Einleitung |
| EPU | Einzelpersonenunternehmensgesetz der VR China |
| EU | Europäische Union |
| EuG | das Gericht der Europäischen Union |
| EuGH | Europäischer Gerichtshof |
| EuZW | Europäische Zeitschrift für Wirtschaftsrecht (Zeitschrift) |
| EWG | Die Europäische Wirtschaftsgemeinschaft |
| EWR | Europäischer Wirtschaftsraum |
| EWS | Europäisches Wirtschafts- und Steuerrecht (Zeitschrift) |
| f./ff. | folgende |
| FAZ | Frankfurter Allgemeine Zeitung (Zeitung) |
| FHG | Freihandelsgesetz der Republik China (Taiwan); Fair Handel law of Republic China (Taiwan) |
| FK | Frankfurt Kommentar zum GWB |
| FKVO | Verordnung (EG) Nr. 139/2004 des Rates vom 20. Januar 2004 die Kontrolle von Unternehmenszusammenschlüssen |
| Fn. | Fußnote |
| FS | Festschrift |
| FTC | Fair Trade Commission (Taiwan) |
| FTC-OrgG | Organisationsrecht der FTC der Republik China (Taiwan) |

| | |
|---|---|
| GD | Generaldirektion (EU) |
| GeGCH | Gesellschaftsgesetz der VR China |
| GeGTW | Gesellschaftsgesetz der Republik China (Taiwan) |
| GG | Grundgesetz für die Bundesrepublik Deutschland |
| GGG | Gesetzgebungsgesetz der VR China |
| GÖK | Geheimhaltungs- und Öffentlichkeitsmethoden der Kommissionssitzungsinformation (Taiwan) |
| GreifRecht | Greifswalder Halbjahresschrift für Rechtswissenschaft |
| GRUR | Gewerblicher Rechtsschutz und Urheberrecht (Zeitschrift) |
| GU | Gemeinschaftsunternehmen |
| GWB | Gesetz gegen Wettbewerbsbeschränkungen |
| HGB | Handelsgesetzbuch (des BRD) |
| h. M. | Die herrschende Meinung |
| hrsg. | Herausgeber |
| i.e.S. | im engeren Sinne |
| I/M Bd. I | Immenga/Mestmäcker, EU-Wettbewerbsrecht, 5. Aufl., 2012. |
| I/M Bd. II | Immenga/Mestcäker, GWB, Kommentar, 5. Aufl., 2014. |
| i.S.v. | im Sinne von |
| InfoVO | Verordnung zur Offenlegung von Regierungsinformationen der VR China |
| i.V.m. | in Verbindung mit |
| i.w.S. | im weiteren sinne |
| Jura | Juristische Ausbildung (Zeitschrift) |
| Jus | Juristische Schulung |
| JZ | Juristen Zeitung (Zeitschrift) |
| KartG | Kartellgesetz (Österreich) |
| KG | Kammergericht Berlin |
| KK | Busche/Röhling, Kölner Kommentar zum Kartellrecht seit. 2013 |
| H/M/S | Hirsch, Günter/Montag Frank/ Säcker, Franz Jürgen, Münchener Kommentar zum Europäischen und Deutschen Wettbewerbsrecht (Kartellrecht), 1. Aufl., 2007. |
| KuasFZ | Fachzeitschrift der Kaohsiung Fachhochschule (Taiwan) |
| KohlG | Kohlegesetz der VR China |
| Komission/Komm. | Die europäische Kommission |
| lit. | litera (Buchstabe) |

| | |
|---|---|
| LkartBehörde | Die nach Landesrecht zuständigen obersten Landesbehörden |
| m.E. | Meines Erachtens |
| M.M. | die Minderheitsmeinung |
| MOFCOM | the Ministry of Commerce of PRC, das Handelsministerium der VR China |
| MOFCOM-AMA | Antimonopolamt des MOFCOM |
| MOFTEC | Das Ministerium für Außenhandel und internationale Zusammenarbeit |
| m.w.N. | mit weiteren Nachweisen |
| n. F. | neue Fassung |
| NCDR | National Commission for Development and Reform of PRC |
| NJW | Die Neue Juristische Wochenschrift |
| NJW-RR | NJW-Rechtsprechung-Report (Zeitschrift) |
| Nr. | Nummer |
| NZKart | Neue Zeitschrift für Kartellrecht |
| OGHTW | Oberster Gerichtshof der Republik China (Taiwan) |
| ORDO | Jahrbuch für die Ordnung von Wirtschaft und Gesellschaft (Zeitschrift) |
| ÖZK | Österreichische Zeitschrift für Kartellrecht |
| OFT | Office of Fair Trading (Die britische Kartellbehörde) |
| o.g. | oben genannt |
| OLG | Oberlandesgericht |
| RabelsZ | Rabels Zeitschrift für ausländisches und internationales Privatrecht |
| RMB | Renminbi (Währung der VR China) |
| Rn. | Randnummer |
| Rs. | Rechtsprechung |
| PUG | Partnerunternehmensgesetz der VR China |
| RIW | Recht der internationalen Wirtschaft (Zeitschrift) |
| S. | Seite/Seiten |
| Slg. | Sammlung |
| sog. | sogenannt (e) |
| SAIC | State Administration for Industrie and Commerce of PRC |
| SANV | Ständigen Ausschuss Nationales Volkskongresses der VR China |

| | |
|---|---|
| SASAC | State-owned Assets Supervision and Administration Commission of the State Council der VR China |
| SOG | Staatsratsorganisationsgesetz der VR China |
| SGO | Staatsrat General Office der VR China |
| SOV | Staatsratsorganisationsverordnung der VR China |
| SRG | Sachrechtsgesetz der VR China |
| SUVG | Staatsunternehmensvermögensgesetz der VR China |
| SUVG | Staatsunternehmensvermögensgesetz vom 20.10.2008 |
| TB | Tätigkeitsbericht |
| TKV | Telekommunikationsverordnung der VR China |
| TWD | Neuer Taiwan-Dollar |
| UBFS | Buchführungsstandard des Finanzministeriums der VR China |
| UFGTW | Unternehmensfusionsgesetz in der Republik China (Taiwan) |
| Urt. | Urteile |
| u.a. | unter anderem/unter andere |
| VBAVG | Vorläufigen Bestimmungen über die Durchführung der Vermögens- und Geschäftsbereichsabspaltung des MOFCOM der VR China |
| VBSESW | Vorläufige Bestimmung des Staatsrats zur Entfaltung und zum Schutz des sozialistischen Wettbewerbs der VR China |
| VMFU | Vorläufige Methode für die Fusion von Unternehmen der VR China |
| VeInUG | Gesetz über die volkseigenen Industrieunternehmen der VR China |
| VerfGCH | Verfassungsrecht der VR China |
| Vgl. | vergleiche |
| VerReUmFA | Verwaltungsmethode der Registrierung einer Umwandlung von Forderungen in Anteilsrechte an Gesellschaften des SAIC |
| VR China | Volksrepublik China |
| VRwVbG | Verwaltungsmethoden zur Restrukturierung des wesentlichen Vermögens in börsennotierten Gesellschaften der VR China |
| VPGC | Verwaltungsprozessgesetz der VR China |
| WiR | Recht der internationalen Wirtschaft (Zeitschrift) |

| | |
|---|---|
| WRB-SANV | Wirtschaftsrechtsbüro des Gesetzgebungsausschusses des Ständigen Ausschusses des Nationalen Volkskongresses der VR China |
| WRP | Wettbewerb in Recht und Praxis (Zeitschrift) |
| VRÜ | Zeitschrift Verfassung und Recht in Übersee |
| WTO | World Trade Organization |
| www | World Wide Web |
| WuW | Wirtschaft und Wettbewerb (Zeitschrift) |
| WuW/E DE-R | Wirtschaft und Wettbewerb-Entscheidungssammlung-Deutschland, Rechtsprechung |
| WuW/E DE-V | Wirtschaft und Wettbewerb-Entscheidungssammlung-Deutschland, Verwaltung |
| WuW/E EU-R | Wirtschaft und Wettbewerb-Entscheidungssammlung-Europäische Union Rechtsprechung |
| WuW/E EU-V | Wirtschaft und Wettbewerb-Entscheidungssammlung-Europäische Union Verwaltung |
| WuW/E OLG | Wirtschaft und Wettbewerb-Entscheidungen der Oberlandesgerichte |
| z.B. | zum Beispiel |
| ZChinR | Zeitschrift für Chinesisches Recht |
| ZGR | Zeitschrift für Unternehmens- und Gesellschaftsrecht |
| ZHR | Zeitschrift für das gesamte Handelsrecht und Wirtschaftsrecht |
| ZPOCH | Zivilprozessrecht der VR China |
| z. T. | Zum Teil |
| ZPOCH | Zivilprozessrecht der VR China |
| ZRG | Gesetz über Zivilrechtsgrundsätze der VR China Zuständigkeitsmittelung Konsolidierte Mitteilung der Kommission zu Zuständigkeitsfragen gemäß der Verordnung (EG) Nr. 139/2004 des Rates über die Kontrolle von Unternehmenszusammenschlüssen (2009/C 43/09)ZWeR Zeitschrift für Wettbewerbsrecht |

# Teil 1: Einleitung

## A. Untersuchungsgegenstand

### I. Globalisierung und Zusammenschlusskontrolle

Einhergehend mit der Liberalisierung und Globalisierung der internationalen Wirtschaft muss ein „übermäßiger" Unternehmenszusammenschluss eine wettbewerbsschädigende Auswirkung auf die nationale Markt – bzw. die Weltmarktstruktur haben[7]. Sowohl das internationale als auch das nationale Kartellrecht haben darauf bereits reagiert: Auf jeweils nationaler Ebene ist die Fusionskontrolle in die deutsche, die europäische, die taiwanesisch und die festlandchinesische Rechtsordnung eingeführt und dieses sog. Auswirkungsprinzip ist ohne Ausnahme auch im europäischen[8], im deutschen[9], im taiwanesischen[10] sowie im festlandchinesischen[11] Kartellrecht verankert worden. Auf internationaler Ebene ergibt sich die Konkurrentenklage[12] und die Kooperationsbedürftigkeit[13] und man bemüht sich mit Beharrlichkeit um eine internationale Vereinheitlichung des Kartellrechts[14].

Das europäische Kartellrecht bzw. die eigentliche Fusionskontrolle stellt das bei weitem wichtigste Beispiel für eine internationale, wenn auch regional begrenzte Wettbewerbsordnung dar und setzt gleichzeitig wichtige Impulse für ein weltweites Kartellrecht[15]. Eine ähnliche Entwicklung scheint auch in den Großchina[16] in der Entstehung zu sein. Anfang 2001 führte der taiwanesisch

---

7 Brendan J. Sweeney, The Internationalisation of Competition Rules, 2010.

8 Vgl. Art. 3 FKVO i.V.m. § 1 FKVO; Erwägungsgrund 10; KOMM. 7.3.1991, M.69, Rn. 4, „Kyowa/Saitama Banks". EuGH slg. 1988, 1593- Zellstoff.

9 § 130 II GWB.

10 „Anleitung über die ausländischen Zusammenschlüssen", dazu Hasse, Zusammenschlusskontrolle Taiwan, S. 327.

11 § 2 II AMG.

12 Dazu Körber, Die Konkurrentenklage, 1996.

13 Glöckner, Kartellrecht, S. 104 ff.

14 Fikentscher/Drexl, RIW 1994, 93–99; Basedow, S. 241; Giradet, Florens, Internationales Fusionskontrollrecht.

15 Mestmäcker, Europäisches Wettbewerbsrecht im Zeichen der Globalisierung, S. 11 ff.

16 Der Begriff des Großchinas umfasst China, Taiwan, Hong Kong und Macau. Vgl. Williams, Competition Policy and law, S. 1 ff.

Politiker Vincent Siew[17] das Konzept des „Cross-Strait Common Market“[18] ein, dem zufolge Taiwan, Festlandchina, Hongkong und Macau, angelehnt an die erfolgreiche europäische Integrationserfahrung, in erster Linie ein gemeinsames Freihandelsabkommen unterzeichnen sollten, um einen großchinesischen Gemeinschaftsmarkt aufzubauen. Dieses Konzept hat sich praktisch überall durchgesetzt: Festlandchina hat im Jahr 2003 bereits jeweils mit Hongkong und Macau das CEPA[19] und 2010 mit Taiwan das ECFA[20] abgeschlossen. Am 01.08.2008 ist das AMG in Festlandchina in Kraft getreten. Nach einer mehr als zehn Jahre andauernden Diskussion[21] wurde das erste umfassende Kartellgesetz „Competition Ordinance“ am 14.06.2012 in Hong Kong erlassen[22]. Damit einher geht aufgrund der Notwendigkeit der Harmonisierung der Wettbewerbspolitik bzw. des Kartellrechts auch die Frage nach einer einheitlichen Regelung innerhalb Großchinas. Am 05.09.2000 fand eine erste bilaterale Tagung zum Wettbewerbsrecht in Beijing statt, an der taiwanesische und festlandchinesische Professoren und Beamte der FTC[23] teilnahmen. Zwei Jahre nach dem Erlass des AMG im Jahr 2007 veranstalteten die taiwanesische Kartellbehörde und die AMG-Vollzugorganen erstmals eine erste offizielle Zusammenkunft in Beijing. Auf einer Sitzung erklärte

---

17 Er war Vizepräsident der Republik China (Taiwan) zwischen 2008 und 2012.

18 Dieses Konzept lässt sich in vier Ablaufschritte unterteilen. Die erste Phase sollte zwecks Wiederherstellung des gegenseitigen Vertrauens die Normalisierung der bilateralen Wirtschafts- und Handelsbeziehungen u.a. durch Durchführung direkter Transport-, Handels- und Postverbindungen umfassen. Diese zweite Phase dann sollte die Liberalisierung der bilateralen Wirtschafts- und Handelsbeziehungen voran bringen sowie eine Reihe von Maßnahmen zur Schaffung einer Freihandelszone und ein Rahmenabkommen zum bilateralen Markt umfassen. In der dritten Phase sollte es zur umfassenden wirtschaftlichen Integration, einschließlich einer einheitlichen Währung, einer koordinierten Arbeitspolitik sowie steuerrechtlicher Zusammenarbeit kommen. Als letzter Schritt war eine politische Integration geplant.

19 “Mainland and Hong Kong Closer Economic Partnership Arrangement” und “Mainland and Macao Closer Economic Partnership Arrangement”.

20 Economic Cooperation Framework Agreement.

21 Moritz Lorenz/Wolfgang Sturm, GRUR Int 2008, S. 113.

22 Das Competition Ordinance regelt lediglich die Fusionskontrolle zur Telekommunikation.

23 Diese Tagung betraf die Entwicklung des Wettbewerbsrechts und der Wettbewerbspolitik, der Rechtsvollzugsorgane sowie die Koordinierung zwischen Wettbewerbs- und Industriepolitik Taiwans.

der Vorsitzende der FTC, Prof. Dr. Hsu, Huoo-ming[24], die FTC sei bereit, mit den festlandchinesischen Antimonopol-Organen zusammen zu arbeiten.[25]

## II. Zielsetzung der Untersuchung

Die Aufgreifkriterien, d.h. Zusammenschlussbegriff[26], ist ebenso wie der Begriff der Eingreifkriterien innerhalb der präventiven Fusionskontrolle ein „zentrales Element einer wettbewerblichen Strukturkontrolle“[27].Diese befinden sich auch – jeweils versehen mit einem unterschiedlichen Zusammenschlusskatalog – in der europäischen, der deutschen, der taiwanesischen und der festlandchinesischen Fusionskontrolle. Die Bedeutung der Aufgreifkriterien ergibt sich aus ihrer Funktion[28]: Lediglich solche Zusammenschlusssachverhalte, die sich unter die gesetzlichen Tatbestandsmerkmale subsumieren lassen, dürfen – vorbehaltlich der Umsatzschwelle[29] – von der jeweiligen Fusionskontrolle geregelt werden[30]. Zudem haben die Aufgreifkriterien eine „weiterreichende Funktion“[31] innerhalb der präventiven Fusionskontrolle, namentlich eine etwaige materielle Prüfung auslösen zu können. Unter dem Gesichtspunkt der Globalisierung der Wirtschaft kann derselbe Zusammenschlusssachverhalt möglicherweise eine Mehrzahl von Jurisdiktion[32] betreffen. Daher stellt die Rechtsvergleichung zu den Aufgreifkriterien einen wichtigen Teilbereich für eine internationale Kooperation und Vereinheitlichung der Fusionskontrolle dar. Das Ziel der vorliegenden Untersuchung besteht mithin auch darin, durch eine Rechtsvergleichung zwischen den europäischen, den deutschen, den taiwanesischen und den chinesischen

24 Prof. Dr. Hsu, Huoo-ming promovierte bei Prof. Dr. Friedrich-Karl Beier im Jahr 1982 mit dieser Dissertation „Der marken- und wettbewerbsrechtliche Schutz gegen Nachahmung in Taiwan mit Hinweisen auf das deutsche Recht“.

25 Hsu, Huoo-ming, Eröffnungsansprache zur Sitzung über „Rückblick und Zukunft der zwanzigjährigen Durchsetzung des FHG“. Siehe: FTC, Rückblick und Zukunft der zwanzigjährigen Durchsetzung des FHG, S. 2.

26 Paschke, Zusammenschlussbegriff, S. 14; Spangler, Zusammenschluss, S. 15; Landzettel, Unterschiede und Gemeinsamkeiten, S. 29; Glöckner, Kartellrecht, Rn. 641 ff.; Röhling, DB (1973), S. 1585, 1586; Vasbender, Das europäische Konzept der Nebenabreden, S. 21.

27 Immenga/Mestmäcker/Körber, Art. 3 FKVO, Rn. 1.

28 Vgl. Paschke, Zusammenschlussbegriff, S. 15.

29 Art. 1 II und III FKVO, § 36 I GWB, § 11 FHG.

30 Vgl. Paschke, Zusammenschlussbegriff, S. 14.

31 Rittner, FS Luther, S. 147.

32 Giradet, Florens, Internationales Fusionskontrollrecht, S. 79 ff.

Aufgreifkriterien deren „Gleichheiten und Verschiedenheiten, die Konsonanzen und Dissonanzen“[33] zu ermitteln.

# B. Aufgreifkriterien in den jeweiligen Normtexten

## I. Art. 3 FKVO

### *1. Normtext*

Art. 3 FKVO lautet:

„(1) Ein Zusammenschluss wird dadurch bewirkt, dass eine dauerhafte Veränderung der Kontrolle in der Weise stattfindet, dass
  a) zwei oder mehr bisher voneinander unabhängige Unternehmen oder Unternehmensteile fusionieren oder dass
  b) eine oder mehrere Personen, die bereits mindestens ein Unternehmen kontrollieren, oder ein oder mehrere Unternehmen durch den Erwerb von Anteilsrechten oder Vermögenswerten, durch Vertrag oder in sonstiger Weise die unmittelbare oder mittelbare Kontrolle über die Gesamtheit oder über Teile eines oder mehrerer anderer Unternehmen erwerben.

(2) Die Kontrolle wird durch Rechte, Verträge oder andere Mittel begründet, die einzeln oder zusammen unter Berücksichtigung aller tatsächlichen oder rechtlichen Umstände die Möglichkeit gewähren, einen bestimmenden Einfluss auf die Tätigkeit eines Unternehmens auszuüben, insbesondere durch:
  a) Eigentums- oder Nutzungsrechte an der Gesamtheit oder an Teilen des Vermögens des Unternehmens,
  b) Rechte oder Verträge, die einen bestimmenden Einfluss auf die Zusammensetzung, die Beratungen oder Beschlüsse der Organe des Unternehmens gewähren.

(3) Die Kontrolle wird für die Personen oder Unternehmen begründet,
  a) die aus diesen Rechten oder Verträgen selbst berechtigt sind oder
  b) die, obwohl sie aus diesen Rechten oder Verträgen nicht selbst berechtigt sind, die Befugnis haben, die sich daraus ergebenden Rechte auszuüben.

(4) Die Gründung eines Gemeinschaftsunternehmens, das auf Dauer alle Funktionen einer selbstständigen wirtschaftlichen Einheit erfüllt, stellt einen Zusammenschluss im Sinne von Absatz 1 Buchstabe b) dar.“

(5) (Ausnahmebestimmung für wettbewerbsneutrale Transaktion).“

33 Zweigert/Kötz, Rechtsvergelichung, S. 24 f.

### 2. *Tatbestandsstruktur*

Der in § 66 I EGKSV[34] wurzelte Art. 3 FKVO unterscheidet grundsätzlich zwischen der Fusion und dem Kontrollerwerb. Während Fusionen in der Praxis eine nur untergeordnete Rolle[35] spielen, stellt der Kontrollerwerb „die bei weitem häufigste Art des Zusammenschlusses“[36] dar. Der Unterschied liegt darin, dass eine Fusion Zusammenschlussverhalte auf gleichgeordneter Ebene betrifft, der Kontrollerwerb demgegenüber grundsätzlich nur Fälle der Über- bzw. Unterordnung erfasst[37]. Dennoch kann der gleiche Zusammenschlusssachverhalt in bestimmten Fällen sowohl unter den Tatbestand der Fusion und als auch den des Kontrollerwerbs subsumiert werden[38].

## II. § 37 GWB

### 1. *Normtext*

§ 37 GWB lautet:

> „Ein Zusammenschluss liegt in folgenden Fällen vor:
>
> 1. Erwerb des Vermögens eines anderen Unternehmens ganz oder zu einem wesentlichen Teil;
> 2. Erwerb der unmittelbaren oder mittelbaren Kontrolle durch ein oder mehrere Unternehmen über die Gesamtheit oder Teile eines oder mehrerer anderer Unternehmen. Die Kontrolle wird durch Rechte, Verträge oder andere Mittel begründet, die einzeln oder zusammen unter Berücksichtigung aller tatsächlichen und rechtlichen Umstände die Möglichkeit gewähren, einen bestimmenden Einfluss auf die Tätigkeit eines Unternehmens auszuüben, insbesondere durch
>    a) Eigentums- oder Nutzungsrechte an einer Gesamtheit oder an Teilen des Vermögens des Unternehmens,
>    b) Rechte oder Verträge, die einen bestimmenden Einfluss auf die Zusammensetzung, die Beratungen oder Beschlüsse der Organe des Unternehmens gewähren,

---

34 Der am 18. April 1951 zu erlassende EGKSV ist mit Wirkung zum 23.7.2002 ausgelaufen und alle Unternehmenszusammenschlüsse unterliegen entweder dem europäischen Recht, besonders der FKVO, oder dem entsprechenden einzelstaatlichen Gesetzen.

35 Mestmäcker/Schweitzer, § 24, Rn. 7; vgl. Schulte/Henschen, Rn. 947.

36 Hirsch/Montag/Säcker/Wessely/Wegner, Art. 3 FKVO, Rn. 14.

37 Immenga/Mestmäcker/Körber, Art. 3 FKVO, Rn. 14; Hirsch/Montag/Säcker/Wessely/Wegner, Art. 3 FKVO, Rn. 14.

38 Vgl. hierzu auch Hirsch/Montag/Säcker/Wessely/Wegner, Art. 3 FKVO, Rn. 14; Immenga/Mestmäcker/Körber, Art. 3 FKVO, Rn. 14 ff.

3. Erwerb von Anteilen an einem anderen Unternehmen, wenn die Anteile allein oder zusammen mit sonstigen, dem Unternehmen bereits gehörenden Anteilen
   a) 50 vom Hundert oder
   b) 25 vom Hundert

   des Kapitals oder der Stimmrechte des anderen Unternehmens erreichen. Zu den Anteilen, die dem Unternehmen gehören, rechnen auch die Anteile, die einem anderen für Rechnung dieses Unternehmens gehören und, wenn der Inhaber des Unternehmens ein Einzelkaufmann ist, auch die Anteile, die sonstigen Vermögen des Inhabers sind. Erwerben mehrere Unternehmen gleichzeitig oder nacheinander Anteile im vorbezeichneten Umfang an einem anderen Unternehmen, gilt dies hinsichtlich der Märkte, auf denen das andere Unternehmen tätig ist, auch als Zusammenschluss der sich beteiligenden Unternehmen untereinander;
4. Jede sonstige Verbindung von Unternehmen, auf Grund der ein oder mehrere Unternehmen unmittelbar oder mittelbar einen wettbewerblich erheblichen Einfluss auf ein anderes Unternehmen ausüben können.

(2) Ein Zusammenschluss liegt auch dann vor, wenn die beteiligten Unternehmen bereits vorher zusammengeschlossen waren, es sei denn, der Zusammenschluss führt nicht zu einer wesentlichen Verstärkung der bestehenden Unternehmensverbindung.

(3) (Banken-Klausel).“

### *2. Tatbestansstruktur*

Die nunmehr geltenden Aufgreifkriterien des § 37 GWB sind durch die am 1.1.1999 in Kraft getretene 6. GWB-Novelle neu gefasst worden und haben formell keine wesentliche Änderung in der 7. und 8. GWB-Novelle erfahren. § 37 I GWB ist gekennzeichnet durch die Kombination einer Generalklausel in Nr. 2 und einem Auffangtatbestand in Nr. 4. Daneben bestehen die Einzeltatbestände in Nr. 1 und Nr. 3[39]. § 37 II GWB normiert eine Einschränkung auf den Zusammenschlussbegriff.

## III. § 6 FHG

### *1. Normtext*

§ 6 FHG lautet:

„Die Erfüllung eines der folgenden Tatbestände durch ein Unternehmen gilt als Zusammenschluss im Sinne dieses Gesetzes:

---

39 Mestmäcker/Veelken, § 37 GWB, Rn. 2.

1. Verschmelzung (Fusion) mit einem anderen Unternehmen
2. Erhaltung oder Erwerb von Anteilen oder Einlagen an einem anderen Unternehmen, wenn dadurch die Anteile oder Einlagen mehr als ein Drittel sämtlicher stimmberechtigter Anteile oder des Gesamtkapitals des anderen Unternehmens erreichen;
3. Übernahme oder Pacht des Betriebs oder des Vermögens eines anderen Unternehmens ganz oder zu einem wesentlichen Teil;
4. ständig gemeinsamer Betrieb mit einem anderen Unternehmen oder Übernahme der Geschäftsführung eines anderen Unternehmens unter dem Auftrag des Letztgenannten;
5. unmittelbare oder mittelbare Kontrolle des Betriebs des Geschäftsbereichs oder der Personalentscheidungen eines anderen Unternehmens.“[40]

### *2. Tatbestandsstruktur*

Der FHG-Gesetzgeber verwendet ebenfalls ein Kombinationsmodell, in welchem Einzeltatbestände und Generalklausel nebeneinander stehen[41]. Dies ähnelt durchaus z.T. der Vorschrift des § 23 II GWB in der Fassung von 1957[42].

## IV. § 20 AMG

### *1. Normtext*

„Mit Unternehmenszusammenschluss ist gemeint:

(1) die Fusion von Unternehmen;
(2) dass Unternehmen mit dem Erwerb von Anteilsrechten oder Vermögen die Kontrolle über andere Unternehmen erlangen;
(3) dass Unternehmen durch Verträge oder auf andere Weise die Kontrolle über andere Unternehmen erlangen oder auf andere Unternehmen einen bestimmenden Einfluss ausüben können.“

### *2. Tatbestandsstruktur*

Die Tatbestandsstruktur des § 20 AMG lässt sich in Fusion (Nr. 1), Kontrollerwerb durch Vermögenserwerb und Anteilsrechteerwerb (Nr. 2) Kontrollerwerb bzw. Erwerb eines bestimmenden Einflusses auf ein anderes Unternehmen durch Verträge oder auf andere Weise (Nr. 3) unterteilen. Bei der Ausgestaltung der Aufgreifkriterien i.S.v. § 20 AMG spielte die europäische Erfahrung

---

40 Vgl. Hasse, Zusammenschlusskontrolle Taiwan, S. 402; Kuo-Ching Wang, Gründung einer Tochtergesellschaft in Taiwan, S. 839.

41 Sanktionsentscheidung der FTC gegen NCP von 14.09.2007.

42 Kuo-Ching Wang, Gründung einer Tochtergesellschaft in Taiwan, S. 839.

für die Bezeichnung ebenso wie für die Tatbestandsstruktur eine entscheidende Rolle[43]. In dem AMG-Entwurfs im Jahr 2003 verwendete man statt des Begriffs der Fusion (Chinesisch: he bing合并) den „im chinesischen Sprachgebrauch bis dato ganz ungebräuchlichen Begriff der „Unternehmenskonzentration". Dieser stammt sprachlich betrachtet aus dem europäischen Fusionskontrollrecht, und zwar dessen englischer Fassung. Diese verwendet den Begriff „concentration between undertakings"[44]. Bei ergebnisorientierter Betrachtung hat die Trennung zwischen Nr. 2 und Nr. 3 lediglich formale Bedeutung, weil Vermögenserwerb und Anteilserwerb (Nr. 2) bzw. Verträge oder „in sonstige Weise" (Nr. 3) als Unterfall des Kontrollerwerbs behandelt werden. Der Tatbestand übernimmt mithin diese Unterfälle wörtlich: „durch den Erwerb von Anteilsrechten oder Vermögenswerten, durch Vertrag oder in sonstiger Weise", vgl. Art. 3 I lit. b) FKVO. Eine weitere formale Abgrenzung ist bedeutungslos; in der Verwaltungspraxis überschneiden sich § 20 Nr. 2 und Nr. 3 AMG immer, so etwa in den Rechtsfällen Youyi/Bailian[45], Advics/Aisin Seiki[46], Heihua/Xianglu[47] und Exxaro/ Tronox[48].

## C. Funktionale Rechtsvergleichung zu den Aufgreifkriterien

### I. Funktionalitätsprinzip als Ausgangpunkt der Rechtsvergleichung

Der o.g. Vergleich ergab, dass Art. 3 FKVO und § 20 AMG größtenteils übereinstimmen, während andererseits § 6 I FHG und § 37 I GWB große Ähnlichkeit haben. Die Gegenüberstellung der einzelnen dargestellten Rechtssätze kann allerdings lediglich als „deskriptive Rechtsvergleichung"[49] bezeichnet werden, die so auch überall in den chinesischen Kommentaren zum AMG[50] und z.T. auch in

43 Meery/Chen, RIW 2009 (5), S. 265, 266; Xiaomin Fang, ZWeR 4/2008, S. 385, 394; Xiaofei Mao/Tobias Glass, ZWeR 1/2008, S. 89, 101.

44 Wang Xiaoye, (2011), S. 262; Mao Xiaofei,/Tobias Glass, ZWeR 1/2008, S. 89, 93; Masseli, Handbuch, S. 85.

45 Freigabe-Auflistung Nr. 154.

46 Freigabe-Auflistung Nr. 74.

47 Freigabe-Auflistung Nr. 288.

48 Freigabe-Auflistung Nr. 364.

49 Zweigert/Kötz, Rechtsvergleichung, S. 6.

50 Im von der Gesetzesabteilung des MOFCOM herausgegebenen Kommentar werden die Zusammenschlusstatbestände der europäischen, deutschen, taiwanesischen, japanischen, koreanischen, finnischen, polnischen, schwedischen, russischen, ungarischen sowie kanadischen Regelungen einander gegenübergestellt, vgl. dort S. 176–183. Vgl. auch, Shi Jianzhong, Shi Jianzhong, Komentar zum AMG, S. 257ff.

anderen rechtsvergleichenden Untersuchungen zum FHG[51] verwendet werden. Die Rechtssätze als solche ergeben kein eindeutiges Ergebnis bei der Ermittlung von Unterschieden und Gemeinsamkeiten hinsichtlich der Aufgreifkriterien bzw. hinsichtlich der Anmeldung eines zu überprüfenden Zusammenschlussvorhabens.

Die eigentliche Rechtsvergleichung, die die Funktionalität als das methodische Grundprinzip[52] ansieht, „geht nicht von einem einheimischen Rechtssatz, von einem einheimischen Normenkomplex, etwa einer Rechtsinstitution, oder von einem geschlossenen einheimischen Rechtsgebiet aus und stellt diesen Dingen die entsprechenden fremden Rechtssätze, Normenkomplex, Rechtsinstitution oder Rechtsgebiete gegenüber“, sondern „nimmt auf einen konkreten Lebenssachverhalt oder auf ein konkretes Rechtsproblem Bezug und fragt, welche materielle Lösung für diesen Sachverhalt oder für dieses Rechtsproblem in den verschiedenen Rechtsordnungen vorgesehen ist.“[53] Hinsichtlich der Aufgreifkriterien sollen die Zusammenschlusssachverhalte der Anknüpfungspunkt[54] sein.

## II. Makrovergleichung: Kartellbehörde und Konkretisierungsmethode

Nach der Auffassung von Zweigert/Kötz lässt sich die Rechtsvergleichung zwischen Makro- und Mikrovergleichung[55] unterteilen, wobei die Grenze zwischen beiden durchaus „fließend (ist), und (es) vielfach für die vergleichende Arbeit auf diese Form nicht ankommt, weil die eine ohne die andere praktisch nicht durchgeführt werden kann. Denn dass ein bestimmtes Einzelproblem in einer ausländischen Rechtsordnung so und nicht anderes gelöst wird, lässt sich oft nur dann verstehen, wenn man auch die Verfahren mit bedenkt, in denen die maßgeblichen Regeln in der Praxis durchgesetzt werden müssen.“[56] Die Rechtsvergleichung der Aufgreifkriterien als Mikrovergleichung bedarf mithin u.a. wegen der generalklauselartigen Aufgreifkriterien der über das jeweilige Einzelproblem

51 Hasse hat einen „direkten Vergleich“ zwischen taiwanesischen und deutschen Zusammenschlusstatbeständen gemäß dem Zusammenschlusskatalog vorgenommen. Hasse, Zusammenschlusskontrolle Taiwan, S. 102 ff.

52 Zweigert/Kötz, Rechtsvergleichung, S. 33.

53 Sandrock, Sinn und Methode zivilistischer Rechtsvergleichung, S. 67. Auch Vgl. Yeong-Chin Su, Sozialer Hintergrund der Verfassungskontrolle, S. 11; Zweigert/ Kötz, Rechtsvergleichung, S. 33; Rösler, JuS 1999, S. 1186.

54 Vgl. Kögel, Die Angleichung, S. 56 ff.

55 Zweigert/Kötz, Rechtsvergleichung, S. 4.

56 Zweigert/ Kötz, Rechtsvergleichung, S. 5.

hinausgehenden Makro[57]. Dort stehen ein Konkretisierungsmechanismus und die Konkretisierungsmethoden wegen der generalklauselartigen und daher ausfüllungsbedürftigen Aufgreifkriterien im Mittelpunkt (Teil 2).

### *1. Konkretisierungsmechanismus*

#### *(1) Konkretisierungsträger*

##### a. Rechtsprechung als „endgültige Konkretisierungsträger"

Das verwirklichte Recht ist immer „eine Mischung von Gesetzesrecht und Richterrecht"[58]. Das sich durch Gesetzesauslegung oder Rechtsfortbildung herausbildende Richterrecht, insbesondere „landmarkt decisions", trägt von Gerichten zur Konkretisierung bzw. Rechtssicherheit im Sinne von Vorherbarkeit bei.[59] Etwa seit der grundlegenden Höfner-Entscheidung vom EuGH[60] wird ein Unternehmen im Rahmen des Wettbewerbsrechts als „jede eine wirtschaftliche Tätigkeit ausübende Einheit, unabhängig von ihrer Rechtsform und der Art ihrer Finanzierung"[61], definiert. In diesem „Grundsatzurteil"[62] des BGH „Mischwerke"[63] vom 01.10.1985 hat der BGH festgestellt, dass Gemeinschaftsunternehmen zugleich als Kartell und Zusammenschluss angesehen werden. Rechtsprechung als letztendgültiger Konkretisierungsträger kann durch Nachprüfung zur Verwaltungsentscheidung der Kartellbehörde die „ungerechte" Konkretisierung der Verwaltungsentscheidung modifizieren[64] oder die gerechte Konkretisierung verstärken oder ein neues „gerechtes" Konkretisierungsergebnis schaffen. Diese Befugnis geschieht insbesondre

57 Etwa die drei Kartellbehörde Chinas, das MOFCOM, die NCDR, SAIC erschwert das Abgrenzungsproblem zwischen Zusammenschlusskontrolle und Kartellverbot bei der Gründung eines GU usw.

58 Säcker/ Rixecker /Säcker, in: Münchener Kommentar zum BGB (Bd. I), Einleitng, Rn. 76.

59 Rauschenbach, Verwaltungsermessen und richterliche Kontrolle, S. 63 ff.

60 EuGH, C-41/90, Slg. 1991, I-1979, 2016 Rn. 21-Hönfer.

61 EuGH, C-41/90, Slg. 1991, I-1979, 2016 Rn. 21-Hönfer; EuGH, C-159/91, Slg. 1993, I-637, 669 Rn. 17-Poucet und Pistre; EuGH, C-364/92, Slg. 1994, I-43, 61 Rn. 18-„Eurokontrol". EuGH, C-244/94, Slg. 1995, I-4013, 4028 Rn. 14-Fédération française des sociétés d'assurance; EuGH, C-55/96, Slg. 1997, I-7119, 7147 Rn. 21-Job Centre.

62 Immenga, ZHR 150(1986), S. 366 – 373.

63 BGH WuW/E 2169 „Mischwerke" = BGHZ 96, 69 ff.

64 Diese „ungerechte" oder „gerecht" ist unter dem gerichtlichen Aspekt zu betrachten.

darin, ob die Verwaltungsentscheidung der Gesetzmäßigkeit unterliegt oder ihre „Selbstbindung" eingehalten hat[65].

### b. Verwaltungsbehörde als hauptsächliche Konkretisierungsträger

Die Verwaltungsbehörde steht als wichtigster Konkretisierungsträger im Mittelpunkt und wird bei der Erörterung der Karllbehörde eingegangen. Zum einen ist die Verwaltungspraxis gewissermaßen „Auslöser" bzw. „Pionier" der Konkretisierung; ohne sie kommt die Rechtsprechung selten direkt zur Anwendung. Zum anderen ist die Kontrolle der Verwaltungspraxis durch die Rechtsprechung in den meisten Fällen lediglich potentieller bzw. präventiver Natur[66], denn die Anwendung der gerichtlichen Leitsätze, insbesondere von sog. „landmark decisions" durch die Verwaltung reduzieren ihrerseits die Notwendigkeit der Inanspruchnahme der Gerichtsbarkeit.[67] Insoweit verwundert es in der deutschen Rechtsprechung nicht, dass im Kartellsenat seit jeher weit weniger Sachen zur Entscheidung anstehen als in einem vergleichbaren Zivil- und Strafsenat[68].

Bis heute wird keine Verwaltungsklage gegen Entscheidung der Fusionskontrolle des MOFCOM vor Gericht Chinas erhoben. Einerseits muss gemäß § 53 I AMG der Klageweg gegen Verwaltungsentscheidung des MOFCOM vor allem durch die antragsbedürftige Verwaltungsprüfung beim MOFCOM erfolgen; wenn der Kläger der erneuten Verwaltungsentscheidung nicht unterwerfen will, danach kann die Verwaltungsklage vor Gericht erhoben werden. Andererseits ist die gerichtliche Kontrolle zur Verwaltungshandeln allerdings wegen der überwiegenden Stellung des Verwaltungsystems zur Gerichtbarkeit in der Machtstruktur gescheitert.

65 In den Fällen Airtours/First Choice, Schneider Electric/Kommission und Tetra Laval/Sidel übten die Richter des Europäischen Gerichts Erster Instanz auch eine Fundamentalkritik gegen die Kommission aus, dass die Verbotsentscheidungen der Kommission keinen Bestand haben, und warfen der Kommission in allen zitierten Entscheidungen vor, unsystematisch mit der empirischen Evidenz umgegangen zu sein und vor allem die ökonomische Theorie nicht konsistent angewandt zu haben. Dazu Voigt/ Schimdt, WuW 9/2003, 897, 897.

66 Ein auffälliger Beispielfall ist die Zuständigkeitsmitteilung der Europäischen Kommission. Dazu siehe Teil 2 A I 3.

67 Rauschenbach, Verwaltungsermessens und dessen richterliche Kontrolle, S. 61, S. 64.

68 Hill, Zur Rechtsprechung des Kartellsenats, S. 173, 174.

### *(2) Unabhängigkeit und Transparenz*

Das Kartell- bzw. Fusionskontrollrecht richtet sich gegen eine zu große wirtschaftliche Machtkonzentration, insbesondere gegen potenziell monopolistische Unternehmen. Solche verfügen in der Regel über einen hohen Einfluss auf weitere am Markt tätige Unternehmen, Behörden, Abnehmer, Angestellte usw. bzw. z.T. sogar diverse soziale Beziehungen, die über die genannten privatrechtlichen hinausgehen[69]. Insbesondere bei der Fusionskontrolle handelt es sich um eine Kombination von wirtschaftlichen und politischen Interessen. Dabei versteht sich von selbst, dass wirtschaftliche letztlich auch politische Macht bedeutet[70] und sich negativ auf das politische Gemeinwesen, auf Gesetzgeber und Legislative[71] sowie auf Verwaltungsbehörden auswirken kann. Beim Kartellrecht spricht man daher innerhalb der Gesamtrechtsordnung oft offen von „Politikaffinität"[72] oder auch von „einem ausgesprochen politischen Recht"[73]. Die Unabhängigkeit und die Transparenz der Entscheidung bringen eine Selbstbindung mit sich und müssen daher in der jeweiligen Jurisdiktion erörtert.

## *2. Konkretisierungsmethoden*

### *(1) Begriff der Auslegung*

#### a. Auslegung als Konkretisierung

Eine Auffassung vertritt, Konkretisierung sei also etwas anderes als Auslegung[74] oder „weniger Analyse, Reproduktion, Explizitmachen' einer schon „implizit' vorgegebenen Rechtssubstanz, ‚Erkennen des Erkannten', vielmehr „Synthese, Produktion, rechtsgestaltende Neubildung, Neuerkennen des Unerkannten"[75]. Diese Auffassung findet keine Mehrheit. Nach überwiegender Meinung[76] können Auslegung

---

69 Homburger, Wirtschaftsmacht, S. 29.

70 Eucken, Grundsätze der Wirtschaftspolitik, S. 17 sowie S. 332; Emmerich, Kartellrecht, S. 3; Glöckner, Kartellrecht, S. 27; Grosser, D:, in: Der Bürger im Staat 4/1973, S. 233.

71 Immenga, Marktrecht, in: Walter Hadding (Hrsg), Festgabe Zivilrechtslehrer 1934/1935, S. 228. Vgl. Jäckering, Die politischen Auseinandersetzungen; Rieder, Die Vierte Kartellgesetznovelle.

72 Nolte, Beurteilungsspielräume, S. 10.

73 Rauschenbach, Verwaltungsermessens und dessen richterlicher Kontrolle, S. 61.

74 J. Ipsen, Richterrecht und Verfassung, S. 73.

75 D. Göldner, Verfassungsprinzip und Privatrechtsnorm, S. 100 f.

76 F. Bydlinski unterscheidet nicht zwischen Konkretisierung und Auslegung und spricht davon: „Im Rahmen der Auslegung, besser Konkretisierung von Generalklauseln....“; F. Bydliniski, Juristische Methodenlehre und Rechtbegriff, S. 583. Dirk Ehlers vertritt, „Rechtauslegung, Konkretisierung und -anwendung lassen sich oftmals nicht eindeutig

und Konkretisierung synonym verwendet werden und Konkretisierung ist als eine „Art der Auslegung“[77] bzw. als „unmittelbare Erstkonkretisierung“[78] anzusehen. Das europäische Primärrecht differenziert auch nicht zwischen Auslegung und Konkretisierung. Der Begriff „Auslegung“ i.S.v. Art. 267 I AEUV[79] wird als Oberbegriff für die Rechtsprechung bezeichnet.[80] und beim EuGH ist die Rede von „Auslegung“. In den deutschen Rechten hatte sich das BVerfG im Lüth-Urteil[81] mit der „Auslegung und Anwendung“ zivilrechtlicher Generalklauseln auseinandergesetzt und war auch dem BGH gefolgt[82].

### b. Einzelfallbezogenheit der Auslegung

In dem deutschen[83] und taiwanesischen[84] Schrifttum besteht Einigkeit darüber, dass die Gesetzauslegung in einem wesentlichen Zusammenhang mit dem Charakter der Fallbezogenheit steht. Neben der einzelfallbezogene Auslegung existieren nach GGG und BBGA im Festlandchina eine nicht einzelfallbezogene, aber gesetzgebende Auslegung: nämlich Gesetzgebungsauslegung und Justizauslegung

---

auseinanderhalten. Ferner enthält fast jede Rechtsauslegung ein schöpferisches Moment, was es schwermacht, Auslegung und Konkretisierung voneinander zu trennen“; Erichsen/ Ehlers/Ehlers, Allgemeines Verwaltungsrecht, 13. Aufl., § 2, Rn. 16; Koch/Rüßmann, Juristische Begründungslehre, S. 67 ff.; Heiderhoff, Grundstrukturen, S. 125 ff.; Schmidt, Konkretisierung von Generalklauseln, S. 30.

77 Engisch, Einführung in das juristische Denken, S. 165.

78 H. W. Haubelt, Die Konkretisierung von Generalklausel, S. 57 ff.

79 Art. 267 I AEUV lautet, „Der Gerichtshof der Europäischen Union entscheidet im Wege der Vorabentscheidung a) über die Auslegung der Verträge, b) über die Gültigkeit und die Auslegung der Handlungen der Organe, Einrichtungen oder sonstigen Stellen der Union,…….“

80 Dazu siehe Schmidt, Konkretisierung der Generalklauseln, S. 30.

81 BVerfGE 7, 198 (206)-Lüth.

82 Vgl. Röthel, Normkonkretisierung im Privatrecht, S. 131, Fn. 46.

83 Larenz hielt dafür, „Auslegen…..ist, ein vermittelndes Tun, durch das sich der Auslegende den Sinn eines Texts, der ihm Problematisch geworden ist, zum Verständnis bringt. Problematisch wird dem Anwender der Normtext im Hinblick auf die Anwendbarkeit der Norm gerade auf einen derartigen Sachverhalt.“ Larenz, Methodenlehre der Rechtwissenschaft, S. 312. Engisch, Logische Studien zur Gesetzesanwendung, 3. Aufl. S. 14 f.; darin stellt Engisch weitere ausdrücklich fest, dass „Für den Obersatz ist wesentlich, was auf den konkreteren Fall Bezug hat, am Konkreten Fall ist wesentlich, was auf den Obersatz Bezug hat.“. Esser, Vorverständnis und Methodenwahl in der Rechtsfindung, S. 65 ff.

84 Mao-zong Huang, Mehthode der Rechtswissenschaft und das mordene Zivilrecht, S. 252.

sowie Verwaltungsauslegung, deren Rechtsverbindlichkeit gleich einem Gesetz zukommt.[85] Zur „Konkretisierung“ des § 50 AMG[86] verabschiedete der Oberste Volksgerichtshof Chinas am 08.05.2012 „Einige Bestimmungen über Rechtsanwendung des aus Monopolverhalten resultierenden Zivilstreits“, in deren 16 Artikel Klageerhebung und ihre Annahme, Zuständigkeit, Beweisverantwortungsverteilung, Beweise und Zivilhaftung sowie Klageverjährungsfrist ausführlich geregelt werden[87]. Seit 2008 hat das MOFCOM einschließlich des SAIC und der NCDR vielen Verwaltungsauslegungen durch Ministeriumsregelungen[88]. Diese gesetzgebenden Auslegungen laufen in die Gefahr, dass die Grenzlinie insbesondere zwischen Gesetzgeber und Gericht nicht mehr festgehalten werden kann, obwohl sie teilweise die Nachfrage nach der „Konkretisierung“ der abstrakten Regelung decken. Solche „Auslegungen“ kommen in Folgend nicht in Betracht.

*(2) Auslegungsmethodik*

Im Weg der Begriffsbildung der Aufgreifkriterien stehen den nationalen Gesetzgebern Kasuistikund Generalklausel zur Verfügung. Engisch[89] bezeichnet „Kasuistik“ eine Ausgestaltung des gesetzlichen Tatbestands (als Inbegriff der Voraussetzungen, die die gesetzliche Rechtsfolgeanordnung bedingen), die die besondere Fallgruppe in ihrer spezifischen Eigenart umschreibt. In den Aufgreifkriterien zeichnet sich die Kasuistik durch § 37 I Nr. 3 GWB (25% oder 50%) und § 6 I Nr. 2 FHG (25%) aus. Die Generalklausel basiert hingegen im wesentlich auf qualitativen Kriterien, insbesondere auch auf unbestimmten oder verallgemeinernden Begriffen und finden sich übergreifend den Aufgreifkriterien.[90] Generalklauseln und unbestimmte ausfüllungsbedürftige Rechtsbegriffe machen den in Recht und Wissenschaft traditionell verwendeten Subsumtionsvorgang des „Syllogismus“ bisweilen unmöglich und überfordern das Fassungs- und Subsumtionsvermögen der Rechtsanwender[91]. Die Rechtsanwendung der Kartellbehörde wird allerdings von ernsthaften Warnungen vor den Gefahren

85 Yongliu Zheng, Das Wirtschaftsrecht Chinas, S. 42.

86 § 50 AMG lautet, „Verursacht ein Unternehmen durch sein Monopolverhalten die Schäden gegen anderen, muss dieses Unternehmen Zivilhaftung halten.“

87 Xiaofei Mao, ZWeR 3/2012, S. 349 ff.

88 Dazu siehe H. Stephen Harris u.a., Anti-Monopoly Law and Practice in China, S. 371 ff.

89 Engisch, Einführung in das juristische Denken, 11. Aufl., S. 213.

90 Etwa „Kontrollerwerb“ i.S.v. Art. 3 I lit. b, II und III FKVO, § 37 I Nr. 3 GWB, § 6 Nr. 5 FHG und § 20 AMG sowie der Erwerb eines wettbewerblich erheblichen Einflusses i.S.v. § 37 I Nr. 4 GWB.

91 Günther, FS Hartmann, S. 123, 123.

einer Generalklausel begleitet[92], sodass „Prognosen über die kartellrechtlichen Aussichten einer Fusion“ „häufig Hochseilakte ohne Netz“ sind[93]. Daher ist in der vorliegenden Arbeit auch die Auslegungsmethodik zu erörtern.

## III. Mikrovergleichung: Auswahl des Rechtsvergleichungspunkts

Wegen der mannigfaltigen und unübersehbaren Zusammenschlussformen ist es praktisch unmöglich und zudem auch nicht notwendig, eine komplette Rechtvergleichung aller möglichen Zusammenschlusssachverhalte im europäischen, deutschen, taiwanesischen sowie chinesischen Fusionskontrollrecht in dieser Arbeit durchzuführen. Diese Arbeit konzentrierte sich daher nur auf den „kleinsten gemeinsamen Nenner“ der jeweiligen Zusammenschlusskataloge, die auch in der Praxis am häufigsten vorkommen: Fusion (Teil 3), Kontrollerwerb (Teil 4), Gründung eines GU (Teil 5), Anteils- und Anteilsrechtserwerb (Teil 6) sowie Vermögenserwerb (Teil 7).

### *1. Fusion*

Die rechtliche Fusion (Verschmelzung) führt unmittelbar zur Verminderung der Wettbewerber und stellt daher den stärksten wettbewerblichen Einfluss auf den Markt dar. Folglich findet sich die Fusion in den jeweiligen Fusionskontrollrechten an erster Stelle der Zusammenschlusskataloge, vgl. etwa Art. 3 I lit. a) FKVO, § 6 I Nr. 1 FHG, § 20 Nr. 1 FHG. Überdies wird die wirtschaftliche Fusion, etwa im sog. Gleichordnungskonzern bzw. bei der Überkreuzungsbeteiligung in Rahmen der jeweiligen Aufgreifkriterien untersucht.

### *2. Kontrollerwerb*

Wegen der Unübersehbarkeit der Zusammenschlussformen erfasst der Kontrollerwerb als materialer Begriff alle anderen Zusammenschlussformen, die nicht Anteilserwerb, Gründung eines GU oder Vermögenserwerb umfassen.

92 Hedemann, Die Flucht in die Generalklauseln, S. 58. Vgl. Weber, AcP 192, S. 156, 520 ff.
93 Moosecker, GRUR 1978, 517, 517.

### 3. *Anteils- bzw. Anteilsrechtserwerb*

Der Anteilsrechterwerb oder der Anteilserwerb ist in der europäischen[94], deutschen[95], taiwanesischen[96] und chinesischen Praxis[97] die am häufigsten vorkommende und mithin auch bedeutsamste Zusammenschlussform. Sie zeichnet sich dadurch aus, dass „an der Quelle“[98] die Möglichkeit der Einwirkung auf die wettbewerblichen/strategischen Entscheidungen des Unternehmens gewährt wird.

### 4. *Gründung von GU*

Die Gründung von GU ist bereits selt langem zu den wichtigesten Organisationsformen für nternehmensverfelchtungen auf nationaler und internationaler Ebene[99]. Dementsprechend kommt der Gründung von GU eine herausragende Bedeutuung in der jeweiligen[100] Fusionskontrolle zu und die Prüfung von GU stellt immer die größte Gruppe dar. Jedoch verläuft die Gründung von GU immer in die Grauzone zwischen Struktur- und Verhaltenskontrolle Im modernen Kartellrecht lässt sich mindestens zwischen Marktverhaltenskontrolle und Marktstrukturkontrolle unterscheiden, und dementsprechend werden erhebliche verfahrens- und materiellrechtliche Unterschiede zwischen den Regelungsbereichen der Fusionskontrolle und des Kartellverbots vorgenommen[101]. Die Rechtsfigur eines GU als kalssiches Beispiel zwischen Kartellverbot und Fusionskontrolle wird in der Rechtspraxis immer als „Ewigkeitsthema“[102] aber „weiterer neuralgischer Punkt“[103] bezeichnet.

---

94 Zuständigkeitsmitteilung, Rn. 17; Wenz, Der Begriff der Kontrolle, S. 150; Staudenmayer, Zusammenschlussbegriff, S. 87.

95 Paschke, § 37 GWB, FK, Rn. 38.

96 Hasse, Zusammenschlusskontrolle Taiwan, S. 194.

97 Nach der Statistik des MOFCOM belegte der Anteilrechtserwerb im Jahr 2010, 2011 jeweils 60% und 62%. http://www.mofcom.gov.cn/article/zt_jzzcflnh/lanmutwo/201301/20130100003607.shtml, (eingesehen am 03.11.2013).

98 Wenz, Der Begriff der Kontrolle, S. 43.

99 Mestmäcker, Gemeinschaftsunternehmen im deutschen und europäischen Konzern- und Kartellrecht, in: Mestmäcker/Blaise/Donaldson, Gemeinschaftsunternehmen im Konzern- und Kartellrecht, S. 9.

100 Etwa für Europa siehe Mäger/Mäger, S. 420; Löffer, S. 163, Rn. 31.

101 Schulte/Crede, in: Handbuch Fusionskontrolle, S, 45, Rn. 163 ff.

102 Schmidt, FS Säcker, S. 949.

103 Säcker, FS Canenbley, S. 397, 405.

### *5. Vermögenserwerb*

Der Vermögenserwerb kann auch zur Marktstruktur führen und seit dem Celler-Kefauver Act im Jahr 1950[104] gilt der Vermögenserwerb als eine „klassische“[105] Zusammenschlussform und wird auch von der europäischen, deutschen, taiwanesischen sowie festlandchinesischen Fusionskontrolle erfasst.

104 Näher siehe Spangler, S. 97ff.

105 Kleinmann/Bechtold, Kommentar zur Fusionskontrolle, § 23, Rn. 21.

# Teil 2: Grundlage der Aufgreifkriterien

## A. Verwaltungsbehörde

### I. EU: EU-Kommission

#### *1. Grundzüge*

Die Befugnis zur Zusammenschlusskontrolle ist auf europäischer Ebene[106] der in Brüssel ansässigen EU-Kommission zugewiesen. Innerhalb der EU-Kommission wird die EU-Generaldirektion (GD) Wettbewerb versehen und hat etwa 900 Mitarbeiter, deren Kosten pro Jahr beinahe 100 Millionen Euro betragen.[107] Die Generaldirektion beschäftigt sich mit der Vorbereitungsarbeit auf die Entscheidung. Von dem Generaldirektor werden die meisten Entscheidungen de facto getroffen und wird danach durch die EU-Kommission dekretieret. Das Verhältnis zwischen GD und EU-Kommission zeigt, dass das Wettbewerbskommissariat ein integraler Bestandteil der Europäischen Kommission ist und daher die europäische Wettbewerbspolitik in die europäische Regierung eingebunden ist.[108] Obwohl dies seit langem der Kritik ausgesetzt ist[109], findet der deutsche Vorschlag, ein unabhängiges europäisches Kartellamt zu schaffen, keine Mehrheit. Es ist vorstellbar, dass das Kartellrecht als „Waffe" eingesetzt werden könnte, um eigene wirtschaftspolitische Ziele zu verfolgen, und so einem etwaigen politischen Konsens der Mitgliedstaaten im Richtliniengesetzgebungsverfahren vorzugreifen[110]. Trotzdem findet solche Gefahr auf der Ebene der Eingreifkriterien nach Art. 2 FKVO statt, aber wenig auf der Ebene der Aufgreifkriterien nach Art. 3 FKVO.

---

106 Auf nationaler Ebene sind dafür die nationalen Kartellbehörden zuständig, die jedoch den Vorrang der Maßnahmen der EU-Kommission beachten müssen, vgl. § 16 VO/2003 und EuGH V. 14.12.2000 - Rechtsprechung C-344/98. Slg. 2000, I-11369 - Masterfoods sowie dazu Bornkamm, ZWeR 2003, 73 ff.

107 Wettbewerbspolitik in der Europäischen Union, abrufbar im Internet unter: http://ec.europa.eu/dgs /competition/factsheet_general_de.pdf, (eingesehen am 03.11.2013)

108 Budzinski, Würde eine unabhängige europäische Wettbewerbsbehörde eine bessere Wettbewerbspolitik machen? Vgl. auch Schmidt/Voigt, Die prozeduralen Aspekt der Fusionskontrolle- Die vergessene Seite der Reform, in Jahrbuch für Wirtschaftswissenschaften, Bd. 56, S. 164–184; Haucap/Kühling, Europa braucht eine Monopolkommission, in: FAZ, 12.08.2010.

109 Seliger, WuW 11/1997.

110 Ehricke, WuW 04/2008, S. 411.

### 2. *Begründungszwang*

Art. 296 II AEUV lautet „Die Rechtsakte sind mit einer Begründung zu versehen und nehmen auf die in den Verträgen vorgesehenen Vorschläge, Initiativen, Empfehlungen, Anträge oder Stellungnahmen Bezug." Im Urteil „Bertelsmann/Sony"[111] nahm das Gericht zur Begründungspflicht der Kommission nach Art. 296 AEUV wie folgt Stellung: die Kommission müsse in ihrer Entscheidung ihre Überlegungen so klar und eindeutig zum Ausdruck bringen, dass die Betroffenen die Gründe für die Genehmigung oder Untersagung eindeutig entnehmen könnten und das Gericht (EuG) seine Kontrollaufgabe wahrnehmen könne.[112] In zwei Urteile Schneider Electric/Kommission[113] und My Travel[114] wurden Schadensersatzansprüchen von Beteiligten nach der Nichtigerklärung von Untersagungsentscheidungen der Kommission festgestellt.

### 3. *Zuständigkeitsmitteilung*

Zu den Themen Transparenz fasste die Kommission die bisherige Verwaltungspraxis zusammen und veröffentlichte eine Reihe von sog. Mitteilungen. Die im Jahr 2009 von der Kommission veröffentlichte Zuständigkeitsmitteilung[115] ersetzt die vorherigen Mitteilungen. Ausführlichkeit und Vorhersehbarkeit der Mitteilung minimieren die aus der Generalklausel folgende Rechtsunsicherheit, sodass Unternehmen schneller feststellen können, ob und inwieweit ihre Vorhaben unter die Fusionskontrollvorschriften der Gemeinschaft fallen.[116] Somit hat die Zuständigkeitsmitteilung in der Praxis „faktisch eine erhebliche, letztlich quasi-verbindliche Bedeutung"[117], sogar „den geleichen Stellenwert wie eine Rechtsnorm"[118].

Nach ihrer Eigenschaft gehört diese Zuständigkeitsmitteilung, im Gegensatz zur FKVO, weder zu den (formellen) Rechtsquellen im eigentlichen Sinne, noch hat sie formelle Rechtverbindlichkeit für die Unionsgerichte bzw. die Gerichte der

---

111 Rechtssache C-413/06 P, Urt. Bertelsmann und Sony. Rn. 172, 174–175.

112 Urt. Bertelsmann und Sony, Rn. 166–169.

113 EuG, Rs. T-3010/01, Slg. 2002, ECR II-4071 – Schneider Electric vs. Kommission; Urteil des Gerichts vom 22.10.2002.

114 EuG, Urt. 9.9.2008 – T-212/03-My Traveö Group.

115 Zuständigkeitsmitteilung, ABl. EU 2009 C 43/10, Rn. 60. Diese ersetzt die Mitteilung zum Zusammenschlussbegriff aus dem Jahre 2004, Mitteilung der Vollfunktions-GU.

116 Zuständigkeitsmitteilung, Rn. 1.

117 Immenga/Mestmäcker/Körber, Art. 3 FKVO, Rn. 5.

118 Langen/Bunte/Käseberg, Art. 3 FKVO, Rn. 7.

Mitgliedstaaten.[119] Die von der Kommission in dieser Mitteilung vorgenommene Auslegung der Art. 1,3,5 FKVO lässt etwaige Auslegungen seitens des EuGH bzw. des Gerichts (EuG) unberührt[120]. Sie bewirkt vielmehr eine Selbstbindung der Kommission: diese muss sich aufgrund des Gleichbehandlungsgrundsatzes und des Rechtsstaatsprinzips an die Zuständigkeitsmitteilung halten, es sei denn, dass im Einzelfall eine hinreichende Gründe für eine von den darin genannten Grundsätzen abweichende Behandlung vorliegen.

## II. Deutschland: BKartA

### *1. Grundzüge*

Die deutschen Kartellbehörden sind das BKartA, das BMWi und die LKart-Behörde. Weist das GWB eine Zuständigkeit nicht einer bestimmten Kartellbehörde zu, so nimmt das BKartA die in diesem Gesetz der Kartellbehörde übertragenen Aufgaben und Befugnisse wahr, wenn die Wirkung des den Wettbewerb beschränkenden oder diskriminierenden Verhaltens oder einer Wettbewerbsregel über das Gebiet eines Landes hinausreicht. In allen übrigen Fällen nimmt diese Aufgaben und Befugnisse die nach Landesrecht zuständige oberste Landesbehörde wahr, § 48 GWB. Jedoch fällt die Zusammenschlusskontrolle in die ausschließliche Zuständigkeit des BKartA. Das Herz des BKartA besteht aus zwölf Beschlussabteilungen, welche überwiegend nach Branchen gegliedert sind. Zwei dieser Beschlussabteilungen widmen sich branchenübergreifend ausschließlich der Verfolgung von Kartellfällen. Eine weitere, im Januar 2008 eingerichtete, Beschlussabteilung befasst sich ausschließlich mit der Missbrauchs- und Kartellbekämpfung im Energiebereich. Die Sonderkommission Kartellbekämpfung unterstützt die Beschlussabteilungen bei der Vorbereitung, Durchführung und Auswertung von Durchsuchungsaktionen im Rahmen von Kartellverfahren.[121]

Insgesamt sind beim BKartA 345 Mitarbeiter beschäftigte, von denen etwa die Hälfte Juristen und Ökonomen sind; der Jahreshaushalt beläuft sich auf rund 26,8 Mio. Euro (Stand: 2013)[122]. Die Beschlussabteilungen sind überwiegend nach Branchen gegliedert, zwei Beschlussabteilungen widmen sich branchenübergreifend ausschließlich der Verfolgung von Kartellfällen, eine weitere

119 Pampel, WuW 01/2005; Pohlmann, WuW 10/2005.

120 Zuständigkeitsmitteilung, Rn. 3.

121 Siehe: http://www.bundeskartellamt.de/wDeutsch/bundeskartellamt/Organisation/Organisation.php, (eingesehen am 03.1.2013).

122 Das Bundeskartellamt, Jahresbericht 2013, S. 5.

Beschlussabteilung, eingerichtet im Januar 2008, befasst sich ausschließlich mit der Missbrauchs- und Kartellbekämpfung im Energiebereich.

## 2. *Unabhängigkeit*

### a. Äußere Unabhängigkeit

Das BKartA ist eine dem BMWi zugeordnete, aber selbstständig arbeitende Bundesoberbehörde. Soweit das BMWi dem BKartA allgemeine Weisungen für den Erlass oder die Unterlassung von Verfügungen nach diesem Gesetz erteilt, sind diese Weisungen im Bundesanzeiger zu veröffentlichen (§ 52 GWB). Obwohl die Frage, ob der Minister auch durch Einzelweisungen in schwebende Verfahren eingreifen kann, umstritten[123] ist, stellt das BKartA eine selbständige Bundesoberbehörde[124] i.S.v. § 87 III GG[125] dar. In der Tat stellt die Unabhängigkeit des BKartA eine der wesentlichen Voraussetzungen seiner bisherigen Erfolge dar und alle BWM haben bisher ebenfalls betont, dass sie keine Einzelweisungen erteilt hätten, und dass der Wettbewerb als das Herzstück der sozialen Marktwirtschaft vom BKartA am besten gehütet werden könne, wenn es frei von politischen Einflüssen bleibe.[126]

Der äußere Unabhängigkeit der Kartellbehörde vom BMWi liegt eine eindeutige Zuständigkeitsverteilung zugrunde: Einerseits trifft das BKartA seine Entscheidungen im Fusionskontrollverfahren ausschließlich nach wettbewerbsrechtlichen Kriterien[127]; andererseits entscheidet BMWi über den nachträglichen Widerruf oder die Einschränkung einer Erlaubnis nach § 42 (§ 40 III GWB), und trifft dabei seine Entscheidungen hauptsächlich gemäß anderen wichtigen

123 Vgl. Stockmann, ZWeR 2/2008, S. 140 ff.

124 Emmerich, Kartellrecht, S. 512.

125 § 87 III GG lautet „Außerdem können für Angelegenheiten, für die dem Bunde die Gesetzgebung zusteht, selbständige Bundesoberbehörden und neue bundesunmittelbare Körperschaften und Anstalten des öffentlichen Rechtes durch Bundesgesetz errichtet werden. Erwachsen dem Bunde auf Gebieten, für die ihm die Gesetzgebung zusteht, neue Aufgaben, so können bei dringendem Bedarf bundeseigene Mittel- und Unterbehörden mit Zustimmung des Bundesrates und der Mehrheit der Mitglieder des Bundestages errichtet werden."

126 Stockmann, ZWeR 2/2008, S. 137, 140.

127 Das BKartA, Das Bundeskartellamt in Bonn: Organisation, Aufgaben und Tätigkeit, S. 12. Siehe: http://www.bundeskartellamt.de/SharedDocs/Publikation/DE/Broschüren/Informationsbroschüre%20-%20Das%20Bundeskartellamt%20in%20Bonn.pdf;jsessionid=8600542DF65E27682955E883323DCCEE.1_cid362?__blob=publicationFile&v=10, (eingesehen am 02.11.2013).

wirtschafts- und gesellschaftspolitischen Kriterien. Dazu zählen etwa die Wettbewerbsbeschränkung, gesamtwirtschaftliche Vorteile des Zusammenschlusses, Abwägung beider, Rechtfertigung durch ein überragendes Interesse der Allgemeinheit am Zusammenschluss.

b. Innere Unabhängigkeit

Kartellrechtliche Entscheidungen des BKartA werden in einem justizähnlichen Verfahren von den o.g. zwölf Beschlussabteilungen getroffen. Dort wird jeder Fall in einem sog. Kollegialgremium per Mehrheitsvotum entschieden. Dieses Kollegium setzt sich aus dem Vorsitzenden der jeweiligen Beschlussabteilung und zwei Beisitzern zusammen. Der Präsident des BKartA und der Vorsitzende einer Beschlussabteilung dürfen nicht eine Beschlussabteilung oder einen Beisitzenden anweisen, eine bestimmte Entscheidung zu treffen oder zu unterlassen.[128] In ihrem Bericht über Praktikum bei BKartA bestätigt die chinesische Kartelljuristin Frau Mao Xiaofei auch, „Während meines Praktikums im BKartA habe ich nie eine Gerüchte eines Eingriffs in die Verwaltungsentscheidung gehört".[129] Die Wahl zur ungewöhnlichen Organisationsform dient dazu, die Entscheidung des Amtes mit besonders hohen rechtsstaatlichen Garantien auszugestalten und ein „justizähnliches" Verfahren zu gewährleisten.[130]

### 3. *Verwaltungsgrundsätze*

Die Verwaltungsgrundsätze in Form von Merkblättern interpretieren die fusionskontrollrechtliche Verwaltungs- und Rechtsprechungspraxis näher. Insbesondere das „*Merkblatt zur deutschen Zusammenschlusskontrolle*"[131] erläutert die vom GWB erfassten Zusammenschlusstatbestände und andere wichtige Begriffe, etwa beteiligte Unternehmen, verbundene Unternehmen, wesentlicher Teil des Vermögens. Wie die Zuständigkeitsmitteilung sind diese Verwaltungsgrundsätze selbstauferlegte Richtlinien. Ihre Selbstbindungswirkung greift daher nicht für die LKartBehörde und das Gericht. Für diese und das Gericht sind sie somit

---

128 Bechtold, § 52 GWB, Rn. 4.

129 Mao Xiaofei: Tage im BKartA (2): Ausgestaltung des BKartA und deren Umwandlung, in: http://www.iolaw.org.cn/showArticle.asp?id=2010, (eingesehen am 03.01.2013).

130 Rittner/Dreher, S. 630, Rn. 26.

131 Abrufbar: http://www.bundeskartellamt.de/SharedDocs/Publikation/DE/Merkblätter/Merkblatt%20-%20Deutsche%20Fusionskontrolle.pdf?__blob=publicationFile&v=3, Stand: Juli 2005, (eingesehen am 03.11.2013).

nur insoweit von Bedeutung, als willkürliches Abweichen im Einzelfall den Verwaltungsakt anfechtbar macht[132].

## III. Taiwan: FTC

### *1. Grundzüge der FTC*

Die FTC gliedert sich in die Kommissionssitzung, die aus dem Vorsitzenden, dem Vizevorsitzenden und weiteren fünf Kommissaren besteht, die Gesamtplanungsabteilung, die Wettbewerbsabteilung für Bauindustrie, die Wettbewerbsabteilung für die Dienstleistungsbranche sowie die Abteilung zum Schutz vor unfairem Wettbewerb des Unfairen Wettbewerbs, die Abteilung für rechtliche Angelegenheiten, und 5 Hilfsverwaltungsbüros: dem Büro für Informations- und Ökonomische Analyse, dem Sekretariat, dem Personalbüro, dem Disziplinarbüro sowie der Buchhaltung. Der FTC wird per Gesetz ein Kontingent von 180 bis maximal 242 Personen zugewiesen; bis zum 30. Juni 2012 insgesamt hatte die FTC 217 Beschäftigte. Darunter waren 26.60% Juristen, 21% Ökonomen und 52,30% andere Fachkräfte[133] Von 1992 bis November 2012 wurden 36.334 Fälle von der FTC geprüft, darunter 6.555 Zusammenschlüsse.[134]

### *2. Unabhängigkeit*

#### *(1) Unabhängigkeit als dauerhafte Zielsetzung*

a. § 28 FHG

Nach § 28 FHG verfügt die FTC über unabhängige Zuständigkeitskompetenzen, u.a. hinsichtlich aller Angelegenheiten betreffend den Fair Trade. Die FTC sollte gemäß § 3 II Liaw-Entwurf-FHG[135] anfänglich aus einem Kommissionsvorsitzenden und mindesten 4 bzw. höchstens 6 weiteren Kommissionären bestehen. Diese sollten über klar umrissene unabhängige Befugnisse verfügen. Demgegenüber wurde in § 33 des Entwurfs des Taiwanesischen Wirtschaftsministeriums die FTC als

---

132 Immenga/Mestmäcker/Klaue, § 53 GWB, Rn. 4.

133 http://www.ftc.gov.tw/internet/english/doc/docDetail.aspx?uid=198&docid=12193, (eingesehen am 03.11.2013).

134 Hsu, Huoo-ming, Eröffnungsansprache zur Sitzung über „Rückblick und Zukunft der zwanzigjährigen Durchsetzung des FHG", S. 2.

135 Prof. Liaw Yih-nan promivierte im Jahr 1973 bei Prof. Ludwig Raiser mit dem Thema „Der öffentliche Einfluss auf das Unternehmen und die Rechtsform des Unternehmens: rechtsvergleichende Darstellung zwischen Deutschland und Taiwan"; er verfasste den ersten Entwurf zum FHG.

eine Abteilung des Wirtschaftsministeriums mit beratender Funktion konzipiert, wobei die Verwaltungsentscheidung in Namen des Wirtschaftsministeriums getroffen werden sollte. Gegen diese Bestimmung des o.g. Entwurfs sprach sich Prof. Dr. Yeong-Chin Su[136] auf der FHG-Gesetzgebungssitzung wie folgt aus:

„In Gegenüberstellung zu den ausreichenden Ressourcen der Kartellbehörde in den USA und Deutschland würde die Rechtsstellung der FTC als Abteilung des Wirtschaftsministeriums unvermeidlich im Hinblick auf Ressourcen und Budget abhängig vom Wirtschaftsministerium machen."[137] Dieser Vorschlag wurde auf der 3. Lesung im Legislativ-Yuan[138] aufgenommen.

Außerdem wurde die Unabhängigkeit der FTC im Rahmen der Exekutive-Yuan[139] mit folgender Begründung eingesetzt: „Die Fair Trade Commission wird in den USA, BRD[140], Japan von der allgemeinen Gesetzgebung eingesetzt und wird mit den umfassenden Befugnissen, u.a. Verwaltungsbefugnis und Quasi-Gerichtsbarkeit und der Möglichkeit des Erlasses von Verwaltungsordnungen ausgestattet. In Hinblick auf die ausländischen Erfahrungen und unter Berücksichtigung unserer Angelegenheit muss hierzulande ebenfalls eine FTC errichtet werden, die der Exekutive untergeordnet ist, um so eine effektive Durchsetzung bei der Erhaltung der Freiheit und Gerechtigkeit der Wettbewerbsverhaltensweisen zu gewährleisten."[141] Weiterhin legten Wirtschafts- und Justizkommission der Legislativ-Yuan Folgendes fest: „Die Gewährleistung der Unabhängigkeit und Gerechtigkeit der FTC ist abhängig von der personellen, finanziellen und sachlichen Unabhängigkeit der FTC nach außen, weil sich diese der Einwirkung anderer Verwaltungsbehörden und dem Misstrauen des Volks entziehen kann."

136 Prof. Dr. Yeong-Chin Su promovierte bei Prof. Wolfang Fikentscher mit dieser Dissertation „Möglichkeiten und Grenzen gesetzgeberischer Maßnahmen zu Problemen der Marktwirtschaft in Nationalchina (Taiwan)". Er war Vizepräsident der FTC (1996–1998) und ist Verfassungsrichter seit 2010.

137 Yeong-Chin Su, in: Amtliche Verlautbarungen Legislativ-Yuan (42), S. 82.

138 Das Legislativ-Yuan (chinesisch 立法院, lifayuan) ist das Parlament der Republik China (Taiwan), das mit der Gesetzgebungskompetenz ausgestattet ist.

139 Das Exekutive-Yuan (chinesisch 行政院, xingzhengyuan) ist vergleichbar mit einem Kabinett und die Exekutive der Regierung der Republik China (Taiwan).

140 Die deutsche Kartellbehörde ist nicht die Kommission, sondern das Bundeskartellamt, hierzu auch Liu Kongzhong, S. 389.

141 Amtliche Verlautbarungen Legislativ-Yuan (80), S. 170.

### b. Verstärkte Unabhängigkeit nach dem FTC-OrgG

Nach § 29 FHG wird die Ausgestaltung der FTC durch ein gesondertes Gesetz geregelt. Bei der Ausarbeitung des FTC-OrgG wurde die Unabhängigkeitsgewährleistung der FTC in dem vom Exekutive-Yuan aufgeworfenen Entwurf nicht mehr erwähnt. Das Verwaltungsgericht und das Oberste Verwaltungsgericht Taiwans bestätigten mehrmalig diese Meinung „Die FTC ist nicht nur unabhängiger und professioneller Natur, sondern bei der Einzelfallentscheidung auch quasi-gerichtlich, weil die FTC aus Wissenschaftlern und Spezialisten besteht und auf dem Kollegial – und dem Aufbauprinzip beruht.[142]

Das Legislative-Yuan wies darauf hin, dass die Rechtsstellung der FTC wie Prüfungskommissionsmitglieder und Richter eingesetzt werden soll, um die o.g. Gerechtigkeit und Unabhängigkeit zu gewährleisten. Gemäß § 11 III, 13 FTC-OrgG darf die Anzahl der Kommissare, die derselben politischen Partei angehören, nicht mehr als die Hälfte der gesamten Anzahl der Kommissare betragen sollen und Kommissare sollen ihre Amtsgeschäfte unabhängig sowie ohne Berücksichtigung etwaiger Parteizugehörigkeiten wahrnehmen.

### c. Reform von 2012

Bis zum 02.06.2012 wurden alle Entscheidungen nicht im Namen der FTC, sondern im Namen der FTC des Exekutiv-Yuan getroffen. Dies widersprach dem Gesetzeswortlaut des FHG[143]. Am 02.06.2012 trat das am 28.10.2011 in der vom Legislativ-Yuan verabschiedete FTC-OrgG in Kraft. Die größte Änderung bestand darin, dass die vollständige Bezeichnung der FTC nicht mehr neben der Bezeichnung des Exekutiv-Yuan verwendet wurde, sondern die FTC der Republik Chinas. Die Anzahl von Kommissaren verringerte sich zudem von neun auf sieben; deren Amtszeit wurde von drei auf vier Jahre verlängert. Alle Kommissare werden vom Premierminister vorgeschlagen, aber ihre Ernennung wird nach wie vor nicht vom Präsidenten der Republik Chinas, sondern vom Exekutiv-Yuan durchgeführt.

#### *(2) Innere Unabhängigkeit*

Die Entscheidungen der FTC werden gemeinsam von allen sieben Mitgliedern per Mehrheitsentscheidung im Kollegium getroffen. Die Anzahl der Kommissare, die derselben politischen Partei angehören, darf auch weiterhin nicht mehr als die

---

142 Nr. 1599 von der Entscheidung des Verwaltungsgerichts Taiwan im Jahr 1996; Nr. 1443 von der Entscheidung des Obsten Verwaltungsgerichts Taiwan im Jahr 1996.

143 Liu Kongzhong, S. 399.

Hälfte der gesamten Anzahl der Kommissare betragen, § 4 VII FTC-OrgG. Die Kommissare der Kommission sollen ihre Amtsgeschäfte unabhängig sowie ohne Berücksichtigung etwaiger Parteizugehörigkeiten wahrnehmen, § 8 FTC-OrgG.

### *3. Transparenz und Verwaltungsauslegung*

#### *(1) Transparenz*

Gemäß § 2 Nr. 1, 2 GÖK sollen die in der Kommissionssitzung getroffenen Verwaltungsentscheidungen nach der Sitzung unverzüglich veröffentlicht werden. Das Kommissionssitzungsprotokoll soll auf der amtlichen Webseite oder auf andere angemessene Weise unaufgefordert publiziert werden. Gemäß § 9 Regierungsinformationsoffenheitsgesetz ist jeder Bürger der Republik China, jede einheimische juristische Person bzw. Gemeinschaft des Privaten Rechts sowie jeder Bürger mit einem Reisepass der Republik China berechtigt, bei der Regierung Informationen zu beantragen. Das gilt auch für Ausländer, insoweit das Gesetz keine Ausnahmen benennt. Jede Verwaltungsentscheidung der FTC wurde veröffentlicht und ist in seiner Webseite abrufbar.

#### *(2) Verwaltungsauslegung*

Die FTC verwendet bei der Zusammenschlusskontrolle hauptsächlich die Verwaltungsauslegung. Abgesehen von annullierten Verwaltungsauslegungen erließ die FTC bis zum 27.03.2012 davon zwölf an der Zahl. Die Verwaltungsauslegung hat ebenfalls eine Selbstbindungswirkung gegenüber der FTC selbst sowie gegenüber ihren nachgeordneten Organen[144]. Widerspricht aber eine vorherige Verwaltungsauslegung einer späteren, ist die frühere ohne weiteres wirkungslos. Diese Bestimmung dient der Rechtssicherheit und gilt, solange das nicht dem Prinzip der Gesetzmäßigkeit der Verwaltung widerspricht[145].

---

144 Auslegung des Justiz-Yuan Nr. 548.

145 Auslegung des Justiz-Yuan Nr. 287. Für die Gerichtbarkeit Taiwans, siehe Zhuo-Ning Su, VRÜ 45 (2012).

## IV. Festlandchina: MOFCOM

### 1. *MOFCOM als ausschließliches Zuständigkeitsorgan für Zusammenschlusskontrolle*

#### *(1) Die drei Säulen der versteuerten Zentralkartellbehörde*

Gemäß §§ 18, 20, 21, 22 BestAuslInvest von 2003 a. F. waren die SAIC bzw. das damalige MOFTEC[146] (der Vorläufer des MOFCOM) für die Zusammenschlusskontrolle zuständig. Zwischen Januar 2004 und August 2008 prüften das MOFTEC und sein Nachfolger das MOFCOM die meisten Zusammenschlussvorhaben, während die SAIC insgesamt 113 Zusammenschlussfälle[147] behandelte. Allerdings ernennt bzw. erschafft das AMG kein spezifisches Durchsetzungsorgan, sondern regelt im § 10 I AMG, dass das vom Staatsrat zu bestimmende Antimonopolvollzugsorgan zuständig für die AMG-Durchsetzung ist. Gleichzeitig wird die AMK hauptsächlich als Koordinationsorgan[148] unter den Kartellbehörden nach § 9 AMG errichtet. Auf der ersten AMK-Sitzung im September 2008 wurden das MOFCOM, die SAIC und die NCDR als Durchsetzungsorgane festgelegt[149]: Die SAIC ist zuständig für die Ermittlung und Feststellung wettbewerbsbeschränkender Vereinbarungen sowie die Überwachung der Entstehung einer etwaigen missbräuchlichen marktbeherrschenden Stellung, die nicht Preismonopolverhalten betrifft, sowie von Verwaltungsmonopolen. Die NCDR ist zuständig für die Bekämpfung von Preismissbrauchsfällen. Das MOFCOM ist demgegenüber zuständig für die Zusammenschlusskontrolle. Diese versteuerten Kartellbehörden sind besonders virulent, weil die Grauzone zwischen Kartell und Zusammenschluss, etwa die Gründung eines GU, Minderheitsbeteiligung immer die Zuständigkeitsfragen auslösen können.

#### *(2) Die Unabhängigkeit des MOFCOM gegenüber Einflüssen von außen*

Das MOFCOM unterliegt als Ministerium des Staatsrats ganz und gar dem Staatsrat. Am 05.12.2006 veröffentlichte der Staatsrat die von der SASAC ausgearbeiteten „Leitlinien für die Umstrukturierung der Staatsunternehmen und des Staatskapitals“ mit dem Zweck, bis 2010 durch Zusammenschluss die Anzahl der zentralstaatlichen Unternehmen auf 80–100 zu verringern. Der Staatsrat

---

146 Das Ministerium für Außenhandel und internationale Zusammenarbeit.

147 SAIC/ CASS, Selected Antimonopoly Cases and Investigation and Analysis, S. 234.

148 Xiaofei Mao/Tobias Glass, ZWeR 1/2008, S. 105 ff.

149 Näheres in Mesenbrink: Spannungsfeld zwischen Politik und Wettbewerbsrecht, S. 37 ff.

forderte das MOFCOM und andere Ministerien auf, diese Leitlinien durchzuführen. Am 28.08.2010 erließ der Staatsrat die *Staatsratsdirektive zur Förderung von Zusammenschlüssen*. Dem MOFCOM wurde demzufolge die Antimonopolprüfung von Zusammenschlüssen zugewiesen. Gemeinsam mit anderen Staatsratsorganen, etwa dem Finanzwesensministerium, wurde es zur *Förderung* von Zusammenschlüssen staatlicher Unternehmen verpflichtet. Das MOFCOM als Unterbehörde des Staatsrats hat keine Macht und keinen Anlass, die vom Staatsrat beschlossenen Zusammenschlussvorhaben zu untersagen. Dieses Abhängigkeitsproblem zeigte sich ganz besonders im Fall „China Unicom/China Netcom“[150].

## *2. Innere Unabhängigkeit des MOFCOM-AMA gegenüber MOFCOM*

### *(1) Grundzüge*

Die Zusammenschlusskontrolle ist innerhalb des MOFCOM dem MOFCOM-AMA zugewiesen. Aus der Webseite des MOFCOM-AMA[151] setzt sich das MOFCOM-AMA aus sieben Abteilungen zusammen, nämlich Büro, Wettbewerbspolitikabteilung, Verhandlungsabteilung, Abteilung für rechtliche Angelegenheiten, Wirtschaftsabteilung, Aufsichts- und Vollzugsabteilung sowie der Abteilung für Koordination mit der AMK. Jedoch sind ihre konkreten Aufgabenzuweisungen nicht ermittelbar. Für die Ebene der Provinzen, der regierungsunmittelbaren Städte[152] sowie der Autonomen Gebiete[153] werden die Antimonopolabteilungen bzw. das Antimonopolbüro versehen, denen aber keiner eigenständigen Befugnisse zur Zusammenschlusskontrolle überantwortet werden. Bis Ende 2011 hatte das MOFCOM-AMA insgesamt lediglich 30 Beschäftigte.[154] Zufolge einer vom MOFCOM veröffentlichten Statistik[155] sind bis Ende Juni 2013 insgesamt 690 Fusionskontrollanmeldungen eingegangen,

---

150 Dazu siehe Teil 2 C IV 2.

151 http://fldj.mofcom.gov.cn/article/gywm/200811/20081105868495.shtml, (eingesehen am 03.11.2013).

152 Diese sind Beijing, Tianjin, Shanghai, Chongqin.

153 Hongkong, Macau und Taiwan bleiben außer Betracht.

154 Shang Ming, Einschätzung zum Antimonopolrecht und zur Entfaltung der Fusionskotrolle, in: Chinesische Kommission zur Wettbewerbspolitik und-recht der WTO (Hrsg.): Report on competition law and policy of China (2010), S. 7.

155 http://news.xinhuanet.com/2013-07/31/c_116762364.htm, 案件数量攀升 我国成为经营者集中反垄断审查重要司法辖区., (eingesehen am 03.11.2013).

wovon insgesamt 643 bereits entscheiden worden waren (624 Freigaben ohne Auflagen, 18 Freigaben mit Auflagen, eine Untersagung[156]).

### *(2) Rechtstellung des AMA*

### a. Ein internes Organ des MOFCOM

Das AMA untersteht als internes Organ vor allem dem MOFCOM selbst. Die personelle und finanzielle Ausstattung des AMA werden vom MOFCOM festgelegt und Entscheidungen des AMA sind des MOFCOM[157]. Es verkörpert sich in dem vom MOFCOM verabschiedeten AnMeEnt und der Zuordnung der Geschäftszeichen der Fusionskontrollentscheidung.

### a) Rechtstellungsänderung des AMA

§ 2 AnMeEnt lautete:

> „Das MOFCOM ist das Rechtsvollzugsorgan für die Antimonopolprüfung von Unternehmenszusammenschlüssen. Das MOFCOM-AMA ist zuständig für die konkrete Rechtsvollzugsarbeit der Entgegennahme und Überprüfung von Unternehmenszusammenschlüssen." In diesem Entwurf wird das MOFCOM als ein spezifisches Vollzugsorgan der Zusammenschlusskontrolle hervorgehoben.
>
> Die Bezeichnung des MOFCOM-AMA ist allerdings in der verabschiedeten AnMe weggefallen und wurde durch das MOFCOM ersetzt[158], d.h.
>
> „Das MOFCOM ist das Rechtsvollzugsorgan für die Antimonopolprüfung von Unternehmenszusammenschlüssen und zuständig für die konkrete Rechtsvollzugsarbeit der Entgegennahme und Prüfung von Unternehmenszusammenschlussanmeldungen.".

### b) Geschäftszeichenzuordnung

Ein weiteres Beispiel: Die Fusionskontrollentscheidungen haben keine selbstständige Geschäftszeichenzuordnung. Diese werden zusammen mit den anderen vom MOFCOM getroffenen Verwaltungsentscheidungen systematisch vergeben, sodass Fusionskontrollentscheidungen im Hinblick auf ihre Geschäftszeichen

---

156 Am 02.07.2014 wurde der Zusammenschlussvorhaben der Gründung eines Netzbetriebszentrums zwischen Maersk, MSC und CMA CGM untersagt. Siehe: Bekanntmachung des MOFCOM (2014) Nr. 46.

157 Mey/Chen, Fusionskontrolle in der VR China, RIW Heft 5/2009, S. 265, 266.

158 § 2 AnMeEnt lautet: „Das MOFCOM ist das Rechtsvollzugsorgan für die Antimonopolprüfung von Unternehmenszusammenschlüssen und zuständig für die konkrete Rechtsvollzugsarbeit der Entgegennahme und Prüfung von Unternehmenszusammenschlussanmeldungen."

zusammen mit den von anderen Abteilungen des MOFCOM getroffenen Entscheidungen zugeordnet werden. So lautete etwa das Geschäftszeichen der ersten Untersagungsentscheidung im Fall Huiyuan/Coca Cola „MOFCOM-[2009]-Nr. 22“. Deren vorheriges Geschäftszeichen MOFCOM-[2009]-Nr. 21[159] betrifft den Erlass des Branchenstandards für innerstaatliches Handeln. Das nachfolgende Geschäftszeichen MOFCOM-[2009]-Nr. 23[160] behandelte eine Antidumpingentscheidung gegen amerikanische, europäische, russische und taiwanesische Unternehmen.

### b. AMA als Büro der AMK

#### a) § 9 I AMG

Die AMK[161] macht keine Vergleichbarkeit mit der deutschen Monopolkommission.[162]

§ 9 I AMG lautet:

> „Die vom Staatsrat errichteten Antimonopolkommission ist zuständig für die Organisation, Koordinierung und Anleitung der Antimonopolarbeit zugewiesen und erfüllt zugleich die folgenden Amtsaufgaben:
> Nr. 1: Forschung und Entwurf der einschlägigen Wettbewerbsrichtlinien;
> Nr. 2: Organisation für die Untersuchungen und Bewertungen der Wettbewerbsverhältnisse und Veröffentlichung der Bewertungsberichte;
> Nr. 3: Festsetzung und Veröffentlichung der Antimonopolwegweiser;
> Nr. 4: Koordinierung der rechtsvollziehenden Arbeit der Antimonopolverwaltung;
> Nr. 5: vom Staatsrat bestimmte andere Amtsaufgaben.“

#### b) Grundzüge

Im September 2008 wurden diese AMK-Arbeitsregeln auf der ersten AMK-Sitzung beschlossen und wird bisher noch nicht veröffentlicht[163]. Nach der Presseverlautbarung erfolgen die Erfüllung der Amtsaufgaben der AMK durch die Kommissionssitzung und Vorsitzender-Kommissionsitzung und Spezialisten. Bis 2012

---

159 http://www.mofcom.gov.cn/aarticle/b/g/200904/20090406190907.html, (eingeshen am 20.01.2014).

160 http://www.mofcom.gov.cn/article/b/e/200904/20090406208220.shtml, (eingeshen am 20.01.2014).

161 Näheres siehe Mesenbrink, Spannungsfeld zwischen Politik und Wettbewerbsrecht, S. 33 ff.

162 Xiaofei Mao/Tobias, Glass, ZWeR 1/2008, S. 88, 105ff.

163 Der Inhalt erfolgt lediglich durch die Nachricht. Siehe auch, Mesenbrink Spannungsfeld zwischen Politik und Wettbewerbsrecht, S. 33.

wurden vier AMK-Sitzungen veranstaltet. Aus dem § 9 I AMG ergibt sich, dass die AMK nicht als Rechtsvollzugsorgan die konkrete Arbeit des AMG durchsetzt, sondern als ein Beratungs- und Koordinierungsorgan des Staatrats funktioniert[164]. Nach dem Inkrafttreten des AMG wurde das Büro der AMA innerhalb des MOFCOM errichtet. Das AMA ist daher zugleich ein AMK-Büro und zuständig für die alltäglichen Angelegenheiten der AMK.

c. Abhängigkeit des MOFCOM

Die Aussage, dass die Fusionskontrolle als „Politikaffinität"[165] oder auch „ein ausgesprochen politisches Recht"[166] bezeichnet wird, hat bereits gezeigt, dass an die Praxis der Fusionskontrolle eine auffällige Aufmerksamkeit geschickt werden kann.

Ihre gewichtige Stellung ermöglicht es dem MOFCOM-AMA, sich in Richtung einer unabhängigen Kartellbehörde zu entwickeln bzw. zu einem Bestandteil der AMK zu werden, und sich so aus dem MOFCOM zu lösen. Das MOFCOM bzw. dessen Stellung würde durch die Bildung einer unabhängigen Kartellbehörde auch nicht wirklich geschwächt. Jedoch wollt das MOFCOM immer seine Kontrollbefugnisse gegenüber der AMA erhalten.

### *3. Intransparenz- und Begründungsproblem im Rahmen der Verwaltungspraxis*

#### *(1) Intransparenzproblem bei Freigabeentscheidungen*

a. Nichtveröffentlichung von Freigabeentscheidungen

Die fusionskontrollrechtliche Verwaltungsentscheidungen lassen sich nach dem AMG in vier Entscheidungsarten unterteilen: Freigabe ohne weitere Prüfung (§ 25 AMG), Freigabe ohne Auflage (§ 26 AMG), Freigabe mit Auflagen (§ 29 AMG) und Untersagung (§ 28 AMG). Gemäß § 30 AMG werden lediglich diejenigen Entscheidungen, mit denen ein Unternehmenszusammenschluss verboten oder einschränkenden Bedingungen unterworfen wird, unverzüglich der Allgemeinheit gegenüber veröffentlicht. Seit dem Inkrafttreten des AMG am 01.08.2008 bis zum 02.07.2014 veröffentlichte das MOFCOM 24 Entscheidungen und die bis zu 95% Freigabeentscheidungen werden demgegenüber

164 Vgl. Xiaofei Mao/Tobias, Glass, ZWeR 1/2008, S. 88, 105f; Mesenbrink, Spannungsfeld zwischen Politik und Wettbewerbsrecht, S. 33.

165 Nolte, Beurteilungsspielräume, S. 10.

166 Rauschenbach, Verwaltungsermessens und dessen richterlicher Kontrolle, S. 61.

keineswegs vom MOFCOM veröffentlicht, sondern können lediglich teilweise durch freiwillige Bekanntmachung durch die Beteiligten oder Medienberichte an die Öffentlichkeit gelangen. Nach dem Kommentar des WRB-SANV[167] beziehe die Freigabeentscheidungen lediglich auf die Interessen der beteiligten Unternehmen und nicht auf die der Verbraucher bzw. andere Unternehmen; und ihre Veröffentlichung sei abhängig vom MOFCOM, soweit dieses die Veröffentlichung für notwendig erachtet, was in der Praxis vorkommen kann.[168]

### b. Freigabeauflistung als Ersatz der Veröffentlichung

Diese Nichtveröffentlichung der Verwaltungsentscheidung widerspricht offenbar dem Öffentlichkeitsprinzip bzw. Tranparenzprinzipien und wird auch im Schrifttum heftig kritisiert[169]. Als Reaktion darauf veröffentlichte das MOFCOM am 16.11.2012 auf seiner amtlichen Webseite eine Auflistung der 458 Freigabefälle zwischen dem 01.08.2008 und 30.09.2012, und seit 2013 wird die Freigabeauflistung dreimonatlich bekanntgemacht. Allerdings erwähnt diese Auflistung lediglich lapidar die Fallbezeichnungen und die beteiligten Unternehmen und liefert daher wenig Vorherbarkeit für die Beteiligten.

### c. Stellungnahme

Nach § 2 InfoVO umfasst die Information durch die Regierung diejenigen Daten, die von den Behörden im Verlauf der Ausführung ihrer Amtsaufgaben erstellt oder erlangt und in einer bestimmten Form aufgezeichnet und aufbewahrt werden. Gemäß § 9 InfoVO soll die Behörde von sich aus Informationen offenlegen, wenn eines der nachfolgenden Kriterien erfüllt ist: bei Berührung von Eigeninteressen der Bürger, juristischer Personen und anderer Organisationen; dem Erfordernis der umfassenden Kenntnis oder Beteiligung der Allgemeinheit; der Informationen über Ausgestaltung, amtliche Funktionen und Behandlungsverfahren und die von einschlägigen Gesetzen bzw. sonstigen Vorschriften geregelten Fällen. Alle Entscheidungen bezüglich der Zusammenschlusskontrolle müssen erheblich in den Veröffentlichungsumfang fallen. Die Entscheidungen im Rahmen von Zusammenschlusskontrollverfahren, geleichgültig ob die Untersagungsentscheidung, oder Entscheidungen unter Auflage und Freigabeentscheidungen

167 WRB-SANV, Kommentar zum AMG, S. 207.

168 WRB-SANV, Kommentar zum AMG, S. 207.

169 Masseli, The Application of Chinese Competition Law to Foreign Mergers: Lessons from the Draft New Guidelines, Journal of European Competition Law & Practice, September 20, 2011. S. 1.

sollten grundsätzlich unter diese Veröffentlichungspflicht fallen. Die Freigabeentscheidungsauflistung reicht für die Veröffentlichungspflicht nicht aus und ermöglicht dem MOFCOM, sich gegenüber den Verfahrensbeteiligten und der Öffentlichkeit einer Begründungspflicht zu entziehen. Es eröffnet einen Einfalltor für Zusammenschlüssen unter Staatsunternehmen: das MOFCOM kann unter dem politischen Druck solche Zusammenschlüsse freigeben, selbst wenn sie nach § 28 I AMG untersagt werden sollen.

#### *(2) Fehlende Entscheidungsgründe in den veröffentlichten Entscheidungen*

##### a. Grundzüge

Die Entscheidungsgründe haben Informations-, Konkretisierungs-, Befriedungs-, Konsolidierungs-, Kontroll- und Gestaltungsfunktionen[170], insbesondere liefern wichtige Anhaltspunkte in zukünftigen, vergleichbaren Fällen und sind daher wichtige Hilfestellungen für die zukünftige Rechts- und Verwaltungspraxis bei Zusammenschlüssen[171]. Das in § 5 I VerfGCH geregelte Rechtsstaatsprinzip[172] auferlegt dem MOFCOM ebenfalls Begründungspflicht. Es gibt allerdings wenig Hoffnung, dass diese Begründungspflichten auch eingehalten werden. Anhand der bisher veröffentlichten Entscheidungen lässt sich folgende Struktur erkennen: Die Entscheidung ist grundsätzlich in sechs Teile unterteilt, nämlich die Verfahrenseröffnung, den Prüfungsprozess, Prüfungsinhalt, Prüfungsarbeit, Darlegung des relevanten Marktes, Wettbewerbsproblem, Prüfungsentscheidung, Beratung der Auferlegung beschränkender Auflagen.[173] Demgegenüber wird die Begründung der Aufgreifkriterien ganz und gar vernachlässigt.[174] Die Zusammenschlussform wird lediglich im Titel der Entscheidung genannt oder sonst lediglich nebenbei erwähnt.

##### b. Fallvergleich: ARM/Giesecke & Devrient/Gemalto/JV

Die Europäische Kommission und das MOFCOM überprüften im Jahr 2012 jeweils das Zusammenschlussvorhaben „ARM/Giesecke & Devrient/Gemalto/

---

170 Noster, Die abgekürzte Urteilsbegründung S. 164 ff.; Brink, Entscheidungsbegründung, S. 26 ff. (27); vgl. auch Baader, Vom richterlichen Urteil, S. 51 ff.

171 Schulte, Änderung, AG 7/1998, 297, 300.

172 § 5 I VerfGCH lautet: „Die VR China durchführt das Rechtstaatsprinzipien und errichtet eine sozialistische Rechtsstaat."

173 Wang Xiaoye, Zustand und Entwicklung für die Durchsetzung des Wettbewerbsrechts und der Politik, S. 83; Masseli, Handbuch, S. 53 ff.

174 Gleiches gilt auch für das Eingreifkriterium. Vgl. Säcker, Chinesische Fusionskontrolle im Zeichen des Protektionismus?, WuW 2009, S. 603.

JV". Während die von der Kommission getroffene Entscheidung[175] 60 Seiten enthält und die Begründung der Aufgreifkriterien zwei Seiten umfasst, enthält die vom MOFCOM getroffene Entscheidung[176] lediglich zwei Seiten und legt die Aufgreifkriterien überhaupt nicht dar.

## B. Auslegungsmethodik

### I. Spezifische Methodik für das Kartellrecht bzw. die Aufgreifkriterien?

#### *1. Problemumriss*

Das Problem der Auslegungsmethodik im deutschen Kartellrecht ergibt sich aus der „Kombination von der Komplexität des Regelungsgegenstandes mit Traditionslosigkeit"[177] des Kartellrechts, wobei das Kartellrecht aus den vielfältigen Rechtsstoffen, etwa privatrechtlichen, verwaltungsrechtlichen und sogar strafrechtlichen Normen besteht, sodass die Erfüllung einer einzelnen Norm dazu führt, regelmäßig zumindest einen zweifachen, z.T. sogar einen dreifachen Anwendungsbereich auszulösen. Allerdings haben die jeweiligen nach Verfahrensart unterschiedlichen Einzelvorschriften der jeweiligen Auslegungsgrundsätze, etwa die Auslegung der ordnungswidrigkeitenrechtlichen Normen restriktiver als die der zivil- und verwaltungsrechtlichen Normen, das strafrechtliche Analogieverbot und eine zugängliche zivilrechtliche Analogie zur Folge[178]. Die „Normspaltung" führt zu einer Auseinanderentwicklung dieser Rechtsgebiete und zu einer Fragmentierung des Kartellrechts" und zur Einschränkung des Kartellrechts[179].

---

175 Kommission, M.6564, ARM/Giesecke & Devrient/Gemalto/JV.

176 MOFCOM Bekanntmachung [2012] Nr. 87, http://fldj.mofcom.gov.cn/article/ztxx/201212/20121208469841.shtml, (eingeehen am 04.12.2013)

177 Pfeiffer, Grundfragen der Rechtskontrolle, S. 1 ff., 10; Möschel, Recht der Wettbewerbsbeschränkungen, § 4, Rn. 118, 119.

178 Sandrock, Die Einheit der Wirtschaftsordnung, S. 22 ff.; Bechtold, Einführung, Rn. 86; Langen/Bunte/ Bunte, Einleitung zum GWB, Rn. 92.

179 Rittner/Dreher, Wirtschaftsrecht, § 14, Rn. 82, S. 365; Susanne Fessel, Strukturelle Grenzen kartellrechtlicher Regulierung, S. 150; Maasch, ZHR 150 (1986), S. 354, 356.

## 2. *Wirtschaftliche Betrachtungsweise von Peter Ulmer*

### *(1) Hauptargumente*

Die wirtschaftliche Betrachtungsweise stammt aus dem Steuerrecht[180], aber erstreckt sich auf das Privatrecht[181]. Der österreichische Kartellgesetzgeber führte im Jahr 1972 diese Methodik in § 20 KartG[182] ein[183]. Ebenfalls versuchte Peter Ulmer durch die wirtschaftliche Betrachtungsweise die herkömmliche Auslegungsmethode zu ersetzen. Die wirtschaftliche Betrachtungsweise wird von ihm als „Auslegungsmittel der Natur der Sache im Kartellrecht“[184] angesehen, und stellt *„einerseits darauf ab, ob die jeweilige Vorschrift nicht auch auf solche wirtschaftlich gleichgelagerten Sachverhalte angewendet werden muss, bei denen es an der im Wortlaut vorausgesetzten Gestaltung fehlt, und schließt andererseits trotz formellen Vorliegens der Tatbestandsmerkmale eine Normanwendung in solchen Fällen aus, in denen diese im Hinblick auf den Gesetzeszweck nicht veranlasst ist.“*[185]

### *(2) Bewertung*

Bei der Beurteilung der Zusammenschlussform, etwa die Bildung eines einheitlichen Zusammenschluss durch mehrere formal getrennte Rechtsgeschäfte zusammen, wäre die wirtschaftliche Betrachtungsweise nützlich,[186] aber stellt in der Tat keinen „eigenen Erkenntniswert für die Lösung des Problems“[187] dar, weil nach dieser Darstellung der teleologischen Auslegung zugeordnet werden kann.[188] Vielmehr beeinträchtige sie die Rechtssicherheit, da sie zu den Bedingungen eines funktionsfähigen Wettbewerbs zählt wie ein effizientes Kartellrecht.[189] Das

---

180 Rittner, Die sogenannte wirtschaftliche Betrachtungsweise in der Rechtsprechung des Bundesgerichtshofs, 1975, S. 9 ff.; Otto Sandrock, Die Einheit der Wirtschaftsordnung, S. 44.

181 Etwa Möller, Die wirtschaftliche Betrachtungsweise im Privatrecht, 1997.

182 Nach § 20 KartG 2005 ist „Für die Beurteilung eines Sachverhalts nach diesem Bundesgesetz [...] in wirtschaftlicher Betrachtungsweise der wahre wirtschaftliche Gehalt und nicht die äußere Erscheinungsform des Sachverhalts maßgebend“.

183 Johannes Peter Gruber, ÖZK 2011 / 3.

184 Peter Ulmer, WuW 1971, S. 878, 882.

185 Peter Ulmer, WuW 1971, S. 878, 882.

186 Hirsbrunner, Europäische Fusionskontrolle, EuZW 8/2009, 239, 240.

187 Stephan, Die Anwendung des Zusammenschlussbegriffs, S. 32.

188 Vgl. Säcker/Rixecker/Säcker, Münchener Kommentar zum BGB, Einleitung, Rn. 136; Massch, Auslegung von Normen, ZHR 150 (1986), S. 354, 356.

189 Stephan, Die Anwendung des Zusammenschlussbegriffs, S. 32.

österreichische § 20 KartG wird schon mehrmals gefordert diese Regelung abzuschaffen, weil diese Regelung inhaltlich nutzlos und methodisch verfehlt ist[190] einerseits, zur „Verkürzung von Entscheidungsbegründungen" führt andererseits[191].

### 3. „Politik des Gesetzes" von Steindorff

#### (1) Hauptargumente

Der Begriff der „Politik des Gesetzes" stammt aus dem anglo-amerikanischen Begriff „public policy" und deren Kartellrechtsprechung. Das Wirtschaftsrecht trägt nach der Meinung Steindorffs die Aufgabe, „tatsächliche Verhältnisse positiv zu gestalten" und daher seine Rechtnormen tragen „nicht mehr nur die Aufgabe, die bei gegebenen tatsächlichen Verhältnissen auftretenden Missstände zu beheben (negieren) oder auszugleichen, sondern die tatsächlichen Verhältnisse so zu verändern, dass diese Missstände möglichst gar nicht erst auftreten"[192]. Die Handhabung der Politik des Gesetztes erlaubt die Tatbestände im Hinblick auf die gegenwärtige Wirklichkeit zu verstehen, statt sie an einem sublimierten rechtlichen Wesen oder apriorischen Begriff auszurichten, welche die reale Bedeutung einer Norm nicht nur verschlüsseln, sondern auch zu vergessen, damit „bei der Anwendung tradierter Regelung in diesem Gebiet Vorsicht zu üben ist".[193] Auslegung entsprechend der Politik eines Gesetzes bedeute demnach, dass die in einer Norm formulierten Tatbestandsmerkmale als typischerweise erfasste Merkmale verstanden werden, dass die Norm aber im wirtschaftlichen Bereich zugleich Sachverhalte mit gleichem wirtschaftlichem Effekt trifft. Die Interpretation der Erkenntnisse über diese Sachverhalte seien laufend anpassen, so dass eine Wechselwirkung zwischen Sachverhalt und Norm einsetzt[194].

#### (2) Bewertung

Steindorff erklärt aber nicht den sehr vage gehaltenen Kernbegriff der „Politik", sondern erwähnt den mindestens als „eine quantitativ erhöhte Berücksichtigung teleologischer Interpretation".[195] Der Begriff ist von Massch mit „die Politik des

190 Siehe: Johannes Peter Gruber, Die „wirtschaftliche Betrachtungsweise" nach § 20 KartG, ÖZK 2011 / 3, S. 94, Fn. 44–53.

191 Johannes Peter Gruber, Die „wirtschaftliche Betrachtungsweise" nach § 20 KartG, ÖZK 2011 / 3, S. 94, 98.

192 Steindorff, in: FS Karl Larenz, S. 217, 233.

193 Steindorff, in: FS Karl Larenz, S. 217, 224.

194 Steindorff, Wettbewerbliche Einheit und kartellrechtliche Vermutungen, S. 34.

195 Steindorff, in: FS Karl Larenz, S. 217, 231.

Gesetzgebers“[196]. Larenz sieht weiterhin den Begriff als den (politischen) Zweck des Gesetzes an und ordnete weiterhin ihm in die „teleologische Auslegung[197] zu. Die Anwendung der Politik des Gesetzes steht in die Gefahr, die Arbeitssteilung zwischen Rechtsanwender und Gesetzgeber zu verdrehen.[198] „Für eifernden Purismus im Sinne bestimmter wettbewerbspolitischer Positionen ist deshalb bei der Auslegung des Kartellrechts kein Raum. Die Rechtsprechung kann nicht besser sein als Gesetz. Vor allem kann sie nicht politische Entscheidungen nachholen, die der Gesetzgeber nicht zusandte gebrachte hat. Die Kartellrechtsprechung tunt deshalb gut daran, wie bisher anhand des ihr unterbreiteten Fallmaterials das Recht der Wettbewerbsbeschränkungen behutsam fortzuentwickeln, Sprünge in der Rechtsprechung zu vermeiden und sich im Zweifel eher an die eigenen Präjudizieren als an noch so brillant entwickelte Theorien in der Rechtwissenschaft anzulehnen.“[199]

## II. Diskussion in der Wirtschaftsrechtswissenschaft Chinas

### *1. Paradigmenwechsel im chinesischen Wirtschaftsrecht*

In Festlandchina stellt sich das Problem der Methodik auf ganz andere Weise dar. Wegen des starken Einflusses der „Zentralen Planwirtschaft“ nahm das Wirtschaftsrecht Festlandchinas seit langem eine einflussreiche Stellung innerhalb des Rechtssystems ein: im Jahr 1979 wurde innerhalb des Gerichtssystems die Wirtschaftskammer eingerichtet[200], und im Jahr 1980 wurde seitens des Bildungsministeriums das Fach „Wirtschaftsrecht“ als selbständiger Jurastudiengang geschaffen. Wirtschaftsrechtswissenschaften wurden in zwei Universitäten[201] als Staatsschlüsselwissenschaft eingerichtet, nicht zuletzt als Symbol dafür, dass die Wirtschaftsrechtsforschung auf höchstem Forschungsniveau betrieben und vom Staat erheblich finanziert werden sollte. Nach mehrjährigen heftigen wissenschaftlichen Debatten[202] wurde das Zivilrecht seit dem Erlass des ZRG 1986[203] ein selbstständiger Studiengang. Im August 2000 wurde die Wirtschaftskammer

196 Bunte, JZ 1985, 725.
197 Larenz, Methodenlehre der Rechtswissenschaft, S. 332.
198 Böhlk, Zusammenschlussbegriff, S. 16.
199 Pfeiffer, Grundfragen der Rechtskontrolle, S. 1, 6.
200 Siehe: Yongliu Zhen, Das Wirtschaftsrecht Chinas, S. 354.
201 Peking-Universität und der Südwest-Universität für Politik- und Rechtswissenschaft.
202 Liang Huixing/Wang Liming, Probleme der Wirtschaftsrechtstheorie Chinas, 1986.
203 § 2 ZGR lautet „Das Zivilrecht der VR China regelt die Vermögensbeziehungen und die Personenbeziehungen zwischen Bürgern, zwischen juristischen Personen

mit den Zivilkammern zusammengeschlossen. Der Paradigmenwechsel im chinesischen Wirtschaftsrecht warf die Frage auf, ob das Wirtschaftsrecht aus dem Jura-Fachkatalog des Bildungsministeriums gänzlich gelöscht werden soll.

### 2. *Die „schöpferische" Methodenlehre*

#### *(1) Entwicklung der Methodik*

Da in Festlandchina die Rechtswissenschaft seit langem lediglich als Teil der Staatslehre galt, lag kein eigenständiges Methodenbewusstsein in der Rechtspraxis und -wissenschaft vor. Der Wideraufbau der Auslegungsmethodik Festlandchinas findet seit 1990 vor allem im Zivilrecht statt und wird erheblich von der deutschen sowie der taiwanesischen Methodenlehre beeinflusst. Insbesondere die chinesische Übersetzung der *Methodenlehre der Rechtwissenschaft* von Larenz[204] durch den taiwanesischen Professor Chen Ai-E im Jahr 1996 hat daran maßgeblichen Anteil. Eine Reihe von stark an der Methodenlehre ausgerichteten taiwanesischen Zivilrechtswerken, u.a. von Tez-chien Wang, einem Schüler von Larenz, und die *„Rechtsmethoden und das moderne Zivilrecht"* von Mao-zong Huang[205], einem Schüler von Esser, fordern nicht zuletzt eine rasche Entwicklung der Zivilrechtswissenschaft[206] und anderer Rechtsgebiete in Festlandchina.

#### *(2) Die sog. „schöpferische" Methodik*

Der vorwiegend aus dem Zivilrecht stammende Methodenkanon wird allerdings von den meisten chinesischen Wirtschaftsrechtwissenschaftlern abgelehnt mit der Begründung, dass die überkommene Auslegungsmethode nicht mit der modernen Forschung und Rechtspraxis des Wirtschaftsrechts im Einklang stehe. Stattdessen müssten neue Auslegungsmethoden für das Wirtschaftsrecht hervorgebracht werden[207], etwa die sog. „Systematische Analyse", die „politische Analyse", Spieltheorien, Kosten-Nutzen-Analyse,[208] methodologischer Kollektivismus

---

und zwischen Bürgern und juristischen Personen, als gleichberechtigten Subjekten". Siehe, Zhang Gu, Zweifel am Neuhumanismus.

204 Larenz, Methodenlehre der Rechtswissenschaft, 6. Aufl., 1991.

205 Mao-zong Huang, Methodenlehre der Rechtswissenschaft und das moderne Zivilrecht.

206 Das erste festländische Methodenlehrebuch ist „Auslegungslehre des Zivilrechts" von Liang Huixing im Jahr 1995.

207 Zhang Shouwen, Probleme der Wirtschaftsrechtsmethoden, 2004(4), S. 70–80.

208 Zhang Shouwen, Probleme der Wirtschaftsrechtsmethoden Wirtschaftsrechtsmethoden, 2004(4), S. 70–80.

(Ganzheitslehre),[209] und Szientismus[210], um nur einige zu nennen. Manche Autoren behaupten prahlerisch, die im Wirtschaftsrecht entwickelte Methodenlehre Festlandchinas habe die Nachteile der überkommenen Auslegungsmethoden überwunden und sei gewissermaßen ein rechtswissenschaftliches Wunder in Festlandchina und der Welt.[211]

*(3) Gegenauffassung*

Die sog. „schöpferische" Methodik begegnet seitens anderer Wirtschaftsrechtswissenschaftler z.T. harter Kritik: einerseits sei sie nicht spezifisch auf das Wirtschaftsrecht bzw. Rechtswissenschaft zugeschnitten, eben weil sie auch in anderen Wissenschaftszweigen, wie etwa der Politik- und Wirtschafswissenschaft, verwendet werde. Sie habe mithin gar keine eigenständige Natur für die Auslegung des Wirtschaftsrechts. Zudem würde das Wirtschaftsrecht nun doch auch Rechtsnormen enthalten und Wirtschaftsrechtwissenschaft gehörte zur Rechtwissenschaft, so dass sie ebenso wie andere Rechtsgebiete und Rechtswissenschaftsbereiche keine eigenständige Methodenlehre hätten bzw. haben könnten und somit auch hier die tradierte Methodenlehre gelte. Andernfalls würde das Wirtschaftsrechtswissenschaft gewissermaßen aus der Rechtswissenschaft ausscheiden.[212]

### 3. *Bewertung*

*(1) Gefahr der Ablehnung des tradierten Methodenkanons*

Die „schöpferische" Methodik enthält z.T. nur ungefähre Vorstellungen bzw. gibt die Gefühle/Vorstellungen ihrer Vertreter wieder, ohne wirklichen eigenen Inhalt zu haben. Mithin liefert sie auch keine geeigneten oder operationalen Vorschläge für den Rechtsanwender. Der Verzicht auf die überkommene Methodik und das Bestreben der sog. schöpferischen Methodik weisen auf das fehlende methodische Bewusstsein hin, das u.a. dazu geführt hat, dass sowohl Kartellrechtswissenschaft als auch Kartellrechtspraxis noch ziemlich am Anfang stehen.

Der Forschungsstand des Kartellrechts wird von Masseli zu Recht kritisiert: es bestehe „keine Vergleichbarkeit mit deutschen Kommentaren, kein Bezug zur geübten Rechtspraxis, fehlende Zuordnung von Aussagen, fehlende Darstellung

209 Liu, Shuilin, Eine ganzheitliche Auslegung zur Grundkategorie des Wirtschaftsrechts.
210 Yue Caisheng, Szientismus und Argumentation: Angelpunkt der Entwicklung des Wirtschaftsrechts, Sozialwissenschaft 7/2007.
211 Feng Guo, Gesetzesauslegungslehre, 2008 (5), S. 130, 132.
212 Vgl. Li Shuguang, Grammatische Auslegung des Wirtschaftsrechts, 2005(6), S. 3 ff.; Wu Yue, 2006, S. 43, 47; Feng Guo, Gesetzesauslegungslehre 2008 (5), S. 130, 132.

von Streit- und Meinungsständen".[213] Das zeigt sich auffällig im schwerwiegenden Problem fehlender Begründungen, insbesondere in der Kartellrechtswissenschaft. So wird etwa der „bestimmende Einfluss auf ein anderes Unternehmen" in § 20 Nr. 3. Alt. 2 AMG ohne nähere Begründung im Schrifttum auslegt als „wettbewerblich erheblicher Einfluss i.S.v. § 37 I Nr. 2 GWB",[214] oder „Übernahme der Eingreifkriterien (§ 28 I AMG)"[215] sowie „Beteiligungs- oder Mitwirkungsrecht auf die Entscheidung eines Unternehmens".[216]

Die o.g. lediglich zwei Seiten umfassende Entscheidung seitens des MOFCOM[217] dient als Beispiel für fehlende bzw. schwache Begründungen durch die Rechts – bzw. Verwaltungspraxis. Auf einer Presseveranstaltung am 27.12.2012[218] stellte ein Journalist Shang Ming, dem Leiter des MOFCOM-AMA folgende Frage: Wie wäre ein Sachverhalt zu werten, wo das erworbene Anteilsrechts weniger als 50% beträgt, das Unternehmen aber dennoch einen bestimmenden Einfluss ausüben könne. Shang Ming „vergaß" die Konkretisierungsmacht der Verwaltung bzw. sogar die Ministeriumsauslegung und antwortete: „Wir sind der Meinung, dass das MOFCOM nicht über die Befugnis verfügt, das Verhältnis zwischen § 22 AMG und § 20 Nr. 3, Alt. 1 AMG zu bestimmen. Diese Auslegung solle allein dem Gesetzgeber zugewiesen werden."

### *(2) Keine eigenständige Methodik*

Die Vertreter der sog. „schöpferischen" Methodik lehren bzw. promovierten hauptsächlich an den zwei Staatsschlüssel-Universitäten[219], die über umfassende staatliche Finanzierung und Ressourcenunterstützung verfügen. Daher stehen sie im Verdacht, im Namen der Eigenständigkeit der Wirtschaftsrechtswissenschaft ihre eigenen Lehrfachinteressen zu fördern. Hinsichtlich ihrer Begründungfunktion[220] kann eine solche „Methodik" durchaus als „interessengeleitete Erkenntnis" bezeichnet werden.

---

213 Masseli, Handbuch, S. 48 ff.

214 Xiaofei Mao/Tobias Glass, GRUR Int. 2008, S. 105, 110; Moritz Lorenz, Schwerpunkt des Kartellrechts 2007/2008, S. 81, 88.

215 Zhan Hao, Unternehmenskauf AMG, S. 70.

216 Shi Jianzhong, Komentar zum AMG, S. 256.

217 Siehe Teil 2 A IV 3 (2).

218 Presseveranstaltung über den Tätigkeitsbericht der Antimonopolarbeit vom MOFCOM im Jahr 2012, http://www.gov.cn/gzdt/2012-12/30/content_2302199.htm, (eingesehen am 03.11.2013).

219 Peking-Universität und Südwest-Universität für Politik- und Rechtswissenschaft.

220 Rüthers / Fischer/Birk, Rn. 652.

## III. Methodenkanon

Sowohl in EU, Deutschland[221] und Taiwan[222] besteht zurzeit Einigkeit darüber, dass das Wirtschaftsrecht bzw. das Kartellrecht ganz allgemein keiner besonderen Methodik der Gesetzesauslegung unterliegen und die von Savigny[223] entwickelte „Methodenkanon“[224] nämlich die grammatische, historische (genetische), systematische und teleologische Auslegung, reicht aus. Die Reihfolge beginnt mit der Wortlautauslegung zu beginnen und stellt die teleologische Auslegung an den Schluss.[225] Auf der Grundlage des Methodenkanons kann die Rechtsvergleichung auch als „fünfte“ Auslegungsmethode[226] insbesondere in Hinblick auf die Besonderheit der vorliegenden Untersuchung und den Aufbau eines internationalen Weltkartellrechts[227] erwähnt werden. Diese Auslegungsmethode soll auch auf die Auslegung des AMG übertragen werden.

### *1. Grammatische Auslegung*

Die grammatische Auslegung stellt den ersten Ansatzpunkt jeder Auslegung dar und die erste Voraussetzungen für eine sachgerechte Auslegung[228]. Die grammatische Auslegung ist maßgebend, insoweit der Wortlaut hinreichend klar ist.[229] Wie die Gegenüberstellung der Aufgreifkriterien gezeigt, wird fast jede Zusammenschlusskatalog mit den unbestimmter, ausfüllungsbedürftiger und verallgemeinerten Rechtsbegriffe übergreifend ausgestattet, etwa Kontrollerwerb i.S.v.

---

221 Säcker, 1976, ZHR 148 (1984), S. 153 ff., 173; Pfeiffer, Grundfragen der Rechtskontrolle, S. 1, 8; Immenga, in I/M, Einf. Rn. 61; Rittner/Dreher, § 14, Rn. 81, S. 364; Lang/Bunte/Bunte, Einleitung zum GWB, Rn. 84 ff.; Massch, Auslegung von Normen, ZHR 150(1986), S. 354 ff.; Stephan, Die Anwendung des Zusammenschlussbegriffs, S. 40; Paschke, Zusammenschlussbegriff, S. 24; Kögel, Die Angleichung, S. 50; Kessler, WuW 12/1985, S. 933, 938.

222 Chen YingQin, Auslegungsmethoden des Wirtschaftsrechts, 1997 (3), S. 231–246.

223 Fr. C. von Savigny, System des heutigen Römischen Rechts, Band 1 (1840, Neudruck 1981), S. 213; Rüthers / Fischer/Birk, Rechtstheorie, Rn. 698 ff.

224 Rüthers / Fischer/Birk, Rechtstheorie, Rn. 672 ff.

225 Säcker/Rixecker/Säcker, Bd. 1: Allgemeiner Teil, Rn. 135 f.; Muthorst, Grundlagen der Rechtswissenschaft, S. 113 ff., Rn. 17, 18.

226 Häberle, Peter, JZ 1989, 913; Röhl/Röhl, Allgemeine Rechtslehre, S. 625 ff.

227 Röhl/Röhl, Allgemeine Rechtslehre, S. 625.

228 Rüthers/Fischer/Birk, Rechtstheorie, Rn. 743; Säcker/Rixecker/Säcker, Bd. 1., Einleitung, Rn. 128; Friedrich Müller/Ralph Christensen, in: Juristische Methodik, Band I, Grundlagen: öffentliches Recht, Rn. 480.

229 Röhl/Röhl, S. 632.

Art. 3 I lit. b, II und III FKVO, § 37 I Nr. 3 GWB, § 6 Nr. 5 FHG und § 20 AMG; „Fusion" i.S.v. Art. 3 I lit. a FKVO, § 6 I FHG und § 20 AMG; der Erwerb des wettbewerblich erheblichen Einflusses i.S.v. § 37 I Nr. 4 GWB. Selbst in den von der „Kasuistik" geprägten Zusammenschlusstatbeständen, § 37 I Nr. 3 GWB (25% oder 50%) und § 6 I Nr. 2 FHG (25%) muss hinsichtlich der Zurechnung der Anteile ausgelegt werden. Bei der Ermittlung des jeweiligen Inhalts der Aufgreifkriterien kann daher die grammatische Auslegung zu keinen eindeutigen Ergebnissen, sodass eine fortgehende Auslegung oder sogar Rechtsfortbildung immer gefragt und erforderlich ist.

Trotzdem darf die Bedeutung der grammatischen Auslegung nicht unterschätzt werden. Sie übernimmt vor allem die Grenzfunktion[230], den Bedeutungsspielraum, also die möglichen Wortsinne festzulegen[231]. Der Rechtsanwender darf ohne vernünftige Begründung und sorgfältige Analyse zum Gesetzeswortlaut nicht die maximalen Wortsinne überschreiten[232] und direkt in die „Rechtsfortbildung" gehen. Die Grenzfunktion der Wortauslegung wird oftmals von den chinesischen Kartelljuristen vernachlässigt.[233]

### 2. *Historische Auslegung*

Diese historische Auslegung stellt auf die Protokollen und Materialien der Gesetzgebung ab, aber deren Rolle ist auf der europäischen Ebene wegen keiner Veröffentlichung der Vorarbeiten der Verträge oder Gesetze einschränkend und funktioniert daher als Hilfsargument[234]. Aber bei der sekundären Unionsrechten etwa FKVO können auf die Begründungserwägungen der FKVO[235] und die Entstehungsgeschichte, etwa Grünbuch vom 11. Dezember 2001, Stellungnahme des Wirtschafts- und Sozialausschusses zum „Grünbuch über die Revision der Verordnung (EWG) Nr. 4064 des Rates"(KOM(2001) 745 endg.)[236], zurückgegriffen werden[237].

---

230 Schmalz, Methodenlehre, 4.Aufl., Rn. 235.

231 Vgl. Säcker, in: Säcker Münchener Kommentar zum BGB, Bd. 1: Allgemeiner Teil, 6. Aufl. 2012, Rn. 128.

232 Larenz, Methodenlehre der Rechtswissenschaft, S. 350 f. Tez-chien Wang, Grundriss des Zivilrechts, S. 19.

233 Vgl. Teil 4 D I 2.

234 Jochum, Europarecht, Rn. 140; Oppermann/Classen/Nettesheim, Europarecht, S. 146.

235 Siehe, Karl, Zusammenschlussbegriff, S. 69.

236 ABl 2002 C 241.

237 Vgl. EuGH, C-199/08, 2009, I-8295- Eschig, Rn. 58.

Diese historische Auslegung stellt auf die Protokollen und Materialien der Gesetzgebung ab, hat allerdings in Festlandchina wenig Bedeutung: etwa viele Vorarbeiten zum AMG wurden oftmals nicht veröffentlicht[238] und mangels der detaillierten und offenbaren der Gesetzgebungsbegründung[239] sind die veröffentlichten Gesetzmaterialien sehr kurz und liefern keinen genügenden Aufschluss für die historische Auslegung. Das Sprichwort „Methodenfragen als Verfassungsfragen“[240] gilt auch für Festlandchina: Ein Gesetzgebungsakt in Festlandchinas hat keinen wirklich demokratischen oder rechtsstaatlichen Rahmen, er unterliegt auch keinerlei Verfassungsgerichtsbarkeit, sodass verfassungswidrige Gesetze ohne Verfassungsüberprüfung erlassen und durchgeführt werden können[241] Bei der Auslegung darf der Zweck des Gesetzgebers nicht ohne Überprüfung angenommen werden, so etwa bei der fusionskontrollrechtlichen Gleichbehandlung unter Staatsunternehmen, Privatunternehmen und ausländischen Unternehmen.

### 3. *Systematische Auslegung*

Die systematische Auslegung zieht Schlüsse aus der gesamten Rechtsordnung, also der Summe der großen Zahl geltender Einzelnormen und dem Gesetz aller Rechtsgebiete[242]. Da die Zusammenschlusstatbestände formal in der Regel an die zivilrechtliche, gesellschafts- und Konzernrechtlichen Normen knüpfen[243], ist die systematische Auslegung daher verführerisch für diese Auslegung der Aufgreifkriterien. Es geschieht auffällig in der Auslegung zum Kontrollerwerb i.S.v. § 20 Nr. 3 AMG[244]. Die systematische Auslegung findet allerdings ihre Grenzen: zu einem deckt der Zusammenschlussbegriff materiell nicht immer

238 Etwa der AMG- Entwurf vom 29.04.2002.

239 Das Nebeneinander zwischen der Kontrolle und dem bestimmenden Einfluss in § 20 Nr. 4 AMG ist nicht gesetzgeberisch nachvollziehrbar. Shao Jiandong/Fang Xiaomin/ Wang Bing/ Tangjin, 2009, Aufl. 1, S. 283.

240 Rüthers, Methodenfragen als Verfassungsfragen?, Rechtstheorie 40 (2009), 253.

241 Der chinesische Gesetzgeber formuliert, „Das Recht zur Bewirtschaftung erfüllt die Sicherungsfunktion für Bauern. Wenn die Bauern sich in der Großstadt anmelden, muss er sein Recht zur Bewirtschaftung seinem Dorf oder einem Dritten zu Eigentum übertragen.“ Hiernach gilt das Recht zur Bewirtschaftung des übernommenen Landes durch Rechtsfiktion als Versicherungsrecht. Das stellt bereits einen Eingriff in das Privateigentum dar, vgl. Fengliang Jin, Privatrechtsforschung (2013).

242 Rüthers / Fischer/Birk, Rechtstheorie, Rn. 744.

243 Rittner, FS Luther, S. 147, 152.

244 Vgl. Teil 4 D I 2.

mit dem entsprechenden Begriff anderer Privatrechtsgebiete in vollem Umfange ab, zum anderen lassen die übergeordneten Regelungszusammenhänge zumeist keinen Schluss auf andere Regelungsbereiche und zudem ist oft nur ein Rechtssatz einschlägig[245]. Sonst könnte die systematische Auslegung dazu führen, dass die an privatrechtliche Vorgänge geknüpften Einzeltatbestände lediglich als privatrechtlich Tatbestände ausgelegt werden sollen und der Zusammenschlussbegriff lediglich eine einheitlichen Bezeichnung für die Zusammenschlusstatbestände[246].

#### 4. *Teleologische Auslegung: Die fusionskontrollspezifische Auslegung*

Der teleologischen Auslegung wird eine ausschlaggebende Bedeutung innerhalb des Methodenkanons der Gesetzesinterpretation zugesprochen[247] und für die Auslegung der Aufgreifkriterien „gilt der Grundsatz der Selbständigkeit: Die Begriffe werden nach den Maßstäben gebildet, die sich aus der kartellrechtlichen Wertung- und nicht aus der Wertung desselben Wortes in einem anderen Rechtsgebiete ergeben".[248] Ein der gemeinsamen Normzwecke der nationalen Fusionskontrolle besteht darin, „vorhandene Wettbewerbsstrukturen zu erhalten und damit einer Verschlechterung der Wettbewerbsbedingungen und der Entstehung und Verstärkung marktbeherrschender Stellung vorzubeugen"[249]. Übertragen auf die Aufgreifkriterien müssen sie die Abgrenzungsordnungsaufgaben wahrnehmen, nämlich mit ihrer „Siebmaschengröße" alle regelungsbedürftige Konzentrationsvorgänge im Gesetz möglichst vollständig funktionsgerecht zu erfassen[250] und die potentiell nicht wettbewerbsgefährlichen Transaktionen, etwa die zeitlich eng begrenzter Vorhaben und rein kooperativen Verhaltensweisen,

---

245 Böhlk, Zusammenschlussbegriff, S. 12.

246 Rittner, Die sogenannte wirtschaftliche Betrachtungsweise in der Rechtsprechung des Bundesgerichtshofs, S. 42. Rittner/ Dreher: Wirtschaftsrecht, 3. Aufl., S. 594, Rn. 89.

247 Vgl. Säcker, Münchener-Kommentar zum BGB, Rn. 142, Aufl. 6; BVerfG, 17.5.1960 BVerfGE 11, 126, 130; Lang/Bunt/Bunte, Einleitung zum GWB, Rn. 89; Paschke, Zusammenschlussbegriff, S. 25. AuchSonnenschein, Anzeigepflicht und Kontrolle des weiteren Zusammenschlusses einer Unternehmensverbindung ZGR 1977, S. 35, 44. A.A. Muthorst vertritt, im Verhältnis zueinander seien die Auslegungskriterien gleichrangig, siehe Muthorst, Grundlagen der Rechtswissenschaft, S. 113 ff., Rn. 17.

248 Rittner/Dreher, § 14, S. 362 ff., Rn. 77.

249 Paschke, Zusammenschlussbegriff, S. 16.

250 Paschke, Zusammenschlussbegriff, S. 17.; Shyr, Konzentrationsbekämpfung, S. 120.

die dem Kartellverbot unterfallen,[251] auszuscheiden. Daher liegt die Zielsetzung der Aufgreifkriterien liegt darin, eine lückenlose Erfassung der Konzentrationsvorgänge in der Wirtschaft als Grundlage einer Zusammenschlusskontrolle zu ermöglichen,[252] sodass folglich der Zusammenschluss als „Zweckbegriff"[253] bezeichnet wird.

### 5. *Rechtsvergleichung als „fünfte" Auslegungsmethode*

Die Bedeutung der Rechtsvergleichung für Auslegung ist nicht mehr zweifelhaft[254], und wird als die „fünfte" Auslegungsmethode bezeichnet[255]. Wie der Wortlaut „fünfte" gezeigt, muss die Rechtsvergleichung bei der Auslegungsreihenfolge nach dem Methodenkanon zurückbleiben[256]. „Die grundsätzliche Achtung vor dem eindeutigen Gesetz ist das Fundament einer jeden Rechtsordnung"[257] und die Rechtsvergleichung dürfe nicht dazu dienen, sich über Regeln, die bisher als geltend angesehen werden, hinwegzusetzen[258]. Die von Zweigert/Kötz aufgestellte Frage, „ob man eine überlegene ausländische Lösung für die Auslegung der heimischen Gesetze heranziehen kann und soll",[259] verschärft sich auffällig in China. Bei der Auslegung der Einzelnorm des AMG übernehmen die meisten chinesische Schrifttumsmeinung ohne weiteres die europäische oder deutsche Rechtslehre oder Erfahrung, gleichgültig ob das Methodenkanon bei der Reihenfolge vorrangig als die ausländische Erfahrung ist, oder ob es einen gleichfalls regelungsbedürftigen Lebenssachverhalt oder ähnliche Normen gibt. Einige Beispiele sind etwa die Verweisung des bestimmten den Einflusses i.S.v. § 20 AMG

251 Hirsch/Montag/Säcker/Wessely/Wegner, Art. 3 FKVO, Rn. 2; Kögel, Die Angleichung, S. 50.
252 Paschke, Zusammenschlussbegriff, S. 25.
253 Würdinger, WuW 11/1973, 731, 732; Möschel, Recht der Wettbewerbsbeschränkungen, S. 467, Rn. 738; Busche/Röhling/Schütz, Art. 3 FKVO, Rn. 7; für eine am Zweck orientierte Auslegung auch Monopolkommission, Hauptgutachten V, Tz. 436 a.E.
254 Zweigert, Rechtsvergleichung als universale Interpretationsmethode, Rabelsz 15 (1949/50), 5 (10).
255 Häberle, JZ 1989, S. 913 (S. 916 ff.); Röhl/Röhl, Allgemeine Rechtslehre, S. 625 ff.
256 Vgl. Zweigert/Kötz, Rechtsvergleichung, S. 16; Madjarov, GreifRecht, Heft 16, Oktober 2013, S. 75, 87.
257 Zweigert/Kötz, Rechtsvergleichung, S. 16.
258 Röhl/Röhl, Allgemeine Rechtslehre, S. 625. Vgl. Zweigert/Kötz, Rechtsvergleichung, S. 16.
259 Zweigert/Kötz, Rechtsvergleichung, S. 16.

auf § 37 I Nr. 4 GWB[260] oder § 17 AktG[261], die Verweisung des GU i.S.v. § 20 AMG auf die Vollfunktions-GU i.S.v. Art. 3 I V FKVO[262].

## C. Einschränkung auf die Aufgreifkriterien

Nach der Aufgabenordnung der Aufgreifkriterien muss interne Reorganisation bzw. rein konzerninterne Umstrukturierung wegen keiner Einflussnahme auf Marktstrukturen in der Regel aus dem Anwendungsbereich herausgenommen werden. Diesbezüglich stellt sich ein Sonderproblem bei dem Zusammenschluss unter den öffentlichen Unternehmen (Staatsunternehmen).

### I. FKVO

#### *1. Ausschieden der reinen konzerninterne Veränderung*

Art. 3 FKVO erfasst die rein konzerninterne Veränderung i.S.d. internen Reorganisation[263] nicht und die beteiligten Unternehmen müssen bisher voneinander unabhängig gewesen sein.

##### *(1) Ausschieden aus der Fusion*

Wie die Formulierung „zwei oder mehr bisher voneinander unabhängige Unternehmen oder Unternehmensteile...fusionieren..." gezeigt, müssen die Fusionsvorgänge innerhalb einer wirtschaftlichen Einheit von vornherein aus dem Begriff der Fusionstatbestand i.S.d. FKVO herausgenommen werden[264]. Die Kommission vertrat auch eindeutig, dass eine Fusion im Sinne von Art. 3 I lit. a) FKVO nicht vorliegt, wenn ein Zielunternehmen mit einer Tochtergesellschaft des übernehmenden Unternehmens so fusioniert, dass die Muttergesellschaft die Kontrolle über das Zielunternehmen gemäß Art. 3 I lit. b) erwirbt[265].

260 Teil 4 D I.
261 Teil 4 D I. 2. (1).
262 Teil 5 D II. 2.
263 Zuständigkeitsmitteilung, Rn. 51.
264 Zuständigkeitsmitteilung, Rn. 9; Miersch, Die europäische Fusionskontrolle, S. 94; Langen/Bunte/Käseberg, Art. 3 FKVO, Rn. 21; Immenga/Mestmäcker/Körber, Art. 3 FKVO, Rn. 17; Bechtold/Bosch/Brinker/Hirsbrunner, EG-Kartellrecht: EG-Kartellrecht, Art. 3 FKVO, Rn. 3.
265 Zuständigkeitsmittelung, Fn. 8.

#### *(2) Ausschieden aus dem Kontrollerwerb*

Gleiches gilt auch für den Kontrollerwerb und die Kontrolle kann nur einmal erworben werden[266]. Die Ermittlung einer wirtschaftlichen Einheit ist anhand des Kontrollbegriffs der Art. 3 II FKVO, nämlich ob bereits ein bestimmender Einfluss auf die Tätigkeit eines anderen Unternehmens möglich war.[267] In der Entscheidung Ford/Hertz[268] hatte Ford zuvor die 49% Vetorechte und die 4 Mandant in dem Vorstand von Herz erworben und daher Herz faktisch kontrollierte, unterlag die Aufstockung von Herzt von 49% auf 54% wegen keiner Veränderung der Qualität der Kontrolle nicht Art. 3 FKVO.

### *2. Zusammenschluss unter Staatsunternehmen*

#### *(1) Grundsatz*

Konzernholding darf nicht als Beweis der reinen konzerninternen Reorganisation und vielmehr kommt es darauf an, ob beiden Unternehmen vor der Transaktion Teil derselben mit einer autonomen Entscheidungsbefugnis ausgestatteten wirtschaftlichen Einheit waren[269]. Wenn jedoch die einzelnen wirtschaftlichen Einheiten auch nach dem Vorgang weiterhin eine autonome Entscheidungsbefugnis besitzen, wird der Vorgang lediglich als interne Reorganisation angesehen, selbst wenn sich die Anteile der Unternehmen, die unterschiedliche wirtschaftliche Einheiten bilden, im Besitz eines einzigen Unternehmens wie z.B. einer reinen Holdinggesellschaft befinden[270].

#### *(2) Verwaltungspraxis*

##### a. CEA Industrie/France Telecom/Finmeccanica/SGSThomson

Das Prinzip wurde vor allem in der Sache CEA Industrie/France Telecom/ Finmeccanica/SGSThomson[271] festgesellt. In dieser Sache sieht die Kommission CEA Industrie und France Telecom als getrennte Staatliche Unternehmen an, weil das „Office Cente de Crédit Hypothécair“ bis zu seiner Veräußerung vom

266 Immenga/Mestmäcker/Körber, Art. 3 FKVO, Rn. 11.

267 Immenga/Mestmäcker/Körber, Art. 3 FKVO, Rn. 12; Karl, Zusammenschlussbegriff, S. 76; Bechtold, Die Grundzüge der neuen EWG-Fusionskontrolle, RIW 1990, S. 253, 254; Bechtold/Bosch/Brinker/Hirsbrunner, Art. 3 FKVO, Rn. 12.

268 Case No IV/M.397 -FORD / HERTZ, Rn. 9, 10.

269 Zuständigkeitsmitteilung, Rn. 52; Vgl. auch Erwägungsgrund 22 FKVO.

270 Zuständigkeitsmitteilung, Rn. 52.

271 Sache IV/M.216, CEA Industrie/France Telecom/Finmeccanica/SGS Thomson (22. Februar 1993).

„Crédit Communal", einer Bankeninstitution der Gemeinden und Provinzen verwaltet wurde. Dieser Grundsatz wird von der Verwaltungspraxis ständig bestätigt.

b. Neste / IVO

Etwa obwohl im Fall Neste / IVO Neste und IVO[272] zuvor jeweils 83,17% 95,6% vom Staat (Finnland) gehalten worden waren, können staatlich kontrollierte Unternehmen als voneinander unabhängige Unternehmen angesehen werden, wenn sie ermächtigt sind, ihr Marktverhalten und ihre Geschäftspolitik selbständig zu gestalten.

c. SoFFin/ HYPO REAL ESTATE

Im Fall SoFFin/ HYPO REAL ESTATE[273] stellten die Vorkehrungen des Finanzmarktstabilisierungsgesetzes und die de facto Situation nicht sicher, dass HRE nach der geplanten Übernahme als wirtschaftliche Einheit mit autonomer Entscheidungsbefugnis und getrennt von anderen staatlich kontrollierten Unternehmen, insbesondere der Kreditanstalt für Wiederaufbau („KfW"), agieren würde. Daher erfüllte dieses Zusammenschussvorhaben Art. 3 FKVO.

## II. GWB

### *1. § 37 II GWB*

Ein Zusammenschluss liegt nach § 37 II GWB vor, wenn die beteiligten Unternehmen bereits vorher zusammengeschlossen waren, es sei denn, der Zusammenschluss führt nicht zu einer wesentlichen Verstärkung der bestehenden Unternehmensverbindung. Diese Klausel lässt sich in den Erst-und Zweitzusammenschluss unterteilen und der Zweitzusammenschluss begründet keinen Zusammenschluss i.S.v. § 37 I GWB, wenn er die durch den Erstzusammenschluss bestehende Unternehmensverbindung nicht wesentlich verstärkt. Diese Klausel gilt nicht nur für den Zusammenschluss i.S.v. § 37 I GWB (insbesondere § 37 I Nr. 3 GWB durch eine Aufstockung), sondern auch für konzerninterne Umstrukturierung. Die wesentliche Verstärkung ist durch den Vergleich der tatsächlichen und rechtlichen Verhältnisse unmittelbar vor und nach dem

272 Sache IV/M.931, Neste/IVO (2. Juni 1998), Rn. 8; WuW 9/1998, S. 901.
273 Fall COMP/M.5508 – SOFFIN/ HYPO REAL ESTATE.

Zweitzusammenschluss detailliert zu ermitteln[274] und diese Beweislast für keine wesentliche Verstärkung liegt regelmäßig bei den Unternehmen[275].

### *2. § 130 I S. 1 GWB*

#### *(1) Grundsatz*

Zusammenschluss unter Staatsunternehmen derselben Körperschaft sind in Deutschland selten und dieses europäische Konzept überträgt nicht auf deutsche Fusionskontrolle[276]. Nach § 130 I S. 1 GWB findet GWB Anwendung auf Unternehmen, die ganz oder teilweise im Eigentum der öffentlichen Hand stehen oder die von ihr verwaltet oder betrieben werden. Für die Anwendbarkeit des GWB kommt es darauf an, ob die in Frage stehende Tätigkeit nach dem sog. funktionalen Unternehmensbegriff als unternehmerisch zu qualifizieren ist.[277] Zusammenschlüsse unter Beteiligung von Unternehmen müssen auch ohne Einschränkung auch dem §§ 35 ff. GWB unterliegen.[278]

#### *(2) Universitätsklinikum Greifswald/Kreiskrankenhaus Wolgas*

Im Fall Universitätsklinikum Greifswald/Kreiskrankenhaus Wolgas[279] wurde das bis dahin als unselbständige Anstalt der Ernst-Moritz-Arndt-Universität und zugleich als Landesbetrieb geführte Universitätsklinikum Greifswald gemäß § 1 Abs. 1 der Landesverordnung über die Errichtung des Universitätsklinikums Greifswald vom 24. September 2002 als Anstalt des öffentlichen Rechts errichtet. Träger der Universität und somit auch des Klinikums war das Land Mecklenburg-Vorpommern. Das Kreiskrankenhaus Wolgast war ein Haus der Grund- und Regelversorgung, welches zurzeit als kommunaler Eigenbetrieb des Landkreises Ostvorpommern geführt wurde. Das BKartA[280] bestätigt die Anwendbarkeit i.S.v. § 130 I und sieht diese geplante Übernahme von 94,9% der

274 BKartA, TB 1974, S. 32.

275 BGH WuW/E S. 2276 ff., 2282-Süddetuscher Verlag/Donau-Kurier.

276 Bardong, NZKart 8/2013, S. 303, 308.

277 Lübbig/Klasse, Kartellrecht im Pharma- und Gesundheitssektor, § 1 Rn. 59. BKartA, Beschluss v. 10.3.2005, B10-123/04, WuW/E DE-V 1087, Rn. 46f. – Rhön/Rhön-Grabfeld; Jansen, Die Zusammenschlusskontrolle im Krankenhaussektor, S. 137.

278 Langen/Bunte/Stadler, § 130 GWB, Rn. 91.

279 OLG Düsseldorf, 7.5.2008 „Universitätsklinikum Greifswalt“, WuW/E DE-R S. 2347, 2348.

280 BKartA, „Universitätsklinikum Greifswalt“, 3. Beschlussabteilung B 3 – 1002/06, Rn. 18 ff.

Anteile an dem Kreiskrankenhaus Wolgast als ein Kontroll- und Anteilserwerb im Sinne von § 37 Abs. 1 Nr. 2 und 3 lit. a) GWB an.

## III. § 11-1 FHG

### *1. Rechtszustand vor dem Erlass der 3. FHG -Novelle im Jahre 2002*

#### *(1) Auffassung der FTC*

##### a. Verwaltungsauslegung

Vor der 3. Novelle des FHG von 2002 erfüllte die Umstrukturierung innerhalb eines multinationalen Konzerns den Zusammenschlusstatbestand. In ihrer Verwaltungsauslegung Nr. 021 wies die FTC am 03.07.1992 ausdrücklich darauf hin, dass Zusammenschlüsse zwischen Mutter- und Tochtergesellschaft den Zusammenschlusstatbestand des § 6 I FHG erfüllten. An dieser Ansicht wurde auch in der Verwaltungslegung Nr. 095 festgehalten, die allerdings statuierte, dass die interne Umstrukturierung des multinationalen Konzerns fusionskontrollpflichtig war.

##### b. Verwaltungspraxis

##### a) Entscheidung der FTC über Sanktionen im Fall „Greatwall"

Vor allem in der Sanktionsentscheidung gegen Greatwall kam der letztgenannte Passus zum Tragen. Nachdem der Konzern Greatwall vor dem Inkrafttreten des FHG am 04.02.1992 durch den Erwerb von 69,5% der Anteile bereits die Kontrolle über die Firma Xiang Mei erworben hatte, wurde der Erwerb einer (für deren Geschäftsbetrieb) wesentlichen Fertigungsanlage von Xiang Mei seitens der FTC mit einer Geldbuße in Höhe von 100,000 TWD belegt, weil der Tatbestand des Vermögenserwerbs i.S.v. § 6 I Nr. 3 FHG erfüllt, dies jedoch nicht bei der FTC angemeldet worden war. Seither muss im Prinzip jedes Zusammenschlussvorhaben i.S.d. § 6 FHG bei der FTC angemeldet werden, gleichgültig ob es zur einer Strukturveränderung auf dem betroffenen Markt führen kann oder nicht.

##### b) Fall „Lian Hua/He Tai/Lian Chen/Lian Jia/Lian Rui"

Im Fall Lian Hua/He Tai/Lian Chen/Lian Jia/Lian Rui wurde trotz des vorherigen Vorliegens des Kontrollverhältnis die Verschmelzung zwischen Lian Hua und ihrer anderer vier Tochtergesellschaften von der FTC als Zusammenschuss angesehen.

##### c) Fall „China Fluggesellschaft"

Im Fall China Fluggesellschaft hatte China Flughafengesellschaft zuvor bereits 67% der Anteile an der Huaxin Fluggesellschaft gehalten und die Huaxin kontrolliert. Trotzdem war der Erwerb weiterer 33% Anteile an Huaxin bei der FTC anzumelden.

#### *(2) Auffassungen dazu im Schrifttum*

Die Auffassung der FTC wurde im Schrifttum heftig kritisiert. Denn die präventive Zusammenschlusskontrolle solle lediglich die Entstehung von Konzentrationen wirtschaftlicher Macht verhindern. Das bereits bestehende Kontrollverhältnis zwischen Mutter- und Tochterunternehmen zeige, dass der weitere Zusammenschluss zwischen ihnen fusionsrechtlich irrelevant sei.

### *2. § 11-1 FHG*

In der 3. Novelle-FHG von 2002 wies der Gesetzgeber auf folgendes hin: „§ 6 FHG erfasst nur Zusammenschlüsse, die zur Erhöhung des Konzentrationsgrades führen, mithin zu einer Beeinträchtigung des wirksamen Wettbewerbs, zur Verhinderung des Marktzutritts anderer Unternehmen usw. Obwohl auch die konzerninterne Umstrukturierung in Form vom Anteil- bzw. Vermögenserwerb formell den Zusammenschlusstatbestand i.S.v. § 6 FHG erfülle, bezieht sie sich lediglich auf eine interne Umstrukturierung innerhalb einer wirtschaftliche Einheit und hat keine Auswirkung auf den Wettbewerb, weshalb keine Regelungsbedürftigkeit vorliege."

Im § 11-1 FHG sind vier Ausnahmen eingefügt, bei deren Vorliegen die genannten Vorschriften über die Fusionskontrolle keine Anwendung finden. Diese sind:

- Nr. 1: Wenn eines der an dem Zusammenschluss beteiligten Unternehmen bereits mehr als 50% der stimmberechtigten Anteile oder der Einlagen an einem anderen Unternehmen hält und sich mit diesem Unternehmen zusammenschließt;
- Nr. 2: Wenn Unternehmen sich zusammenschließen, an denen mehr als 50% der stimmberechtigten Anteile oder Einlagen vom selben Unternehmen gehalten werden;
- Nr. 3: Wenn ein Unternehmen sein gesamtes oder den Hauptteil seines Geschäftes oder seines Vermögens oder den gesamten oder Teile eines Teils seines Geschäftes, der unabhängig betrieben werden kann, an ein anderes Unternehmen überträgt, welches von dem erstgenannten Unternehmen allein neu gegründet worden ist;
- Nr. 4: Wenn ein Unternehmen gemäß den Vorschriften des § 167 I des Handelsgesellschaftsgesetzes bzw. § 28-2 des Wertpapier- und Börsengesetzes,

seine Anteile von Anteilsinhaber unter die in § 6 I Nr. 2 FHG genannte Vorschrift fallen würde."

### 3. *Zusammenschluss unter Staatsunternehmen*

§ 46 I FHG a.F. lautete, „In einem Zeitraum von fünf Jahren nach der Verkündigung dieses Gesetzes gilt das Gesetz nicht für die vom Excutiv-Yuan genehmigten Verhalten der öffentlichen Unternehmen, die gemeinnützigen Unternehmen und der Unternehmen der Verkehrs- und Transportiwrtschaft".[281] Diese Klausel beruft auf der Erkenntnis, dass die Aufgabe von Staatsunternehmen die Daseinsvorsorge zu erfüllen, einen wessentlichen Unterscheid mit der von Privatunternehmen hat[282]. Die herrschende Meinung sprach sich dagegen aus, dass die Staatsunternehmen auch dem Anwendungsbereich des FHG unterliegen sollten, weil ihre wirtschaftliche Tätigkeit auch Wirkung auf die Wettbewerbsordnung nehmen könnte, wie die Privatsunternehmen[283]. Seit 4.2.1996 ist diese Klausel weggefallen worden und dementsprechend müssen Zusammenschlüssen unter Staatsunternehmen dem FHG unterliegen.

## IV. AMG

### 1. *Rechtsgrundlage*

#### *(1) § 7 AMG*

§ 7 AMG lautet: „Der Staat schützt die legale Unternehmenstätigkeit der Unternehmen in Lebensadern der Volkswirtschaft oder die Sicherheit des Staates berührenden Branchen, in denen die staatseigene Wirtschaft eine kontrollierende Stellung hat, und in Branchen, die nach dem Recht etwas ausschließlich betreiben oder vertreiben, und überwacht, steuert und kontrolliert nach dem Recht das unternehmerische Handeln dieser Unternehmen und die Preise ihrer Waren und Dienstleistungen, die Interessen der Verbraucher schützend und den technischen Fortschritt fördernd. Die Unternehmen der Branchen nach dem vorigen Absatz müssen nach dem Recht betrieben werden, Treu und Glauben wahren, strikte Selbstdisziplin üben, die Aufsicht der Allgemeinheit akzeptieren, sie dürfen ihre kontrollierende Stellung oder ihre Stellung als ausschließliche Betreiber oder Verkäufer nicht nutzen, um die Interessen der Verbraucher zu

---

281 Zitiert aus Chiao-Ching Husu, Die öffentlichen Unternehmen in Taiwan. S. 112.

282 Vgl. Chiao-Ching Husu, Die öffentlichen Unternehmen in Taiwan. S. 112.

283 Dazu seiehe Chiao-Ching Husu, Die öffentlichen Unternehmen in Taiwan. S. 112, m.w.N.

schädigen.“ Die Lebensadern der Volkswirtschaft oder die Sicherheit des Staates berührenden Branchen, in denen die staatseigene Wirtschaft eine kontrollierende Stellung hat, beziehen sich auf Militärindustrie, Elektrizitätsnetze und Elektrizitätsversorgung, Mineralöl-petrochemische Industrie, Telekommunikation, Kohle, Luftverkehr und Schifffahrt sowie Postwesen, Eisenbahn, Wasserversorgung, Gasversorgung sowie Tabak und Salz[284].

Diese Unternehmen dieser Branche sind meisten Staatsunternehmen. Nach überwiegender Meinung[285] stellt § 7 AMG die normative Grundlage der Befreiung des Staatsunternehmens aus dem AMG. Allerdings kann mit der Methodik nicht abgeleitet werden, dass § 7 AMG eine Immunität für die Anwendung des AMG auf Staatsunternehmen enthält[286], wie Masseli treffend analysiert[287]. Grammatisch gesehen enthält es weder das Wort „Ausnahmen“ noch einen Hinweis auf einen Nichtanwendbarkeit bestimmter Vorschriften. Umgekehrt unterstütze das Wort „nach dem Recht“ die völlige Anwendung des AMG[288]. Die Gesetzgebungsgeschichte gebe keine eindeutigen Hinweise[289]. Systematisch betrachtet werden alle anderen Ausnahmebereiche, etwa. die Landwirtschaft (§ 56 AMG), die Erlaubnis der bestimmten eigentlich verbotenen Verhaltensweisen (§ 15 AMG) eindeutig formuliert. „Da er dies nicht getan hat, wäre im Umkehrschluss die Auslegung als Ausnahmebestimmung zu verneinen“[290]. Teleologisch gesehen „könnte konsequenterweise auch ein zu einer marktbeherrschenden Stellung führender oder sonst – an sich- wettbewerbsschädlicher Zusammenschluss per se einer wettbewerblichen Kontrolle entzogen sein und stattdessen allein eine – nachträglich-Missbrauchsaufsicht greifen“[291].

### *(2) § 22 AMG*

Gemäß § 22 AMG kann ein Unternehmenszusammenschluss von der Anmeldepflicht beim Antimonopolrechts-Vollzugsorgan des Staatsrats befreit werden,

284 Masseli, Handbuch, S. 65.

285 Moritz Lorenz/Xu Liu, RIW 2009, 33, 35; Yiliang Dong, Zusammenschaltung, S. 161; Shi Jianzhong, Komentar zum AMG, S. 58; Masseli, Handbuch, S. 69; Heuser/Sprick, Umfeld des Wirtschaftens, S. 274.

286 Wang Xianlin, Gleichheitssatz bei der Anwendung des AMG, Forschung für Rechtsstaat, 2007(5).

287 Masseli, Handbuch, S. 66 ff.

288 Masseli, Handbuch, S. 66.

289 Masseli, Handbuch, S. 67.

290 Masseli, Handbuch, S. 66.

291 Masseli, Handbuch, S. 68.

wenn eines der beteiligten Unternehmen an jedem der anderen Unternehmen mindestens 50% der stimmberechtigten Anteile oder des Vermögens besitzt oder ein und dasselbe nicht beteiligte Unternehmen mindestens 50% der stimmberechtigten Anteile oder des Vermögens jedes der beteiligten Unternehmen besitzt.

Nach überwiegender Meinung[292] können die vorgenannten Fälle i.S.v. 22 AMG nicht zu einer materiellen Marktstrukturänderung führen und werden daher als rein konzerninterne Umstrukturierung angesehen. Aber diese Regelung ist nicht unproblematisch. Der Erwerb von mindestens 50% des Vermögens einer Gesellschaft kann nicht als Kriterium zur Beurteilung des Kontrollverhältnisses zwischen den Mitwettbewerbern herangezogen werden kann[293]. Wegen der besonderen Unternehmensverfassungsregelung bzw. andere Elemente, die such von der europäischen Verwaltungspraxis zum Kontrollerwerb durch Anteilserwerb in der Zuständigkeitsmitteilung berücksichtigt werden[294] sind diese 50% der stimmberechtigten Anteile nicht geeignet.[295] Diese Meinung auch nicht von dem MOFCOM aufgenommen. In den unangemeldeten Fall „China Unicom/China Netcom"[296] begegnet selbst das MOFCOM sich nicht mit § 22 AMG, diesen Vorworf zurückzuschlagen[297] und die SASAC[298] verteidigt sich nicht nach § 22 AMG.

### *(3) § 2 BestAuslInvest*

Die BestAuslInvest vom 2003[299] enthielt umfangreiche und konkrete fusionsrechtliche Bestimmungen der VR China[300] und wurde 2006 sowie 2009 novelliert. Obwohl das MOFCOM in seiner Ministeriumsverordnung Nr. 6 von 2009[301] behauptet, dass die novellierte BestAuslInvest von 2009 sich grundsätzlich am

---

292 WRB-SANV, Kommentar zum AMG, (2007), S. 141; Shang Ming, Kommentar zum AMG, S. 206; Shi Jianzhong, Komentar zum AMG, S. 268.

293 Teil 6 D III.

294 Dazu siehe Zuständigkeitsmitteilung, S. 16 ff. Auch Teil 5 A.

295 Dazu siehe Teil 5 D.

296 Dazu siehe Teil 2 C IV 2.

297 Dazu siehe Teil 2 C IV 2 (2) a.

298 Dazu siehe Teil 2 C iv 2 (2) b.

299 Eine deutsche Übersetzung sieht: Roland Klein, in: Heuser/ Klein (Hrsg.): Die WTO und das neue Ausländerinvestitions- und Außenhandelsrecht der VR China: Gesetz und Analyse, S. 146 ff.

300 Eine ausführliche Analyse: Chen, Zhaoxia, Probleme der europäischen Fusionskontrolle nach der Reform der FKVO, S. 348 ff.

301 MOFCOM Bekanntmachung [2009] Nr. 6.

AMG und den Anmeldekriterien-Bestimmungen zu Unternehmenszusammenschlüssen des Staatsrats vom 03.08.2008[302] orientiert, entspricht § 2 BestAuslInvest von 2009 nicht der Tatbestandstruktur des § 20 AMG, sondern hält an den vorherigen Aufgreifkriterien fest: Einerseits beschränkt sich der persönliche Anwendungsbereich auf ausländische Investoren, andererseits kommen sowohl Fusion und Kontrollerwerb nicht darin zum Ausdruck. Trotzdem darf § 2 BestAuslInvest von 2009 als Ergänzung und Konkretisierung zu § 20 AMG bezüglich ausländischer Investoren ausgelegt werden, ist aber auch anwendbar auf den Zusammenschluss inländischer Unternehmen, weil sich das AMG allgemein auf inländische und ausländische Investoren bezieht[303], was eine diskriminierende Anwendung verbiet.[304] Der Abweichung von § 20 AMG liegt eine Zuständigkeitsstreitigkeit SAIC und MOFCOM zugrunde. Das Kernproblem liegt nicht in der Angleichung des § 20 AMG, sondern in der alleinigen Zuständigkeit des MOFCOM für die Zusammenschlusskontrolle.

### *2. „China Unicom/China Netcom“*

#### *(1) Sachverhalt*

China Unicom ist ein chinesisches Staatsunternehmen in der Telekommunikation und wollte mit China Netcom, auch einem Staatsunternehmen in der Telekommunikation durch Aufnahme übernehmen und soll unter § 20 Nr. 1 fallen. § 3 *Staatratsverordnung über die Anmeldekriterien für Unternehmenszusammenschlüsse* von 03.08.2008[305] bestimmt zwei Umsatzschwellen: „Der weltweite Umsatz aller beteiligten Unternehmen überschritt im letzten Geschäftsjahr RMB 10 Milliarden und der Umsatz in China von mindestens zwei beteiligten Unternehmen überschritt RMB 400 Millionen; oder der Umsatz in China aller beteiligten Unternehmen überschritt im letzten Geschäftsjahr RMB 2 Milliarden und der Umsatz in China von mindestens zwei beteiligten Unternehmen überschritt RMB 400 Millionen.“ Im Jahr 2007 betrug der Umsatz der China Unicom RMB 100,47 Mrd. und 86,92 Mrd. bei China Netcom. Das Zusammenschlussvorhaben und die von unabhängigen Finanzberatern ausgestellten Rechtsgutachten zeigten eindeutig auf,

---

302 Der Englishe Text: http://fldj.mofcom.gov.cn/article/c/200903/20090306071501.shtml, (eingesehen am 03.11.2013).

303 Xiaomin Fang, ZWeR 4/2008, S. 385, 388.

304 Xiaomin Fang, ZWeR 4/2008, S. 385, 388.

305 Anders als AMG-Entwurf regelt der Gesetzgeber im AMG nicht, ab welcher Größe eine Transaktion der chinesischen Fusionskontrolle unterliegt, sondern ermächtigt nach § 21 AMG den Staatsrat zum Erlass der Schwllenhöhe.

dass dieser Zusammenschluss unter Anwendung der Voraussetzungen der antimonopolrechtlichen Freigabeentscheidung vollzogen werden dürfte.[306] Allerdings wurde dieser Zusammenschluss ohne Anmeldung beim MOFCOM vollgezogen.

#### *(2) Meinungsstand zu diesem Fall*

##### a. Auffassung des MOFCOM

Rechtsanwalt Dong Zhengwei stellte einen Prüfungsantrag auf diesen Zusammenschluss beim MOFCOM. Gemäß § 38 III AMG müssen die Antimonopolrechts-Vollzugsorgane die erforderlichen Untersuchungen durchführen, wenn eine Meldung schriftlich erfolgt und einschlägige Tatsachen und Beweise vorgelegt werden. Obwohl dieses Vorhaben u.a. aufgrund von Berichten in den Massenmedien allgemein bekannt war, wurde dieser Prüfungsantrag vom MOFCOM mit der Begründung zurückgewiesen, es lägen unklaren Tatsachen vor und unzureichende Beweisgründe.

Diese Zurückweisung rief eine heftige Kritik gegen das MOFCOM hervor. Bei der schriftlichen Antwort auf die Anfrage der Zeitung „The Economic Observer", ob eine Diskriminierung zwischen Staatsunternehmen und ausländischen Unternehmen bei den Adressaten des AMG vorliege, hob MOFCOM hervor, dass es bei der Zusammenschlusskontrolle keine Immunität für Staatsunternehmen gebe und alle Unternehmen, gleichgültig ob ausländische oder innerstaatliche, gleichbehandelt würden.[307]

##### b. Auffassung der SASAC

##### aa) SASAC

Als unmittelbar untergeordnete Sonderkommission des Staatsrats hat die SASAC eine außergewöhnliche Rechtsstellung. Alle Staatsvermögen Chinas gehören zum „ganzen Volk" und werden vom Staatsrat im Namen des Volks vertreten. Der Staatsrat beauftragt den SASAC zugleich als Gesellschafter des Staatsunternehmens und auch Aufsichtsbehörde zum Staatsunternehmen tätig zu sein. Gemäß dem „Programm der Einrichtungen des Staatsrats" verfügt die SASAC über die Kompetenz der Kapitalanleger, Leitung und Voranbringen von Reform und Umstrukturierung der Staatsunternehmen. Außerdem entsendet sie Mitglieder des Aufsichtsrats in den größeren Staatsunternehmen. Sie ist zur Ernennung,

---

306 http://www.dxyys.com/forum.php?mod=viewthread&tid=2403, (eingesehen am 03.11.2013).

307 http://www.eeo.com.cn/observer/pop_commentary/2009/05/01/136656.shtml, (eingesehen am 03.11.2013).

Entlassung, Belohnung und Bestrafung der Geschäftsführer, der Überwachung der verwalteten Staatsvermögen, dem Entwurf und dem Erlass der Staatsvermögensverordnung befugt.

bb) Ansicht

Die SASAC vertrat die Ansicht, jedes Zusammenschlussvorhaben sei bei Vorliegen der Anmeldungskriterien nach dem AMG beim MOFCOM anzumelden. Allerdings müssten Zusammenschlussvorhaben zwischen zentralstaatlichen Unternehmen davon ausgenommen werden, also etwa der Fusionsplan zwischen China Unicom und China Netcom, weil die Entscheidung darüber vom Staatsrat getroffen werde.[308]

c. Schrifttumsmeinung

Eine mögliche Rechtfertigung für dieses unangemeldete Zusammenschlussvorhaben bestünde in § 22 AMG. China Unicom und China Netcom waren zwei von der SACAC verwalteten Staatsunternehmen. Die Staatsanteile der SACAC einschließlich der über Holding gehalten Anteile betrugen 77,47% bzw. 70,49% bei China Unicom und China Netcom[309]. Aus § 22 AMG könnte sich nun ergeben, dass das Fusionsvorhaben zwischen Staatunternehmen, an denen die SACAC gleichermaßen beteiligt ist, als konzerninterne Umwandlung anzusehen ist und daher von der Zusammenschlusskontrolle befreit werden kann[310].

*(3) Schlussfolgerung*

Wie obig dargestellt[311], liefert § 22 AMG keine Befreiung eines Zusammenschlusses zwischen Staatunternehmen von der Fusionskontrolle. Dieser unangemeltede Fall widerspiegelt vielmehr die Gemengelage und der Abhängigkeit des MOFCOM[312].

---

308 http://www.neri.org.cn/document/20120406122526252 95.pdf, (eingesehen am 03.11.2013).

309 Liu Xin, Liu Lei, Liu Hengjun, Zhang Qinzhong, Mobil-Telekommunikation 2008/11.

310 Vgl. Masseli, Handbuch, S. 72.

311 Vgl. Teil 2 C IV 1 (2)

312 Eine ausführliche Darstellung, siehe Teil 2 A IV.

## D. Zwischenergebnis

### I. Kartellverwaltungsbehörde

Die europäischen, deutschen und taiwanesischen Kartellverwaltungsbehörden werden mehr oder weniger unabhängig ausgestaltet. Innerhalb der vier Kartellbehörden verfügt die FTC als Bestandteil des Exekutiv-Yuan über die höchste Unabhängigkeit. Das BKartA als die deutsche Kartellbehörde für die Zusammenschlusskontrolle ist dem BMWi zugeordnet, ihre Unabhängigkeit wird allerdings nach innen und außen vom GG gewährleistet. Die Befugnis zur europäischen Zusammenschlusskontrolle wird auf europäischer Ebene der in Brüssel ansässigen EU-Kommission und innerhalb derer dem GD zugewiesen. Die Entscheidungen bzw. Konkretisierungen der Aufgreifkriterien der jeweiligen Kartellbehörde werden in einem justizähnlichen Verfahren getroffen, nämlich vom sog. Kollegialgremium per Mehrheitsvotum, welches jeweils der Begründungspflicht unterliegt, und im Anschluss veröffentlicht wird. Grundsätzlich sind Entscheidungen mit besonders hohen rechtsstaatlichen Garantien auszugestalten.

Im Gegensatz dazu birgt die Abhängigkeitsstellung des MOFCOM und dessen Spannungsverhältnis zu anderen Kartellbehörden die Gefahr einer politisierten Konkretisierung der Aufgreifkriterien in Festlands-Chinas: Das MOFCOM unterliegt als Ministerium des Staatsrats ganz und gar dem Staatsrat; und oftmals werden vom Staatsrat zwangsweise Zusammenschlüsse, etwa unter Staatsunternehmen, gefordert. Die Zusammenschlusskontrolle ist innerhalb des MOFCOM dem MOFCOM-AMA zugewiesen und die personelle sowie finanzielle Ausstattung des AMA wird vom MOFCOM festgelegt. Die Entscheidungen des AMA sind solche des MOFCOM. Zugleich steht das MOFCOM in einem dauernden Spannungsverhältnis mit den anderen Kartellbehörde, dem NCDR und dem SAIC, sodass sich im Grenzbereich von Markstrukturkontrolle und Verhaltenskontrolle, etwa bei Minderheitsbeteiligung, Gründung eines GU usw., immer Zuständigkeitsstreitigkeiten ergeben können.

### II. Auslegungsmethodik

Sowohl in der EU, in Deutschland und in Taiwan besteht zurzeit Einigkeit darüber, dass das Kartellrecht ganz allgemein keiner besonderen Methodik der Gesetzesauslegung unterliegt, und der von Savigny entwickelte „Methodenkanon" ausreicht. Darauf aufbauend kann auch die Rechtsvergleichung als quasi „fünfte" Auslegungsmethode insbesondere in Hinblick auf die Besonderheit der vorliegenden Untersuchung und den Aufbau eines internationalen Weltkartellrechts herangezogen werden.

Im Unterschied dazu ist die Bedeutung des Methodenkanons für das chinesische Kartellrecht noch nicht wirklich weitgehend berücksichtigt, sodass sowohl Kartellrechtswissenschaft als auch Kartellpraxis ganz allgemein von mangelndem Methodenbewusstsein bzw. fehlenden Begründungen geprägt sind.

## III. Einschränkung der Aufgreifkriterien

1. Hinsichtlich der Einschränkung der Aufgreifkriterien wird auf europäischer und deutscher Ebene auf ein qualitatives Kriterium abgestellt. Allerdings besteht dabei ein großer Unterschied: Sind die beteiligten Unternehmen bisher voneinander unabhängig gewesen, unterliegt das Zusammenschlussvorhaben nicht dem Art. 3 FKVO; waren die beteiligten Unternehmen bereits vorher zusammengeschlossen, unterfällt das Zusammenschlussvorhaben dem Grundsatz nach § 37 I GWB, es sei denn, der Zusammenschluss führt nicht zu einer wesentlichen Verstärkung der bestehenden Unternehmensverbindung. Auf taiwanesischer und festlandchinesischer Ebene wird die Einschränkung der Aufgreifkriterien quantitativ geprägt und geht weiter. Etwa wenn ein Unternehmen mehr als 50% der stimmberechtigten Anteile an einem anderen Unternehmen hält oder sonst besitzt, beide Unternehmen aber voneinander unabhängig waren, liegt kein Zusammenschluss vor.

2. Ein Zusammenschlussvorhaben unter Staatsunternehmen unterliegt dem Grunde nach ebenfalls der europäischen, deutschen, taiwanesischen bzw. der festlandchinesischen Fusionskontrolle. Hinsichtlich der europäischen Fusionskontrolle gibt es eine Ausnahme, nämlich wenn beiden Unternehmen vor der Transaktion Teil derselben mit einer autonomen Entscheidungsbefugnis ausgestatteten wirtschaftlichen Einheit waren.

# Teil 3: Fusion

## A. Fusion nach der FKVO

### I. Allgemeines

#### *1. Rechtsgrundlage*

##### *(1) Fusion i.S.v. Art. 3 I lit. a) FKVO*

Anders als im Zusammenhang mit dem Kontrollerwerb i.S.v. Art. 3 I lit. b) FKVO spricht Art. 3 I lit. a) FKVO lakonisch von der Fusion. Nach dem ergebnisorientierten Kriterium, d.h. der Frage, ob „beide Unternehmen ihre eigene Rechtspersönlichkeit behalten",[313] sieht die Kommission in der Zuständigkeitsmitteilung die rechtliche und die wirtschaftliche (faktische) Fusion. Erstere liegt vor, wenn mindestens eines der beteiligten Unternehmen seine eigene Rechtpersönlichkeit verliert.[314] Letztere ist gegeben, wenn zwei oder mehr Unternehmen lediglich ihre wirtschaftlichen Aktivitäten dauerhaft zusammenlegen, ohne ihre Rechtspersönlichkeit aufzugeben.[315]

##### *(2) Kontrollerwerb i.S.v. Art. 3 I lit. b) FKVO*

Obwohl die Fusion und der Kontrollerwerb auf der konzeptionell klaren Differenzierung zwischen der Gleichordnung und der Über-/Unterordnung beruhen[316], unterscheiden sie sich nicht trennscharf: Die Verschmelzung zu einem neuen Unternehmen kann unter den Tatbestand der gemeinsamen Kontrolle fallen, wenn an dem neuen Unternehmen zwei Holdinggesellschaften paritätisch beteiligt sind.[317]

Die Fusion infolge der Aufnahme kann die Voraussetzung des Erwerbers alleiniger Kontrolle erfüllen[318]. Im Fall Chevron/Texaco[319] etwa ging Keepep, die 100%ige Tochtergesellschaft von Chevron, in Texaco auf; und Texaco war wiederum die 100%ige Tochtergesellschaft von Chevron geworden – unter dem neuen

313 Schröer, in: FK, Art. 3 FKVO, Rn. 10.
314 Zuständigkeitsmitteilung, Rn. 9.
315 Zuständigkeitsmitteilung, Rn. 10.
316 Immenga/Mestmäcker/Körber, Art. 3 FKVO, Rn. 14; Hirsch/Montag/Säcker/Wessely/Wegner, Art. 3 FKVO, Rn. 14.
317 Hirsch/Montag/Säcker/Wessely/Wegner, Art. 3 FKVO, Rn. 17.
318 Hirsch/Montag/Säcker/Wessely/Wegner, Art. 3 FKVO, Rn. 17.
319 Kom., M.2208, Rn. 4 – Chevron/Texaco.

Firmennamen Chevron Texaco Corporation. Die Kommission stufte dieses Zusammenschlussvorhaben zutreffend als Fusion, nicht jedoch als Kontrollerwerb ein, weil die Fusion speziell auf „eine bestimmte gesellschaftliche Strukturierung des Zusammenschlusses“[320] abstellt, wie die Verschmelzung durch die Aufnahme und die Namensänderung gezeigt haben.

## 2. *Normadressat*

### *(1) Unternehmensbegriff*

Nach der grundlegenden Höfner-Entscheidung[321] stellen der EuGH und das Schrifttum[322] auf einen funktionellen Unternehmensbegriff ab, der als „jede eine wirtschaftliche Tätigkeit ausübende Einheit, unabhängig von ihrer Rechtsform und der Art ihrer Finanzierung“[323] definiert wird. Sowohl im Schrifttum[324] als auch beim EuGH[325] besteht Einigkeit bei der Auslegung des Unternehmens darüber, dass die in der Rechtsprechung des EuGH zu Art. 101 AEUV entwickelte Auslegung ebenfalls für die FKVO gilt.[326]

Die Formulierung i.S.v. Art. 3 I lit. a) FKVO scheidet vor allem die Personen aus[327] und stellt lediglich auf Unternehmen und Unternehmensteile ab. Trotzdem ist diese Differenzierung zwischen Personen und Unternehmen nach dem

---

320 Hirsch/Montag/Säcker/Wessely/Wegner, Art. 3 FKVO, Rn. 17.

321 EuGH vom 23.4.1991, Rs. C-41/90- Höfner und Esler, Slg. 1991, I-1979, Rn. 17, 21.

322 Müller-Graf, in: Handkommentar zum EUV/EGV, Art. 85 EGV Rn. 31f.; Stockenhuber, in: Grabitz/Hilf, Europäische Union, Art. 81 EGV, Rn. 53; Altemöller, in: Mäsch, Praxiskommentar, Art. 81 EGV Rn. 11; Wegner, WuW 2001, S. 469, 470; Steinle, WS 2004, 118, 121; Lorenz /Xu Liu, RIW 2009, S. 33, 34.

323 EuGH, C-244/94, Slg. 1995, I-4013, 4028 Rn. 14- Fédération française des sociétés d'assurance.

324 Hirsch/Montag/Säcker/Wessely/Wegner, Art. 3 FKVO, Rn. 7; Immenga/Mestmäcker/Körber, Art. 3 FKVO, Rn. 7; Emmerich, Kartellrecht, S. 184; Ulshöfer, Kontrollerwerb, S. 21; Karl S. 87; Langen/Bunte/Käseberg, Art. 3 FKVO, Rn. 9.

325 Der in den Rechtsprechungen immer verwendeten Formulierung vom „Begriff des Unternehmens im Wettbewerbsrecht der Gemeinschaft“ lässt sich entnehmen, dass der EuGH von einem einheitlichen Unternehmen ausgeht. EuGH, Urteil vom 23.4.1991, Slg. I 1991, 2016 „Höfner und Elser/Macroton“; EuGH, Urteil vom 12.1, 1995, Slg. II 1995.17.35 „Vioh/Kommission“.

326 Ulshöfer, Kontrollerwerb, S. 21.

327 Staudnemayer, S. 51.

funktionalen Unternehmensbegriff redundant, soweit sie über eigenständige unternehmerische Aktivitäten verfügen[328].

*(2) Unternehmensteile*

Trotz der Nichterwähnung in der Zuständigkeitsmitteilung kann die Fusion nach dem Wortlaut i.S.v. Art. 3 I lit. a) FKVO zwischen „zwei oder mehr bisher voneinander unabhängigen … Unternehmensteilen" erfolgen. Diese Unternehmensteile müssen rechtlich nicht selbständig sein.[329] Im Fall AT&T/TCI[330] stellte die Kommission fest: "The entirety of the TCI business will be the subject of the concentration, including the controlled subsidiaries forming part of the TCI Group, Liberty Media Group and the TCI Ventures Group. The three groups currently forming part of TCI will be fully merged with and become subsidiaries of AT&T. The notifying parties point out that the Liberty Media Group within AT&T will be operated independently from AT&T."[331]

## II. Rechtliche Fusion

### *1. Grundsatz*

Danach, ob nach dem Vollzug des Zusammenschlussvorhabens lediglich ein Unternehmen seine eigene Persönlichkeit beibehalten kann, differenziert die Kommission bei der rechtlichen Fusion zwei Formen, nämlich die Neugründung[332] und die Aufnahme[333]. Bei der Neugründung geht es darum, dass zwei oder mehr

---

328 Wessely/ Wegner, in: Art. 3 FKVO, Rn. 7; A.A., Staudenmayer, Zusammenschlussbegriff, S. 51.

329 Schütz, in Art. 3 FKVO, Rn. 12.

330 IV/M.1252 AT&T/TCI 4.12.98.

331 IV/M.1252 AT&T/TCI 4.12.98, Rn. 5.

332 E.v. 17.7 1995 Mitsubi/ Bank of Tokyo, Rn. 4; 11.7.1996 Lucas/Varity, Rn. 5; 17.7.1996 Ciba-Geigy/Sandoz, Rn. 7; 15.10.1997 Guinness /Grand Metropolitan, Rn. 6; 10.12.1997; Merita /Nordbanken, Rn. 1, 4 f.; 4.3.1998 SBG/Sbv, Rn. 4; 2.4.1998 Daimler-Benz/Chrysler, Rn. 5; 8.2.1999 Valmet/Rauma, Rn. 4; 9.3.1999, Danish Crown/Vestjyske Slagterier, Rn. 5; 10.9.1999 Pakhoed/Van Ommeren (II), Tz. 3.12.1999 Seita/Tabacalera, Rn. 1; 3.5.2000 Ocean Group/Exel, Rn. 4; 8.5.2000 Glaxo Wellcome/SmithKline Beecham, Rn. 4.; 31.5.2000 Meritor/Arvin, Rn. 5; 29.6.2000 Granadea/Compass, Rn. 5; 9.7.2000 Boskalis/HBG, Rn. 1.

333 Zuständigkeitsmitteilung Rn. 9. Vgl. Sache COMP/M.1673, Veba/VIAG (13. Juni 2000); Sache COMP/M.1806, AstraZeneca/Novartis (26. Juli 2000); Sache COMP/M.2208, Chevron/Texaco (26. Januar 2001); Sache IV/M.1383, Exxon/Mobil (29. September 1999).

bisher unabhängige Unternehmen nicht mehr ihre Rechtspersönlichkeit behalten, sondern zu einem neuen Unternehmen verschmelzen. Bei der Aufnahme geht ein Unternehmen ins andere Unternehmen auf und letzteres behält seine Rechtspersönlichkeit[334]. In seiner erster Entscheidung Mitsubi/ Bank of Tokyo[335] übernahm Kyoma das gesamte Vermögen von Satama und Satama. Eine Fusion kann auch durch die Anwachsung aller Anteile einer Personengesellschaft auf Grund des Ausscheidens der anderen Gesellschafter erfolgen.[336]

### *2. Abweichende Entscheidungen*

Der Charakter der rechtlichen Fusion war an zwei Fällen nicht gegeben. Im Fall Elsag Bailey / Hartmann & Braun AG[337] wurde der Kauf mit 99,5% Anteilen als Fusion bewertet. Im Fall KNP/BT/VRG[338] wollte KNP sich in eine Holdinggesellschaft umwandeln, um dann durch ein öffentliches und uneingeschränktes Übernahmeangebot für alle Teile an BT und VRG abzugeben. In beiden Fällen verlor kein Unternehmen seine Rechtspersönlichkeit und im Ergebnis sollte diese Gestaltung unter den Kontrollerwerb fallen[339].

## III. Wirtschaftliche Fusion

Umstritten ist, ob die Fusionsdefinition wirtschaftlich oder tatsächlich ausgelegt werden soll.

### *1. Kommissionsauffassung*

#### *(1) Zuständigkeitsmitteilung*

Die Kommission bejaht in ihrer Zuständigkeitsmitteilung das Vorliegen einer wirtschaftlichen Fusion, wenn zuvor unabhängige Unternehmen ihre Aktivitäten so zusammenlegen, dass eine wirtschaftliche Einheit entsteht, ohne dass rechtlich von einer Fusion gesprochen werden kann[340], insbesondere wenn zwei oder mehr

334 Zuständigkeitsmittelung, Rn. 9.

335 E.v. 17.7 1995 Mitsui/ Bank of Tokyo, Rn. 4.

336 Vgl. Schröer in FK Art. 3 FKVO Rn. 9; Riesenkampff/Lehr, Art. 3 FKVO, Rn. 14; Immenga/Mestmäcker/Körber, Art. 3 FKVO, Rn. 19.

337 Sache Nr. IV/M.670 – Elsag Bailey /Hartmann & Braun AG von 17.11.1995, Rn. 5.

338 Case No. IV/M.291 – KNP/Bührmann-Tetterode and VRG.

339 Vgl. Staudenmayer, Zusammenschlussbegriff, S. 50.

340 Zuständigkeitsmitteilung, Rn. 10.; Schulte/Henschen, in: Handbuch Fusionskontrolle, S. 288, Rn. 950; Niemeyer, Europäische Fusionskontrolle, BB 1991, Beilage 25; Kommission, 21.11.1990, M.18 „Groupe AG/Amev“, Rn. 2.

Unternehmen vertraglich vereinbaren, sich einer gemeinsamen wirtschaftlichen Leitung zu unterstellen oder ein zweifach börsennotiertes Unternehmen[341] zu bilden, ohne ihre Rechtspersönlichkeit aufzugeben.

Die Grundvoraussetzung für das Vorliegen einer solchen faktischen Fusion ist die Existenz einer dauerhaften gemeinsamen wirtschaftlichen Leitung. Weitere Kriterien können ein interner Gewinn- und Verlustausgleich oder eine Gewinnabführungsvereinbarung zwischen einzelnen Konzernunternehmen sowie ihre gesamtschuldnerische Haftung bzw. die Verteilung externer Risiken sein.[342] Die faktische Verschmelzung kann vertraglich vereinbart sein, sie kann aber auch durch eine Überkreuzbeteiligung der die wirtschaftliche Einheit bildenden Unternehmen untermauert werden. Diese Vereinbarungen beziehen sich z.B. auf die Verwaltungsräte, die Managementstruktur sowie insbesondere die wirtschaftlichen Interessen der Anteilseigner im Hinblick auf Dividenden usw.[343] Als Beispiele nennt die Kommission den Gleichordnungskonzern nach deutschem Recht, den französischen „groupement d'intérêt économique" oder bestimmte Formen von „partnerships"[344]. Außerdem kann eine faktische Fusion auch bei der zusätzlichen Kapitalverflechtung der beteiligten Unternehmen[345] auftreten, nämlich wenn dies faktisch dazu führt, dass die beteiligten Unternehmen zu einer einzigen wirtschaftlichen Einheit verschmelzen, dann ist der Vorgang als Fusion anzusehen[346].

### *(2) Verwaltungspraxis*

#### a. RTZ/CTA

In der Entscheidung „RTZ/CTA"[347] bejahte die Kommission zum ersten Mal die wirtschaftliche Fusion. In diesem Fall wollten die rechtlich selbstständig bleibenden Unternehmen RTZ und CRA zu einem gemeinsam und einheitlich geführten Unternehmen mit doppelter Börsennotierung fusionieren. Abgesehen davon, dass ihre Rechtspersönlichkeit und ihre jeweilige Börsennotierung und die Eigentumsverhältnisse an den jeweiligen Unternehmen unverändert blieben, wurde dieses Zusammenschlussvorhaben nach Auffassung der Kommission als eine wirtschaftliche Fusion angesehen, weil es vereinheitlichte Verwaltungsräte

341 Urteil in der Rechtssache T-282/02 Cementbouw/Kommission, Rn. 58, Slg. 2006, II-319.

342 Zuständigkeitsmitteilung, Rn. 10.

343 Schulte/Henschen, in: Handbuch Fusionskontrolle, S. 288, Rn. 950.

344 Zuständigkeitsmitteilung, Fn. 10.

345 Immenga/Mestmäcker/Körber, Art. 3 FKVO, Rn. 20.

346 Zuständigkeitsmitteilung, Rn. 10.

347 Kommission E.v. 7.12.1996, M.660, WuW 1996, 381.

und Managementstruktur, eine Angleichung der wirtschaftlichen Interessen der Anteilseigner durch Angleichung der Dividenden und Kapitalausschüttungen und ein vereinheitlichtes Abstimmungsverfahren für wesentliche Entscheidungen vorsah, so dass im Ergebnis in beiden Gesellschaften von den Anteilseignern dieselben Beschlüsse gefasst werden[348].

b. Price Waterhouse/Coopers & Lybrand[349]

PW und C&L verfügten über aus nationalen Geschäftsstellen bestehende internationale Netze und schlossen eine Reihe von Transaktionen und Vereinbarungen ab, der zufolge beide unter einem gemeinsamen Namen tätig waren und sich einheitliche berufsethische Normen und Dienstleistungen im Bereich der Abschlussprüfung und Buchführung gesetzt hatten. Je nach den nationalen Vorschriften über die Bereitstellung von Dienstleistungen im Bereich der Abschlussprüfung und Buchführung erfolgte die Integration in einigen Fällen durch eine offizielle Fusion der betreffenden Unternehmen, in anderen Fällen durch den Erwerb der Geschäfts- und Vermögenswerte des anderen Unternehmens, während in bestimmten Fällen die Unternehmen offiziell aufgelöst und durch ein neues Unternehmen ersetzt wurden. Die Kommission sieht solche neuen Einheiten, die sich aus den verschiedenen lokalen Fusionen ergaben, als wirtschaftliche Fusion an.

c. Conoco/Philipps Petroleum

Im Fall Conoco/Philipps Petroleum[350] wollten sich Conoco und Phillips jeweils mit einer neu gegründeten Gesellschaft zusammenschließen und Eigentümerin dieser beiden Gesellschaften war eine ebenfalls neu gegründete Gesellschaft, die ihrerseits von Conoco und Philipps gemeinsam kontrolliert wurde. Dieser Vorgang wurde von der Kommission als Fusion angeshen.

*(3) Abweichende Verwaltungspraxis*

a. Renault/Volvo

Im Fall Renault/Volvo[351] ging es um eine wechselseitige Beteiligung von jeweils 45%, die Schaffung eines einheitlichen Leitungsorgans und die Integration der

348 Kommission 7.11.1990, M.660.

349 Entscheidung der Kommission, vom 20.5.1998 M.1016.

350 Case No COMP/M.2681 – Conoco INC./ Philipps Petroleum, Rn. 5.

351 Kommission 7.11.1990, M.4 Rn. 4 ff. = WuW/E EV 1542. „Renault/Volvo“.

wesentlichen unternehmerischen Aktivitäten im Bus- und Lkw-Bereich[352]. Obwohl dieser Sachverhalt mit dem Fall „RTZ/CTA“[353] in Wesentlichen identisch war und zur Annahme der wirtschaftlichen Fusion ausreichte, wurde die gemeinsame Kontrolle eingestuft.

b. AG/Amev

Im Fall AG/Amev sieht die Kommission die Bildung eines einheitlichen Managements als Kontrollerwerb an:

„Since AG and Amev will bring all activities, on a lasting basis, into the new, jointly controlled group the operation constitutes a merger from an economic point of view and the acquisition by AG and Amev of 50% in each other's subholdings has to be considered as a concentration within the meaning of Article 3(1)(b) of the Merger Regulation.“[354]

## 2. *Schrifttumsmeinungen*

### *(1) Gegenauffassung*

a. Erfassung der gemeinsamen Kontrolle

Nach anderer Meinung ist dieser Begriff der wirtschaftlichen Fusion mit beträchtlichen Unsicherheiten belastet[355] einerseits und das „verschmelzungsähnliche“ Ergebnis, d.h. die Entstehung einer echten wirtschaftlichen Einheit, in Wahrheit mit Mitteln des Kontrollerwerbs erreicht werden; andererseits die Sachverhalte einer wirtschaftlichen Fusion unter den Tatbestand der Begründung gemeinsamer Kontrolle gemäß Art. 3 I lit. b) FKVO fallen und die Fusion i.S.v. Art. 3 I lit. a) FKVO erfasst ausschließlich die rechtliche Fusion[356]. Ähnlich beurteilen auch Riesenkampff/Lehr[357] und Immenga/Mestmäcker/Körber[358] die Tauglichkeit der wirtschaftlichen Fusion in den Art. 3 I lit. a) FKVO skeptisch und zurückhaltend.

352 Vgl. Immenga/Mestmäcker/Körber, Art. 3 FKVO, Rn. 22; Staudenmayer, Zusammenschlussbegriff, S. 53.

353 Kommission E.v. 7.12.1996, M.660, WuW 1996, S. 381.

354 Komm. 21.11.1990, M.18, „AG/Amev“, Rn. 2.

355 Immenga/Mestmäcker/Körber, Art. 3 FKVO, Rn. 22.

356 Karl, Zusammenschlussbegriff, S. 117; Stockenhuber, Europäisches Kartellrecht, S. 148, Fn. 614; Miersch, Die europäische Fusionskontrolle, Dissertation, S. 94 ff.

357 Riesenkampff/Lehr, Art. 3 FKVO Rn. 15.

358 Immenga/Mestmäcker/Körber, Art. 3 FKVO, Rn. 22.

### b. Gleichordnungskonzern

Angesichts des Gleichordnungskonzerns weist eine lediglich punktuelle und kurzfristige Unterordnung der einzelnen Konzernunternehmen unter eine gemeinsame Strategie möglicherweise einer ausreichende strukturelle Verfestigung auf und reicht zur Bejahung keine wirtschaftlichen Fusion nicht aus[359]; wenn die Beteiligten ihre selbstständige Unternehmensplanung und die Verfolgung eigener Sonderinteressen nicht vollständig und dauerhaft aufgeben, läge allenfalls eine nach Art. 101 AEUV zu beurteilende Verhaltenskoordinierung selbstständig bleibender Unternehmen vor.[360] Die Begründung eines weiteren unbestimmten Rechtsbegriffs innerhalb Art. 3 I lit. a) FKVO sei daher vom Sinn und Zweck der FKVO nicht gedeckt und verbiete sich aufgrund der systematischen Stellung der FKVO als Norm, die im Nachrang zu den Wettbewerbsregeln des EGV a.F. stehe[361].

#### *(2) Bejahung*

Nach dieser Meinung existiert eine solche fusionskontrollrechtlich regelungsbedürftige Fallgruppe, bei der die beteiligten Unternehmen nach dem Vollzug des Vorhabens selbständig blieben, bei der aber genau dieselben wettbewerblichen Auswirkungen vorliegen; sie führe bei rechtlicher Trennung dennoch zu einer Zusammenfassung wirtschaftlicher Ressourcen und einem einheitlichen Wettbewerbsverhalten, werde jedoch nicht von der Zusammenschlussalternative des Kontrollerwerbs erfasst, da in diesen Fällen nicht ein Unternehmen ein anderes kontrolliere[362]. Art. 3 FKVO stuft auch Vollfunktions-GU als Zusammenschluss ein, obwohl auch diese regelmäßig kündbar sind, und die Fallpraxis der Kommission zeigt, dass sie in vielen Fällen nach wenigen Jahren wieder aufgelöst werden; ob allein die Kündigungsmöglichkeit das Vorliegen einer dauerhaften Strukturveränderung ausschließt, erscheint daher zweifelhaft.[363]

### *3. Stellungnahme*

Rechtsunsicherheit kann nicht als legitimierte Begründung der Ablehnung einer wirtschaftlichen Fusion gelten, weil sie unter dem funktionsgerechten Kon-

---

359 Immenga/Mestmäcker/Körber, Art. 3 FKVO, Rn. 21; Busche/Röhling/Schütz, Art. 3 FKVO, Rn. 8; Riesenkampff/Lehr, Art. 3 FKVO, Rn. 15.

360 Immenga/Mestmäcker/Körber, Art. 3 FKVO, Rn. 21.

361 Karl, Zusammenschlussbegriff, S. 117.

362 Staudenmayer, Zusammenschlussbegriff, S. 54 f.

363 Hirsch/Montag/Säcker/Wessely/Wegner, Art. 3 FKVO, Rn. 19.

kretisierungsmechanismus durch die Fallgruppen[364] entlastet werden kann. Ob die wirtschaftliche Fusion vom Fusionsbegriff erfasst werden muss, hängt somit von Sinn und Zweck des Zusammenschlussbegriffs an. Der Zusammenschlussbegriff erfasst lediglich die Vorgänge, die zu einer dauerhaften Veränderung der Kontrolle an den beteiligten Unternehmen und damit an der Marktstruktur führen[365]. Diese Ablehnung der wirtschaftlichen Fusion mittels der Erfassung des Kontrollerwerbs führt unvermeidlich zu einer Gesetzeslücke, da solche Fusionsvorgänge, bei denen die beteiligen Unternehmen ihre jeweilige rechtliche Rechtspersönlichkeit erhalten, aber im Ergebnis auch kein Über-/Unterordnungsverhältnis erfolgt, weder unter den Fusionsbegriff noch den Kontrollerwerb fallen. Daher muss der Fusionsbegriff nicht notwendigerweise identisch mit dem im Sinne des europarechtlich vereinheitlichten Umwandlungsrechts (§ 2 I und Nr. 2 UmwG) sein.

## B. Fusion nach § 37 I GWB

### I. Vermögenserwerb nach § 37 I Nr. 1 GWB

Auf den ersten Blick findet die Fusion keinen Niederschlag in § 37 I GWB. Bei näherer historischer Betrachtung entpuppt sich die Fusion als Unterfall der Vermögenserwerbs i.S.v. § 37 I Nr. 1 GWB an erster Stelle der Zusammenschlusstatbestände. In § 23 II GWB a.F. von 1957 stand die Verschmelzung als ein eigenständiger Einzeltatbestand neben dem Vermögenserwerb. Seit der Einführung der Fusionskontrolle durch die 2. GWB-Novelle 1973 wurde die Verschmelzung im Rahmen des Zusammenschlusskatalogs nicht mehr als ein eigenständiger Einzeltatbestand angesehen, sondern als Unterfall in den Vermögenserwerb mit dem Zusatz „Verschmelzung, Umwandlung oder in sonstiger Weise“ eingestuft. Durch das Gesetz zur Bereinigung des Umwandlungsrechts vom 28.10.1994 ist die Verschmelzung als Unterfall in den Umwandlungsvorgängen eingeflossen, und in der 6. GWB-Novelle ist dieser Zusatz „durch Umwandlung oder in sonstiger Weise“ weggefallen. Diese Novellierung ist äußerlich und rein redaktionell[366] und der Vermögenserwerb unterfällt nach wie vor dem „Vermögenserwerb“ des § 37 I Nr. 2 GWB. Sowohl die Verschmelzung im Wege der Aufnahme als auch im Wege der Neugründung (§ 2 UmwG) ist durch die Übertragung des ganzen Vermögens gekennzeichnet, so dass beide Formen im Grundsatz dem § 37 Abs. 1

364 Weber, AcP 192.

365 Erwägungsgründe 20 FKVO.

366 RegBergr. 6. GWB-Novelle S. 57; Langen/Bunte/Kallfaß, § 37 GWB, Rn. 13; Hirsch/Montag/Säcker/Bach, § 37 GWB, Rn. 13.

Nr. 1 unterfallen[367]. Die historische Auslegung kam schon zu dem Ergebnis, dass Vermögenserwerb i.S.v. § 37 I Nr. 1 GWB die wirtschaftliche Fusion nicht erfasst. Die Bildung eines Gleichordnungskonzerns unterfiel vor der 6. GWB-Novelle den Konzernverträgen (§ 23 II Nr. 3 lit. a a.F.)[368]. Mit deren Wegfall in der 6. GWB-Novelle kann die Bildung eines Gleichordnungskonzerns nicht dem Kontrollerwerb § 37 I Nr. 2 GWB[369], sondern nur § 37 I Nr. 1, 3, 4 GWB unterfallen.[370] Insbesondere ohne das Vorliegen der Voraussetzungen des § 37 I Nr. 1, 3 unterliegt sie § 37 I Nr. 4 GWB.[371]

### II. Schlussfolgerung

Die historische Auslegung kam schon zu dem Ergebnis, dass Vermögenserwerb i.S.v. § 37 I Nr. 1 GWB die wirtschaftliche Fusion nicht erfasst. Die Bildung eines Gleichordnungskonzerns unterfiel vor der 6. GWB-Novelle den Konzernverträgen (§ 23 II Nr. 3 lit. a a.F.)[372]. Mit deren Wegfall in der 6. GWB-Novelle kann die Bildung eines Gleichordnungskonzerns nicht dem Kontrollerwerb § 37 I Nr. 2 GWB[373], sondern nur § 37 I Nr. 1, 3, 4 GWB unterfallen.[374] Insbesondere ohne das Vorliegen der Voraussetzungen § 37 I Nr. 1, 3 unterliegt sie § 37 I Nr. 4 GWB.[375]

## C. Fusion nach 6 I Nr. 1 FHG

### I. Rechtliche Fusion

#### *1. Schrifttumsmeinungen*

In erster Linie kommt die rechtliche Fusion nach den gesetzlichen Vorschriften in § 6 I Nr. 1 FHG in Betracht. Nach überwiegender Meinung im Schrifttum[376]

---

367 Mestmäcker/Immenga, § 37 GWB, Rn. 8; Langen/Bunte/Kallfaß, § 37 GWB, Rn. 13.

368 Möschel, Recht der Wettbewerbsbeschränkungen, Rn. 750.

369 Mestmäcker/Immenga, § 37 GWB, Rn. 104; Pohlmann, DZWiR 1998, S. 397, 400; a.A. siehe in BKarA, TB 1999/2000, S. 19.

370 Mestmäcker/Immenga, § 37 GWB, Rn. 104.

371 Mestmäcker/Immenga, § 37 GWB, Rn. 104; Hirsch/Montag/Säcker/Bach, § 37 GWB, Rn. 45.

372 Möschel, Recht der Wettbewerbsbeschränkungen, Rn. 750.

373 Mestmäcker/Immenga, § 37 GWB, Rn. 104; Pohlmann, DZWiR 1998, S. 397, 400; a.A. BKarA, TB 1999/2000, S. 19.

374 Mestmäcker/Immenga, § 37 GWB, Rn. 104.

375 Mestmäcker/Immenga, § 37 GWB, Rn. 104; Hirsch/Montag/Säcker/Bach, § 37 GWB, Rn. 45.

376 Lai Yuanhe, S. 201 ff.; Wang Ducun, S. 58; FTC in: Zugang zum FHG, S. 63 ff.

umfasst die rechtliche Fusion die Verschmelzung durch Neugründung oder durch Aufnahme i.S.v. §§ 315–319 des GeGTW. Allerdings ist dabei stets der Begriff der rechtlichen Fusion zweckmäßig, d.h. im Sinne einer Fusionskontrolle auszulegen: deren Anwendbarkeit beschränkt sich nicht auf solche, die nicht in der Form einer rechtlichen Gesellschaft organisiert sind, sondern erstreckte sich also anderen Unternehmensform auf etwa Einzelunternehmen, Partnerschaften, Wirtschaftsorganisationen und sonstige von § 2 FHG erfasste Unternehmensformen[377].

## 2. *Verwaltungspraxis*

### *(1) Überblick*

Die Neugründung und die Aufnahme setzen sich als Formen der Fusion im Sinne des Gesetzes in der Verwaltungspraxis der FTC durch. Im Fall Unimicron/Camel[378] übertrug Camel ihr gesamtes Vermögen auf Unimicron und gabe ihre eigene Rechtspersönlichkeit auf; nur Unimicron bestand fort. Dieser Fall wurde von der FTC als Fusion § 6 I Nr. 1 FHG angesehen. Im Fall Innolux/TPO Displays Corp./ Chimei verschmolzen TPO Displays Corp. und Chimei in der fortbestehenden Innolux, deren Name sich in Innolux Corporationänderte.

### *(2) Abweichende Verwaltungspraxis*

Der rechtlichen Fusion immanent ist, dass mindestens eines der beteiligten Unternehmen erlischt. Ähnlich wie Elsag Bailey/Hartmann & Braun AG[379] und KNP/BT/VRG[380] ist ihre Verwaltungsentscheidung allerdings nicht ganz widerspruchfrei. In der Sanktionsentscheidung Taipingyang/WCCT[381] erwarb TPY 80% Anteile an der WCCT, aber blieben die beiden rechtlichen getrennten Gesellschaften übrig, die sich nicht zu einer neuen vereint haben. Dieser unangemeldete Vorgang, der als Zusammenschluss nach § 6 I Nr. 3 oder Nr. 5 FHG bewertet werden sollte, wurde von der FTC als Zusammenschluss nach § 6 I Nr. 1 FHG angesehen, obwohl keine der beiden Gesellschaften ihre Rechtspersönlichkeit verlieren sollte.

---

377 Vgl. Hasse, Zusammenschlusskontrolle Taiwan, S. 103; FTC, Nr. 17 (S. 2 f. v. 5), in: APEC Database.

378 Entscheidung der Fusionsanmerlung der FTC über Unimicron/Camel am 20.04.2009.

379 Sache Nr. IV/M.670 – Elsag Bailey /Hartmann & Braun AG von 17.11.1995, Rn. 5.

380 Case No. IV/M.291 - KNP/Bührmann-Tetterode and VRG.

381 Sanktionsentscheidung Nr. 059 (1999).

## II. Wirtschaftliche Fusion

### *1. Subsumierbarkeit unter den Begriff der Fusion nach § 6 I Nr. 1 FHG*

#### *(1) Schrifttumsmeinung*

Nach der einheitlichen Auffassung im Schrifttum[382] ist die Fusion i.S.v. § 6 I Nr. 1 FHG lediglich rechtlich, aber keineswegs faktisch oder wirtschaftlich zu verstehen. Die europäische Diskussion über eine Einstufung der wirtschaftlichen Fusion als Kontrollerwerb findet ebenfalls nicht statt. Der Tatbestand des § 6 I Nr. 1 FHG entspricht im Wesentlich dem Fusionsbegriff des GWB, der als Unterfall des Vermögenserwerbs i.S.v. § 37 I GWB zu verstehen ist[383], und weicht ab von der Fusion i.S.v. Art. 3 I lit. a) FKVO.

#### *(2) Taipingyang/WCCT*

In der Sanktionsentscheidung Taipingyang/WCCT wurde die Subsumierbarkeit der wirtschaftlichen Fusion unter § 6 I Nr. 1 FHG von der FTC abgelehnt. In diesem Fall wollten Taipingyang (im Folgenden: TPY) und West Coast Telekommunikationsgesellschaft (nachfolgend abgekürzt als „WCT") über ihre jeweiligen Tochtergesellschaften TPY-G und WCCT beim Regierungsinformationsamt die Geschäftserlaubnis zur Ausstrahlung von Kabelfernsehen beantragen. Gleichzeitig wurde ein WCT-TPY-Kooperationsvertrag abgeschlossen, dem zufolge beide Gesellschaften gemeinsam den WCT-TPY-Verein gründeten, um TPY und WCT einheitlich zu verwalten, was vor allem für den Fall geschah, dass lediglich eines der beiden Unternehmen die Geschäftserlaubnis erhalten sollte. Da schließlich beiden die Geschäftserlaubnis erteilt wurde, wurde der gegründete Verein wieder gelöscht. WCT übertrug ihren Geschäftsbereich an die WCCT und trat allein als WCT auf dem Markt auf, d.h. auch namens der WCCT. WCCT und TPY vereinbarten, dass die Gesellschafter von TPY ihren Aktien bzw. Investitionsanteilen entsprechend Aktien der WCCT erhalten sollten. Im Ergebnis erwarben die Gesellschafter der TPY 70–80% der die Aktien der WCCT.

Dieser Vorgang wurde von der FTC sanktioniert, lediglich weil dieser Vorgang den Zusammenschluss nach § 6 I Nr. 1 FHG erfüllte hatte. Der Abschluss des WCT-TPY-Kooperationsvertrags zwecks Errichtung einer einheitlichen Leitung war hingegen nicht bei der FTC angemeldet, die somit keine Sanktionen wegen der Errichtung einer einheitlichen wirtschaftlichen Leitung verhängte.

---

382 He, Zhimai, § 6 FHG, Rn. 122; Hasse, Zusammenschlusskontrolle Taiwan, S. 103; Liu, Kung-Zhong, Lehrbuch zum FHG, S. 398.

383 Hasse, Zusammenschlusskontrolle Taiwan, S. 103.

## 2. *§ 6 I Nr. 4 Alt. 1 FHG*

### *(1) § 6 I Nr. 4 Alt. 1 FHG*

#### a. Subsumierbarkeit unter§ 6 I Nr. 4 Alt. 1 FHG

Wenn „zuvor unabhängige Unternehmen ihre Aktivität so zusammenlegen, dass eine neue wirtschaftliche Einheit entsteht, ohne dass die Unternehmen ihre Rechtspersönlichkeit aufgeben",[384] können derartiger Vorgänge auch von die Marktstrukturänderung bewirken und daher besteht eine Regelungsbedürftigkeit. Die einheitliche Ablehnung im Schrifttum und in der Verwaltungspraxis zu der Subsumierbarkeit unter den Begriff der Fusion nach § 6 I Nr. 1 FHG könnte eine Regelungslücke führen. Nichtsdestoweniger kann etwa die Gründung einer einheitlichen wirtschaftlichen Leitung unter § 6 I Nr. 4 Alt. 1 FHG fallen.

#### b. Begriff eines ständigen gemeinsamen Betrieb

Nach § 6 I Nr. 4 Alt. 1 FHG stellt ein ständiger gemeinsamer Betrieb mit einem anderen Unternehmen eine Zusammenschlussform i.S. FHG dar. Die FTC sieht insoweit die Gründung eines Gleichordnungskonzerns als Unterfall der gesetzlichen Form des „(…) ständig gemeinsamen Betriebs mit einem anderen Unternehmen" an.

Die FTC definierte den ständigen gemeinsamen Betrieb mit anderen Unternehmen wie folgt: „Mehrere Unternehmen unterstellen sich aufgrund von gemeinsamen Interessen einer einheitlichen Leitung und betreiben eine gemeinsame Geschäftsführung, um ihre Wirtschaftsaktivität zu vereinheitlichen"[385].

Im Fall Dafeng Media Group/DigiTai TV Ltd. und deren Kommentar[386] fährt die FTC mit ihrer Definition von Gleichordnungskonzernen wie folgt fort: „Mehrere Unternehmen schließen einen Gewinn- und Verlustausgleichsvertrag ab und unterstellen sich zum Zwecke einer einheitlichen Geschäftsführung einer einheitlichen Leitung. Der Gewinn- und Verlustausgleich bestimmt sich nach dem vereinbarten oder dem faktischen Investitionsverhältnis". Die FTC führt weiter aus: „Zugleich muss der gemeinsame Betrieb auf Dauer angelegt sein; eine lediglich kurzfristige gemeinsame Geschäftsführung (z.B. zur Realisierung eines begrenzten Projekts) genügt zur Erfüllung der Kriterien nicht."

---

384 Zuständigkeitsmitteilung, Rn. 10.

385 Sanktion gegen Dafeng Media Group / DigiTai TV Ltd.

386 Kommentar zum FHG der FTC, S. 66.

#### (2) *Verwaltungspraxis*

a. Dafeng Media Group / DigiTai TV Ltd.

Am 14.06.2004 erwarben Dafeng und DigiTai gemeinsam jeweils 20% Anteile am Zielunternehmen Araedis und vereinbarten gemeinsam die Personalentscheidung an der Araedis. Dafeng und Digitai betrieben gemeinsam mittels der von Araedis am Markt angebotenen Dienstleistungen Datenkompression, Datenübertragung und Datendekodierung. Das erfolgte in einer Art und Weise, dass die von beiden Unternehmen angebotenen Kabelfernsehprogramme- bzw. Kanäle keine wesentlichen Unterschiede mehr aufwiesen. Ferner benutzten beide in ihren Kundendienststellen die Warenzeichen von Araedis und Dafeng, sodass die Verbraucher die Handelsunternehmen nicht mehr voneinander unterscheiden konnten. Darüber hinaus wurden auch gemeinsame Kundendienststellen eingerichtet. Der dauerhafte gemeinsame Geschäftsbetrieb von Dafeng und DigiTai führte nach Auffassung der FTC zum Verlust der wirtschaftlichen Unabhängigkeit und somit zum Entstehen einer (wirtschaftlichen) Einheit. Mithin lag ein Zusammenschlusstatbestand i.S.v. § 6 I Nr. 4 FHG vor.

b. Microsoft/Yahoo!

Im Fall Microsoft/Yahoo![387] einigten sich Microsoft und Yahoo! auf eine Zusammenarbeit in den Bereichen Internet-Suchmaschinen und Online-Werbung. Yahoo! räumte der Firma Microsoft die Nutzung ihrer Internet-Such-Kerntechnik für einen Zeitraum von 10 Jahren ein. Microsoft wurde beauftragt, die Suchmaschine und die Keyword-Domain zu integrieren und technisch und administrativ zu betreiben. Yahoo! hingegen sollte zuständig sein für die Vermarktung des Geschäftsbereichs der Topanzeigenkunden-Werbung.

# D. Fusionen nach § 20 AMG

## I. Die rechtliche Fusion

### 1. *Schrifttumsmeinung: Die gesellschaftsrechtliche Auslegung*

Als feststehender Rechtsbegriff kann der Begriff der „Fusion (Chinesisch: „hebing"/合并) zunächst auf die Regelung des § 44 ZRG zurückgeführt werden. Insbesondere wird der Begriff dann in §§ 173 GeGCHCH ausführlich geregelt.

387 Entscheidung von 10.03.2010, Nr. 099001, Microsoft /Yahoo!.

Nach der überwiegenden Auffassung sowohl im chinesischen[388] als auch im deutschen[389] Schrifttum sowie dem amtlichen Kommentar Chinas[390] muss der Begriff der (rechtlichen) „Fusion" nach §§ 173 ff. GeGCH als „die klassische Fusion („Verschmelzung") zweiter Unternehmen zu einem Rechtsträger ausgelegt werden. §§ 173 ff. GeGCH lässt sich der Begriff in Aufnahme und Neugründung unterteilen. Bei der Verschmelzung durch die Aufnahme nimmt eine Gesellschaft zumindest in eine andere Gesellschaft auf und die aufgenommene Gesellschaft wird aufgelöst und die andere Gesellschaft erhält das gesamte Aktiv- und Passivvermögen der aufgenommenen Gesellschaft und behält ihre Rechtspersönlichkeit bei und. Bei der Neugründung vereinigen sich demgegenüber mehrere Gesellschaften zu einer neuen Gesellschaft, die dann ihrerseits eine neue, eigene Rechtspersönlichkeit erhält.

## *2. Verwaltungspraxis*

### *(1) Entscheidungen*

Die Verwaltungspraxis stimmt grundsätzlich mit dem Schrifttum überein. Im nicht angemeldeten Fall China Unicom/China Netcom und in den veröffentlichten Entscheidungen Uralkali/Silvinit sowie Baxter/Gambro AB ebenso wie in der unveröffentlichten Entscheidung Slat Lake Potash/Slat Gruppe Slat übernahm ein Unternehmen jeweils durch Aufnahme ein anderes Unternehmen, welches damit aufhörte selbständig zu existieren. In der veröffentlichten Entscheidung Uralkali/ Silvinit erwarb Uralkali durch Aufnahme Silvinit. Im Fall You Yi/Bai Lian[391] erwarb You Yi durch Aktienaustausch 100% Aktien an Bai Lian, meldete die Rechtspersönlichkeit von Bai Lian ab und umbenannte sich in Bailian-Gruppe.

---

388 Wang Xiaoye, (2011), S. 263; Zhan Hao, Unternehmenskauf AMG, S. 253; Shi Jianzhong, Komentar zum AMG, S. 250; Shi Jichun, Anwendung des AMG, S. 84.; Ding Maozhong/Lin Zhong, (2012), S. 1 ff.; Xiaofei Mao/Tobias Glass, GRUR Int. 2008, S. 110. ders. Xiofei Mao/Tobias Glass, ZWeR 1 / 2008, S. 101. Zugestimmt: Masseli, Handbuch, S. 14, 84.

389 Xiaofei Mao/Tobias Glass, GRUR Int. 2008, S. 110. ders. Xiofei Mao/Tobias Glass, ZWeR 1 / 2008, S. 101. Zugestimmt: Masseli, Handbuch chinesische Fusionskontrolle, S. 14 ff.

390 WRB-SANV, Kommentar zum AMG, (2007), S. 117.

391 Vorentscheidung Nr. 77 vom 2010.

### (2) *Abweichende Entscheidung*

Im Fall Gome/Yongle übernahm Gome 100% der Anteile an der Yongle. Yongle war zu einer hundertprozentigen Tochtergesellschaft von Gome geworden. Dieser Vorgang soll unter Kontrollerwerb i.S.v. § 20 Nr. 2 AMG fallen, aber wurde vom dem MOFCOM ebenso wie von einigen Autoren im Schrifttum[392] als Zusammenschluss nach § 20 Nr. 1 AMG bewertet, obwohl Yongle nicht ihre Rechtspersönlichkeit verliert.

## 3. *Stellungnahme: Fusionskontrollspezifische Auslegung*

Die rechtliche Fusion muss aus den genannten Gründen fusionskontrollspezifisch ausgelegt werden. Das gesellschaftsrechtliche Verständnis entspricht nicht der von der Fusionskontrolle geforderten Rechtsformunabhängigkeit und auch nicht dem Zweck der Aufgreifkriterien.

### (1) *Grammatische und systematische Auslegung*

§ 173 ff. GeGCh gelten lediglich für die GmbH und die AG. Nach § 20 Nr. 3 AMG erfolgt die Fusion nicht nur zwischen Gesellschaften, sondern auch zwischen Unternehmen. Gemäß § 12 I AMG wird als Unternehmen bezeichnet eine natürliche, juristische Person oder sonstige Organisation, welche sich mit der Produktion oder dem Vertrieb von Waren befasst oder Dienstleistungen erbringt. Die gesellschaftsrechtliche Auslegung der Fusion bringt das Problem mit sich, ob die auf die Gesellschaftsformen ausgerichtete gesellschaftsrechtliche Fusionsregelung für andere Unternehmen i.S.v. § 12 I FHG gilt, etwa für „andere Organisationen" in Form von Einzel- bzw. Partnerunternehmen, die Personengesellschaften wie sie das deutsche Recht vorsieht, entsprechen.

### (2) *Teleologische Auslegung*

Die Schutzziele der Fusionskontrolle bzw. der gesellschaftsrechtlichen Fusionsregelung sind unterschiedlich. Bezüglich der Fusionskontrolle stellt die rechtliche Fusion darauf ab, ob die Integration zweier oder mehrerer vorher unabhängiger Unternehmen eine dauerhafte Marktstrukturänderung zur Folge haben kann. Die gesellschaftsrechtliche Fusionsregelung hingegen dient hauptsächlich dem Schutz von Interessen Dritter, etwa Gläubigern, Inhabern von Minderheitsbeteiligungen usw., auf die die Änderung der Rechtspersönlichkeit des bzw. der Unternehmen sich auswirkt. Die Übernahme des gesellschaftsrechtlichen Verständnisses

---

392 Zhan Hao, Unternehmenskauf AMG, S. 53.

müsse dazu führen, dass auch ein Fusionsvorhaben im Rahmen einer nicht fusionsrechtlich relevanten, konzerninternen Umstrukturierung beim MOFCOM anmeldepflichtig sei.

## II. Die wirtschaftliche Fusion

Es ist überaus umstritten, ob die wirtschaftliche Fusion in die chinesische Rechtsordnung eingeführt werden soll.

### *1. Schrifttumsmeinungen*

#### *(1) h. M.*

Nach der überwiegenden chinesischen[393] und deutschsprachigen[394] Ansicht im Schrifttum darf der Fusionsbegriff nicht wirtschaftlich oder faktisch ausgelegt werden. Einerseits entspreche die Fallgruppe der wirtschaftlichen Fusion nicht der in der ständigen Rechtspraxis entwickelten Vorstellung, nach welcher die Fusion lediglich rechtlich ausgelegt werde. Andererseits könne die wirtschaftliche Fusion, etwa eine wechselseitige Beteiligung, unter den Erwerb der Kontrolle oder eines bestimmenden Einflusses über ein anderes Unternehmen durch sonstige Verträge des § 20 Nr. 2 und Nr. 3 AMG fallen[395]. Diese Begründung ist jedoch zweifelhaft. Vor dem Inkrafttreten des AMG unterlag die Fusion nicht der Zusammenschlusskontrolle. Etwa § 2 BestAuslInvest a. F. sieht die Fusion nicht als Zusammenschlussform an und daher gab es keine sog. „ständige Praxis" i.S.v. der Fusionskontrolle, sondern i.S.v. Gesellschaftsrechts.

#### *(2) M.M.*

Der M.M. zufolge[396] kann die Fusion auch faktisch ausgelegt werden. Der Fall, dass die rechtliche Selbständigkeit der ursprünglichen Unternehmen erhalten bleibt, aber faktisch eine „ökonomische Einheit" bildet, solle ebenfalls als „Fusion" angesehen werden und somit unter das AMG fallen. Denn ähnlich wie bei der

---

393 Wang Xiaoye, Lehrbuch zum AMG, S. 263; WRB-SANV, Kommentar zum AMG, S. 117; Shi Jichun, Anwendung des AMG, S. 202; Zhan Hao/Jiao Haitao, AMG und Anmerkung, S. 253 Wu Guosheng, Merger &Aquisition und Antimonopolprüfung, S. 15.

394 Xiaofei Mao/Tobias Glass, GRUR Int. 2008, S. 110; dies., ZWeR 1 / 2008, S. 101. Zugestimmt: Masseli, Handbuch, S. 14, 84.

395 Zhan Hao/Jiao Haitao, AMG und Anmerkung, S. 253.

396 Xiaomin Fang, ZweR 4/2008, S. 385, 394; Shao Jiandong/Fang Xiaomin/Wang Bing/Tangjin, 2009, Aufl. 1, S. 283.

rechtlichen Fusion könnten auch in solchen Fällen unerwünschte Erscheinungen im Wirtschaftsleben auftreten, z.B. ein Rückgang der Anzahl von Wettbewerbern, die Veränderung der Marktstruktur bzw. schließlich auch eine Einschränkung des Wettbewerbs[397]. Andernfalls könnten sich Unternehmen auch der Form der faktischen Fusion bedienen, um sich der Zusammenschlusskontrolle zu entziehen.[398] Bei der Beurteilung der Bildung einer wirtschaftlichen Einheit könne die europäische Erfahrung als Orientierungshilfe herangezogen werden, etwa in Fällen mit einer dauerhaften gemeinsamen wirtschaftlichen Leitung, einem internen Gewinn- und Verlustausgleich oder einer Gewinnabführungsvereinbarung zwischen einzelnen Konzernunternehmen, über deren gesamtschuldnerische Haftung oder die Verteilung externer Risiken, sowie mit Überkreuzbeteiligungen, die die wirtschaftliche Einheit untermauern[399].

## *2. MOFCOM*

### *(1) Kommentar des MOFCOM*

In seinem Kommentar widerspricht das MOFCOM der o.g. Auslegung der wirtschaftlichen Fusion. Einerseits vertritt das MOFCOM, dass der Erlass des AMG keinen Anlass liefert, den Begriff der Fusion zu erweitern. Andererseits befürwortet das MOFCOM, dass der Fusionsbegriff im AMG und GeGCH unterschiedliche Ausgangspunkte hat, sodass hiernach eine mögliche Änderung bei der Auslegung der Fusion im Prinzip doch besteht.[400] Von einer solchen möglichen Änderung wird allerding nicht gesprochen. Die wirtschaftliche Fusion wird in der Ministeriumsregelung des MOFCOM und anderen Orientierungsquellen des MOFCOM ebenfalls nicht erwähnt.

### *(2) Verwaltungspraxis: Master Kong AktG/Pepsi*

Obwohl in der genehmigten Entscheidung Master Kong AktG/Pepsi[401] der Zusammenschlussvorhaben nicht veröffentlicht wurde, gab es detaillierte Pressberichte über dieses Zusammenschlussvorhaben[402]: Master Kong AktG und Pepsi

---

397 Xiaomin Fang, ZweR 4/2008, S. 385, 394.

398 Shao Jiandong/Fang Xiaomin/ Wang Bing/ Tangjin, 2009, Aufl. 1, S. 283.

399 Shao Jiandong/Fang Xiaomin/ Wang Bing/ Tangjin, 2009, Aufl. 1, S. 284.

400 Shang Ming, Kommentar zum AMG, S. 169.

401 Freigabe-Auflistung Nr. 416.

402 Der Sachverhalt dieser Falles wurde vom MOFCOM veröffentlicht; zum zugrunde liegenden Zusammenschlussvorhaben wird zitiert aus dem Aufsatz des Journalisten Zhang Hao, Die Gründung einer Strategischen Allianz zwischen Master und Pesi.

gründeten eine Strategische Allianz: Master Kong vertrieb kohlensäurehaltige Getränke und Gatorad-Getränke von Pepsi; die Saftgetränke von Master Kong wurden zusammen mit dem Tropicana-Getränke von Pepsi vertrieben. Zugleich errichten Master Kong und Pepsi ein gemeinsames Verwaltungsbüro zwecks Unterbringung eines gemeinsamen Leitungsorgans, welches eine einheitliche strategische Allianz leiten sollte. Durch dieses Zusammenschlussvorhaben vereinigten sich die wesentlichen Aktivitäten beider Unternehmen im betroffenen Geschäftsbereich. Dieses Vorhaben betrifft nicht die Bildung eines Kontrollverhältnisses zwischen Master Kong und Pepsi und unterfällt daher auch nicht § 20 Nr. 2, Nr. 3 AMG. Weder Master Kong noch Pepsi verlieren ihre Rechtspersönlichkeit, mithin liegt keine rechtliche, sondern lediglich eine wirtschaftliche Fusion i.S.d. § 20 Nr. 1 AMG vor.

### *3. Stellungnahme*

#### *(1) Grammatische Auslegung*

Die chinesische Bezeichnung der Fusion „合并 (he bing)“ besteht umgangssprachlich aus „合(he)“ und „并(bing)“, die sowohl „Nebeneinanderstehen“ als auch „Verschmelzung“ bedeuten können. Daher ist eine weiterführende Auslegung erforderlich.

#### *(2) Historische Auslegung*

Der Begriff der horizontalen Wirtschaftsverbindung kam erstmals in „Vorläufige Bestimmungen zur Förderung horizontaler Wirtschaftsverbindung“[403] vor und definierte sich als „die langfristige, stabile Kooperationsbeziehung in Form des „Verbindungskörpers“ durch Zusammenfassungen in Material, Technik, Kapital und Personal zwischen Unternehmen“. Die beteiligten Unternehmen müssten voneinander unabhängig sein und die Zusammenschlussform zwischen Mutter- und Tochterunternehmen dürfe nicht in den Umfang der „horizontalen Wirtschaftsverbindung“ einbezogenen werden[404]. Dieser Begriff hatte schon die wirtschaftliche Fusion umfasst, wobei die beteiligten Unternehmen voneinander unabhängig sind. Seit langem ist die wettbewerbliche Auswirkung

---

403 Deutsche Übersetzung und Anmerkung: Franz Münzel, Unternehmens- und Gesellschaftsrecht der VR China, S. 214–229. Diese Bestimmung trat außer Kraft am 23.03.1986. In der Regel kann dies als Ausgangspunkt der Entwicklung der Unternehmensgruppen in China gelten, vgl. dazu Doris Fischer, (1999), S. 87, 89.

404 Vgl. dessen zweiten Teil „Schutz der Autonomie horizontaler wirtschaftlicher Unternehmensverbindung“.

der horizontalen Wirtschaftsverbindung vom Gesetzgeber berücksichtigt worden. Als wichtige Entwicklungsform der „horizontalen Wirtschaftsverbindung" lassen sich die Unternehmensgruppen nach dem Verbindungsgrad in die enge und „halbenge" wirtschaftliche Verbindungsorganisation[405] unterteilen. Nach § 5 ASWU darf keine Bildung der Unternehmensgruppen[406] innerhalb einer Branche erfolgen, um den Wettbewerb innerhalb der gleichen Branche zu verbessern, den technischen Fortschritt zu fördern sowie die Effizienz zu erhöhen.

*(3) Systematische und teleologische Auslegung*

a. § 22 Nr. 2 Alt. 2 AMG i.V.m § 20 AMG

a) § 22 Nr. 2 Alt. 2 AMG

Nach § 22 Nr. 2 Alt. 2 AMG kann ein Unternehmenszusammenschluss von der Anmeldepflicht befreit werden, wenn ein und dasselbe nicht beteiligte Unternehmen mindestens 50% der stimmberechtigten Anteile oder des Vermögens jedes der beteiligten Unternehmen besitzt. Nach Argumentum e contrario muss dann die Bildung eines Gleichordnungskonzerns darin in Betracht kommen.

b) Tatbestandsstruktur i.S.v. § 20 AMG

Dass die Fusion im wirtschaftlichen Sinn, etwa eine Überkreuzungsbeteiligung dem § 20 Nr. 2 und 3 AMG unterfällt[407], ist dem Zweck des § 20 Nr. 2 und Nr. 3 AMG entgegenzuhalten. Denn § 20 AMG unterscheidet im wesentlich die Fusion und den Kontrollerwerb und dabei jeweils zwischen Gleichordnung und Über-/Unterordnung: während § 20 Nr. 2 und Nr. 3 AMG lediglich ein Kontrollverhältnis bzw. eine Abhängigkeitsbeziehung zwischen Unternehmen erfassen, eröffnet die Fusion i.S.v. § 20 Nr. 1 AMG horizontalen Wirtschaftsverbindung Tür und Tor, insoweit die Fusion wirtschaftlich ausgelegt werden kann. Jede andere Auslegung führt es zu einer großen Gesetzeslücke, sodass eine horizontale Wirtschaftsverbindung nicht darin erfasst werden kann.

---

405 Nach § 8 I ist eine Unternehmensgruppe eine vielschichtig strukturierte Wirtschaftsorganisation, die sich in die eng verbundene Kernschicht, eine hablang verbundene Schicht und eine nur locker verbundene Schicht unterteilen lässt. Die Unternehmensgruppe erfasst solche Unternehmen, unter denen nicht nur ein horizontales, sondern auch ein beherrschendes Verhältnis vorliegt.

406 Jiandong, Shao, Unternehmensgruppen und Zusammenschlusskontrolle in China.

407 Zhao Hao/Jiao Haitao, AMG und Anmerkung, S. 253.

b. Der Begriff der Verbindung i.S.v. § 5 AMG

§ 5 AMG lautet: „Die Erweiterung der Unternehmensgröße und die Erhöhung der Konkurrenzfähigkeit müssen nach dem Zusammenschlussrecht unter Beibehaltung von fairem Wettbewerb und freiwilliger Verbindung (lian he联合) erfolgen".

a) Meinungstand

Nach der Ansicht Fang Xiaomings habe § 5 AMG lediglich „deklaratorische Wirkung"[408] und seine Aufgabe bestehe darin, darauf hinzuweisen, „dass das Fusionskontrollsystem vielfältige Ziele und Funktionen hat, um eine Koordination der Wettbewerbspolitik mit der Industriepolitik und anderen Wirtschaftspolitiken zu ermöglichen"[409]. Prof. Shi Jianzhong vertritt, dass diese Verbindung i.S.v. § 5 AMG neben den in § 20 AMG vorgesehenen Zusammenschlussformen auch die Monopolvereinbarung i.S.v. § 13 ff. AMG umfasst[410].

b) Stellungnahme

Hätte § 5 AMG lediglich deklaratorische Wirkung, so würde das seine Rolle vollkommen unterschätzen. Mithin geht die letztgenannte Auffassung sicher zu weit. § 5 AMG hat m.E. eine gegenüber den Zusammenschluss-Formen i.S.v. § 20 AMG hinausgehende Bedeutung. Sein Wortlaut „nach dem Zusammenschlusskontrollrecht" verdeutlicht, dass aus dem Begriff der Verbindung die Monopolvereinbarungen ausgeklammert wurden und lediglich alle wettbewerbsgefährdenden Marktstrukturveränderungen erfasst werden sollen, unabhängig davon, ob es sich um rechtliche oder wirtschaftliche Fusionen handelt. Übertragen wir das auf unsere Auslegungsfrage zu § 20 AMG, so erkennen wir, dass die wirtschaftliche Fusion lediglich unter § 20 Nr. 1 AMG zu subsumieren ist.

## E. Zwischenergebnis

I. Die rechtliche Fusion durch Neugründung und Übernahme als klassische Zusammenschlussform unterfällt übereinstimmend den jeweiligen Fusionskontrollrechten. Allerdings unterliegt sie jeweils der Fusion i.S.v. Art. 3 I lit. a) FKVO, § 6 I Nr. 1 FHG und § 20 Nr. 1 AMG, gilt im GWB als Unterfall des Vermögenserwerbs i.S.v. § 37 I Nr. 1 GWB.

---

408 Fang, Xiaoming, ZWeR 4/2008, S. 385, 392.
409 Fang, Xiaoming, ZWeR 4/2008, S. 385, 389.
410 Shi Jianzhong, Komentar zum AMG, S. 41.

II. Der Fusionsbegriff i.S.v. Art. 3 I lit. a) FKVO und § 20 Nr. 1 AMG muss wirtschaftlich ausgelegt werden und erfasst somit die wirtschaftliche Fusion wie etwa den Gleichordnungskonzern. Allerdings erkennen die deutsche und die taiwanesische Fusionskontrolle den Begriff der wirtschaftlichen Fusion nicht an: Der Gleichordnungskonzern unterfällt im GWB § 37 I Nr. 1 und im FHG § 6 I Nr. 4 FHG.

# Teil 4: Der Kontrollerwerb

## A. Kontrollerwerb i. V. Art. 3 FKVO

### I. Subjekt der Kontrolle

Art. 3 I lit. b) FKVO statuiert zwei Typen für Kontrollinhaber, nämlich „eine oder mehrere Personen, die bereits mindestens ein Unternehmen kontrollieren, oder ein oder mehrere Unternehmen". Der Unternehmensbegriff stellt „jede eine wirtschaftliche Tätigkeit ausübende Einheit, unabhängig von ihrer Rechtsform und der Art ihrer Finanzierung"[411] dar.

#### *1. Personen i.S.v. Art. 3 I lit. b) FKVO*

Für den Begriff der „Personen" kommt es nicht auf die rechtliche Konstruktion an, sondern darauf, ob eine „faktische Befugnis zur Ausübung der Kontrolle" bereits zu begründen ist[412]. Nach Zuständigkeitsmitteilung erfassen die „Personen" die juristischen Personen des privaten und des öffentlichen Rechts sowie natürliche Personen[413]. Personen umfassen den Staat[414] oder andere öffentlich-rechtliche Körperschaften[415], insoweit sie bereits mindestens ein Unternehmen kontrollieren.

Natürliche Personen kommen auch in Betracht, wenn diese Personen weitere wirtschaftliche Tätigkeiten für eigene Rechnung durchführen oder noch mindestens ein weiteres Unternehmen kontrollieren[416]. Im Fall Asko/Jakobs/Adia[417] wurde die natürliche Person, i.e. Herr Jacobs als Kapitalgeber, wegen ihrer wirtschaftlichen Interessen in verschiedenen Lebensmittelsektoren als beteiligtes Unternehmen angesehen. Im Verfahren „EDFI/Graninge"[418] wurden die Familien-Gesellschafter mangels sonstiger unternehmerischer Aktivitäten nicht als

---

411 EuGH, C-244/94, Slg. 1995, I-4013, 4028 Rn. 14- Fédération française des sociétés d'assurance.

412 Langen/Bunte/Käseberg, Art. 3 FKVO, Rn. 26.

413 Zuständigkeitsmitteilung, Rn. 12.

414 In der Sache IV/M.157, Air France/Sabena (5. Oktober 1992) wird der belgische Staat als Personen angesehen.

415 In der Sache IV/M.308, Kali und Salz/MDK/Treuhand (14. Dezember 1993).

416 Zuständigkeitsmitteilung, Rn. 12.

417 Sache IV/M.82, Asko/Jakobs/Adia (16. Mai 1991).

418 Kom. M.1169, Rn. 12-14-EDFI/Graninge; Hirsch/Montag/Säcker/Wessely/Wegner, Art. 3 FKVO, Rn. 10.

Unternehmen angesehen; dennoch lag ein Zusammenschluss vor, da neben den Familien-Gesellschaftern mit EDFI als mitkontrollierendem und Graninge als Zielunternehmen zwei Unternehmen am Zusammenschluss beteiligt waren. In Fall Apax/Travelex[419] übte Herr Dorfman keine wirtschaftliche Tätigkeit aus und wurde daher nicht als beteiligtes Unternehmen angesehen.

### 2. *Art. 3 I b) FKVO*

#### *(1) Grundsatz*

Nach Art. 3 Abs. 2 FKVO wird die Kontrolle für die Personen oder Unternehmen begründet, die aus diesen Rechten oder Verträgen selbst berechtigt sind (lit. a) oder die, obwohl sie aus diesen Rechten oder Verträgen nicht selbst berechtigt sind, die Befugnis haben, die sich daraus ergebenden Rechte auszuüben (lit. b). In Betracht kommen daher nicht nur der Anteilseigner oder der Eigentümer der fraglichen Vermögenswerte[420], sondern auch die Person oder das Unternehmen, die bzw. das aus den Kontrolle begründenden Rechten oder Verträgen nicht selbst berechtigt ist, gleichfalls in Betracht, insofern sie durch den formalen Rechteinhaber, „die (sog.) vorgeschobene Person/ das vorgeschobene Unternehmen" faktisch die Kontrollbefugnis haben[421].

#### *(2) Cementbouw/Kommission*

Im Fall Cementbouw/Kommission[422] hat das Gericht in erster Instanz festgestellt, dass im Fall von Handelsgesellschaften die Kontrolle dem Allein- oder Mehrheitsgesellschafter oder den Gesellschaftern, die eine Gesellschaft gemeinsam kontrollieren, zugeordnet werden kann, da solche Gesellschaften auf jeden Fall den Entscheidungen dieser Gesellschafter ausüben, befolgen.[423] Eine Kontrollbeteiligung, die von verschiedenen Gesellschaften eines Konzerns gehalten wird, wird normalerweise dem Unternehmen zugeordnet, das die einzelnen formalen Rechteinhaber kontrolliert. In anderen Fällen müssen entweder einzeln oder kombiniert weitere Faktoren, wie Beteiligungen, Vortragsbezeichnungen, Finanzierungsquellen oder Verwandtschaftsbeziehungen, berücksichtigt und in

---

419 Sache COMP/M.3762, Apax/Travelex (16. Juni 2005).

420 Hirsch/Montag/Säcker/Wessely/Wegner, Art. 3 FKVO, Rn. 59.

421 Zuständigkeitsmitteilung, Rn. 13; Wessely/Wegner, Art. 3 FKVO, Rn. 59.

422 Urteil in der Rechtssache T-282/02 Cementbouw/Kommission, Rn. 2, Slg. 2006, II-322.

423 Urteil in der Rechtssache T-282/02 Cementbouw/Komission, Rn. 72, Slg. 2006, II-00319.

jedem Einzelfall bewertet werden, um diese Art der indirekten Kontrolle nachzuweisen.[424]

## II. Objekt der Kontrolle

Nach Art. 3 I lit. b) FKVO umfasst der Gegenstand der Kontrolle die Gesamtheit eines oder mehrerer Unternehmen, ein Teil eines Unternehmens oder Teile mehrerer Unternehmen. Der Unternehmensbegriff stellt „jede eine wirtschaftliche Tätigkeit ausübende Einheit, unabhängig von ihrer Rechtsform und der Art ihrer Finanzierung[425]" dar.

### *1. Gesamtheit*

Der Begriff der „Gesamtheit" soll umfassend ausgelegt werden und erfordert, dass alle Anteile und das Vermögen des betreffenden Unternehmens erworben werden und keinerlei Bereiche von diesem mehr (selbständig) verbleiben sollen.[426] Anderenfalls fällt der Vorgang unter die „Kontrolle über Teile des Unternehmens". Insoweit kann sich die Kontrolle auf ein oder mehrere Unternehmen oder Teile von Unternehmen mit eigener Rechtspersönlichkeit erstrecken[427], wobei es sich zumeist um den Anteilsrechtserwerb handelt[428]. Die Unternehmen setzen keine wirtschaftliche Selbständigkeit voraus[429] und können eine

424 Sache IV/M.754, Anglo American/Lonrho, (23. April 1997).

425 EuGH, C-159/91, Slg. 1993, I-637, 669 Rn. 17-Poucet und Pistre; EuGH, C-364/92, Slg. 1994, I-43, 61 Rn. 18- „Eurokontrol". EuGH, C-244/94, Slg. 1995, I-4013, 4028 Rn. 14- Fédération française des sociétés d'assurance; EuGH, C-55/96, Slg. 1997, I-7119, 7147 Rn. 21-Job Centre; EuGH, C-264/01, n.n.v., Rn. 46-AOK Bundesverband. Urteile des Gerichtshofes Höfner und Elser, zitiert in Rn. 17, Rn. 21, Poucet und Pistre, zitiert in Rn. 14, Rn. 17, Fédération française des sociétés d'assurances u.a., zitiert in Rn. 26, Rn. 14, vom 11. Dezember 1997 in der Rechtssache C-55/96, Job Centre, Slg. 1997, I-7119, Rn. 21, und Albany, zitiert in Rn. 27, Rn. 77; Urteile des Gerichts vom 2. Juli 1992 in der Rechtssache T-61/89, Dansk Pelsdyravlerforening/ Kommission, Slg. 1992, II-1931, Rn. 50, und vom 30. März 2000 in der Rechtssache T-513/93, Consiglio Nazionale degli Spedizionieri Doganali/Kommission, Slg. 2000, II-1807, Rn. 36.

426 Staudenmayer, Zusammenschlussbegriff, S. 42; Wenz, Der Begriff der Kontrolle, S. 21; Spangler, Zusammenschluss, S. 34.

427 Zuständigkeitsmitteilung, Rn. 24.

428 Vgl. Schulte/Henschen, in: Handbuch Fusionskontrolle, Rn. 955; Busche/Röhling/ Schütz, Art. 3 FKVO, Rn. 25.

429 Busche/Röhling/Schütz, Art. 3 FKVO, Rn. 26.

rechtsfähige Gesellschaft, ein öffentliches Unternehmen[430] oder ein Konzernunternehmen sein[431].

### 2. *Teil oder Teile*

Der Begriff des „Unternehmensteils" muss grundsätzlich auch weit verstanden werden, insoweit es den Vermögenserwerb betrifft[432]. In Betracht kommen nicht nur wirtschaftlich unselbständige Konzernunternehmen, sondern auch rechtlich unselbständige Unternehmensteile, Betriebe oder andere unternehmerisch eingesetzte Vermögenswerte mit eigener Marktpräsenz, d.h. ein Geschäftsbereich mit eigener Marktpräsenz, dem eindeutig ein Marktumsatz zugeordnet werden kann[433]. Unter den „Teil eines Unternehmens" können etwa Kundenstamm eines Geschäftsbereichs oder immaterielle Vermögenswerte wie z.B. Marken subsumiert werden.

## III. Kontrollbegriff i.S.v. Art. 3 I lit. b) FKVO

Der Begriff der Kontrolle stammt aus dem § 66 I EGKSV, und seine Tatbestandsmerkmale sind in der Entscheidung Nr. 24/54 der Hohen Behörde vom 6. Mai 1954[434] ausführlich dargelegt. In der Zuständigkeitsmitteilung erläutert die Kommission weiterhin diesen Begriff.

### 1. *Tätigkeit des Unternehmens sowie Unternehmensteils*

#### *(1) Hinzufügung der Tätigkeit des Unternehmensteils*

Aus der Formulierung „einen bestimmenden Einfluss auf die Tätigkeit eines Unternehmens auszuüben" wird die Tätigkeit des Unternehmensteils, etwa die eines Betriebs eines Unternehmens, nicht einbezogen. Aus der Systematik hat bereits diese Formulierung der „Kontrolle über die Gesamtheit oder über Teile eines oder mehrerer anderer Unternehmen" i.S.v. Art. 3 I lit. b) FKVO die Tätigkeit eines Unternehmensteils; von der teleologischen Auslegung her ist die Tätigkeit der Unternehmensteile wegen ihrer fusionskontrollspezifischen relevant wie die des Unternehmens regelungsbedürftig. Die Fehlleistung der Nichterfassung der Tätigkeit des Unternehmensteils bildet daher in der Tat ein

430 Wenz, Der Begriff der Kontrolle, S. 25.
431 Busche/Röhling/Schütz, Art. 3 FKVO, Rn. 26.
432 Vgl. Busche/Röhling/Schütz, Art. 3 FKVO, Rn. 25; Zuständigkeitsmitteilung, Rn. 24.
433 Zuständigkeitsmitteilung, Rn. 24.
434 Hohe Behörde, 6.5.1954, ABl. EGKS 1954, S. 345.

Redaktionsversehen[435,436] und muss die Tätigkeit eines Unternehmensteils erfasst werden.

### (2) *Tätigkeitsumfang*

Eine wichtige Frage stellt sich im Wortlaut des Abs. 2, d.h. „die Tätigkeit eines Unternehmens" und Unternehmensteils. Die Tätigkeit in der Entscheidung 24/54 der Hohen Behörde[437], wurde beschrieben als „die Tätigkeit eines Unternehmens auf dem Gebiet der Erzeugung, der Preise, der Investierungen, der Versorgung, des Absatzes oder der Verwendung des Gewinn".[438] Der Verordnungsgeber übernahm weder diese Aufzählung noch gibt einen näheren Hinweis zum Umfang der Tätigkeit eines Unternehmens in Art. 3 FKVO. Einigkeit besteht darin, dass der Einfluss auf die gewöhnlichen Geschäftsvorgänge bzw. Alltagsgeschäfte des Zielunternehmens weder erforderlich[439] noch ausreichend[440] sind. Aber dieser Tätigkeitsumfang ist umstritten.

### a. Schrifttumsmeinungen

#### a) M.M.

Albers geht davon aus, der bestimmender Einfluss auf die Tätigkeit eines Unternehmens setze nicht dessen allumfassende Beherrschung in allen Personal- und Sachfragen voraus und die erworbenen Mitwirkungsrechte müssten keineswegs die gesamter Geschäftsführung umfassen; es genüge schon, wenn ein Erwerber den bestimmenden Einfluss nur auf die marktbezogene Tätigkeit eines Unternehmens gewinne.[441] Ebenroth/Rösler[442] folgen dieser Meinung.

---

435 Staudenmayer, Zusammenschlussbegriff, S. 57; Wenz, Der Begriff der Kontrolle, S. 28.

436 Larenz, Mehtodenlehre der Rechtswissenschaft, S. 400. Engisch, Einführung in das juristische Denken, 11 Aufl. (2010), S. 292.

437 Hohe Behörde, 6.5.1954, ABl. EGKS 1954, S. 345.

438 EGKS Hohe Behörde: Entscheidung Nr. 24/54 betrifft eine Verordnung über die Tatbestandsmerkmale der Kontrolle eines Unternehmens auf Grund des Artikels 66 § 1 des Vertrages vom 6. Mai 1954.

439 Immenga/Mestmäcker/Körber, Art. 3 FKVO, Rn. 28; Pohlmann, Unternehmensverbund, S. 129; Wenz, Der Begriff der Kontrolle, S. 30; Krimphove, Europäische Fusionskontrolle, S. 241; Albers, Auslegungsfragen; Bartel, Wettbewerbsprobleme; Dirksen/Barber, EWS 4/1992, S. 90.

440 Pohlmann, Unternehmensverbund, S. 129.

441 Albers, Auslegungsfragen, S. 99, 102.

442 Ebenroth/Rösler, RIW 1994, S. 533, 539.

### b) h. M.

Diese Auffassung findet keine Mehrheit[443]. Unter dem fusionskontrollrechtlichen Gesichtspunkt[444] kann der Einfluss auf die wettbewerblich wesentlichen Entscheidungen eines Unternehmens, d.h. auf dessen strategische Planungsentscheidungen einwirken[445]. Nach überwiegender Meinung reichen die strategischen geschäftspolitischen Entscheidungen[446] oder die Entscheidung der wesentlichen Fragen der Geschäftsführung, des Geschäftsplans und der Geschäftspolitik[447] aus.

## b. Kommissionsauffassung

### a) Paradigma der Kommission

Bei der Erörterung der gemeinsamen Kontrolle führt die Kommission einige Paradigmata an, etwa die Besetzung der Unternehmensleitung und Finanzplanung, Geschäftsplan, Investitionen, marktspezifische Rechte und Gesamtschau[448]:

Die Besetzung der Unternehmensleitung sichert dessen Inhaber einen bestimmenden Einfluss auf die Geschäftspolitik[449]. Die Finanzplanung entscheidet über den Umfang der Tätigkeit des Zielunternehmens und vor allem über die

---

443 Pohlmann, Unternehmensverbund, S. 120.

444 Ulshöfer, Kontrollerwerb, S. 27; Karl, Zusammenschlussbegriff, S. 157.

445 Wenz, Der Begriff der Kontrolle, S. 30; Ulshöfer vertritt „Es kommt maßgeblich darauf an, dass bestimmender Einfluss über den Einsatz der wettbewerblichen Aktionsparameter des Zielunternehmens erworben wird, also über Entscheidungen, welche das Wettbewerbsverhalten des kontrollierten Unternehmens nach außen prägen", in: Ulshöfer, Kontrollerwerb, S. 27; Ähnlich **Karl** vertritt, unter der wettbewerbsrechtlichen Betrachtung sei die Tätigkeit eines Unternehmens „der Entscheidungsprozess im Unternehmen über den Einsatz und die Kombination der verfügbaren Ressourcen" in: Karl, Zusammenschlussbegriff, S. 157. Staudenmayer geht aus, dass die Tätigkeit des Unternehmens i.S. Abs. 3 die das Wettbewerbsverhalten direkt beeinflussenden Entscheidung der normalen Geschäftspolitik oder die diesem Wettbewerbsverhalten zugrunde liegenden und es damit indirekt beeinflussenden wesentlichen strategischen Entscheidung oder auch beide Kategorien umfasst. in: Staudenmayer, Zusammenschlussbegriff, S. 64.

446 Wssely/Wegner, Rn. 25; Zuständigkeitsmitteilung, Rn. 54.

447 Immenga/Mestmäcker/Körber, Art. 3 FKVO, Rn. 34.

448 Vgl. Zuständigkeitsmitteilung, Rn. 69 ff.; Krimphive, S. 241; Rösler, S. 49; Pohlmann, Unternehmensverbund, S. 128; Wenz, Der Begriff der Kontrolle, S. 30.

449 Zuständigkeitsmitteilung, Rn. 69; Hirsch/Montag/Säcker/Wessely/Wegner, Art. 3 FKVO, Rn. 26.

Höhe der Investitionen[450]. Der Geschäftsplan bestimmt die Unternehmensziele und die Mittel, mit denen sie erreicht werden sollen.[451] Die Bedeutung der Investitionen hängt davon ab, ab welcher Höhe Investitionen der Genehmigung durch die Muttergesellschaften bedürfen und welche Bedeutung diese Investitionen für die Geschäftstätigkeit des Zielunternehmen haben; sind nur ganz erhebliche Investitionen zustimmungspflichtig, so liegt es nahe, dass das Zustimmungsrecht lediglich auf einen üblichen Schutz des Minderheitsgesellschafters hinausläuft und daher nicht als Einflussmöglichkeit auf die strategischen Unternehmensentscheidungen anzusehen ist[452]. Als marktspezifische Rechte werden von der Kommission Zustimmungsvorbehalte hinsichtlich spezifischer marktbezogener Entscheidungen angesehen, die eine wesentliche Bedeutung für die Geschäftspolitik des fraglichen Unternehmens haben; Paradigmata sind etwa die Entscheidung für eine bestimmte Technologie, die Entwicklung eines neuen Produktes, oder die Kontrolle über die Vertriebswege des Beteiligungsunternehmens[453]. Die Kommission betont außerdem, dass die vorgezeichneten Einzelpunkt nicht isoliert beurteilt werden, sondern in der Gesamtschau aller rechtlichen und tatsächlichen Umstände vorzunehmen sind[454].

#### b) Rechte zum Schutz von Minderheitsaktionären

Die Einräumung der (Veto-)Rechte über die Satzungsänderungen, Kapitalerhöhungen, Kapitalherabsetzungen oder Liquidation und Schutz der finanziellen Interessen oder Verkauf oder eine Abwicklung des GU[455] begründet in der Regel keine Kontrolle[456].

---

450 Zuständigkeitsmitteilung, Rn. 69; Hirsch/Montag/Säcker/Wessely/Wegner, Art. 3 FKVO, Rn. 27.

451 Zuständigkeitsmitteilung, Rn. 70; Hirsch/Montag/Säcker/Wessely/Wegner, Art. 3 FKVO, Rn. 27.

452 Zuständigkeitsmitteilung, Rn. 71; Hirsch/Montag/Säcker/Wessely/Wegner, Art. 3 FKVO, Rn. 27.

453 Zuständigkeitsmitteilung, Rn. 72; Hirsch/Montag/Säcker/Wessely/Wegner, Art. 3 FKVO, Rn. 28.

454 Zuständigkeitsmitteilung, Rn. 73; Hirsch/Montag/Säcker/Wessely/Wegner, Art. 3 FKVO, Rn. 29.

455 Zuständigkeitsmitteilung, Rn. 66; KOMM. M.295, Rn. 10 – SITA/RC/Scorci.

456 Zuständigkeitsmitteilung, Rn. 65.

### aa) Ford/Hertz

Im Fall Ford/Hertz[457] wurden Ford Vetorechte über Ausgabe von Aktien, Umstrukturierung, Übernahme oder Auflösung und Autoliefervereinbarung eingeräumt, um ihre finanziellen Interessen in Hertz zu schützen. Diese Vetorechte gewährten keinen einen Einfluss auf die strategische Unternehmensentscheidung, etwa Geschäftsplan, Finanzplanung und Entscheidungsmacht über ganz erhebliche Aufwendung.

### bb) SITA/RC/Scorci

Im Fall SITA/RC/Scorci wurde die Gründung einer gemeinsamen Kontrolle abgelehnt, denn die Vetorechte dienten der Entscheidung über Investitionen, Vertragsabschlüsse, Veräußerung des Unternehmensvermögens, die Stellung von Sicherheiten, die gewisse Summen überschreiten, sowie Entscheidungen über die Umstrukturierung der Gesellschaft, Abspaltung von Unternehmensteilen, die Gründung von Filialen und Fusionen[458].

## *2. Einflussintensität: „Bestimmender Einfluss“*

### *(1) Begriff*

Nach dem Wortsinn liegt diese Einflussintensität der bestimmenden Einfluss vor, „wenn ein taugliches Kontrollsubjekt unter Berücksichtigung aller tatsächlichen und rechtlichen Umstände des Einzelfalles in der Lage ist, seine Interessen in einem Unternehmen gegenüber jedem Widerstand bzw. den abweichenden Interessen sonstiger Dritter durchzusetzen, und dem betreffenden Unternehmen auf diese Weise hinsichtlich der wettbewerblich strategischen Entscheidungen seinen Willen aufzwingen kann“.[459] Das Kernmerkmal des bestimmenden Einflusses ist die Vermittlung einer alleingien Entscheidungsgewalt, damit die Willensbildung des kontrollierten Unternehmens nicht mehr autonom erfolgt[460].

Im Fall Metronet/Infraco[461] wurde der bestimmende Einfluss von der Kommission verneint, denn LUL hatte zwar Rechte zur Benennung eines „Partnerschip

---

457 Case No IV/M.397, Rn. 5–6, -FORD / HERTZ.

458 KOMM. M.295, Rn. 10 – SITA/RC/Scorci; Hirsch/Montag/Säcker/Wessely/Wegner, Art. 3 FKVO, Rn. 33.

459 Wenz, Der Begriff der Kontrolle, S. 31; vgl. Ulshöfer, Kontrollerwerb, S. 25.

460 Ulshöfer, Kontrollerwerb, S. 25; Schröer in: FK Art. 3 FKVO Rn. 21; Immenga/Mestmäcker/Körber, Art. 3 FKVO, Rn. 28.

461 Kommission 21.06.2002, Metronet/Infraco, COMP/M.2694, ABl 2002 C 164, 15, Rn. 15.

Director“ in Tochterunternehmen als Vorstandsmitglieder, Letzterer besaß selbst jedoch keine Vetorechte bezüglich der Tätigkeiten des Tochterunternehmens. Überdies sollten dem Anteilseigener selbst bestimmte Vetorechte bezüglich der Geschäftigkeit und der Gewinnverteilung zustehen.

*(2) Negative Abgrenzung*

Das Vorliegen einer bloßen Beratungsbefugnis[462] oder bloßen Überwachungsbefugnis[463] begründet keinen bestimmenden Einfluss. Gleiches gilt auch für oder die Wahrnehmung typischer Minderheitenrechte[464]. Nicht ausreichend für die Annahme des bestimmenden Einflusses ist daher die Einräumung eines Vetorechts, das einem Gesellschafter die Möglichkeit gibt, Verkauf und Abwicklung eines GU zu verhindern oder Zustimmungserfordernisse zur Änderung der hauptsächlichen Tätigkeitsfelder eines GU, zu Geschäften des Beteiligungsunternehmen mit verbundenen Unternehmen der Mütter ab einer bestimmten Größenordnung zu Ankäufen und Verkäufen von Betriebsvermögen und zur Aufnahme von Krediten sowie zur Beendigung bestehender Produktionsrehen und zum Eintritt in ein GU[465].

### 3. *Möglichkeit*

Die Möglichkeit zur Ausübung des Art. 3 I I FKVO stellt kein „Tatbestandsmerkmal“ dar, das zu einer bereits bestehenden Kontrolle ergänzend hinzukommen muss, um einen Zusammenschluss bejahen zu können, sondern integraler Bestandteil des Kontrollbegriffs selbst ist.[466] Der Wortlaut „Möglichkeit“ sollt

---

462 Kom., M.3609, Rn. 7-Cinven/FTC-NCN; Hirsch/Montag/Säcker/Wessely/Wegner, Art. 3 FKVO, Rn. 32.

463 Immenga/Mestmäcker/Körber, Art. 3 FKVO, Rn. 36; Hirsch/Montag/Säcker/Wessely/Wegner, Art. 3 FKVO, Rn. 32.

464 Zuständigkeitsmitteilung Rn. 22; s. auch XXIII. Wettbewerbsbericht der Kommission 1993, Tz. 260; KOMM. 30.5.1991, M.10 Tz. 14 „Conagra/IDEA“; 5.8.1992, M.232 Tz. 7. „PepsiCo/General Mills = WuW/E EV 2006, 2007; 13.9.1993, M.353 Tz. 15 „British Telecom/MCI“; 14.12.1993, M.308 ABl. 1994 L 186/38 Tz. 7 f. „Kali+Salz/MdK/Treuhand“; 22.12.1993, M.392 Tz. 7 ff. „Hoechst/Schering“ = WuW/E EV 2122; 29.7.1994, M.478 Tz. 7 f. „Voith/Sulzer II“; 19.5.1998, M.1146 Tz. 11 „SHV Energy/Thyssen Klöckner Recycling“; Drauz/Schroeder, S. 42 f.; Stein, S. 183 f; Hirsch/Montag/Säcker/Wessely/Wegner, Art. 3 FKVO, Rn. 33; Immenga/Mestmäcker/Körber, Art. 3 FKVO, Rn. 36.

465 Hirsch/Montag/Säcker/Wessely/Wegner, Art. 3 FKVO, Rn. 33.

466 Wenz, Der Begriff der Kontrolle, S. 33.

vielmehr im wesentlich als „Fähigkeit (ability)"[467] verstanden werden: Einerseits ist nicht unbedingt notwendig nachzuweisen, ob ein bestimmender Einfluss tatsächlich oder in Zukunft ausgeübt wird; andererseits muss die „Möglichkeit" aus der tatsächlichen Konstellation hergeleitet werden[468]. Weder ist die Ausübung der Kontrolle zu fordern noch die Absicht, vom der Kontrollmöglichkeit auch Gebrauch zu machen.[469]

### *(1) Unbeachtlichkeit des Kontrollausübungswillens*

#### a. M.M.: Erforderlichkeit der Kontrollerwerbsabsicht

Bei der Darstellung der gemeinsamen Kontrolle geht Köhler davon aus, erforderlich sei vielmehr eine tatsächliche Willensübereinstimmung der beteiligten Unternehmen des Inhalts, dass eine Bündelung der Einflussmöglichkeiten erfolgen solle; dazu bedürfe es keiner rechtsgeschäftlichen Erklärung, vielmehr seien Absichtserklärungen ausreichend[470]. Schröer hält teilweise auch dafür, wenn teilweise die Bereitschaft zur Einflussnahme oder Mitwirkung verlangt werde, laufe das auf dasselbe hinaus. Denn bei fehlender Bereitschaft zur Einflussnahme sei diese auch nicht wahrscheinlich und in den Fällen, wo es trotz bestehender Bereitschaft zur Einflussnahme an deren Wahrscheinlichkeit fehle, werde es aufgrund objektiver Umstände an der Möglichkeit der Einflussmöglichkeit der Einflussnahme fehlen.[471]

#### b. h. M: Unbeachtlichkeit des Kontrollausübungswillens

Nach überwiegender Meinung[472] ist die Feststellung der Kontrollerwerbsabsicht nicht erforderlich. Gemäß dem Wortlaut des Art. 3 FKVO erkennt diese Klausel nicht den Tatbestand der Kontrollerwerbsabsicht an, sondern stellt alleine auf

---

467 In dem englschsprachigen Lehrbuch von „Cook/Kerse, EC Merger Control, (1. Aufl.) S. 18" ist „ability" aber nicht „possibility" gennante. Zitiert aus: Pohlmann, Unternehmensverbund, S. 126, Fn. 67.

468 Bunte, Kartellrecht, 2. Aufl., § 6, S. 193. Vgl. Zuständigkeitsmittelung, Rn. 16. Urteil in der Rechtssache T- 282/02 Cementbouw /Kommission, Rn. 58, Slg. 2006 II-354 Urteil vom 23.2.2006.

469 Bunte, Kartellrecht, 2. Aufl., S. 193.

470 Helmut Köhler, „Gemeinsame Kontrolle" von Unternehmen aufgrund von Minderheitsbeteiligungen im Europäischen Kartellrecht, EuZW, 20/1992, S. 634, 637.

471 Schröer, Art. 3 FKVO, Rn. 29.

472 Ulshöfer, Kontrollerwerb, S. 27; Wenz, Der Begriff der Kontrolle, S. 36; Pohlmann, Unternehmensverbund, S. 125 ff.

die objektive Möglichkeit bestimmender Einflussnahme ab[473]. Die Kommission brachte in ihren früheren Bekanntmachungen über Konzentrations- und Kooperationstatbestände deutlich zum Ausdruck, wenn sie gemeinsame Kontrolle nur annahm, wenn aus „tatsächlichen oder rechtlichen Umständen, insbesondere gleichgerichteten wirtschaftliche Hinteressen, ein planmäßig gemeinsames Vorgehen der beteiligten Unternehmen" zu erwarten war.

*(2) Entbehrlichkeit tatsächlicher Kontrollausübung*

Unerheblich ist, ob von der Möglichkeit tatsächlich Gebrauch gemacht und inwieweit dem kontrollierten Unternehmen seine Selbständigkeit belassen wird[474]. Es entspricht auch der Konzeption der FKVO als Instrument der präventiven Zusammenschlusskontrolle[475], dass es erforderlich ist, zukünftige wirtschaftliche Zusammenhänge zu prognostizieren[476]. Aus Gründen der Rechtssicherheit und der Vermeidung der Rechtsumgehung ist die Möglichkeit auch vorzuziehen. Ein kontrolliertes Unternehmen gibt häufig den Anweisungen des kontrollierenden Unternehmens im Vorfeld der Kontrollausübung durch freiwilliges Wohlerhalten oder „vorauseilenden Gehorsam" nach, so dass die Wirkungen der Kontrolle auch ohne tatsächliche Ausübung bestimmenden Einflusses gegeben sind[477]. Überdies wären die reale Kontrollmaßnamen in der Praxis regelmäßig nur mit erheblichen Schwierigkeiten oder gar nicht nachweisbar,[478] wie der EuGH beim Nachweis der Kontrolle im Fall Philip Morris festgestellt hatte.[479] Diese Vorgabe der tatsächlichen Kontrollausübung führt unvermeidlich zur Gesetzesumgehung bzw. offenen Gesetzeslücke[480].

---

473 Ulshöfer, Kontrollerwerb, S. 27; Wenz, Der Begriff der Kontrolle, S. 36.

474 Schröer in Art. 3 FKVO, Rn. 29; Wenz, Der Begriff der Kontrolle, S. 33; Bunte, Kartellrecht, S. 193; Ulshöfer, Kontrollerwerb, S. 28; Krimphove, Europäische Fusionskontrolle, S. 241; Ebenroth/Rösler, RIW 1994, S. 533, 537; Staudenmayer, Zusammenschlussbegriff, S. 76, 79; Löffler, Art. 3 FKVO, Rn. 5; Röler, S. 49.

475 Immenga/Mestmäcker/Körber, Art. 3 FKVO, Rn. 30; Ebenroth/Rösler, RIW 1994, S. 533, S. 537; Schröer, Art. 3 FKVO, Rn. 29; Wenz, Der Begriff der Kontrolle, S. 33.

476 Krimphove, Europäische Fusionskontrolle, S. 241, 242.

477 Krimphove, Europäische Fusionskontrolle, S. 242; Wenz, Der Begriff der Kontrolle, S. 34.

478 Krimphove, Europäische Fusionskontrolle, S. 242; Wenz, Der Begriff der Kontrolle, S. 34.

479 EuGH v. 17.11.1987 – 142, 156/84- Philip Morris/Rothmans, WuW/E EWG/MUV 815 ff.

480 Vgl. Krimphove, Europäische Fusionskontrolle, S. 242; Schröer, Art. 3 FKVO, Rn. 29; Rösler, S. 49 Immenga/Mestmäcker/Körber, Art. 3 FKVO, Rn. 30.

*(3) Gesicherte Grundlage: Fähigkeit der tatsächlichen Kontrollausübung*

Unter dem fusionskontrollspezifischen Gesichtspunkt[481] muss die Möglichkeit nicht in Sinne von Eventualität, sondern präziser als „Fähigkeit (ability)"[482] verstanden werden, so dass die Möglichkeit eine gewisse Verfestigung der kontrollvermittelnden Rechtsstellung aufweisen muss, durch die eine gewisse Wahrscheinlichkeit der tatsächlichen Einflussnahme gesicherte wird[483]. Ausgenommen werden muss darin die hypothetische Möglichkeit der Einflussnahme, insbesondere einmalige, ganz kurzfristige, oder bloß zufällige und insoweit strukturell nicht gefestigte Einflussmöglichkeit.

Im Fall Cementbouw/Kommission[484] wurde festgestellt, „die bloße Tatsachen, dass das Vorhaben des Poolingvertrags bei der NMa angemeldet wurde, beweise nicht, dass die drei Anteilseigner durch diese Anmeldung die Möglichkeit erlangten, vor dem Abschluss der zweiten Gruppe von Geschäften einen bestimmenden Einfluss auf die CVK auszuüben", weil diese gemeinsamen Interessen auf dem Poolingvertrag basieren kann.

## 4. *Dauerhaftigkeit*

### *(1) Verankerung der Dauerhaftigkeit in die FKVO*

Bis zur Novellierung der FKVO im Jahr 2004 trat der Tatbestand der Dauerhaftigkeit lediglich im Erwägungsgrund 23 zur FKVO Nr. 4064 vom 21.12.1989 und auch im Erwägungsgrund 5 der Änderungsverordnung Nr. 1310/ 97 vom 30.6.1997 auf und in der Verwaltungspraxis galt er als ungeschriebener Tatbestand[485]. Dagegen sprach sich Pohlmann aus, dass die Dauerhaftigkeit des geschaffenen Zustandes keine für reine Marktstrukturänderungen typisches Merkmal sei[486], denn die FKVO erfasse Sachverhalte, die selbst nicht wettbewerbsbeschränkend,

---

481 Schulte/Henschen, in: Handbuch Fusionskontrolle, Rn. 984.

482 In dem englschsprachigen Lehrbuch von „Cook/Kerse, EC Merger Control, (1. Aufl.) S. 18" ist „ability" aber nicht „possibility" gennante. Zitiert aus: Pohlmann, Unternehmensverbund, S. 126, Fn. 67.

483 Wenz, Der Begriff der Kontrolle, S. 34; Immenga/Mestmäcker/Körber, Art. 3 FKVO, Rn. 31.

484 Urteil in der Rechtssache T-282/02 Cementbouw/Kommission, Rn. 58, Slg. 2006, II-00319.

485 Dieses Tatbestandsmerkmal trat aber im Erwägungsgrund 23 zur FKVO Nr. 4064 vom 21.12.1989 und auch im Erwägungsgrund 5 der Änderungsverordnung Nr. 1310/97 vom 30.6.1997 auf. Schulte/Henschen, Handbuch Fusionskontrolle, Rn. 984, Fn. 1161.

486 Pohlmann, Unternehmensverbund, S. 131.

sondern wettbewerbsgefährdend seien. Ein Nichteingreifen der FKVO bei vorübergehenden Strukturveränderungen stehe im Widerspruch zu Sinn und Zweck der FKVO.[487]

Einhergehend mit der Verankerung des Tatbestands „einer dauerhaften Veränderung“ in Art. 3 I auch FKVO von 2004 ist die Dauerhaftigkeit ein unentbehrliches Tatbestandsmerkmal für ganzen Zusammenschlussbegriff, etwa Fusion i.S.v. Art. 3 I lit. a) FKVO[488] geworden. Außer Betracht kommen die vorübergehende, kurzfristige Veränderung der Kontrolle oder Zwischenerwerbe von kurzer Dauer[489], etwa Arbeitsgemeinschaften für die zeitlich überschaubare Herstellung konkreter Werke.[490]

### *(2) Zurechnung der Dauerhaftigkeit*

Für die Ermittlung der zeitlichen Dimension der Dauerhaftigkeit enthält die FKVO keine Zurechnungsklausel. Diese Frage stellt sich, ob es einen bestimmten Mindestzeitraum zwischen Dauerhaftigkeit und kurzfristiger, vorübergehende Dimension gibt, um für die betroffenen Unternehmen Rechtssicherheit zu gewährleisten und der Kartellbehörde die Verwaltungsbegründungskosten zu ersparen.

#### a. Quantitatives Kriterium

Vor der Novellierung der FKVO im Jahr 2004 ging Pohlmann bejahendenfalls davon aus, dass ein Jahr als Mindestzeitraum herangezogen werden konnte, weil die Ausnahmebestimmung in Art. 3 V FKVO das Bestehen eines kontrollierenden Einflusses für diesen Zeitraum duldete, ohne hieran eine Sanktion zu knüpfen.[491] Die Kommission verfolgt nicht einen einheitlichen und präzisen Zeitraum,

---

487 Pohlmann, Unternehmensverbund, S. 133.

488 Wenz, Der Begriff der Kontrolle, S. 38.

489 Zuständigkeitsmittelung, Rn. 28; Vgl. T. Mäger, in T. Mäger, Europäisches Kartellrecht, 2. Aufl., § 8, Rn. 23; Immenga/Mestmäcker/Körber, Art. 3 FKVO, Rn. 47; Ebenroth/Rösler, Artikel 3 FusionskontrollVO und Lean Production, S. 533, 537; Krimphove, Europäische Fusionskontrolle, S. 242 f.; Stockenhuber, Fusionskontrolle, S. 85, Fn. 55; Cook/Kerse S. 38. Aus der Praxis vgl. etwa: KOMM., 28.3.1994, M.425 Tz. 21 „Banco Santander/British Telecommunications“; 6.5.1994, M.440 Tz. 9 „GE/ENI/Nuovo Pignone (II)“; 19.9.1994, M.502 Tz. 4 „VAG/SAB“; 15.9.1995, M.604 Tz. 19 „ALBALCOM“. KOMM. 23.4.1997, M.891 ABl. 1997 C247/3 Rn. 5 „Deutsche Bank/Commerzbank/J.N.Voith“.

490 Vgl. Zuständigkeitsmitteilung, Rn. 104.

491 Pohlmann, Unternehmensverbund, S. 131, 132.

akzeptierte aber in der früheren Verwaltungspraxis Anlaufzeiten von bis zu drei Jahren. Im Fall RAG/Degussa[492] betrug bei der gemeinsamer Kontrolle für eine Übergangszeit drei Jahre. Die Kommission führt in der Fußnote 34 seiner Zuständigkeitsmitteilung einige Beispielfälle an: Im DaimlerChrysler/Deutsche Telekom/JV[493] wurde ein Zeitraum von 12 Jahren als ausreichend angesehen; im Fall Deutsche Bahn/ECT International/United Depots/JV[494] betrug die Vertragslaufzeit 8 Jahre. Im Fall Lehman Brothers/Starwood/Le Meridien[495] erachtete die Kommission einen Zeitraum von mindestens 10–15 Jahren für ausreichend, nicht jedoch einen Zeitraum von drei Jahren.

#### b. Qualitatives Kriterium

Für das Dauerhaftigkeitskriterium kommt es auf die damit einhergehende potentielle Gefahr der Veränderung der Marktstrukturmerkmale an.[496] Die als Begründung für die zeitliche Begrenzung auf ein Jahr ins Feld geführten Bestimmungen in ihrer Funktion als Ausnahmentatbestände verdeutlichen gerade, dass die FKVO von einem flexiblen Begriff der Dauerhaftigkeit ausgeht und die Festlegung auf ein Jahr mangelt an der Flexibilität und Einzelfallgerechtigkeit und würde Tür und Tor für Umgehungsstrategien öffnen[497].

### *(3) Sonderfall: Abfolge von Transkation*

Diese Frage, ob ein Vorgang zu einer dauerhaften Veränderung der Marktstruktur führt, ist von Belang, wenn eine Abfolge von Transaktionen zu prüfen ist, deren erste nur Übergangscharakter hat. Die Kommission typisiert in seiner Mittelung drei Fälle[498].

#### a. Szenario 1: Erwerb zum Zweck der Aufteilung

In diesem Fall tun sich mehrere Unternehmen zusammen, um ein anderes Unternehmen zu erwerben und die erworbenen Vermögenswerte unmittelbar aufzuteilen. Die Kommission sieht die erste Transaktion keinen Zusammenschluss an und sie prüft den Erwerb der Kontrolle durch den endgültigen Erwerber,

492 Kommission, 18.11.2001, M.2854 „RAG/Degussa".
493 Sache COMP/M.2903, Daimler Chrysler/Deutsche Telekom/JV (30. April 2003).
494 Deutsche Bahn/ECT International/United Depots/JV (11. Februar 2002).
495 COMP/M.3858, „Lehman Brothers/Starwood/Le Meridien" (20. Juli 2005).
496 Spangler, Zusammenschluss, S. 36.
497 Wenz, Der Begriff der Kontrolle, S. 39 ff.
498 Zuständigkeitsmitteilung, Rn. 29 ff.

wenn bestimmte Bedingungen erfüllt sind: zum einen muss die spätere Aufteilung zwischen den Erwerben rechtsverbindlich vereinbart sein und zum anderen darf kein Zweifel bestehen, dass der zweite Schritt – die Aufteilung des erworbenen Vermögen – innerhalb kurzer Zeit nach dem ersten Erwerbsvorgang folgen wird. Die Vermögensaufteilung sollte normalerweise spätestens nach einem Jahr abgeschlossen sein[499]. Im Fall Pernod Ricard/Allied Domecq[500] und Fortune Brands/Allied Domecq[501] wurde vereinbart, dass die Aufteilung des Vermögens innerhalb von sechs Monaten nach der Übernahme vollzogen wird.

Sind beide Bedingungen erfüllt, bewirkt der erste Erwerbsvorgang keine strukturelle Veränderung der Kontrolle. Es findet kein tatsächlicher Zusammenschluss wirtschaftlicher Macht zwischen dem/den erwerbenden Unternehmen und dem Zielunternehmen als Ganzes statt und nur die Erwerbe von Unternehmensteilen im zweiten Schritt als Zusammenschlüsse, wobei die einzelnen Erwerbe der verschiedenen Käufer jeweils einen Zusammenschluss darstellen.[502] Sind diese Bedingungen jedoch nicht erfüllt und ist insbesondere nicht sicher, ob der zweite Schritt kurzer Zeit nach dem folgt, wird die Kommission die erste Transaktion als separaten Zusammenschluss mit dem gesamten Zielunternehmen ansehen. Dies geschieht z.B. dann, wenn die erst Transaktion ohne die zweite vollzogen werden kann oder die Spaltung des Zielunternehmens längere Zeit benötigt.[503]

### b. Szenario 2: Gemeinsame Kontrolle für eine Übergangzeit

In diesem Szenario führt der Vorgang zunächst dazu, dass während einer Anlaufzeit gemeinsame Kontrolle vorliegt, aber später auf der Grundlage rechtsverbindlicher Vereinbarungen ein Anteilseigener alleine die Kontrolle übernimmt. Da der Erwerb der gemeinsamen Kontrolle unter Umständen keine dauerhafte

---

499 Zuständigkeitsmitteilung, Rn. 31.

500 COMP/M.3779, -Pernod Ricard/Allied Domecq, Rn. 7.

501 COMP/M.3813- Fortune Brands/Allied Domecq, Rn. 7.

502 Zuständigkeitsmitteilung, Rn. 32. Erster Erwerb nur durch ein Unternehmen vgl. Sache COMP/M.3779, Pernod Ricard/Allied Domecq (24. Juni 2005) und Sache COMP/M.3813, Fortune Brands/Allied Domecq/Pernod Ricard (10. Juni 2005); Sache COMP/M.2060, Bosch/Rexroth (12. Januar 2001).

503 Zuständigkeitsmitteilung, Rn. 33. Erster Erwerb durch mehrere Unternehmen vgl. Sache COMP/M.1630, Air Liquide/BOC (18. Januar 2000); Sache COMP/M.1922, Siemens/Bosch/Atecs (11. August 2000); Sache COMP/M.2059, Siemens/Dematic/VDO Sachs (29. August 2000).

Veränderung der Kontrolle darstellt, kann der gesamte Vorgang als Erwerb der alleingen Kontrolle angesehen werden[504].

Im Fall BS/BT[505] hatten diese Rechte eine Position gemeinsamer Kontrolle bei dem GU begründet und waren von vornherein auf drei Jahre begrenzt, während das GU langfristig angelegt war (Geschäftsplan über zehn Jahre) und von der Kommission als alleinige Kontrolle des erwerbenden Anteilseigners angesehen wurde. Aber die Kommission vertritt, dass diese Anlaufzeit zu lang sei, um zuverlässig ausschließen zu können, dass die gemeinsame Kontrolle Auswirkungen auf die Marktstruktur habe und daher dieser Zeitraum generell höchstens ein Jahr betrage, und die gemeinsame Kontrolle nur vorübergehender Natur sein solle.[506]

### c. Szenario 3: „Parken" von Zielunternehmen („Warehousing")

In diesem Szenario wird ein Unternehmen auf der Grundlage einer Vereinbarung über den künftigen Weiterverkauf an den endgültigen Erwerber vorübergehende bei einem Käufer, häufig einer Bank geparkt. Im diesem Fall ist kein anderer endgültiger Erwerber beteiligte, das Zielunternehmen bleibt unverändert bestehen und die Abfolge der Transaktionen wird alleine von dem einzigen endgültigen Erwerber eingeleitet. Die Kommission wird die Transaktion, durch die der zwischengeschaltete Käufer unter solchen Umständen die Kontrolle erwirbt, als ersten Schritt eines einzigen Zusammenschlusses ansehen, zu dem auch der dauerhafte Erwerb der Kontrolle durch den endgültigen Käufer gehört.[507]

## IV. Form des Kontrollerwerbs

Nach Art. 3 I FKVO kann die Kontrolle durch Rechte und Verträge, durch andere Mittel begründet werden. Wegen der materiellen Eigenschaft der Kontrolle[508] ist es unerheblich, auf welche Wiese bestimmender Einfluss erworben ist, insoweit die Gesamtumstände einen solchen Einfluss ermöglichen[509] und muss der

504 Zuständigkeitsmitteilung, Rn. 34.
505 Kommission, M.425, BS/BT, Rn. 16–21.
506 Zuständigkeitsmitteilung, Rn. 34.
507 Zuständigkeitsmitteilung, Rn. 35.
508 Immenga/Mestmäcker/Körber, Art. 3 FKVO, Rn. 27.
509 Zuständigkeitsmitteilung, Rn. 16; Immenga/Mestäcker/Körber, Art. 3 FKVO, Rn. 4.

Erwerbsbegriff weit ausgelegt werden.[510] Neben dem Anteilserwerb[511] und Vermögenserwerb[512] sind wichtige Formen die folgenden:

### *1. Verträge*

Im Unterschied zu alltäglichen Verträgen müssen solche Verträge nicht nur eine ähnliche Kontrolle über Unternehmensleitung und Ressourcen des anderen Unternehmen bewirken können, sondern auch sehr langfristig angelegt sein, insbesondere besteht keine Kündigungsmöglichkeit durch die Partei, die die vertragliche Rechte gewährt. Nur solche Verträge können eine strukturelle Veränderung auf dem Markt bewirken[513].

#### *(1) Typische Verträge*

Typische Verträge sind Organisationsverträge nach nationalem Gesellschaftsrecht, etwa Beherrschungsverträge oder andere Arten von Verträgen wie Betriebspachtverträge, die dem Erwerber die Kontrolle über Unternehmensleitung und Ressourcen übertragen, obwohl keine Eigentumsrechte oder Anteile übertragen werden.[514] In der Regel können Betriebsüberlassungs- oder Betriebsführungsverträge einen ähnlichen und dauerhaften Einfluss auf Management und Ressourcenverwendung wie ein Anteilserwerb vermitteln[515].

Weil bei der Stimmbindungsverträge schuldrechtliche Vereinbarungen eines Gesellschafters mit einem anderen oder mit Dritten über die Stimmabgabe in der Gesellschafterversammlung durchgezeichnet werden, können zwei oder mehr Minderheitsgesellschafter durch Stimmbindungsverträge ihre Stimmen in Bezug auf wesentliche Entscheidungen[516] oder bei der Auswahl der Leitungsorgane bündeln[517] und insoweit gemeinsam bestimmten Einfluss ausüben. Bei den Konsortialverträgen (Consortium Agreement) werden die Rechte und Pflichten der Partner eines Konsortiums untereinander geregelt. Insofern durch Konsortialverträge ein bestimmender Einfluss der Konsorten auf die Geschäftsführung

---

510 Schulte/Henschen, in: Handbuch Fusionskontrolle, Rn. 1036.

511 Siehe Teil 4 A.

512 Siehe Teil 6 A.

513 Zuständigkeitsmitteilung, Rn. 18.

514 Zuständigkeitsmitteilung, Rn. 18.

515 Hirsch/Montag/Säcker/Wessly/Wegner, Rn. 47; Immenga/Körber, Rn. 54. FK/Schröer Art. 3 FKVO Rn. 49–59.

516 Komm. 26.2.1998, M.698 Rn. 6- „NAW/Saltano/Contrac".

517 Komm. 25.7.1996, M.750 Rn. 4- „IFIL/WORMS/Saint Louis".

des Beteiligungsunternehmens ermöglicht wird, wird Kontrollerwerb begründet wie Stimmbindungsverträge.

### *(2) Gewinnabführungsverträge*

Diese Frage stellt sich bei den Gewinnabführungsverträgen. Die reinen Gewinnverwendungs- und Gewinnabführungsverträge vermitteln allein keine Kontrolle, da lediglich über den Gewinn als Resultat der unternehmerischen Tätigkeit verfügt wird, der von der unternehmerischen Tätigkeit selbst unabhängig ist.[518] Aber wenn dieser Vertrag lediglich mit einem kontrollbegründenden Beherrschungsvertrag verbunden ist und zu einem bestimmenden Einfluss auf die unternehmerische Entscheidung führt, können sie die Kontrolle begründen[519].

## *2. Sonstige Weise*

Art. 3 I lit. b) FKVO statuiert den Auffangtatbestand mit dem Ausdruck des „in sonstiger Weise". Wichtigste Fallgruppen sind wirtschaftliche Abhängigkeit und personelle Verflechtung und nichtvertragliche Erwerbsvorgänge. Dessen Funktion des Auffangtatbestands verkörpert sich auch in der Zuordnung der Kommissionsentscheidungen, von ihr fällt weniger als 1% in diese Kategorie[520].

### *(1) Wirtschaftliche Abhängigkeit*

Wirtschaftliche Abhängigkeit kann lediglich unter außergewöhnlichen Umständen ganz oder teilweise durch langfristige, enge ausgestaltete Geschäftsbeziehungen begründet werden, insbesondere im Bereich enger Liefer-, Lizenz- oder Darlehensvertragsbeziehungen. Aufgrund der hohen Anforderungen an Umfang und die Dauerhaftigkeit solcher Beziehung ist die Kommission auch bei der Bejahung der wirtschaftlichen Abhängigkeit sehr zurückhaltend. In Fall „GE/AGFA/NDT" hat die Kommission langfristige Lieferungs-, Herstellungs- und Servicevereinbarungen als Zusammenschluss bewertet. Im Fall CCIE/GET[521] hielt die Kommission, dass die vierjährigen Überbrückungskredit, die zehnjährigen Lizenz, der Zugang zu Forschungs- und Entwicklungsergebnissen sowie die Verfügung der Ingenieurleistungen und Produktionsfazilitäten auf

---

518 Hirsch/Montag/Säcker/Wessely/Wegner, Art. 3 FKVO, Rn. 28.

519 Hirsch/Montag/Säcker/Wessely/Wegner, Art. 3 FKVO, Rn. 28; Immenga/Mestmäcker/Körber, Art. 3 FKVO, Rn. 55.

520 Staudenmayer, Zusammenschlussbegriff, S. 96 ff.

521 Kommission, M.258; Rn. 10–12.

Kostenbasis ist von zeitliche begrenzter Natur würde, und verneinte das Vorliegen des Kontrollerwerbs.

Nach der Kommissionsauffassung verleihen die Franchiseverträge als solche dem Franchise-Geber normalweise keine Kontrolle über das Unternehmen des Franchise-Nehmers. Der Franchise-Nehmer nutzt in der Regel die Unternehmensressourcen für eigene Rechnung, selbst wenn wesentliche Teile des Vermögens dem Franchise-Geber gehören. Rein finanzielle Vereinbarungen wie der Verkauf mit gleichzeitiger Rückvermietung in Verbindung mit Vereinbarungen über den Rückkauf der Vermögenwerte nach Vertragsablauf erfüllen normalerweise nicht die Voraussetzungen eines Zusammenschlusses, da sie keine Änderung der Kontrolle über Unternehmensleitung und Ressourcen nach sich ziehen.[522]

### *(2) Personelle Verflechtung*

Die personelle Verflechtung wird darunter verstanden, dass die personelle Besetzung der Geschäftsführung oder derjenigen für die Bestellung der Unternehmensleitung zuständigen Organe verschiedener Unternehmen zumindest teilweise sich übereinstimmt.[523] Deren fusionskontrollrechtliche Relevanz der personellen Verflechtung besteht darin, dass sie es bei den zur Geschäftsführung berufenen Organen verschiedener Unternehmen ermöglichen, bestimmenden Einfluss über ein anderes Unternehmen zu erlangen, insbesondere wenn sie in Verbindung mit Kapitalbeteiligung oder andere Rechten auftreten[524]. Dementsprechend verlangt auch das Formblatt CO ein genaues Personenverzeichnis der geschäftsführenden Organe, das auch Aufschluss über Personelle Verflechtung mit anderen Wettbewerbern geben muss[525].

### *(3) Nichtvertragliche Erwerbsvorgänge*

Die nichtvertraglichen Erwerbsvorgänge umfassen Erbschaft, Vermächtnis oder Anwachsung von Anteilen ausgeschiedener Gesellschafter, selbst wenn der Kontrollerwerb nicht das erklärte Ziel der Parteien ist oder der Erwerber nur eine

---

522 Zuständigkeitsmitteilung, Rn. 19.

523 Wenz, Der Begriff der Kontrolle, S. 104; Schröer, Art. 3 FKVO, Rn. 61; Gräfer, Die Erfassung von Minderheitsbeteiligungen, S. 86; Stockenhuber, Fusionskontrolle, S. 136.

524 Immenga/Mestmäcker/Körber, Art. 3 FKVO, Rn. 57; Stockenhuber, Fusionskontrolle, S. 158 f.; Hirsch/Montag/Säcker/Wessly/Wegner, Art. 3 FKVO, Rn. 54; Karl, Zusammenschlussbegriff, S. 226.

525 Schröder, Art. 3 FKVO, Rn. 61.

passive Rolle spielt und der Erwerb der Kontrolle durch Handlungen Dritter ausgelöst wird,[526] insoweit eine bloße Möglichkeit der Kontrollausübung existiert. Im Fall Avesta (II)[527] ging die Kommission davon aus, dass das Ausscheiden eines Gesellschafters aus einem GU dazu führte, ein bisher nicht mitkontrollierender Gesellschafter nunmehr eine Position gemeinsamer Kontrolle einnahm.

### 3. *Änderung der Kontrollarten*

#### *(1) Kontrollarten*

Die Kontrolle ist nicht „homogen", sondern beinhaltet je nach konkreter Art bzw. Beschaffenheit, unterschiedliche Intensitätsstufen[528].

#### a. Alleinige oder gemeinsame Kontrolle

Wegen der grundlegenden Bedeutung bei der Umsatzberechnung und der Schwellenwerte[529] strukturiert die Kommission die Art zwischen der alleinigen und gemeinsamen Kontrolle in der Zuständigkeitsmitteilung. Die alleinige Kontrolle wird begründet, wenn ein Unternehmen unter Berücksichtigung aller rechtlich wie tatsächlich bestehenden Einflussmöglichkeiten allein den bestimmenden Einfluss auf die Tätigkeit eines anderen Unternehmens ausüben kann.[530] Gemeinsame Kontrolle ist dann gegeben, wenn zwei oder mehr Unternehmen oder Personen die Möglichkeit haben, in einem anderen Unternehmen bestimmenden Einfluss auszuüben; bestimmender Einfluss bedeutet hier in der Regel die Möglichkeit, Aktionen zu blockieren, die das strategische Wirtschaftsverhalten eines Unternehmens bestimmen[531].

#### b. De jure und De facto Kontrolle und negative und positive Kontrolle

Innerhalb der jeweiligen Kontrollarten ist nach der Absicherungsgrundlage zwischen einer rechtlich abgesicherten Position (De jure Kontrolle) und einer Kontrolle aufgrund lediglich tatsächlicher Verhältnisse (De facto Kontrolle) und nach Intensität der Kontrolle zwischen positiver und negativer Kontrolle zu unterscheiden.

---

526 Zuständigkeitsmitteilung, Rn. 21.

527 Kommission, M.452, Rn. 9-Avesta (II).

528 Schulte/Henschen, in: Handbuch Fusionskontrolle, Rn. 992, Rn. 1064.

529 Immenga/Mestmäcker/Körber, Art. 3 FKVO, Rn. 79.

530 Immenga/Mestmäcker/Körber, Art. 3 FKVO, Rn. 81; Zuständigkeitsmitteilung. Rd. 54 f.

531 Zuständigkeitsmitteilung, Rn. 62.

##### (2) *Änderung bei alleiniger Kontrolle*

###### a. Änderung zwischen de jure und de facto

Die Kommission spricht in ihre Zuständigkeitsmitteilung nicht von der Änderung zwischen rechtlicher und faktischer alleiniger Kontrolle, hat allerdings im Fall „Ford/Herz“[532] festgestellt, dass im Übergang von de facto zu De-jure-Kontrolle keine Änderung in der Qualität der Kontrolle und damit keinen Zusammenschlusstatbestand erfüllte.

###### b. Wechsel von negativer zu positiver alleiniger Kontrolle

Bei der positiv alleinigen Kontrolle handelt es sich um eine aktive Gestaltung der Geschäftspolitik des Zielunternehmens, und das Unternehmen, das die alleinige Kontrolle hat, kann über das strategische Wirtschaftsverhalten des anderen Unternehmens bestimmen. Diese Befugnis wird typischerweise durch die Übernahme der Stimmrechtsmehrheit in einem Unternehmen erworben.[533] Negative alleinige Kontrolle bezeichnet die Möglichkeit eines Unternehmens, strategisch wichtige Entscheidungen eines anderen Unternehmens lediglich blockieren zu können[534].

Die Kommission hatte im Fall VW/VW-Audi Vertriebszentren[535] bejahendenfalls den Wechsel von negativer zu positiver alleiniger Kontrolle als einen erneuten Zusammenschluss angesehen, denn es kam zu einem Übergang von negativer Kontrolle durch Vetorechte zu einer positiven Kontrolle aufgrund einer Mehrheitsbeteiligung, die es VW nicht nur erlaube, strategische Entscheidungen zu verhindern, sondern positive Entscheidungen herbeizuführen. Hierin sei eine wesentliche Änderung in der Art der Kontrolle zusehen.[536] Diese Auffassung wurde in den Entwurf der Konsolidierten Mitteilung[537] festgehalten, aber wurde in seiner finalisierten Mitteilung ersetzt, dass beim Wechsel von negativer zu positiver alleiniger Kontrolle keine Änderung der Art der Kontrolle vorliegt. Dieser Wechsel wirkt sich weder um die Interessenlage des die negative Kontrolle ausübenden Gesellschafters noch um die Art der Kontrollstruktur aus, da der kontrollierende

532 Kommission, 7.3.1994, M.397 Ford/Herz, Rn. 6 und 10. Ebenso: Immenga/Mestmäcker/Körber, Art. 3 FKVO, Rn. 115.

533 Zuständigkeitsmitteilung, Rn. 54.

534 Thorsten Mäger, Europäisches Kartellrecht, 7. Kapital S. 205.

535 Kommission 29.7.2003, M.3198, „VW/VW-Audi Vertriebszentren“ Rn. 8.

536 Kommission, 29.7.2003, M.3198 „VW/VW-Audi Vertriebszentren“, Rn. 8.

537 Entwurf der Konsolidierten Mitteilung, Rn. 81.

Gesellschafter auch zuvor, als er die negative Kontrolle besaß, nicht unbedingt mit anderen Gesellschafter zusammenarbeiten musste[538].

### *(3) Veränderungen bei der gemeinsamen Kontrolle*

Der Eintritt eines neuen Gesellschafters in ein gemeinsam kontrolliertes Unternehmen ergibt sich daraus, dass entweder der neue Gesellschafter zu den bereits kontrollierenden Gesellschaftern hinzukommt oder einen von ihnen ersetzt. Zuerst muss dieser Gesellschafter die Kontrolle in das Unternehmen erwerben. Zweitens wird die Art der Kontrolle des GU durch die Identität der kontrollierenden Gesellschafter bestimmt. Im Falle gemeinsamer Kontrolle liegt es in der Natur der Sache, dass die gemeinsam kontrollierenden Gesellschafter den Interessen der anderen Rechnung tragen müssen und mit diesen bei der Festlegung der strategischen Ausrichtung des Unternehmens zusammenarbeiten müssen, da jeder Gesellschafter alleine strategische Entscheidungen blockieren kann.[539]

### *(4) Wechsel zwischen alleiniger und gemeinsamer Kontrolle*

Wegen der unterschiedlichen Tatbestandsmerkmale, insbesondere der Kreisveränderung der Kontrollberechtigten, erfüllt jeder Wechsel zwischen alleiniger und gemeinsamer Kontrolle einen neuen Zusammenschlusstatbestand[540].

### a. Wechsel von alleiniger zu gemeinsamer Kontrolle

Im Falle des Wechsels von alleiniger zu gemeinsamer Kontrolle liegt eine anmeldungspflichtige Transaktion vor, da sich die Art der Kontrolle des GU ändert: einerseits ein Gesellschafter, der in das kontrollierte Unternehmen eintritt, neu die Kontrolle über das betreffende Unternehmen, andererseits wird das kontrollierte Unternehmen erst durch die Transaktion zu einem GU, was nach der FKVO auch die Sachlage für das verbleibende kontrollierende Unternehmen entscheidend verändert.[541] Im Fall MAHLE / BEHR / BEHR INDUSTRY[542] erwarben Mahle und BEHR durch Erwerb von Anteilen die gemeinsame Kontrolle über das Unternehmen Behr Industry, sodass der Übergang von einer alleinigen

538 Zuständigkeitsmitteilung, Rn. 83.

539 Urt. in der Rechtssache T-282/02, Cementbouw/Kommission, Rn. 67, Slg. 2006, II-00319.

540 Schulte/Henschen, in: Handbuch Fusionskontrolle, Rn. 1069; Zuständigkeitsmitteilung, Rn. 83.

541 Zuständigkeitsmitteilung, Rn. 86.

542 Fall Nr. COMP/M.5862, Rn. 9 – MAHLE/ BEHR/ BEHR INDUSTRY.

zu einer gemeinsamen Kontrolle erfolgt und ein Zusammenschluss angesehen wurde.

b. Wechsel von gemeinsamer zu alleiniger Kontrolle

Eine Verringerung der Anzahl der kontrollierenden Gesellschafter verändert die Art der Kontrolle und ist infolgedessen als Zusammenschluss anzusehen, sofern das Ausscheiden eines oder mehrerer kontrollierender Gesellschafter zu einem Wechsel von gemeinsamer zu alleiniger Kontrolle führen. Im Fall KLM / AIR UK[543] hatte KLM de facto die gemeinsame Kontrolle über Air UK erworben. Durch den Anteilserwerb in Höhe von 55% erwarb KLM die alleinige Kontrolle über Air UK. Verringert sich durch Transaktion die Anzahl der Gesellschafter, die gemeinsam die Kontrolle ausüben, ohne dass ein Wechsel von gemeinsamer zu alleiniger Kontrolle stattfindet, liegt normalerweise kein anmeldungspflichtiger Zusammenschluss vor.[544]

# B. Kontrollerwerb i.S.v. § 37 I Nr. 2 GWB

## I. Verhältnis zum Kontrollerwerb i.S.v. Art. 3 I lit. b) FKVO

### *1. Berücksichtigung der europäischen Konkretisierungserfahrung*

Der materielle Kontrollerwerb i.S.v. § 37 I Nr. 2 GWB als jüngster Zusammenschluss-Tatbestand ist im Weg der 6. GWB-Novelle unter dem Zeichen der „Europäisierung des deutschen Kartellrechts“[545] durch die Übernahme Art. 3 I lit. b) FKVO eingeführt worden. Die Einführung ersetzte die vorherigen Zusammenschlusstatbestände der Nr. 3, 4 u. 5 sowie der Nr. 2 Satz 4 des § 23 II a.F.: während Nr. 3, 4 u. 5 vom „Kontrollerwerb“ des § 37 I Nr. 2 einflossen und daher als eigenständiger Zusammenschlusstatbestand wegfielen, wird § 23 II Nr. 2 Satz 4 teilweise vom „wettbewerblich erheblichen Einfluss“ des § 37 I Nr. 4 mit umfasst.[546] Im Gegensatz zur FKVO hat der Kontrollerwerb in der deutschen Praxis lediglich eine eher ergänzende Funktion[547] bzw. untergeordnete

543 Komm. IV/M.967, Rn. 5–17- KLM / AIR UK.

544 Zuständigkeitsmitteilung, Rn. 89–90.

545 Vgl. Monopolkommission, Wettbewerbspolitik in Zeiten des Umbruchs, Hauptgutachten XI, 1994/1995, Rn. 897; Schulte, Änderung der Fusionskontrolle durch die 6. GWB-Novelle, AG 7/1998, S. 297, 297.

546 Begr. 1998 Nr. I.3, h, cc.

547 Hirsch/Montag/Säcker/Bach, § 37 GWB, Rn. 33.

praktische Bedeutung[548], weil der Kontrollerwerb nur ausnahmsweise nicht gleichzeitig mit einem anderen Zusammenschlusstatbestand verwirklicht wird.

Diese Übernahme beschränkt sich nicht nur auf den Gesetzeswortlaut, sondern auch auf die europäische inhaltliche Konkretisierung, insbesondere die Zuständigkeitsmitteilung. Nach Auffassung der Bundesregierung hat der Begriff des „Kontrollerwerbs" in der bisherigen europäischen Praxis eine hinreichende Konkretisierung erfahren[549]. Der Gesetzgeber ging davon aus, dass „das BKartA bei der Auslegung dieser Norm die Praxis der Europäischen Kommission und, sofern einschlägig, auch des Europäischen Gerichtshofs berücksichtigt."[550] Der Berücksichtigung der europäischen Praxis folgt das BKartA auch in seiner ständigen Verwaltungspraxis[551]. Insoweit kann auf die obige Darstellung des Kontrollerwerbs i.S.v Art. 3 FKVO im Wesentlich verwiesen werden[552].

## 2. *Keine Pflicht zur gemeinschaftskonformen Auslegung der Kontrolle*

Die deutsche Kartellbehörde und Gerichte übernehmen nicht zwangsläufig unbedingten und ungeprüft alle gegenwärtigen und vor allem aller zukünftigen Interpretationsergebnisse zu Art. 3 FKVO[553]. Daher besteht keine rechtliche Bindung an die Kommissionspraxis und Kommissionsmitteilung[554]. Der BGH vertritt außerdem: „Das europäische Gemeinschaftsrecht verpflichtet die nationalen Behörden und Gerichte nicht, das nationale Recht der Zusammenschlusskontrolle in dessen Anwendungsbereich so auszulegen, dass es nicht von den Vorschriften der Fusionskontrollverordnung in deren Auslegung durch die Organe der Gemeinschaft- abweicht."[555] Insbesondere wegen der unterschiedlichen Wettbewerbskonzeptionen des deutschen und europäischen Kartellrechts wollte der Gesetzgeber nicht das Schutzniveau absenken, etwa die Fälle unterhalb der Kontrollschwelle, insbesondere Minderheitsbeteiligungen ab 25%, die Verringerung der Mitgliederzahl eines GU.[556]

548 Emmerich, Fusionskontrolle 2004/2005, AG 2005, S. 857, 861.
549 Begr. 1998 Nr. I.3, h, cc.
550 Begr. 1998, WuW-Sonderheft 1998, S. 81.
551 Hirsch/Montag/Säcker /Bach, § 37 GWB, Rn. 42.
552 K. Wesgtermann/Bergmann, S. 157.
553 Mestmäcker/Veelken, § 37 GWB, Rn. 22.
554 Paschke, § 37 GWB, in FK, Rn. 17.
555 BGH 131, 107 ff.= NJW 1996, 595.
556 Quack/Quack, in FS Geiss, S. 652.

## II. Kontrollbegriff

Kontrolle liegt danach vor, wenn ein bestimmender Einfluss auf die Tätigkeit eines anderen Unternehmens ausgeübt werden kann. Dies ist im Regelfall gegeben, wenn der Erwerber strategische Entscheidungen der Geschäftspolitik oder die Besetzung der Geschäftsführungsorgane des zu erwerbenden Unternehmens bestimmen kann.[557] Trotz einer großen Ähnlichkeit der Kontrolldefinition bestehen weiterhin Unterschiede im Kontrollerwerb i.S.v. § 37 I Nr. 2 GWB.

### *1. Erwerber der Kontrolle*

Aus dem Wortlautvergleich ergibt sich, dass der Erwerber der Kontrolle i.S.v. Art. 3 I lit. b und III vier Normenadressanten erfasst, nämlich eine oder mehrere Personen, die bereits mindestens ein Unternehmen kontrollieren (I lit. b), Unternehmen (I lit b.), sowie die Personen und Unternehmen, die aus den jeweiligen Rechten und Verträge selbst berechtigt sind und als faktische Kontrollinhaber im Hintergrund stehen (III). Hingegen spricht § 37 I Nr. 2 GWB nicht von den Personen, sondern dem Unternehmen.

Trotzdem kann der Umfang des Erwerbs der Kontrolle i.S.v. § 37 I GWB sich mittels einer Rechtsfiktion in § 36 III GWB auf Personen oder Personenvereinigungen erstrecken. Steht einer Person oder Personenvereinigung, die nicht Unternehmen ist, die Mehrheitsbeteiligung an einem Unternehmen zu, gilt sie nach § 36 III GWB als Unternehmen. Die Mindestforderung i.S.v. § 37 I Nr. 2 GWB setzt keinen Erwerb der Kontrolle, sondern allein die Besetzung der Mehrheitsbeteiligung an einem Unternehmen voraus.[558]

### *2. Dauerhaftigkeit*

Während das Merkmal „einer dauerhaften Veränderung der Kontrolle" deutlich im Art. 3 I FKVO zum Ausdruck kommt, hat der Gesetzgeber es in § 37 I Nr. 2 GWB nicht übernommen. Trotzdem wurde dieses Dauerhaftigkeitserfordernis schon ausdrücklich durch dem Zweck der Fusionskontrolle als solcher festgelegt und fungiert daher als ungeschriebenes Merkmal zur Erfassung der dauerhaften Strukturveränderung.[559]

---

557 Das BKartA, Merkblatt zur deutschen Fusionskontrolle (Stand: Juli 2005), S. 12.

558 Vgl. Hirsch/Montag/Säcker/Bach, § 37 GWB, Rn. 36.

559 Wiedemann/Richter, § 19, Rn. 91.

### 3. *Einflussgrad*

Nach einer Meinung ist der Begriff der Kontrolle i.S.v. § 37 I Nr. 2 nicht völlig geleichbedeutend mit der i.S.v. Art. 3 FKVO, aber er deckt sich im Kern mit dem der Abhängigkeit in § 17 AktG[560].

## III. Kontrollform

### 1. *Personelle Verflechtung*

Da die personelle Verflechtung als ein Mittel der Konzentration von Leitungsmacht gilt, das die Funktionsfähigkeit des Wettbewerbs beeinträchtigen kann[561], war die personelle Verflechtung als Zusammenschlussform in § 23 II Nr. 4 GWB a.F. verankert. Kartellrechtlich relevant war demgemäß mindestens die Hälfte der Mitglieder des Aufsichtsrates, des Vorstandes, oder eines sonstigen zur Geschäftsführung berufenen Organs. Nach der Verankerung des Kontrollerwerb im GWB ist die personelle Verflechtung i.S.v. § 23 II Nr. 2 Satz 4 GWB a.F. als ein eigenständiger Zusammenschlusstatbestand weggefallen und wird von § 37 I Nr. 2 und Nr. 4 mit umfasst. Hinsichtlich der Verankerung in § 37 I Nr. 2 GWB muss die personelle Verflechtung mit der Möglichkeit des bestimmenden Einflusses auf ein anderes Unternehmens verbunden sein, sodass mindestens die Hälfte der Mitglieder des Aufsichtsrates, des Vorstandes, oder eines sonstigen zur Geschäftsführung berufenen Organs nicht mehr „festgehalten" wird[562].

### 2. *Keine Erfassung der wirtschaftlichen Abhängigkeit*

Im Gegensatz dazu, dass die wirtschaftliche Abhängigkeit als Unterfall des Kontrollerwerbs behandelt wird, muss eine bloße wirtschaftliche Abhängigkeit nicht einen Kontrollerwerb, sondern den Tatbestand des wettbewerblichen Einflusses begründen können, weil neben der Schwierigkeit des Nachweises einer strukturell verankerten dauerhaften Kontrollmöglichkeit die Abhängigkeit i.S.v. § 37 I Nr. 2 GWB gesellschaftsrechtlich vermittelt sein muss.[563]

560 Emmerich, Kartellrecht, S. 185; Bechtold, § 37 GWB, Rn. 10; Wiedemann/Richter, § 19 Rn. 88.

561 BT-Drucks. VI/2520 S. 27.

562 Vgl. Paschke, § 37 GWB, in Frankfurt-Kommentar, Rn. 25.

563 Wiedemann/Richter, § 19, Rn. 89, 104; Emmerich, Kartellrecht, S. 185.

### 3. *Kontrollwechsel*

Die gemeinsame Kontrolle übernahm vor allem der frühere Tatbestand der gemeinsamen Beherrschung i.S.v. § 23 II Nr. 5 a.F., die eine gesicherte einheitliche Einflussnahme einer fest umrissenen Gesellschaftsgruppe aufgrund einer auf Dauer angelegten Interessengleichheit erwarten ließ – nämlich etwa dann, wenn Stimmbindungsverträge zwischen mehreren Gesellschaftern bestehen, die zusammen die Mehrheit bilden, wenn die Mehrheitsgruppe in einem Gleichordnungskonzern oder durch ein sonstiges Treuhandverhältnis verbunden sind, das eine einheitliche Stimmabgabe erwarten lässt, oder wenn das GU aus einem Kartell hervorgegangen ist und dieses fortsetzen soll[564].

Das Kontrollwechsel von alleiniger zu gemeinsamer, von gemeinsamer zu alleiniger oder von gemeinsamer zu gemeinsamer Kontrolle bei gleichzeitigem Wechsel der Kontrollinhaber begründet in der Regel den Kontrollerwerb[565]. Aber der Kontrollwechsel von gemeinsamer zu alleiniger Kontrolle unterliegt nach § 37 II GWB einer Grenze bei fehlender wesentlicher Verstärkung der Unternehmensverbindungen; der Übergang von gemeinsamer zu alleiniger Kontrolle führt nicht stets zu einer Verstärkung der bestehenden Unternehmensverbindung.[566]

# C. Kontrollerwerb i.S.v. § 6 I Nr. 5 FHG

## I. § 6 I Nr. 5 FHG als eine Generalklausel

Gemäß § 6 I Nr. 5 FHG wird „Kontrollerwerb" lediglich als „unmittelbare bzw. mittelbare Kontrolle über den Geschäftsbetrieb oder die Personalentscheidungen eines anderen Unternehmens" definiert. Nach überwiegender Meinung fungiert diese Klausel als Auffangtatbestand und erfasst alle Fälle, die nicht unter § 6 I-4 FHG fallen[567]. Rein sprachlich betrachtet erfasst diese Klausel in der Tat auch die Fälle nach § 6 I Nr. 1-4 FHG. Denn ihr Tatbestand enthält zwei für die Fusionskontrolle relevante Elemente, nämlich „Ressourcen und Personalentscheidung", was sich notwendig mit den Tatbeständen der § 6 I Nr. 2, 3 FHG deckt. Insbesondere wenn die Hauptversammlung durch Erwerb der Mehrheit der stimmberechtigten Anteile kontrolliert wird, können grundsätzlich auch der

564 Emmerich, Kartellrecht, S. 409, Rn. 36.

565 Der Übergang von gemeinsamer zu alleiniger Kontrolle erfüllt den Kontrollerwerb. Siehe: das BKartA, Merkblatt zur deutschen Fusionskontrolle (Stand: Juli 2005) V. 4.

566 Hirsch/Montag/Säcker/Bach, § 37 GWB, Rn. 43.

567 FTC, Kommentar zum FHG, S. 66; He Zhimai, Kommentar zu, FHG, Rn. 121.

gesamte Geschäftsbetrieb bzw. alle Personalentscheidungen kontrolliert werden.[568] Zwar mag grundsätzlich formal ein weiteres Tatbestandsmerkmal nach § 6 I Nr. 2, 3 greifen und so die bestehende Rechtsunsicherheit im Hinblick auf den „Kontrollerwerb" vermieden werden. Letztlich aber kann ein und derselbe Zusammenschlusssachverhalt zugleich § 6 I Nr. 5 *und* Nr. 2, 3 FHG erfüllen. Das zeigt sich auch im Statistikbericht der FTC: Bis April 2013 wurden 5660 der 6232 entschiedenen Fälle § 6 I Nr. 5 FHG zugeordnet.

## II. Kontrollbegriff

### *1. Die Art des unternehmerischen Einflusses*

Der Begriff der „Kontrolle" wird weder im FHG noch in den FTC-Durchführungsbestimmungen definiert. Seit der Entscheidung gegen NPCGAS[569] lässt sich der Begriff in rechtliche und materielle Kontrolle, d.h. eine Kontrolle mittels materiellen Einfluss definieren:

„Während die rechtliche Kontrolle ganz klar zu beurteilen ist, sind die materielle Kontrolle und der materielle Einfluss rein einzelfallbezogen. Insbesondere in Fällen, in denen die Anteilsschwelle bzw. die Vorstandsmandate nicht die erforderliche Größenordnung erreichen, kann dennoch eine materielle Kontrolle bzw. ein materieller Einfluss gegeben sein. Die bloße Ernennung desselben Generalmanagers auf NPCGAS hat bereits eine materielle Kontrolle bzw. einen materiellen Einfluss begründet, sodass eine rechtliche Kontrolle etwa durch den Anteilserwerb und Ernennung der Vorstandsmitglieder nicht erforderlich ist".

### *2. Bewertung*

Die FTC differenziert in Wirklichkeit nicht zwischen materieller Kontrolle und materiellem Einfluss. Rechtliche Kontrolle erfolgt entweder durch Anteilserwerb i.S.v. § 6 I Nr. 2 oder Personalentscheidung im Vorstand. Mithin scheint es, dass die FTC lediglich versucht, den Kontrollbegriff sowohl durch quantitative als auch durch qualitative Kriterien zu definieren. Diese Bewertung ist wertvoll.

---

568 Sanktionsentscheidung gegen Far Eastern Department Stores Co. Ltd. von 27.12.2006, S. 8.

569 Sanktionsentscheidung der FTC gegen NCP von 14.09.2007, Nr. 096148, S. 5.

## III. Erwerb der Personalentscheidungsmacht

### *1. Schrifttumsmeinung*

Hinsichtlich des Erwerbs der Macht über die Personalentscheidungen ist nicht erforderlich, dass sich diese alle Personen des Zielunternehmens erfasst. Es genügt die Beherrschung der Entscheidung im Hinblick „wichtiges Personal/leitende Angestellte“[570]. Nach einheitlicher Auffassung im Schrifttum[571] umfasst „Personal“ lediglich wichtige Personen wie Vorstands- sowie Aufsichtsratsmitglieder, leitende Manager sowie Personen, die über den Geschäftsbetrieb mitentscheiden.

### *2. Verwaltungspraxis*

In einer Replik[572] formulierte die FTC „Die Personalentscheidung betrifft die Einstellung und Entlassung der leitenden Personen, die zumindest dem Management angehören.“ Mithin lässt sich sagen, dass die Verwaltungspraxis die Reichweite des Personalbegriffs ebenso wie das o.g. Schrifttum definiert.

#### *(1) San Ching Engineering/ Cathaylife/Cathay-con*

Im Fall San Ching Engineering/Cathaylife/Cathay-con[573] befand die FTC, dass der Vorstand als Organ der Geschäftsführung die Entscheidungsmacht i.S.v. § 29 GeGTW hat. Die Hauptfunktion des Aufsichtsrats besteht demgegenüber darin, die Geschäftsführung des Vorstands sowie die Einhaltung der gesetzlichen und gesellschaftsvertraglichen Bestimmungen sowie der Beschlüsse der Hauptversammlung zu überwachen. San Ching Engineering hatte bereits 7 Mandate im Vorstand sowie 2 Mandate im Aufsichtsrat des Zielunternehmens erworben und war somit in der Lage, den Geschäftsbetrieb bzw. die Personalentscheidungen des anderen Unternehmens zumindest mittelbar zu kontrollieren.

---

570 He ZhiMai, § 6 FHG, Rn. 132; Chen Wen-Sheng / Chen Feng-Chin, A Study on the Norms of Joint Venture, S. 37.

571 Hasse, Zusammenschlusskontrolle Taiwan, S. 115; He ZhiMai, § 6FHG, Rn. 132; Wang, Ducun, Freihandelsgesetz, § 4, S. 65.

572 FTC: FTC- Erklärung Nr. 04799 vom 30.11.1992.

573 Entscheidung von 09.10.1993, Sanktionsentscheidung gegen Ching Engineering/ Cathaylife/ Cathay-con, Nr. 070.

*(2) Entscheidung gegen Holiday Co./Cashbox Partyworld Co., Ltd.*

In ihrer Entscheidung gegen Holiday Co./Cashbox Partyworld Co., Ltd.[574] vertrat die FTC, dass „Verflechtungen zwischen den Vorständen" zu einem Kontrollverhältnis oder einer einheitlichen Leitung geführt und dadurch den Wettbewerb zwischen den betroffenen Unternehmen aufgehoben hatte. Daher müssten dieses Zusammenschlussvorhaben bei der FTC angemeldet werden. Die FTC wurden in jenem Fall Sanktionen verhängt.

*(3) Entscheidung über Sanktionen gegen NPCGAS*

In der Entscheidung gegen NPCGAS[575] wurde bereits aufgrund der Ernennung desselben Generalmanagers in NPCGAS und Formosa das Vorliegen von „Kontrolle" i.S.v. § 6 I Nr. 5 angenommen.

### 3. *Stellungnahme zur Erfassung von Aufsichtsratsmitgliedern im Kontrollbegriff*

*(1) Verwaltungspraxis*

a. Die innerhalb der Praxis der FTC abweichende Auffassung

Während nach überwiegender Auffassung im Schrifttum[576] sowie nach einigen Entscheidungen der FTC[577] Aufsichtsratsmitglieder zum fusionsrechtlich relevanten Personalumfang gehören, ist die FTC in den meisten ihrer Entscheidungen diesbezüglich zurückhaltend. Es gibt daher in der Verwaltungspraxis bisher keinen Fall, in dem ein Aufsichtsratsmitglied zum Vorliegen einer „Kontrolle" i.S.v. § 6 I Nr. 5 FHG ausreicht. In den meisten Fällen wird das Aufsichtsratsmandat lediglich im Zusammenhang mit dem Vorstand bzw. einem andern Teil des Managements genannt.

b. TSMC/TI-ACER

Im Fall TSMC/TI-ACER besaß ein Unternehmen 4 Plätze in dem aus 7 Mitgliedern bestehenden Vorstand eines anderen Unternehmens und einen Platz in dem aus 3 Mitgliedern bestehenden Aufsichtsrat. Die FTC ging davon aus, dass

574 Sanktionsentscheidung von 26.03.2010, Rn. 13.

575 Sanktionsentscheidung gegen NCP von 14.09.2007, Nr. 096148, S. 5.

576 Hasse, Zusammenschlusskontrolle Taiwan, S. 115. He Zhimai, § 6 FGH, Rn. 132; Wang, Ducun, Freihandelsgesetz, § 4, S. 65.

577 Entscheidung von 09.10.1993, Sanktionsentscheidung gegen Ching Engineering/ Cathaylife/ Cathay-con, Nr. 070.

der Vorstand als Leitungsorgan der Geschäfte gemäß § 29 I Nr. 3 GeGTW das Entscheidungsrecht über Personalfragen im Management hatte. Mithin reichten die Mandate im Vorstand zur Annahme einer Kontrolle aus. Dabei ließ die FTC offen, ob das Aufsichtsratsmandat als solches den Tatbestand des Personalumfangs gem. § 6 I Nr. 5 FHG erfüllt hätte.

##### *(2) Schlussfolgerung*

Die Auslegung des Tatbestandsmerkmals „Zusammenschluss" muss bei teleologischen, d.h. hier spezifisch wettbewerbsrechtlichen Gesichtspunkten ansetzen. Der fusionsrechtliche Begriff der Kontrolle erfasst lediglich Sachverhalte, die sich auf Märkte und deren Strukturänderung (negativ) auswirken können. Davon ausgehend stellt der Begriff der „Personalentscheidung" lediglich auf den Personalkreis ab, der über Geschäftspolitik bzw. strategisches Wirtschaftsverhalten eines Unternehmens entscheidet, denn nur diese können sich auf die Marktstruktur auswirken kann. Der Aufsichtsrat fungiert lediglich als Überwachungsorgan nimmt keinen bestimmenden Einfluss auf Unternehmensentscheidungen. Mithin gehört der Aufsichtsrat nicht zum vom Fusionsrecht erfassten Personenkreis.

## IV. Franchising

Das Franchising spielt eine wichtige Rolle im taiwanesischen Wirtschaftsleben.[578]

### *1. Auffassung der FTC*

Am 19.11.1992 stellte die Firma „7-11" bei der FTC einen Antrag auf (Genehmigung der) Gründung der Authorized-Chain und Franchise-Chain, also einen Zusammenschluss i.S.v. § 6 FHG. In ihrer Replik gegenüber 7-11[579] sieht die FTC das Franchising mit folgender Begründung als Kontrollerwerb an:

„Der Kontrollerwerb i.S.v. § 6 I Nr. 5 FHG bedeutet die Kontrolle über den Geschäftsbetrieb oder Personalentscheidungen: Hinsichtlich der Kontrolle über den Geschäftsbetrieb handelte es sich um die Wahl des betrieblichen Image wie Marken und Auftreten in der Werbung, die Entscheidungsmacht über An- und Verkäufe (von Anteilen an anderen Unternehmen) und das Aufstellen von Geschäftsbedingungen. „Personalentscheidung" umfasst die Einstellung und Entlassung leitender Angestellter, die zumindest dem Managerkreis angehören. Diese

---

578 Siehe Hasse, Zusammenschlusskontrolle Taiwan, S. 123 ff.

579 FTC: FTC- Erklärung Nr. 04799 vom 30.11.1992.

Kontrolle reicht aus, soweit das Unternehmen Einfluss auf die wesentliche Geschäftspolitik eines anderen Unternehmens nehmen kann. Auf das Franchising übertragen müssen dem Franchisegeber An- und Verkauf sowie das Aufstellen von Geschäftsbedingungen unterliegen, weshalb im Ergebnis eine zumindest mittelbare Kontrolle über die Geschäftsführung i.S.v. § 6 I Nr. 5 gegeben ist,[580] mithin eine Fusion im Sinne des Gesetzes vorliegt.

### 2. *Auffassung im Schrifttum*

Während Teile des Schrifttums[581] die Auffassung der FTC befürwortet, hält die überwiegende Auffassung die Einstufung des Franchisings als Zusammenschluss für zweifelhaft[582] oder gänzlich abzulehnen[583].

#### *(1) Prof. Yeong-Chin Su*

Prof. Yeong-Chin Su vertritt, der Begriff des Unternehmenszusammenschlusses sei gesetzlich weit gefasst und führe daher zu einer großen Zahl betroffener Fälle. So sei z.B. in jedem Fall, in dem ein Laden einer Einzelhandelskette wie etwa der „7-11" beitreten wollte, erst eine Genehmigung von Seiten der FTC einzuholen. Aus dieser Tatsache erkläre sich, dass die Kommission in den vergangenen fünf Jahren 1,236 Fälle zu behandeln habe, von denen 1,224 genehmigt worden sei (1 Fall sei aus inhaltlichen Gründen abgelehnt worden, 11 Fälle seien aus formalen Gründen zurückgewiesen worden.) Die überwiegende Mehrheit der behandelten Zusammenschlüsse (1,136 Fälle oder 91,81%) waren Anträge auf Genehmigung des Beitritts zu einer Verkaufskette gewesen und seien in vereinfachten Verfahren entschieden worden[584].

#### *(2) Liaw und Chen Liying*

Prof. Liaw vertrat, Franchising sei kein Zusammenschluss und müsse daher aus dem Anwendungsbereich der Fusionskontrolle herausgenommen werden.[585]

---

580 FTC: FTC- Erklärung Nr. 04799 vom 30.11.1992.

581 Wang, Ducun, S. 64.

582 He Zhimai, § 6 FHG, Rn. 134.

583 Hasse, Zusammenschlusskontrolle Taiwan, S. 129; Chen Liying, 2002 (6). 4, Wettbewerbspolitik.

584 Yeong-Chin Su, Wettbewerbsrecht als ein neues Element in Taiwans Rechtssystem, in: FS Wolfgang Fikentscher, 1030, 1038.

585 Vgl. Hasse, Zusammenschlusskontrolle Taiwan, S. 129.

Ähnlich geht Prof. Chen Liying[586] davon aus, dass die Verwaltungspraxis das Franchising aus dem Anwendungsbereich der Fusionskontrolle herausnehmen sollte.

### *3. Zwischenergebnis*

Die Frage, ob Franchising eine Fusion darstellt, hängt u.a. davon ab, ob es sich verändernd auf die Marktstrukturänderung auswirken kann. Franchising stellt im Grundsatz einen Teil des Vertriebs dar[587] und angesichts der Fusionskontrolle und der begrenzten Verwaltungsressourcen ist es geeignet, das Franschising aus dem Anwendungsbereich der Zusammenschlusskontrolle herausgenommen zu werden.

# D. Kontrollerwerb nach AMG

## I. Verhältnis zu einem bestimmenden Einfluss i.S.v. § 20 Nr. 3 Alt. 1 AMG

### *1. Problemstellung*

#### *(1) Übersetzungsproblematik*

Kernbegriff in § 20 Nr. 2 und Nr. 3 AMG ist der chinesische Begriff „kongzhi quan (控制权)", bestehend aus „kongzhi (Kontrolle)" und „quan (Recht oder Macht)". Wie die Bezeichnung genau zu übersetzen ist, darüber besteht keine Einigkeit. Während Masseli den Begriff des „Kontrollrechts"[588] verwendet, übersetzen die meisten Autoren im deutschsprachigen Schrifttum mit „Kontrolle"[589]. Obwohl das nicht wörtlich der chinesischen Fassung entspricht, ist „Kontrolle" ein eigenes und präzise definiertes Wort. Denn im chinesischen Kontext kann der Begriff „quan (权)" sowohl als „subjektive Rechte (权利)" oder als „Macht (力)" ausgelegt werden[590]. Dementsprechend muss der Begriff „kongzhi quan" als „Kontrollrecht" bzw. „Kontrollmacht" übersetzt werden. Der Begriff „Kontrolle" erfasst zugleich das „Kontrollrecht" und die „Kontrollmacht" und ist somit

586 Chen Liying, 2002 (6). 4, Wettbewerbspolitik.

587 Hasse, Zusammenschlusskontrolle Taiwan, S. 130.

588 Masseli, Handbuch, S. 90.

589 MAO Xiaofei/Tobias Glas, GRUR Int. 2008/2, 105, 110; ders. ZWeR 2008/1, S. 89, 101; Fang, Xiaoming, ZweR 2008/4, S. 385, 394; Wang Xiaoye/Frank Münzel, 2008/ 7, 417, 424; Mey/Chen, RIW, 2009(5), S. 265, 266.

590 Bai Huilin, Das Rechtsproblem des Kontrollrechts der Holdinggesellschaft, S. 28.

hinsichtlich des Fusionskontrollzwecks und der Denkökonomie vorzuziehen wünschenswert.

### *(2) Tatbestandsstruktur des § 20 Nr. 3 AMG*

Nach § 20 Nr. 3 AMG liegt ein Zusammenschluss vor, wenn ein Unternehmen z.B. durch Verträge die Kontrolle über ein anderes Unternehmen erlangt oder einen bestimmenden Einfluss auf es ausüben kann. Im Gegensatz zu Art. 3 I lit. a) FKVO und § 37 I Nr. 2 GWB stehen hier Kontrolle und „bestimmender Einfluss" auf ein anderes Unternehmen gleichwertig nebeneinander. Der Gesetzgeber gibt keine näheren Hinweise und der Gesetzeszweck ist wegen der fehlenden Gesetzesbegründung auch nicht ermittelbar. Vor der Auslegung des Merkmals „zum Kontrollerwerb" muss daher vor allem der Frage nachgegangen werden, welches Verhältnis in § 20 Nr. 3 AMG zwischen Kontrollerwerb und Erwerb eines bestimmenden Einflusses auf ein anderes Unternehmen besteht.

## *2. Schrifttumsmeinung*

Bei dem Verhältnis zwischen Kontrollerwerb und Erwerb eines bestimmenden Einflusses werden zwei Auffassungen, namentlich die Gleichstellungslehre und die sog. Trennungslehre, vertreten.

### *(1) M.M.: Gleichstellungslehre*

a. Shao Jiandong/Fang Xiaomin/Wang Bing/Tanjin

a) Hauptargument

Einer Mindermeinung nach sollen Kontrolle und bestimmender Einfluss gleichgestellt werden. Diese Gleichstellungslehre wird von Shao Jiandong/Fang Xiaomin/Wang Bing/Tangjin vertreten, die dem bekannten Deutsch-Chinesisches Institut für Rechtswissenschaft in Nanjing und Göttingen angehören. Diese Autoren[591] promovierten an der Universität Göttingen. In dem von ihnen verfassten Lehrbuch „Wettbewerbsrechtswissenschaft" vertreten sie, dass

„Der Erwerb des kontrollierenden, bestimmenden Einflusses unterscheidet sich von dem unterordneten Einfluss auf einige Entscheidungen. (Fn. 1: Dass die Minderheitsgesellschafter über ein Vetorecht verfügen, reicht zur Begründung

---

591 Prof. Shao-Jiandong promovierte im Jahr 1996 mit der Dissertation „Unternehmensgruppen und Zusammenschlusskontrolle in China" an der Göttigen Uni, und Prof. Fang-Xiaoming im 2005 mit dieser Dissertation „Länder ohne Marktwirtschaft im Antidumpingrecht der EG".

der Kontrolle nicht aus, weil die Ausübung dieses Vetorechts zwar die Begründung der Entscheidung in einzelnen Geschäftsbereichen ermöglicht, jedoch keinen kontrollierenden Einfluss auf die Gesellschaft gewährt. (Vgl. Großkomm. AktG/Windbichler § 17 Rdn. 20; Hüffer AktG § 17 Rdn. 10 [sic!]). Der Zweck des Gesetzgebers, zwischen „Erwerb der Kontrolle" und „bestimmendem" zu unterscheiden, ist jedoch nicht nachvollziehbar. Denn die Differenzierung bei Einflussgrad, Einflussumfang oder die Erwerbsform ist nicht haltbar. (so auch der antimonopolrechtliche, zur Marktstrukturänderung führende Erwerb der Kontrolle (Fn. 2: Raiser/Veil, Recht der Kapitalgesellschaft, 3. Aufl., Verlag Franz Vahlen, 2001, München, § 51, Rdnr. 15, 16. [sic!])".[592]

### b) Bewertung

Diese Methodik der Verweisung auf § 17 AktG ist allerdings fragwürdig. Die eigentliche Rechtsvergleichung, die die Funktionalität als das methodische Grundprinzip[593] annimmt, muss „auf einen konkreten Lebenssachverhalt oder auf ein konkretes Rechtsproblem Bezug" nehmen und „fragen, welche materielle Lösung für diesen Sachverhalt oder für dieses Rechtsproblem in den verschiedenen Rechtsordnungen vorgesehen ist."[594] Die angeführten AktG-Kommentare dienen der Auslegung des beherrschenden Einflusses in § 17 AktG und erörtern mithin einen gesellschaftsrechtlich vermittelten Einfluss. Jedoch sprechen sie keineswegs von unmittelbaren oder mittelbaren fusionskontrollrechtlichen Beurteilungen[595], obwohl einige GWB-Kommentare[596] mittels § 17 AktG den Kontrollerwerb durch Mehrheitserwerb auszulegen versuchen. In „Raiser/Veil, Recht der Kapitalgesellschaft, 3. Aufl., Verlag Franz Vahlen, 2001, München, § 51, Rdnr. 15, 16" wird gleichfalls der zur Marktstrukturänderung führende Erwerb der Kontrolle nicht angesprochen. Ferner ist die Rechtsvergleichung als „fünfte" Auslegungsart[597] ohne die Durchführung der anderen vier auslegungsmethodisch „verboten". Denn eine solche beliebige bzw. willkürliche Zitierung

592 Shao Jiandong/Fang Xiaomin/ Wang Bing/ Tangjin, 2009, Aufl. 1, S. 284.

593 Zweigert/Kötz, Rechtsvergleichung, S. 33.

594 Sandrock, Sinn und Methode zivilistischer Rechtsvergleichung, S. 67. Vgl. auch. Yeong-Chin Su, Sozialer Hintergrund der Verfassungskontrolle, S. 11; Zweigert/Kötz, Rechtsvergleichung, S. 33; Rösler, JuS 1999, S. 1186.

595 Vgl. Raiser/Veil, Recht der Kapitalgesellschaft, 3. Aufl., Verlag Franz Vahlen, 2001, München, § 51, Rn. 15, 16.

596 Langen/Bunte/Kallfaß, § 37 GWB, Rn. 19.

597 Häberle, Peter, JZ 1989, S. 913 ff.

wäre nicht nur eine schwere Verfälschung der Auffassungen der deutschen Autoren, sondern auch ein methodischer Missgriff.

### b. Wang Xianlin

#### a) Hauptargument

Nach der Ansicht von Prof. Wang Xianlin kann § 216 II GeGCH (§ 217 II GeGCH a.F.) als einheitliche Auslegung für das Begriffspaar der Kontrolle und des bestimmenden Einflusses herangezogen werden[598]. Daraus ergibt sich, dass beide Begriffe gleichgestellt werden können. Nach § 216 II GeGCH gilt ein Gesellschafter als beherrschend, wenn seine Einlage in die GmbH mindestens 50% des Gesamtkapitals erreicht bzw. bei der AG mindestens 50% beträgt; als beherrschend gilt auch der Gesellschafter, dessen Einlage oder Anteile 50% nicht erreichen, aber dessen Stimmenrechte einen „gewichtigen" Einfluss auf die Entscheidungen der Gesellschafter- bzw. Hauptversammlung nehmen können.

#### b) Bewertung

Im Vergleich zur Auffassung von Shao Jiandong/Fang Xiaomin/Wang Bing/Tangjin beruft diese Ansicht sich hauptsächlich auf die systematische Auslegungsmethode. Wie oben bereits dargestellt,[599] ist jeodch die teleologische Methodik maßgebend. Insbesondere umfasst der kartellrechtliche Unternehmensbegriff nicht nur die Gesellschaft, sondern auch andere Unternehmensformen. Daher muss die Begründung dessen noch verstärkt werden.

### *(2) h. M.: Trennungslehre*

Nach der im Schrifttum überwiegender Meinung definieren Kontrolle bzw. (die Möglichkeit zur Ausübung eines) bestimmenden Einfluss auf ein anderes Unternehme unterschiedlich, sog. Trennungslehre. Daher seien Erwerb des bestimmender Einflusses sowie Kontrollerwerb eigenständige Zusammenschlussformen.[600]

---

598 Wang Xianlin, Wettbewerbsrechtswissenschaft, S. 289.

599 Siehe Teil 2 B III.

600 Xiaofei Mao/Tobias Glass, GRUR Int. (2008), S. 105, 110; Moritz Lorenz, Schwerpunkt des Kartellrechts 2007/2008, S. 81, 88; Zhan Hao, Unternehmenskauf AMG, S. 70.

### a. Bezugnahme auf § 37 I Nr. 4 GWB

#### a) Grenzzone zwischen Kontrolle und § 37 I Nr. 4 GWB

Mao/Glass gehen davon aus, „Das deutsche GWB geht in § 37 Abs. 1 Nr. 2 Satz 2 in Überstimmung mit der Definition der Kontrolle in Art. 3 Abs. 3 FKVO [sic!][601] davon aus, dass Kontrolle als Möglichkeit definiert wird, einen bestimmenden Einfluss auf die Tätigkeit eines (anderen) Unternehmens auszuüben. Ein solches Verständnis der „Kontrolle" würde aber im chinesischen Antimonopolgesetz eine gesonderte Erwähnung des bestimmenden Einflusses neben der „Erlangung der Kontrolle" überflüssig machen. Insofern wird man unter der chinesischen Regelung eine Einflussnahme verstehen müssen, die *zwischen* der eigentlichen Kontrolle und dem im deutschen Recht geregelten wettbewerblich erheblichen Einfluss (§ 37 Abs. 1 Satz 1 Nr. 4 GWB) liegt"[602].

#### b) Anlehnung an § 37 I Nr. 4 GWB

Meyer/Chen[603] bemühen sich vermutlich auch um eine Anlehnung an § 37 I Nr. 4 GWB und vertreten, dass „ob und inwieweit die chinesische Kartellrechtspraxis auf eine Anlehnung an § 37 I Nr. 4 GWB suchen wird, bleibt abzuwarten und wird sicher auch davon abhängen, ob das Wirtschaftsministerium bereit ist, einen derartig strengen Maßstab wie nach der deutschen Entscheidungspraxis zugrunde zu legen."

#### c) Bewertung

Die Einordnung des Erwerbs der Fähigkeit, einen bestimmenden Einfluss auszuüben, als eigenständigen Zusammenschlusstatbestand zwischen Kontrolle und § 37 I Nr. 4 GWB, ist inakzeptabel. Vor allem unterscheidet sich das Aufgreifkriterium der deutschen von der europäischen Fusionskontrolle durch § 37 I Nr. 4 GWB[604], so dass eine Anwendungsbereite der deutschen Fusionskontrolle erheblich erweitert wird[605]. Diese strikte Abgrenzung erschöpft sich auch anschaulich

---

601 Der ursprüngliche Wortlaut beinhaltet einen erheblichen Fehler. Denn der Begriff der Kontrolle i.S.d. FKVO wird nicht in 3 Abs. 3 FKVO, sondern in Art. 3 Abs. 2 FKVO angesiedelt.

602 Xiaofei Mao/Tobias Glass, GRUR Int. (2008), S. 105, 110; Moritz Lorenz, Schwerpunkt des Kartellrechts 2007/2008, S. 81, 88.

603 Meyer/Chen, RIW 2009(5), S. 265, 267.

604 Vgl. Teil 4 und Teil 5 B III.

605 Säcker/Paschke, § 37 GWB, Rn. 2.

in der Systematik, sich nebeneinander § 37 I Nr. 2 und Nr. 4 GWB zu stehen[606]. Die deutsche Lösung darf nicht in der Absicht herangezogen werden, auf diesem Wege klare chinesische Kartellrechtsnormen einfach zu eliminieren[607].

§ 20 Nr. 4 AMG übernimmt weder inhaltlich noch in seinem Wortlaut den „wettbewerblich erheblichen Einfluss" i.S.v. § 37 I Nr. 4 GWB. Diese Ansicht liefert somit keinen Ansatzpunkt für eine grob abweichende Auslegung und entspricht auch nicht die Systematik des § 20 AMG. Teleologisch gesehen gibt es in der Praxis keine regelungsbedürftigen Zusammenschlussvorhaben „zwischen" Kontrollerwerb und bestimmenden Einfluss, die weder unter Kontrolle noch unter erheblichen wettbewerblichen Einfluss zu subsumieren sind, sich aber dennoch auf die Struktur des Marktes auswirken können.

### b. Intensität des Einflusses

#### a) „Der entscheidender Einfluss"

Auf der Grundlage der Anerkennung der Nuancierung zwischen „entscheidendem" Einfluss und „Kontrolle" geht Moritz Lorenz davon aus, ein „entscheidender Einfluss" sei zwar weniger stark als eine Kontrolle, könne aber dennoch eine wettbewerblich erhebliche Koordination des Marktverhaltens der Parteien begründen[608].

#### b) „Der gewichtige Einfluss"

Der bestimmende Einfluss sollte nach der Meinung von Prof. Shi Jianzhong als „gewichtiger" Einfluss verstanden werden, wobei ein Unternehmen nicht allein über Finanz- und Geschäftspolitik eines anderen Unternehmens entscheiden könne, jedoch wegen des Vorliegens eines Beteiligungs- oder Mitwirkungsrechts auf ein anderes Unternehmen einen faktischen Einfluss auf die Entscheidung nehmen könne.[609]

Weiterhin könne die Regelung der Buchführungsregelung als Beweis herangezogen dafür werden:

- ein Unternehmen 20–50% stimmberechtigten Kapital eines anderen Unternehmens hält,
- Vertreter in dem Vorstand oder in einem vergleichbaren Kontrollorgan eines anderen Unternehmens zu finden sind,

606 Teil I B II 1.
607 Vgl. Zweigert/Kötz, Rechtsvergleichung, S. 16.
608 Moritz Lorenz, Schwerpunkt des Kartellrechts 2007/2008, S. 81, 88.
609 Shi Jianzhong, Komentar zum AMG, S. 256.

- sie am Strategiefestlegungsprozess teilnimmt und dort Vorschläge und Meinungen zu ihrem eigenen Vorteil vorbringen kann,
- Verwaltungspersonalaustausch vorliegt,
- das kontrollierte Unternehmen von Technologien und/oder Technologiematerial des kontrollierenden Unternehmen abhängt.[610]

### c) Bewertung

Unter dem Gesichtspunkt der Aufgaben der Aufgreifkriterien ist der „entscheidende" Einfluss als verstärkter Einfluss in der Praxis ohne Bedeutung, weil sowohl „der entscheidende Einfluss" als auch die Kontrolle bei der Beurteilung der Auswirkung auf den Markt keine wesentliche Bedeutung haben. Obwohl der „gewichtige" Einfluss nur bei der Unternehmensentscheidung eine große Rolle spielt, hat er keine direkte Verbindung zur endgültigen Entscheidungsmacht, sodass der Erwerb eines gewichtigen Einflusses keine endgültige Entscheidungsmacht gewährleistet. Dieses Verständnis überschreitet mithin bereits die größtmögliche Auslegung nach dem Wortsinn und verwischt die Grenzen zwischen Begriffskern und Begriffshof.

## c. Verweisung auf Eingreifkriterien (§ 28 I AMG)

### a) Inhalt

Wie auch die europäische, deutsche und taiwanesische Zusammenschlusskontrolle stützt sich die chinesische bei der präventiven[611] Kontrolle auf den Unterschied zwischen Aufgreif- und Eingreifkriterien. Aufgreifkriterien beziehen sich nicht auf eine mögliche Beeinträchtigung des Wettbewerbs, sondern auf die Anwendbarkeit der Zusammenschlusskontrolle, während die Beurteilung der Beeinträchtigung des Wettbewerbs den Eingreifkriterien vorbehalten ist. Nach § 28 I AMG muss das Antimonopolrecht-Vollzugsorgan des Staatsrats beschließen, den Unternehmenszusammenschluss zu verbieten, wenn er dazu führt oder führen kann, dass Wettbewerb ausgeschlossen oder (in übermäßiger/negativer Weise) eingeschränkt wird. Nach einer Meinung soll der bestimmende Einfluss auf § 28 I AMG verweisen, nämlich auf die Ausschließung oder Einschränkung des Wettbewerbs[612].

---

610 Vgl. Masseli, Handbuch, S. 90, Fn. 461.

611 Xiaofei Mao/Tobias Glass, ZWeR 1/2008, S. 100.

612 Zhanhao, Unternehmenskauf AMG, S. 70.

b) Bewertung

§ 20 Nr. 3 AMG übernimmt nicht den Zusammenschlusstatbestand des § 37 I Nr. 4 GWB,[613] der teilweise die Grenze zwischen Aufgreif- und Eingreifkriterien vermischt. Mithin findet die Verweisung auf § 28 I AMG überhaupt keine Stütze. Auch der Wortlaut ergibt keine (inhaltliche) Vergleichbarkeit zwischen bestimmendem Einfluss und der Formulierung „Wettbewerb ausgeschlossen oder eingeschränkt" i.S.v. § 28 I AMG. Vielmehr wäre die Übernahme der Eingreifkriterien systemwidrig und mithin auch mit der teleologischen Auslegung unvereinbar. Systematisch ausgelegt würde dieses Verständnis somit in der Tat die Grenzen zwischen Aufgreif- und Eingreifkriterien beschädigen. Diese Ansicht ist daher abzulehnen.

d. Positive und negative Kontrolle

a) Inhalt

Prof. Shi Jichun vertritt, „Kontrolle" sei die Beherrschung der wirtschaftlichen Entscheidungen und des Wettbewerbsverhaltens eines Unternehmens durch ein anderes Unternehmen, während der „bestimmende Einfluss" die Entscheidungsmacht eines Unternehmens darstelle, einem anderen Unternehmen dessen selbstbestimmtes strategisches Wirtschaftsverhalten zu untersagen[614]. Daher solle „Kontrolle" positiv, demgegenüber die Fähigkeit, einen bestimmenden Einflusses auszuüben, im Sinne einer negativen Kontrolle[615] verstanden werden.

b) Bewertung

Das enge Verständnis der Auffassung zur positiven bzw. negativen Kontrolle ist ebenso auffällig[616] wie nachlässig. Kontrolle und bestimmender Einfluss erfassen jeweils beides: positive und negative Aspekte. Der Wortlaut des § 20 Nr. 3 AMG ergibt solche „gefärbten" Ausdrücke wie „positiv" und „negativ" keineswegs. Das Verständnis, dass die Kontrolle und der bestimmende Einfluss jeweils als positive und negative Kontrolle auszulegen sind, zerstört bereits erheblich den Begriffskern. Wenn wie vorliegend auch keine hinreichende teleologische Rechtfertigung existiert, ist das zu vermeiden. Mithin ist die gen. Auffassung abzulehnen.

613 Siehe: Teil 3 D I 2 (2) a c).

614 Shi Jichun, Anwendung des AMG, S. 204; Masseli, Handbuch, S. 90, Fn. 461.

615 Masseli, Handbuch, S. 90, Fn. 461.

616 Vgl. Masseli, Handbuch, S. 90, Fn. 461.

### *3. Meinungsverschiedenheit innerhalb des MOFCOM*

#### *(1) Verschwiegenheit*

Die vom MOFCOM am 21.11.2009 zu erlassende Anmeldungsmethode über Unternehmenszusammenschlüsse[617] schweigt sich zur in Frage stehenden Auslegung aus. Der MOFCOM-Kommentar[618] konzentriert sich allein auf die Auslegung des Kontrollerwerbs. Anlässlich der *Presseverlautbarung über den Tätigkeitsbericht der Antimonopolarbeit 2012* vertrat der Leiter des MOFCOM-AMA, Shang Ming, dass die Auslegungsarbeit zur Begrifflichkeit des bestimmenden Einflusses über ein anderes Unternehmen durch den Gesetzgeber geschaffen werden sollte[619].

#### *(2) Widersprüchliche Auffassung der Beamten des MOFCOM-AMA*

Das Antimonopolamt Chinas und die GD der EU-Kommission veranstalteten gemeinsam im Dezember 2011 in Beijing die zweite Tagung zur Wettbewerbspolitik. Zwei Beamte des MOFCOM-AMA vertraten dort widersprüchliche Auffassungen.

##### a. Negative Kontrolle

Der Beamte Cui Zhicheng definiert Kontrolle als Fähigkeit, die strategische Geschäftspolitik eines anderen Unternehmens zu bestimmen. Es handele sich mithin um einen stärkeren Einfluss. Der bestimmende Einfluss solle demgegenüber als Fähigkeit verstanden werden, die strategischen Entscheidungen des anderen Unternehmens zu verhindern[620].

##### b. Gleichstellung mit dem Begriff der Kontrolle

Der zweite Beamte der Wettbewerbspolitikabteilung des MOFCOM-AMA, Herr Sun Miao, sprach sich hingegen dafür aus, die Begriffe synonym zu verwenden;

617 Deren § 3 übernimmt lediglich wörtlich § 20 AMG.

618 Shan Ming (2007), S. 206.

619 http://www.gov.cn/gzdt/2012-12/30/content_2302199.htm, (eingesehen am 03.11.2013).

620 Cui Zhicheng, Anmeldung, Annahme und Beratung der Zusammenschlusskontrolle, http://www.euchinacomp.org/attachments/article/101/PPT%208%20-Cui%20Zhicheng-CN.pdf.

die Fähigkeit, einen bestimmenden Einfluss auszuüben, sei eine Auslegung und Erklärung des Begriffs der Kontrolle[621].

### *(3) Verwaltungspraxis: Mahle GmbH/Behr Group*

Es gibt keinen veröffentlichten Fall über den Zusammenschlusstatbestand, Fähigkeit, einen bestimmenden Einfluss auszuüben. Allein in der Freigabe-Auflistung vom 16.11.2012 wird lapidar gesagt, der Fall Mahle/Behr[622] sei als Fall eines bestimmenden Einfluss auf ein anderes Unternehmen einzustufen. Da das MOFCOM nicht die ganze Entscheidung veröffentlicht, und auch die Medien sie nicht erwähnten, lässt sich die Begründung des MOFCOM nicht ermitteln[623].

## *4. Stellungnahme*

### *(1) Methodenkanon*

### a. Grammatische Auslegung

„Kontrolle" und „die Fähigkeit zu einem bestimmenden Einflusses" ist ein typisches unbestimmtes Begriffspaar mit Konkretisierungsbedürftigkeit durch Wertung. Daher kommt die grammatische Auslegung zu keinen eindeutigen Ergebnissen. Trotzdem kann der mögliche Wortsinn festgelegt werden.

#### a) Begrifflicher Kern von Kontrolle

In der normativ maßgeblichen und wichtigsten Lektion „Meer der Wörter" (chin. Ci hai, 辞海) wird Kontrolle (Kongzhi 控制) als Zustand definiert, in dem die Handlungen des Kontrollgegenstandes nicht mehr von der eigenen Willensbildung, sondern vom Kotrollinhaber abhängig sind, bzw. der Handlungsbereich des Kontrollierten sich auf einen vom Kontrollinhaber vorgegebenen Rahmen beschränkt.[624]

---

621 Sun Miao, Regelung und Praxis der Antimonopolprüfung der Zusammenschlusskontrolle, http://www.euchinacomp.org/attachments/article/100/PPT%207%20Sunmiao-CN.pdf.

622 Freigabe-Auflistung Nr. 427.

623 Der Bemate des MOFCOM, Herr Cui Zhicheng schrieb seine Emal-Aderesse in seinen Vortrag. Am 31.12.2013 schrieb ich eine Email an Herren Cui Zhicheng, den Beamte des MOFCOM und befragt dieses Zusammenschlussvorhaben. Bis 30. Septemebr 2014 habe ich keine Antwort erhalten.

624 Xia Zhengnong (Hrsg), Meer der Wörter (Band 1), S. 1994.

### b) Begrifflicher Kern des bestimmenden Einflusses

Der Begriff des bestimmenden Einflusses ist das Wort „bestimmen (Chin. jueding 决定)" und wird in dieser Lektion als ein beherrschender oder entscheidender Einfluss verstanden, aufgrund dessen der Einflussgeber dem Einflussnehmer gehorcht. Eine eindeutige und nicht vage Gemeinsamkeit beider besteht im jeweiligen Vorliegen eines Abhängigkeitsverhältnisses[625].

### c) Schlussfolgerung

Daraus ergibt sich, dass sich sowohl der Begriffskern als auch der Begriffshof des Kontrollbegriffs inhaltlich mit dem des bestimmenden Einflusses decken. Eine Trennung beider würde die Grenzen des möglichen Wortsinns überschreiten. Dass etwa der bestimmende Einfluss als negative Kontrolle auszulegen ist, betrifft allein eine mögliche teleologische Reduktion. Der Bezugnahme auf § 37 I Nr. 4 GWB ist ebenfalls deutlich abweichend vom Wortlaut. Für eine derartige Auslegung wären teleologische Überlegungen erforderlich, woran es allerdings den vorgezeichneten Auffassungen fehlt, die demzufolge insgesamt abzulehnen sind.

## b. Historische Auslegung: in Anlehnung an Art. 3 I lit. b) FKVO

Nach den AMG-E-Erläuterungen bezweckt das AMG die Angleichung der internationalen Erfahrungen unter Berücksichtigung der Besonderheiten Chinas[626]. Der AMG-Gesetzgeber hat im Rahmen des Gesetzgebungsprozesses „mehrmalig umfassend die Meinungen der betroffenen gesellschaftlichen Gruppierungen sowie in- und ausländischer Experten eingeholt und speziell ein internationales Antimonopolrechtsseminar veranstaltet"[627]. Der bestimmende Einfluss auf ein anderes Unternehmen wurde nicht in § 25 AMG-Entwurf vom 29.04.2002 geregelt, sondern trat erstmals im AMG-Entwurf von 2006 auf. Die europäische Erfahrung spielte für den Übergang eine entscheidende Rolle.[628] Am 24.11.2003 fand der erste wettbewerbspolitische Dialog zwischen der Europäischen Kommission und China[629] statt und im Jahr 2004 wurde eine Kooperationsvereinbarung zwischen der Wettbewerbsbehörde der EU und dem chines. MOFCOM

625 Xia Zhengnong (Hrsg), Meer der Wörter (Band 1), S. 1046.

626 Cao Kangtai: AMG-E-Erläuterungen, S. 25.

627 Cao Kangtai: AMG-E-Erläuterungen S. 25.

628 Siehe auch Einleitung B IV 2.

629 Kommissar Monti eröffnet den wettbewerbspolitischen Dialog mit China, Reference: IP/03/1587, Event Date: 24/11/2003.

geschlossen. Viele deutsche Juristen, etwa Prof. Josef Drexl[630], Prof. Daniel Zimmermann und der ehemalige Präsident des BKartA, Dr. Bernhard Heitzer,[631] hatten auch während des chinesischen AMG-Gesetzgebungsverfahrens beraten[632]. Das europäische Vorbild, d.h. dass die Möglichkeit zum bestimmenden Einflusses als Teilinhalt der Kontrolle i.S.v. Art. 3 FKVO behandelt wird, lässt erwarten, dass der bestimmende Einfluss zu einem Teil der Definition des Kontrollbegriffs des Art. 3 I lit. b) FKVO[633] wird. Wie o.g. bedarf es für Zusammenschlusssachverhalte chinesischer Prägung weder der sog. Trennungslehre noch der „Erfindung" eines neuen Zusammenschlusstatbestand im jüngeren Kartellrecht. Im Binderwort „oder" zwischen Kontrollbegriff und dem „Fähigkeit zur Ausübung eines bestimmenden Einflusses" zeigt sich m.E. lediglich eine oberflächliche Gesetzgebungsrezeption.

### c. Systematische Auslegung

Die systematische Auslegung wird auch von der o.g. historischen Auslegung bestätigt. Art. 3 FKVO differenziert zwischen der Fusion auf der Ebene der Gleichordnung und dem Kontrollerwerb, d.h. Fälle mit Über-/Unterordnung[634]. Materiell lässt sich der Zusammenschlusstatbestand des § 20 AMG in die den Kontrollerwerb kennzeichnende Über-/Unterordnung (Nr. 1) und das Kontrollverhältnis (Nr. 2, Nr. 3) unterteilen. Das Nebeneinander zwischen Vermögens- und Anteilserwerb in der § 20 Nr. 2 AMG beruht auf einer ergebnisorientierten Gemeinsamkeit, nämlich der Begründung von Kontrolle. Gleiches gilt auch für Nr. 3 dieser Bestimmung: Innerhalb des § 20 Nr. 3 AMG basieren der Erwerb der Kontrolle und der Erwerb des bestimmenden Einflusses auf ein anderes Unternehmen auf der gleichen Grundlage, nämlich „durch Vertrag usw.". Das Nebeneinander von Kontrolle und bestimmendem Einfluss muss demzufolge auch ein gleiches Ergebnis, nämlich die Begründung eines Kontrollverhältnisses, ergeben. Liegt keine Gemeinsamkeit vor, sollte der bestimmende Einfluss auf ein anderes Unternehmen als „Fremdkörper" nicht in „Nr. 4 § 20 AMG" genannt sein.

630 Jurist Josef Drexl im Gespräch: „Eine unabhängige Kartellbehörde ist in China undenkbar", FAZ, 02.10.2007, Nr. 229 / S. 14.

631 Jia Yuan, Gemeinschaftsunternehmen, S. 186, Fn. 599.

632 Mao, Xiaofei/Glass, Tobias, ZWeR, 2008, 88–108.

633 Siehe Teil C III 3.

634 Immenga/Mestmäcker/Körber, Art. 3 FKVO, Rn. 14; Hirsch/Montag/Säcker/Wessely/Wegner, Art. 3 FKVO, Rn. 14.

d. Teleologische Auslegung

Aufgreifkriterien dienen der möglichsten lückenlosen Erfassung von Zusammenschlussformen, die sich auf die Marktstruktur auswirken können. Dies bedeutet, dass die Kontrolle und der bestimmende Einfluss auf ein anderes Unternehmen bei der Erfassung der regelungsbedürftigen Zusammenschluss-Sachverhalte ihre eigenständige Bedeutung erweisen müssen, m.a.W. ob ihre Eigenständigkeit auch wirklich der möglichst lückenlosen Erfassung dient. Wie o.g. liefern weder die unveröffentlichte Verwaltungsentscheidung im Fall Mahle GmbH/Behr Group noch die nicht methodengeleiteten „Juristenrechte" aussagekräftigen Beispielen.

*(2) Schlussfolgerung: Vorliegen eines Redaktionsversehens*

Die Fähigkeit zum bestimmenden Einflusses neben dem Kontrollbegriff als eigenständigen Zusammenschlusstatbestand zu behandeln, hat nicht nur die Grenzen der möglichen Wortsinne überschritten, sondern findet auch keine Unterstützung durch die historische, systematische oder teleologische Auslegung. Die „echte" Absicht des Gesetzgebers sollte m.E. darin bestehen, dass der bestimmende Einfluss, wie Art. 3 I FKVO als weitere Klarstellung des Begriffs der Kontrolle verstanden wird. Das „Nebeneinander" zwischen „Kontrolle" und „die Fähigkeit zu einem bestimmenden Einflusses" steht „mit dem vom Gesetzgeber klar ersichtlich Gewollten in Widerspruch[635]". Daher handelt es sich in § 20 Nr. 4 AMG um ein Redaktionsversehen des AMG-Gesetzgebers.

Die Meinungsverschiedenheit zeigt nicht nur fehlendes methodisches Bewusstsein, sondern auch den in Schrifttum und Verwaltung weit verbreiteten Glauben, dass der Gesetzgeber allmächtig und daher unfehlbar ist. Nur so lässt sich erklären, dass einem offensichtlichen redaktionellen Fehler des Gesetzgebers so viel Wichtigkeit eingeräumt wird, obwohl bereits Autoren wie etwa Mao/Tobias es als ein „überflüssiges"[636] Problem erkannt haben.

## II. Kontrollbegriff

Kontrolle definiert sich durch die Fähigkeit zum bestimmenden Einfluss auf ein anderes Unternehmen. Anderes als Art. 3 FKVO und § 37 GWB I Nr. 2 hat der AMG-Gesetzgeber den Kontrollbegriff nicht näher definiert.

---

635 Karl Engisch, Einführung in das juristische Denken, S. 174.

636 Xiaofei Mao/Tobias Glass, GRUR Int. (2008), S. 105, 110.

### *1. Subjekt der Kontrolle: Unternehmen*

#### *(1) § 12 I AMG*

Der Kontrollerwerb erfolgt zwischen Unternehmen. Im Gegensatz zur FKVO und zum GWB und in Anpassung an das FHG normiert der AMG-Gesetzgeber in § 12 I AMG einen einheitlichen Normadressaten mit dem chinesischen Zeichen „(经营者 jingying zhe)", welches natürliche und juristische Personen sowie sonstige Organisationen, die sich mit Produktion oder Vertrieb von Waren befassen oder Dienstleistungen erbringen, umfasst. Dieser Unternehmensbegriff wird erheblich von einer „verhaltensbezogenen und subjektsbezogenen Komponente" geprägt[637].

#### *(2) Funktionale Auslegung*

Nach einheitlicher Auffassung im Schrifttum ebenso wie im Gesetz[638] muss der Unternehmensbegriff – in Überreinstimmung mit dessen funktionaler Auslegung im GWB und im EG-Kartellrecht – nach Gesetzeszweck und Sinn weit und umfassend ausgelegt werden. Hiernach kann ein Unternehmen alle wirtschaftlichen Einheiten umfassen, ohne Rücksicht darauf, ob die in der Definition aufgelisteten natürlichen und juristischen Personen oder sonstigen Organisationen auch wirklich subjektiv die wirtschaftliche Tätigkeit ausüben[639]. Es kommt weder auf Gewinnerzielung noch Entgeltlichkeit an, sondern darauf, ob die Unternehmen Produktion und Vertrieb von Waren und die Erbringung von Dienstleistungen ausüben[640].

#### *(3) Abweichung der funktionalen Auslegung*

Die funktionale Auslegung des Unternehmensbegriffs setzt sich nicht immer durch. Etwa Prof. Wang Xiaoye befürwortet die funktionale Auslegung des Unternehmensbegriffs, besteht aber darauf, dass eine selbständige Rechtsform oder Rechtspersönlichkeit sowie eine wirtschaftliche Selbständigkeit erforderlich sind.[641]

---

637 Masseli, Handbuch, S. 79 f.

638 Shang Ming, Kommentar zum AMG, S. 50; Moritz Lorenz,/XU Liu, RIW (2009) S. 33, 35; Wang Xiaoye, (2008), S. 79; WRB-SANV, Kommentar zum AMG, (2007), S. 61.

639 WRB-SANV, Kommentar zum AMG, (2007), S. 61.

640 CPU (China pharmazeutische Uni) / Furui GmbH.

641 Wang Xiaoye, (2008), S. 79; dies., (2011), S. 76 ff.

### 2. *Kontrollgegenstand: „ein anderes Unternehmen“*

§ 20 Nr. 2 und Nr. 3 AMG haben „ein anderes Unternehmen“ zum Kontrollgegenstand. Tortz fehlender Erwähnung von „Teilen oder der Gesamtheit“ eines anderen Unternehmens im Wortlaut kann doch abgeleitet werden, dass der Kontrollgegnestand solche Teile oder eben die Gesamtheit eines Unternehmens erfasst.

#### *(1) Unternehmen mit Rechtspersonlichkeit*

Als Unternehmen mit eigener Rechtspersönlichkeit kommen insbesondere solche in Betracht, bei denen die Kontrolle durch Anteilsrechtserwerb oder durch Vermögenserwerb der Gesamtheit/bzw. großer Teile erfolgt.

#### *(2) Unternehmen i.S.v. „andere Organisationen“ i.S.v. § 12 I AMG*

Die Frage, ob auch ein Unternehmensteil den Gegenstand des Kontrollerwerbs sein kann, ist anhand des Begriffs „anderer Organisation“ i.S.v. § 12 I AMG zu erläutern. Der Begriff der „anderen Organisationen“ wird als Auffangtatbestand und feststehender Rechtsbegriff[642] im Rechtssystem Chinas umfassend angewandt. Aber lediglich § 40 Justizauslegung zur chinesischen ZPOCH definiert den Begriff der „anderen Organisationen“. Masseli bezeichnet damit solche Organisationen ohne Rechtspersönlichkeit, die in beschränktem Umfang Rechtsfähigkeit und Geschäftsfähigkeit besitzen. Denn diese könnten in bestimmtem Maße Rechte und Pflichten haben, obwohl sie keine selbständige privatrechtliche Rechtsverantwortlichkeit besitzen.[643]“ Ebenso wie Masseli verweist auch die einhellige Meinung[644] bei der Auslegung „anderer Organisationen“ auf die Definition i.S.v. § 40 der *Justizauslegung des Obersten Volksgerichts zur chinesischen* ZPO. Allerdings dient § 40 Justizauslegung, der im Übrigen durchaus aus verfassungsrechtlich problematisch erscheint,[645] zur Festlegung der Parteien im Zivilprozess. „Andere Organisation“ muss insoweit zunächst einmal fusionskontrollrechtlich umfassend ausgelegt werden:

642 Masseli, Handbuch, S. 80.

643 Masseli, Handbuch, S. 80.

644 Moritz, Lorenz/XU, Liu, RIW (2009), S. 33, 35. Jiao Haitao, Unternehmensbegriff, 2008/5.

645 § 123 VerfRCH lautet „Das rechtsprechende Organ der VR China ist das Gerichte der VR China“ und das staatliche Gesetzgebungsorgan wird nach § 58 dem NV und SANV anvertraut. Die Justizauslegung des Oberste Volksgerichts der VR China ist keine traditionelle Auslegung der Rechtsanwender, sondern kann in der Tat mit der Legislative vergleichen.

der Begriff erfasst „Teile" eines Unternehmens, d.h. rechtlich unselbständige Teile, z.B. Betriebsstätten, oder einen sonst bestimmbaren Unternehmensbereich, bzw. andere unternehmerisch eingesetzte Vermögenswerte, die nicht zu den anderen Organisationen i.S.v. § 40 Justizauslegung gehören.

### 3. *Die Fähigkeit, einen bestimmenden Einfluss auszuüben*

#### (1) *Einflussnahme*

#### a. Natur des unternehmerischen Einflusses

#### a) Keine Erfassung des hoheitlichen Einflusses

#### aa) Grundsatz

Hoheitliche, also insb. staatliche Einflussnahme bzw. die Übernahme der Kontrolle im Wege hoheitlicher Enteignung muss aus dem Anwendungsbereich des § 20 ff. AMG herausgenommen werden, sondern fällt ins Verwaltungsmonopol i.S.v. §§ 32 ff. AMG. Auf den Zusammenschluss übertragen heißt das „arrangierte Hochzeit": Verwaltungsbehörden oder öffentliche Organisationen mit Hoheitsfunktionen zwingen ein Unternehmen dazu, sich einer Unternehmensgruppe anzuschließen[646]. Denn wo das Selbstentscheidungsrecht eines Unternehmens ohne rechtfertigenden Grund eingeschränkt wird, liegt verbotene missbräuchliche Ausübung der Verwaltungsgewalt vor. Die Zuständigkeit zur Klärung solcher Fälle ist dem SAIC zugewiesen.

#### bb) Verwaltungsmonopol durch Zusammenschluss unter Kohlenunternehmen

Am 15.06.2006 erlaubte der Staatsrat in seiner Replik[647] gegenüber der Shanxi-Provinz-Regierung die Kohlenindustrie zu reformieren. Hiernach wurde denjenigen Investoren das Bergrecht eingeräumt, die das Ressourcen-Entgelt bezahlt hatten. Durch diese Reform wurde ein Privatbergrechtssystem errichtet. Allerdings erließ die Shanxi-Regierung in den Jahren 2008 und 2009 ihrerseits die staatliche Forderung, wonach sich (private) Kohleunternehmen zusammenschließen mussten. Private Anteile an Kohleunternehmen und das Privatbergrecht mussten demzufolge an bestimmte Staatsunternehmen verkauft werden. Das wurde hoheitlich durch eine lokale Verordnung durchgeführt und unterliegt

646 Mock, Entwicklung der Kartellrechtsgesetzgebung, S. 204.

647 Genehmigung zur Reform über eine ständige Entwicklung für Kohleindustrie in Shanxi Provinz.

nicht der Fusionskontrolle nach §§ 20 ff. AMG und dem MOFCOM, sondern dem Verwaltungsmonopol nach §§ 32 ff. AMG und folglich dem SAIC.

b. Keine Erfassung der Rechte zum Schutz von Minderheitsaktionären

Nach Art. 3 Nr. 2 Satz 3 AnMeEnt können die Vetorechte zum Schutz von Minderheitsaktionärsinteressen nicht als Kontrolle angesehen werden, etwa bezüglich Änderungen der Satzung, Kapitalerhöhung oder -herabsetzung oder die Liquidation der Gesellschaft usw. Diese sind nicht Kontrolle begründend. Das ist durchaus richtig, weil derartige Rechte nicht dazu verhelfen, einen bestimmenden Einfluss auf die strategischen Entscheidungen eines anderen Unternehmens auszuüben.

c. Grad des Einflusses

Der Einfluss muss bestimmend sein. Das Gesellschaftsrecht und das Rechnungswesen Chinas unterteilen den Einfluss nach dessen Grad in absoluten und gewichtigen Einfluss[648]. Wie o.g. gehen einige Autoren im Schrifttum davon aus, dass der bestimmende Einfluss als gewichtig auszulegen ist[649]. Der gewichtige Einfluss kann für sich genommen nicht die strategischen Entscheidungen bestimmen und muss daher als Mitwirkungsrecht ohne strategischen Einfluss gelten. Das MOFCOM definiert in Art. 3 Nr. 2 Satz 1 AnMeEnt Kontrolle als die Fähigkeit, mindestens ein Mitglied des Vorstands oder eines anderen Kernverwaltungsorgans (z.B. Finanzplanung, Vertrieb, Preisfestsetzung, strategische Investitionen oder andere wichtige Verwaltungs- und Betriebsentscheidungen) zu ernennen[650]. Dabei wurde in Satz 2 betont, dass die Bewertung des Erwerbs der Kontrolle in der Gesamtschau aller oben dargestellten Elemente vorgenommen werden sollte. Dies ist eine gute Regelung, weil die aufgelisteten Punkte vermutlich Einfluss- bzw. Vetorechte nur hinsichtlich einzelner Entscheidungen begründen. Dieser Entwurf folgt grundsätzlich der Zuständigkeitsmittelung, wurde allerdings nicht in dem Gesetztext aufgenommen; stattdessen wiederholt diese den Inhalt des § 20 AMG.

*(2) Dauerhaftigkeit*

Die zeitliche Dimension der Kontrolle wird in § 20 AMG und anderen Durchführungsbestimmungen nicht erwähnt; auch das Schrifttum äußert sich dazu

---

648 Vgl. Deng Feng, Allgemeines des Gesellschaftsrechts, S. 158.

649 Shi Jianzhong, Komentar zum AMG, S. 256.

650 Abs. 1 Nr. 2 Art. 3 Entwurf der Anmeldungsverfahren.

soweit erkennbar nicht. Die gängige Verwaltungspraxis kann wegen Intransparenz bzw. fehlender Begründung nicht ermittelt werden. Trotzdem reichen m.E. vorübergehende oder rasch veränderliche Koalitionen nicht aus. Denn als wesentliches Merkmal des Kontrollerwerbs muss u.a. auch die Dauerhaftigkeit der Fusion gegeben bzw. angestrebt sein. Die Rechtsvergleichung zeigt, dass die Regelungen, die auf der europäischen Erfahrung beruhen, übernommen werden können, und zwar insbesondere das Merkmal, dass der Fusionszeitraum (die Fusionsdauer) die Unternehmen auch in die Lage versetzen kann, einen verändernden Einfluss auf den jeweiligen Markt zu zeitigen.

#### *(3) Fähigkeit*

Nach § 1 AMG ist der Normzweck des AMG die Vorbeugung und Verhinderung von Monopolverhalten, der Schutz des fairen Wettbewerbs auf den Märkten, Steigerung der Effizienz der Wirtschaftsfähigen, Schutz der Interessen der Verbraucher, Schutz des gesellschaftlichen öffentlichen Interesses, Förderung einer gesunden Entwicklung der sozialistischen Marktwirtschaft.[651] Die Gegenüberstellung von Vorbeugung und Verhinderung, die sich jeweils auf die präventive Fusionskontrolle und repressive Marktverhaltenskontrolle beziehen[652], kommt deutlich darin zum Ausdruck, dass der Kontrollerwerb auf der Fähigkeit beruhen muss, ein bestimmenden Einfluss auf ein anderes Unternehmen auszuüben.

## III. Formen des Kontrollerwerbs gemäß § 20 Nr. 3 AMG

Anteilserwerb und Vermögenserwerb sind nach § 20 Nr. 2 AMG die klassischen Formen des Kontrollerwerbs. Nach dem Wortlaut des § 20 Nr. 3 AMG kommen „Verträge oder in anderer Weise" in Betracht.

### *1. Verträge*

#### *(1) Typische Verträge*

Kontrollerwerb durch Vertrag liegt vor, wenn dieser den bestimmenden Einfluss auf mindestens ein anderes Unternehmen begründet. Trotzdem die rechtliche Selbständigkeit verloren geht, übertragen die Veräußernden in diesen Verträgen ihre Kontrolle. Vor der GeGCH-Novelle von 2005 wurden Regeln zum Kontrollverhältnis zwischen Unternehmen noch vernachlässigt. Im Ergebnis konnten die Gesellschaften z.T. trotz bestehenden Kontrollverhältnisses noch als jeweils

651 Für eine ausführliche Analyse sieh: Masseli, Handbuch, S. 13–24.

652 Masseli, Handbuch, S. 14 f.

selbständige Gesellschaft angesehen werden.[653] Durch die GeGCH-Novelle im Jahr 2005 wurde diese Gesetzeslücke teilweise geschlossen. Allerdings ist das Kontrollverhältnis als solches immer noch sehr vage und konkretisierungsbedürftig.[654] Angesichts dieser Umstände sollte m.E. nach die deutsche Regelung der AktG als Auslegung des Vertrags übernommen bzw. herangezogen werden. Danach kommt zunächst der Abschluss eines Beherrschungsvertrags in Betracht, durch den ein Unternehmen sich der Leitung eines anderen Unternehmens unterstellt und damit ein Unterordnungskonzern gebildet wird. Davon ebenfalls umfasst sind Konzernbildungs- und erweiterungsverträge, Betriebsführungs- und Gewinnabführungsverträge sowie Betriebsverpachtungs- bzw. Überlassungsverträge[655].

### *(2) Franchisevertrag*

Am 31.01.2007 wurde die vom Staatsrat verabschiedete FVV verabschiedet. Art. 3 FVV definiert den Franchisevertrag wie folgt: „Der Franchisegeber, der über Betriebsressourcen, etwa eingetragene Markenzeichen oder Firmennamen, Patente, proprietäre Technologien verfügt, erteilt dem oder den Franchisenehmen die Rechte, diese Betriebsressourcen (entgeltlich) zu nutzen; der Franchisenehmer muss nach dem Vertrag ein einheitliches Betriebsmodell betreiben und dabei Gebühren an den Franchisegeber zahlen". Nach Art. 3der vorläufigen FVM a.F.[656] musste ein den Wettbewerb behindernder Franchisevertrag verboten werden. Die vom MOFCOM verabschiedete FVM vom 31.12.2004 regelt, dass Franchiseverträge weder eine marktbeherrschende (oder gar Monopol-) Stellung noch die Verhinderung des fairen Wettbewerbs bewirken dürfen, vgl. § 5 III FVM. Trotzdem haben Franchiseverträge keine fusionsrechtliche Relevanz. Stattdessen werden sie lediglich nach §§ 13 bzw. 17 AMG bewertet[657], da Franchiseverträge sich in der Regel auf identifizierbare Produkte oder Dienstleistungen mit einheitlicher Preisgestaltung und Gebietsschutz beziehen, was nicht § 20 AMG unterliegt.

653 Deng Feng, (2009), S. 158.

654 Deng Feng, (2009), S. 158.

655 Shi Jianzhong, Komentar zum AMG, S. 255.

656 Die FVM a.F. wurde am 14.11.1997 verabschiedet und trat am 31.12.2004 außer Kraft.

657 Xiang Jing, Antimonopolproblem in Franchiseverträgen, 2011/1.

## 2. *In sonstiger Weise*

### *(1) Personelle Verflechtung*

Bei untereinander in einem (potentiellen) Wettbewerbsverhältnis stehenden Unternehmen können die personelle Verflechtungen zur Einwirkung auf den Markt führen[658]. Daher wird die personelle Verflechtung von der überwiegenden Schrifttumsmeinung als Zusammenschluss angesehen[659]. In der Praxis spielt diese Form eine untergeordnete Bedeutung[660], und bisher gab es noch keinen solchen Fall. Art. 3 Nr. 2 Satz 1 AnMeEnt des MOFCOM regelte, dass die Benennung von mindestens einem Mitglieder des Vorstands oder eines anderen Kernverwaltungsorgans in einem anderen Unternehmen eine Form des Kontrollerwerbs war. Dieser Entwurf unterscheidet vor allem zwischen Vorstand und Kernverwaltungsorgan. Letztere sollen die sonstigen zur Geschäftsführung berufenen Organe umfassen.

Die Menge an Mitgliedern stand in Frage. Die personelle Verflechtung als Kontrollform setzt voraus, dass die Möglichkeit bestand, die Leitungsmacht über ein anderes Unternehmen auszuüben. Die Benennung von nur mindestens einem Mitglied war erheblich zu weitgehend. So war theoretisch auch schon die Benennung eines Mitgliedes geeignet, die Kontrolle über ein anderes Unternehmen zu erlangen. Da letztlich damit die Anforderungen an den Kontrollerwerb definiert werden sollen, muss auch bei der personellen Verflechtung zwecks Gewinnung eines bestimmenden Einflusses auf ein qualitatives Kriterium abgestellt werden. In der Regel kann dafür die Mehrheit in einem Gesellschaftsorgan (z.B. im Vorstand) als Indiz herangezogen werden.

### *(2) Wirtschaftliche Abhängigkeit*

Demgegenüber wird wirtschaftliche Abhängigkeit als Zusammenschlussform bisher weder im Schrifttum noch von der Verwaltung angesprochen. Diese Form der Kontrolle kommt am ehesten in der Staatswirtschaft vor. Die Branchen, die von der Staatswirtschaft kontrolliert werden, beziehen sich auf die Lebensadern der Volkswirtschaft und werden gemäß § 7 AMG I vom Staat geschützt. Es handelt sich um Schlüsselindustrien, etwa Energieversorgung, Verkehrswesen, Telekommunikation und Rüstungsindustrie. Zentrale Staatsunternehmen

---

658 Zhan Hao/Jiao Haitao, AMG und Anmerkung, S. 266.

659 Shao Jiandong/Fang Xiaomin/ Wang Bing/ Tangjin, 2009, Aufl. 1, 2009, Aufl. 1, S. 284; Shi Jianzhong, Komentar zum AMG, S. 256; Zhan Hao/Jiao Haitao, AMG und Anmerkung, S. 266.

660 Shao Jiandong/Fang Xiaomin/ Wang Bing/ Tangjin, 2009, Aufl. 1, 2009, Aufl. 1, S. 284.

haben nahezu die gesamt Rohöl-, Erdgas- und Ethylenproduktion inne[661]. Am 25.02.2005 und am 07.05.2010 erließ der Staatsrat zweimal „36-Klauseln“[662], womit die Beteiligung an diesen Schlüsselindustrien durch Privat- und ausländische Unternehmen gefördert werden sollten. Mit der Einführung von Privatunternehmen ist allerdings eine wirtschaftliche Abhängigkeit denkbar.

*(3) Änderung der Kontrollarten*

Einige Autoren im Schrifttum[663] sowie z.T. Beamte der AMA vertreten, dass der bestimmende Einfluss auf ein anderes Unternehmen nur negativ ausgelegt werden kann. Sowohl der Begriff „Kontrolle“ als auch „der bestimmende Einfluss“ enthalten keine „gefärbten“ Ausdrücke wie etwa „positiv“ und „negativ“. Dementsprechend kann der Einflussgrad wie Art. 3 FKVO negativ und positiv ausgelegt werden. Der positive Einfluss wird als eine aktiv gestaltende Einflussmöglichkeit bezeichnet, da so über die strategischen Entscheidungen eines anderen Unternehmens bestimmt werden kann. Der negative Einfluss erfolgt hauptsächlich durch das Vetorecht, wodurch solche strategischen Entscheidungen beim anderen Unternehmen blockiert werden können. Der Übergang von positiven zu negativer Kontrolle bewirkt keine Marktstrukturänderung und stellt mithin keinen Zusammenschluss dar. Die fusionsrechtliche Bewertung der Änderung der Kontrollart zwischen der allgemeinen zur gemeinsamen Kontrolle kommt in der Praxis bisher noch nicht vor und wird auch in der Kartellrechtswissenschaft nicht angesprochen. Die europäische Erfahrung[664] kann m.E. übernommen werden.

## E. Zwischenergebnis

### I. Kontrolle

#### *1. Erwerber der Kontrolle*

Erwerber der Kontrolle i.S.v. Art. 3 I lit. b), III FKVO sind eine oder mehrere Personen, die bereits ein Unternehmen kontrollieren, Unternehmen, sowie die Personen und Unternehmen“, die aus den jeweiligen Rechten und Verträgen selbst berechtigt sind, und als faktische Kontrollinhaber im Hintergrund stehen.

---

661 Vgl. Masseli, Handbuch, S. 64.

662 Der formelle Name lautet „Einige Meinungen für die Forderung, Unterstützung und Einleitung der Privatwirtschaftsentwicklung“. Diese enthält 36 Klauseln und wird in China als 36-Klauseln bezeichnet.

663 Shi Jichun, Anwendung des AMG, S. 204; Masseli, Handbuch, S. 90, Fn. 461.

664 Siehe Teil 3 A IV 3.

Erwerber der Kontrolle i.S.v. § 37 I Nr. 2 GWB sind Unternehmen und Personen oder Personenvereinigungen, die Mehrheitsbeteiligung an einem Unternehmen besitzen. Erwerber der Kontrolle im Sinne von § 6 I Nr. 5 FHG bzw. § 20 AMG sind „Unternehmen", was auch natürliche Personen sowie Körperschaften des öffentlichen Rechts umfasst. Der Subjektsbegriff des Kontrollerwerbs in der festlandschinesischen und taiwanesischen Zusammenschlusskontrolle umfasst formell lediglich das Unternehmen. Trotzdem gibt es keinen wesentlichen Unterschied durch die Praxis der fusionskontrollspezifische Auslegung.

### *2. Objekt der Kontrolle*

Die Objekte der Kontrolle sind formell ganz unterschiedlich: Art. 3 I lit. b) FKVO und § 37 I Nr. 2 GWB haben die Gesamtheit oder Teile eines oder mehrerer anderer Unternehmen zum Gegenstand. § 6 FHG stellt auf den Betrieb, den Geschäftsbereich oder die Personalentscheidungen ab. § 20 Nr. 3 AMG betrifft hingegen lediglich das Unternehmen. Trotzdem gibt es materiell keine wesentlichen Unterschiede: alle Ressourcen des Unternehmens können Kontrollgegenstand sein, insoweit deren Erwerb Marktbeherrschung führen kann.

### *3. Kontrolldefinition*

Im Grundsatz besteht Einigkeit darüber, dass Kontrolle als Möglichkeit oder Fähigkeit definiert ist, einen bestimmenden Einfluss auf (die Tätigkeit) ein(es) anderes(n) Unternehmen(s) auszuüben. Der Einfluss muss unternehmerisch und auf Dauer sein. Soweit ein Kontrollausübungswillen vorliegt, ist eine tatsächliche Ausübung nicht erforderlich.

## II. Erwerbsform

Die in der Praxis am häufigsten vorkommende Zusammenschlussform, nämlich der Anteils- und Vermögenserwerb, unterliegen § 20 Nr. 2, Nr. 3 AMG und Art. 3 I lit. a) FKVO; daher kommen § 20 Nr. 2 und Nr. 3 AMG und Art. 3 I lit. a) FKVO erhebliche Bedeutung zu. Im Gegensatz dazu spielt der Tatbestand des Kontrollerwerbs im deutschen und taiwanesischen Recht eine lediglich ergänzende Rolle, denn die meisten Zusammenschlussformen fallen unter § 37 I Nr. 1, 3, 5 GWB bzw. § 6 I Nr. 1, 2, 3, 4 FHG. Der Kontrollwechsel von alleiniger zu gemeinsamer, von gemeinsamer zu alleiniger oder von gemeinsamer zu gemeinsamer Kontrolle unter Wechsel der Kontrollinhaber unterliegt im Grundsatz jeweils § 37 GWB. Neben dem Anteils- bzw. Vermögenserwerb kann die personelle Verflechtung unter „Kontrolle" fallen. Der Franchising-Vertrag unterliegt weder der europäischen, deutschen noch der festlandchinesischen bzw. taiwanesischen Fusionskontrolle.

# Teil 5: Anteils- und Anteilsrechtserwerb

## A. Anteilsrechtserwerb i.S.v. Art. 3 I lit. b) FKVO

### I. Allgemeines

Der Erwerb von Anteilsrechten gilt nach Art. 3 I lit. b FKVO als mögliche Form des Kontrollerwerbs, durch den die unmittelbare oder mittelbare Kontrolle über die Gesamtheit (...) eines oder mehrerer anderer Unternehmen erworben wird. Nach Art. 3 I lit. b) FKVO kann der aus den „Rechten" abgeleitete Anteilsrechtserwerb die Kontrolle begründen, d.h. einen bestimmenden Einfluss auf die Zusammensetzung, die Beratung oder Beschlüsse der Organe des Unternehmens gewähren.

#### *1. Anteilsrechte*

##### *(1) Begriff*

Der Verordnungsgeber hat von vorneherein bewusst den rechtsformunabhängigen Begriff der „Anteilsrechte"[665] verwendet, um sich der Problematik der verschiedenen mitgliederstaatlichen gesellschaftsrechtlichen Strukturen und Beteiligungsmodelle zu entziehen[666]. Mittels der rechtsformunabhängigen Natur umfassen die Anteilsrechte „sämtliche Beteiligungsformen an einem Unternehmen", insoweit sie eine Stellung als Anteilseigner bzw. Gesellschafter vermitteln können[667], etwa die Kapitalanteile bei Kapitalgesellschaften, die Geschäftsanteile bei Personengesellschaften oder anderen Gesellschaftsformen, die nicht über „anteilsmäßig" teilbares Kapital verfügen[668].

##### *(2) Stimmrechte*

Die FKVO enthält keine Beteiligungsgrößen oder Prozentanteile für den Anteilserwerb und eine Überschreitung bestimmter Anteilsschwellen spielt keine Rolle. Vielmehr kommt es Ergebnis orientiert darauf an, ob der Erwerber unter

665 Karl vertritt, der Begriff der Anteilsrechte finde in der deutschen Rechtssparache in vergleichebaren Bereichen des Wettbewerbs- und Gesellschaftsrechts eine Entsprechung. Siehe, Karl, Zusammenschlussbegriff, S. 168.

666 Mestmäcker in I/M, vor § 23 Rn. 128.

667 Karl, Zusammenschlussbegriff, S. 169.

668 Karl, Zusammenschlussbegriff, S. 169; Wenz, Der Begriff der Kontrolle, S. 44; Staudenmayer, Zusammenschlussbegriff, S. 110; Dirksen/Barber, EWS 4/1992, S. 98, 100.

Berücksichtigung aller rechtlichen und tatsächlichen Faktoren mittels der Anteilsrechte die Möglichkeit erworben hat, einen bestimmenden Einfluss auf die Zusammensetzung, die Beratungen oder die Beschlüsse der Organe des Unternehmens zu gewähren[669]. Was Kapitalmehrheit und Stimmrechtsanteile anbelangt, ist die Bedeutung der Kapitalmehrheit eine abgeschwächte, und die Stimmrechtsanteile stehen im Mittelpunkt, wenn beide Größen auseinanderfallen.

#### *(3) Optionen auf Anteilsrecht*

#### a. Grundsatz

Der Erwerb der Option auf Anteilsrechte darf nicht mit der Verwirklichung der Kontrolle gleichgesetzt werden, da die entsprechenden Anteile wegen deren Ausübungsunsicherheit[670] nicht den Anteilen der Erwerber zugerechnet werden darf, und diese dementsprechend keine gesellschaftsrechtliche Einflussmöglichkeit verleihen[671]. Lediglich bei Ausübung der Option kann die FKVO aufgreifen. Im Fall British Airways/TAT[672] wollte BA 49,9% Anteile an TAT E.A. erwerben und erhielt zugleich eine Call-Option, bis 01.04.1997 sämtliche Anteile an diesem Carrier zu übernehmen. Die Kommission stellte fest: "Since it is not certain whether these options will be exercised, the possible second transaction will not be taken into account for the assessment of the operation that is currently taking place." Im Fall British Airways / TAT(II)[673] sieht die Kommission die Ausübung der Option von 50,1% Anteile als neunen Zusammenschluss an. Dieser Grundsatz wurde zunächst von der Kommission bestätigt und dann auch von den Entscheidungen des EuG[674].

---

669 Langen/Bunte/Käseberg, Art. 3 FKVO, Rn. 29; Immenga/Mestmäcker/Körber, Art. 3 FKVO, Rn. 44.

670 Hirsch/Montag/Säcker/Wessely/Wegner, Art. 3 FKVO, Rn. 44.

671 Immenga/Mestmäcker/Körber, Art. 3 FKVO, Rn. 47.

672 Entscheidung der Kommission v. 27.11.1992, IV/M.259 Rn. 5- British Airways/TAT.

673 Case No IV/M.806 -British Airways / TAT(II).

674 Kom., M.3696, Rn. 12- E.ON/Mol; Kom., M.4005, Rn. 7-Ines/Innovene; EuG, T-2/93, Slg. 1994, II-323, Rn. 70–72- Air France/Kommission; Kom., M.010, Rn. 10-Conagra/idea; Kom., M.442, Rn. 8-Elf Atochem/Rütgers; Kom., M.1037, Rn. 7- Normura/Blueslate; Kom., M.591, Rn. 3-Dow/Oriville; Mitteilung Zusammenschlussbegriff, Rn. 15; Entwurf Zuständigkeitsmitteilung, Rn. 54.

### b. Ausnahme

#### a) Die vorstehende Ausübung auf der rechtverbindlichen Vereinbarung

In extremen Einzelfällen kann die Wahrscheinlichkeit der Optionsausübung auf einen Anteilserwerb zusammen mit anderen Indizien ausnahmsweise eine Kontrolle begründen,[675] etwa wenn das Optionsrecht aufgrund einer rechtlich verbindlichen Vereinbarung „in naher Zukunft" ausgeübt werden wird.[676] Dies wird bei einem Ausübungszeitraum von maximal drei Jahren bejaht. Unter dieser Voraussetzung sei eine Zurechnung, d.h. eine Anmeldepflicht zum Zeitpunkt der Optionseinräumung zu bejahen.[677]

Im Fall Ascott Group/Goldman Sachs/Oriville[678] erhielt Ascott neben dem Erwerb der 50%ige Anteile und Vetorechte eine Call-Option auf übrige Anteile in Oriville zwischen den Ende dieser Transaktion und Ende März 2004. Aber diese Option-Vereinbarung war nicht rechtsverbindlich und wurde von der Kommission als keine Annahme der Kontrolle angesehen.

#### b) Das jederzeit Optionsrecht mit qualifizierten Elementen

Eine Option kann zusammen mit anderen Elementen zu dem Schluss führen, dass faktisch eine alleinige Kontrolle vorliegt,[679] etwa wenn das jederzeit ausübbare Optionsrecht eines Minderheitsaktionärs, weitere Anteile zu erwerben, diesem faktisch bereits den mitkontrollierenden Einfluss auf die Zielgesellschaft vermitteln kann, den er rechtsförmlich erst nach der Ausübung der Option eine Vetorecht erlangen könne.[680]

##### aa) Arla/Ingmanfoods

Im Fall Arla/Ingmanfoods[681] hatte Arla 30% Anteile erhalten und erhielt eine unbedingte Call-Option von allen übrigen Anteilen mit dem Zweck, alleine Entscheidungsmacht zu haben. Das Vorliegen dieser unbedingten Call-Option wurde als zusätzliches Indiz zu Begründung der Kontrolle angesehen.

---

675 Zuständigkeitsmitteilung, Rn. 60; Vgl. Busche/Röhling/Schütz, Art. 3 FKVO, Rn. 12.

676 Zuständigkeitsmitteilung, Rn. 60; Hirsch/Montag/Säcker/Wessely/Wegner, Art. 3 FKVO, Rn. 45; Immenga/Mestmäcker/Körber, Art. 3 FKVO, Rn. 47; Tessin/Röhling in: FS Quack, S. 691.

677 Schulte/Henschen, in: Handbuch Fusionskontrolle, Rn. 993.

678 Case No COMP/M.3068, Rn. 7- Ascott Group/Goldman Sachs/Oriville.

679 Zuständigkeitsfragen, Rn. 60.

680 Hirsch/Montag/Säcker/Wessely/Wegner, Rn. 45.

681 Case No COMP/M.4323, Rn. 8 – Arla/Ingmanfoods.

### bb) Ford / Hertz

Im Fall Ford/Hertz[682] erwarb Ford 49% der stimmberechtigten Anteile und das jederzeit ausübbare Optionsrecht. Da das jederzeit ausübbare Optionsrecht die absolute Stimmrechtsmehrheit erwerben und seine Vertretung im Vorstand von Hertz auf eine absolute Mehrheit erhöhen konnte, wurde dieses Vorhaben als Zusammenschluss angesehen.

## *2. Erwerb*

### *(1) Grundsatz*

Der Erwerb muss fusionskontrollspezifisch ausgelegt werden[683]. Erwerbsart und Erwerbsform spielen keine Rolle, insoweit sie im Ergebnis zur Begründung einer Kontrollposition führen können, etwa Austauschverträge, Erbschaft, Vermächtnis, Anwachsung[684], börslicher oder außerbörslicher Paketerwerb oder auf Grund öffentlicher Übernahme[685], bzw. nicht-vertragliche Erwerbsvorgänge wie etwa einseitige gesetzliche Erwerbsvorgänge, durch Rechtsnachfolge oder Erbschaft.

Der Erwerb muss Vollrechtserwerb sein[686]. Die Begründung beschränkter dinglicher Rechte, insbesondere von Pfand- und Sicherungsrechten, reicht nicht aus, weil sie dem Rechtsinhaber in der Regel keine Rechtsstellung der Kontrolle i.S.v. Art. 3 III gewähren.[687] Die Begründung eines Nießbrauchs an der Mitgliedschaft, etwa Nießbrauch am Anteil einer Personengesellschaft, am Geschäftsanteil einer GmbH oder einer Aktie fällt gleichfalls nicht unter den Erwerb. Die Begründung des Nießbrauchs an der Aktie kann einen Anspruch auf Dividende begründen, allerdings nicht auf die Ausübung des Stimmrechts[688].

### *(2) Aufstockung einer Beteiligung*

Die Aufstockung von einer kontrollfreien Minderheitsbeteiligung auf eine kontrollpflichtige Minderheits- oder Mehrheitsbeteiligung begründet ebenfalls die

---

682 Komm. M.397, Rn. 7–9- Ford/Hertz.

683 Vgl. Staudenmayer, Zusammenschlussbegriff, S. 87.

684 Schröder, § 3, Rn. 43.

685 Vgl. etw. KOMM. 22.7.1992, M.190 Rn. 4. „Nestlé/Perrier“; 24.11.1994, M.517 Rn. 3, 7 f. „KKR/Borden“; 24.11.1994, M.528 Rn. 6 „Britisch Aerospace/VSEL“.

686 Staudenmayer, Zusammenschlussbegriff, S. 87; Karl, Zusammenschlussbegriff, S. 185.

687 Staudenmayer, Zusammenschlussbegriff, S. 87; Karl, Zusammenschlussbegriff, S. 185.

688 Staudenmayer, Zusammenschlussbegriff, S. 87; A.A. Karl, Zusammenschlussbegriff, S. 185.

Kontrolle. Aber die Aufstockung einer bereits kontrollpflichtigen Minderheitsbeteiligung auf 50% oder mehr bekundet keine (weitere) Kontrolle, insoweit eine Mitkontrolle durch eine oder mehrere andere Gesellschaft gewährleistet ist.[689]

*(3) Mittelbarer Erwerb*

Art. 3 I lit. b) FKVO erfasst auch den mittelbaren Erwerb. Im Fall POSSEHL/ COOKSON EUROPEAN PRECIOUS METALS BUSINESS[690] erwarb Possehl über seine 100%ige Tochtergesellschaft Heimerle+Meule GmbH durch die Anteilaktien die Kontrolle über Cookson European Precious Metals Business.

## II. Mehrheitsbeteiligung

### *1. Stimmrechtslose Mehrheitsbeteiligung*

Wenn nicht andere Faktoren hinzukommen, führt der Erwerb einer stimmrechtslosen Mehrheitsbeteiligung in der Regel nicht zur Übernahme der (alleinigen oder gemeinsamen) Kontrolle, selbst wenn die Anteilsmehrheit erworben wird[691].

### *2. Stimmrechtsmehrheit*

*(1) Alleinige Kontrolle*

a. Grundsatz

Der Erwerb der Stimmrechtsmehrheit kann regelmäßig zu einer alleinigen Kontrolle de jure führen[692], insoweit die relevanten Entscheidungen mit einfacher stimmrechtsberechtigter Mehrheitsbeteiligung fallen. In der Regel reicht ein stimmrechtsberechtigter Anteil von „50% plus eine Aktien“ eines anderen Unternehmens bei der AktG aus. Bei Personengesellschaften führt eine Mehrheitsbeteiligung nur dann zur alleinigen Kontrolle, wenn das Einstimmigkeitsprinzip

689 Dirksen/Barber, EWS 4/1992, S. 102.

690 Case No COMP/M.6914 – POSSEHL/ COOKSON EUROPEAN PRECIOUS METALS BUSINESS.

691 Zuständigkeitsmitteilung, Rn. 56.

692 Zuständigkeitsmitteilung, Rn. 56. Kommission, 6.11.1995 „Unisource/Telefonica“ WuW 1996, 214; 15.9.1996. Albacom WuW 1996, 213; 24.10.1994 „General RE/Klönliche Rück“ WuW 1995, 211. „GEHE/OCP“ WuW/E EV 2017; 30.6.1993 „WestLB/Thomas Cook“ WuW 1993, 744. 15.3.1993 „Sanofi/Yves St. LB/ Thomas Cook“ WuW 1993, 744. 15.3.1993 „Dasa/Fokker“ WuW 1993, 629.

gesellschaftsvertraglich abbedungen ist.[693] Im Fall Mannesmann/VDO[694] führte Mannesmann der Erwerb 51% des stimmberechtigten Kapitals von VDO zur Kontrolle über VDO. Im Fall ORKLA/ RIEBER & SØN[695] reichte der Erwerb der 90,11%ige Anteile an Rieber aus.

### b. Besonderheit

#### a) 3i/CONSORS/ 100 WORLD

Die einfache Stimmrechtsmehrheit reicht nicht aus, wenn die Gesellschaftssatzung für strategische Entscheidungen Einstimmigkeit oder besondere Mehrheiten für die Beschlussfassung oder ansonsten besondere Gesellschaftsvereinbarungen vorschreibt[696].

Im Fall 3i/CONSORS/ 100 WORLD[697] erwarben 3i und Consors im Zuge einer Kapitalerhöhung jeweils 31,98% und 33,74% der Aktien an 100 world. Obwohl die beiden Unternehmen damit gemeinsam die Mehrheit der Stimmrechte ausüben könnten, könnte der Stimmrechtsanteil von 65,72% noch nicht zu einer Kontrolle begründenden Mehrheit führen, weil laut Satzung die Beschlüsse der Hauptversammlung der Mehrheit von zwei Dritteln oder für bestimmte Beschlüsse mehr gefasst wurden.

#### b) CLF/HBB

Aber es genügt, um dem Erwerber die Möglichkeit zur Blockade strategischer Entscheidungen und damit zur negativen Kontrolle zu bieten[698]. Im Fall CLF/ HBB[699] konnte sich der Erwerb der einfachen Stimmrechtsmehrheit von 50,5% in der Besetzung des mit einfacher Mehrheit entscheidenden Aufsichtsrates nicht unmittelbar niederschlagen, weil im konkreten Fall aufgrund der Beteiligung nur drei der insgesamt sechs Mitglieder bestimmt werden konnten; den Ausschlag für den Erwerb alleiniger Kontrolle gab erst das Entsendungsrecht für den mit doppeltem Stimmrecht ausgestatteten Aufsichtsratsvorsitzenden[700].

---

693 Miersch Kommentar, S. 73, auch Krimphove, Europäische Fusionskontrolle, S. 253.

694 Komm. 13. Dezember 1991- Mannesmann/VDO, Rn. 5.

695 COMP/M.6753 – ORKLA/ RIEBER & SØN, Rn. 4.

696 Zuständigkeitsmitteilung, Rn. 56; Löffel, Art. 3 FKVO, Rn. 8; Hirsch/Montag/Säcker/ Wessely/Wegner, Art. 3 FKVO, Rn. 43; Ulshöfer, Kontrollerwerb, S. 59; Dirksen/ Barber, EWS 4/1992, S. 98, 101.

697 Fall Nr. COMP/M.2638 -3i / CONSORS / 100 WORLD.

698 Zuständigkeitsmitteilung, Rn. 56.

699 Komm. IV/M.617, CREDIT LOC. DE FRANCE / HYPOTH.BANK BERLIN, Rn. 6.

700 Zitiert aus Ulshöfer, Kontrollerwerb, S. 59.

*(2) Gemeinsame Kontrolle*

Die Mehrheitsbeteiligung kann auch die gemeinsame Kontrolle begründen, etwa wenn die Mehrheitsgesellschafter nicht über eine alleinige Personalhoheit verfügt oder er auf die Zustimmung eines Mitgesellschafters angewiesen ist, ist eine gemeinsame Kontrolle begründet.

a. MOLARIS/ COMMERZ REAL/ RWE/ AMPRION

Im Fall MOLARIS/ COMMERZ REAL/ RWE/ AMPRION[701] erwarb Colmar 74,9% der Anteile an Amprion. Obwohl der Aufsichtsrat von Amprion Entscheidungen mit einfacher Mehrheit treffen könnte, verpflichteten sich RWE und Colmar mittels eines eigenständigen Vertrages, alle wichtigen Entscheidungen zusammen zu treffen. RWE hatte so ein Veto über wichtige Verwaltungsentscheidungen von Amprion. Daher kann der Erwerb der Mehrheitsbeteiligung als gemeinsame Kontrolle festgestellt werden.

b. TWD / Akzo Nobel /Kuagtextil

Im Fall TWD / Akzo Nobel /Kuagtextil[702] beteiligten TWD und ANF sich im Verhältnis 51:49 am Gesellschaftskapital des beabsichtigten GU. Die Verträge sahen jedoch eine gemeinsame Kontrolle vor. Beschlüsse der Gesellschafterversammlung erfordern Einstimmigkeit. Das Gleiche galt für den paritätisch zu besetzenden Gesellschafterausschuss, der über die Jahresplanung des GU und über weitere Maßnahmen der Unternehmensstrategie zu entscheiden hatte.

## III. Minderheitsbeteiligungen

Minderheitsbeteiligung ist jede Beteiligung an einem anderen Unternehmen, „die weniger als 50% der Stimm- oder Anteilsrechte dieses Zielunternehmens umfasst“[703].

### *1. Qualifizierte Minderheitsbeteiligungen*

Qualifizierte Minderheitsbeteiligungen können zu einer alleinigen oder gemeinsamen Kontrolle führen, wenn besondere Umständen hinzutreten[704], weil sie

---

701 Sache COMP/M.6225 – MOLARIS/ COMMERZ REAL/ RWE/ AMPRION.

702 Fall Nr. IV/M.533, Rn. 4-TWD / Akzo Nobel /Kuagtextil.

703 Monopolkommission, 2010/2011, Rn. 801.

704 Zuständigkeitsmitteilung, Rn. 8. Thorsten Mäger. Montag/Dohms, Europäisches Kartellecht. 7. Kapital Rn. 38. Überblick über die Problematik von Minderheitsbeteiligung im deutschen und europäischen Kartellrecht. WuW 1993, S. 5 ff., 93 ff.

einen bestimmenden Einfluss auf die wesentlichen unternehmerischen, strategischen und personalen Entscheidungen vermitteln kann.

### *(1) Minderheitsbeteiligung mit zusätzlichen rechtlichen Umständen*

### a. Alleinige Kontrolle

Die Minderheitsbeteiligung mit zusätzlichen rechtlichen Umständen kann etwa durch die Vorzugsaktien, welche zu einer Stimmrechtsmehrheit führen, das Recht, die Hälfte der Mitglieder des Vorstands oder des Aufsichtsrates zu bestimmen, sowie das Recht, die Wirtschaftsstrategie des Zielunternehmens zu bestimmen, auslösen.[705]

#### a) CCIE/GTE

Im Fall CCIE/GTE[706] hatte die übernehmende Gesellschaft nur 19% der Stimmrechte erworben und einen ständigen Sitz im Vorstand und das Recht, den Vorsitzenden und Chief Exceutive Officer zu bestimmen. Das Vorstandesmitglied wurde ferner mit einem Vetorecht für alle wichtigen Entscheidungen ausgestattet.

#### b) Conagra/Idea

Im Fall Conagra/Idea[707] bedurften wichtige Entscheidungen über bedeutsame Investitionsvorhaben, die Produktentwicklung und die Ernennung von Geschäftsführern allerding einer Mehrheit von 75% der Stimmrechte und reichte der Erwerb der mit 26% Stimmrechte verbundene 20%igen Anteile kontrollbegründend aus.

#### c) Man/Scannia

Im Fall Man/Scania[708] kann der Erwerb der Minderheitsbeteiligung in Höhe von 21,6% von VW an Man bei sonstigem Streubesitz nicht als allein kontrollbegründend angesehen, weil die letztjährigen Anwesenheitsverhältnisse (50–60% im Jahr 2002, 40–50% im Jahr 2003 und 2004, 30–40% im Jahr 2005 und 39,3% im Jahr 2006) mangels kontrollvermittelnder Vereinbarungen nicht eine Mehrheit bei der Hauptversammlung vorweisen konnte.

---

705 Koger, Arnold, Die konzernbezogenen Ausnahmen im österreichischen und europäischen Kartellrecht, 2010.

706 Komm. IV/M, 258 CCIE/GTE.

707 Kom., M.010, Rn. 10-Conagra/Idea.

708 Komm./M.4336, MAN/Scania, Rn. 9.

d) „Renault/Nissan"

Im Fall „Renault/Nissan"[709] wurde wegen der Minderheitsbeteiligung von Renault (36,8%) und insbesondere auf den Einfluss auf das Day-to-day-Management und das Geschäftsgebaren sowie den Umstand gestützt, dass Renault der einzige „industrial shareholder" war.

b. Gemeinsame Kontrolle

a) Renault/Volvo

Im Fall Renault/Volvo[710] wurde der Erwerb der wechselseitigen Beteiligung von jeweils 45%, von der Kommission als gemeinsame Kontrolle eingestuft, wo die Schaffung eines einheitlichen Leitungsorgans und die Integration der wesentlichen unternehmerischen Aktivitäten im Bus- und Lkw-Bereich hinzugekommen waren[711].

b) Lyonnasie des Eaux Dumez/Brochier

Im Fall Lyonnasie des Eaux Dumez/Brochier[712] war der Erwerb der Minderheitsbeteiligung in Höhe von 25,1% von LED (Lyonnasie des Eaux Dumez) mitkontrollgründend, weil die Regelung in der der GmbH-Satzung und in der Geschäftsordnung der GmbH LEC jedoch die Möglichkeit gewährten, wichtige Entscheidungen von ihrer Entscheidung von ihrer Zustimmung abhängig zu machen. Bei HB wird ein Verwaltungsrat gebildet, der aus mindestens fünf Mitgliedern besteht. LED und Vertreter der beiden Familienstämme Brochier bestellten je ein Mitglied. Die übrigen Mitglieder werden von der Gesellschaftsversammlung gewährt. Der Verwaltungsrat entschied nicht nur über Fragen, die Struktur der Gesellschaft betreffend, sondern über alle wesentlichen Fragen der Geschäftsführung. Unter anderem über die vorherige Zustimmung zum Jahresbudget – einschließlich Investitionspläne – der Gesellschaft, zur Entwicklung neuer Produkte und Dienstleistungen und zum Abschluss von finanziell bedeutenden Verträgen. Der Verwaltungsrat kann in diesen Fragen nur mit der Zustimmung von LEG entschieden.

---

709 Komm. E. v. 12.5.5.1990, M.1519.

710 Kommission 7.11.1990, M.4 Rn. 4 ff.= WuW/E EV 1542. „Renault/Volvo".

711 Vgl. Immenga/Mestmäcker/Körber, in Art. 3 FKVO, Rn. 22; Staudenmayer, Zusammenschlussbegriff, S. 53.

712 Komm. M.076, Rn. 3–5-Lyonnasie des Eaux Dumez/Brochier.

### c) Paribas/MTH/MBH

Im Fall „Paribas/MTH/MBH“[713] ermöglichte der Erwerb ihre jeweiligen 40% Anteile am Zielunternehmen im Zusammenhang mit den von ihr getroffenen Zusatzvereinbarungen Paribas und MTH, alle in der Hauptversammlung anstehenden Fragen und die mehrheitliche Besetzung des Aufsichtsrates in ihrem Sinne zu entscheiden und das langfristige Management von BUE und damit auch von MBH durch Formulierung und Durchsetzung einer gemeinsamen Unternehmenspolitik bestimmt zu werden.

### *(2) Minderheitsbeteiligung mit zusätzlicher faktische Umstände*

### a. Alleinige Kontrolle

Eine Minderheitsbeteiligung kann faktisch zur alleinigen Kontrolle führen, insbesondere wenn es angesichts des Umfangs seiner Beteiligung und unter Berücksichtigung der Anzahl der Gesellschafter, die in früheren Jahren an Hauptversammlungen teilgenommen haben, sehr wahrscheinlich ist, dass er in den kommenden Hauptversammlungen eine Mehrheit bekommen wird.[714]

### a) Societé Générale de Belgique/Générale de Banque

Im Fall Societé Générale de Belgique/Générale de Banque[715] vereinte SGB in den letzten drei GB-Hauptversammlungen vor der Transaktion knapp unter 50% der anwesenden bzw. vertretenen Stimmen auf sich und demnach übte keinen bestimmenden Einfluss auf GGB aus. Die Erhöhung der Beteiligung von SGB an GB von 20,94% auf 25,96% führt hingegen dazu, dass SGB fortan alleine bestimmenden Einfluss auf die Geschäftspolitik der GB ausüben konnte.

### b) Arjomari/WTA

Im Fall Arijomari-Prioux SA/Wiggins Teape Appleton (Arjomari/WTA)[716] war der Erwerb der 39%iger Anteile an WTA durch Arjomari zur Annahme alleiniger Kontrolle führte, weil die restlichen an ATA gehaltenen Anteile unter 107.000 Kleinaktionär verteilt, von denen keiner über mehr als 4% und nur drei über mehr als 3% der Anteile verfügte, so dass Arjomari zur Stimmrechtsmehrheit in der Hauptversammlung ermöglichte.

713 Komm. M.122, Rn. 1, 7, „Paribas/MTH/MBH“.

714 Zuständigkeitsmitteilung, Rn. 59.

715 Societé Générale de Belgique/Générale de Banque, IV/M.343, Entscheidung vom 3. August 1993.

716 Komm, I M025 – Arjomari-Prioux SA / Wiggins Teape Appleton plc.

c) SoFFin/Hypo Real Estate

Im Fall SoFFin/Hypo Real Estate[717] hat SoFFin durch den Erwerb der 47,31% Anteile die faktische Kontrolle über HRE erworben, weil die Anwesenheitsrate bei den Vollversammlungen in den letzten drei Jahren 40% im Jahr 2006, 55% im Jahr 2007 und 50% im Jahr 2008 betrug.

b. Gemeinsame Kontrolle

a) „EDFI / GRANINGE“

Im Fall „EDFI / GRANINGE“ wollte EDF Gruppe durch den Erwerb der 30,1%igen Anteile mit der Family 15,8% Anteile am Zielunternehmen erwerben. Die von beiden gehaltenen 45,9%igen Anteile waren mitkontrollbegründend, “Based on the number of shareholders represented at the shareholders meetings in the last two years, this percentage is sufficient for EDF and the Family to control a majority of the votes present at any shareholders meeting.”[718]

b) Recoletos/Unedisa

Im Fall Recoletos/Unedisa[719] erwarb Recoletos die Anteile zwischen 20% und 30% in Unedisa und schoss mit Rizzoli und Promoters einige Stockholders‘ Agreement ab und entschloss, gemeinsam die Benutzung ihrer Anteile in Unedisa und anderen GU auszuüben.

## *2. Bloße Minderheitsbeteiligung*

### *(1) Keine Erfassung der FKVO*

a. Grundsatz

Der Erwerb der bloßen Minderheitsbeteiligung (sog. passives Investment[720]), mit denen keine Kontrolle verbunden ist, unterfällt nicht der FKVO[721].

---

717 Fall Nr. COMP/M.5508 – SOFFIN/ HYPO REAL ESTATE, Rn. 4.

718 Komm. E. v. 25.5.1998, M.1169, Rn. 8.

719 Komm. IV/M.1401, Recoletos/Unedisa.

720 Monopolkommission, Hauptgutachten 2010/2011, Rn. 803.

721 Kommission, Grünbuch vom 11. Dezember 2001, Rn. 106 ff.; Stellungnahme des Wirtschafts- und Sozialausschusses zum „Grünbuch über die Revision der Verordnung (EWG) Nr. 4064 des Rates“(KOM(2001) 745 endg.), ABl 2002 C241, 130 Pkt 3.1.16.

### a) Mediobanca/Generali

Im Fall Mediobanca/Generali war Mediobanca durch die Aufstockung von 5,98% auf 12,84% der größte Einzelaktionär geworden und in den Generalversammlungen von Generali in den letzten fünf Jahren vor der Entscheidung der Kommission zwischen 33,24 und 41,24% der Akteinstimmen vertreten. Die Aufstockung versetzte nicht in der Lage, allein oder gemeinsam mit anderen einen bestimmenden Einfluss auf Generali auszuüben, weil keine Absprachen zwischen den Anteilseignern oder institutionelle Mechanismen zugunsten Mediobanca vorlagen[722].

### b) BT/MCI

In Fall BT/MCI[723] begründete der Erwerb der Minderheitsbeteiligung in Höhe von 20% an MCI durch BT, die mit den Entsendungsrechte in das Verwaltungsgremium (drei von 15 Sitzen) sowie bestimmten Vetorechte am MCI verbunden ist, keine alleine oder gemeinsame Kontrolle über MCI, weil BT entsprechend ihrer Beteiligung im MCI-Vorstand vertreten sein sollte, aber sich für zehn Jahre verpflichtete, weder eine 20% übersteigende Beteiligung an MCI zu erwerben, noch zu versuchen, MCI zu kontrollieren oder zu beeinflussen.

## b. Beurteilung nach Art. 101, 102 AEUV

Der damit verbundenen möglichen wettbewerbsrechtlichen Probleme können im Wege der Kartellaufsicht und der Missbrauchskontrolle gemäß Art. 101, 102 AEUV erfasst werden[724].

### a) Art. 101 AEUV: Philip Morris

Vor diesem Fall Philip Morris[725] gab es noch keine Fusionskontrolle in Europa. Gegenstand dieses Vorhabens war der Erwerb einer Minderheitsbeteiligung in Höhe von 30,8% am Kapital und 24,9% an Stimmrecht durch Morris an seinem Wettbewerb RI. Das EuGH wies erstmals darauf hin, dass der Erwerb einer Minderheitsbeteiligung vor dem Hintergrund der möglichen Einflussnahme auf das

722 KOM IV/M.159, ABl. 1991 C 334, S. 23-Medilbanca/Generali.

723 M.353, BRITISH TELECOM / MCI.

724 Kommission, Grünbuch vom 11. Dezember 2001, Rn. 107. Monopolkommission, Hauptgutachten 2010/2011, Stärkung des Wettbewerbs bei Handel und Dienstleistungen, Rn. 811.

725 EuGH v. 17.11.1987 – 142, 156/84- Philip Morris/Rothmans, WuW/E EWG/MUV 815 ff.

Marktverhalten eines anderen Unternehmens einer kartellrechtlichen Prüfung bedürfe, und bestätigte weiterhin die anfängliche Feststellung der Kommission, dass der Erwerb einer Minderheitsbeteiligung gegen die § 81 und 82 verstoßen könne.

#### b) Art. 102 AEUV: Lambert/Gillette

Im Fall Lambert/Gillette[726] ging es um einen Erwerb von 22% der Anteile. Durch den gleichzeitigen Erwerb von Vorkaufsrechten am Zielunternehmen durch Gilette sowie seiner Gläubigerstellung und Einzelaktionär gegenüber Wiksion Sword stellte die Kommission fest, dass Gillette seine marktbeherrschende Stellung durch den Erwerb von 22% der Anteile an seinem Wettbewerber Wilkison Sword missbraucht hatte.

### c. Beurteilung nach der nationalen Fusionskontrolle

Bei keiner Fassung der FKVO steht es den Mitgliedstaaten frei, nach jeweiliger nationaler Fusionskontrolle zu prüfen[727].

#### a) Ryanari/Air Lngus

Ein Beispielfall ist der Fall Ryanari/Air Lngus, wobei die Ersuchung der Einleitung des Entflechtungsverfahrens von der europäischen Kommission[728] und dem EuG[729] mit der Begründung der Minderheitsbeteiligung ohne Kontrollerwerb ablehnte, aber von OFC aufgenommen wurde.

#### b) Goodyear/Michelin

Im Fall Goodyear/Michelin[730] beteiligten sich Goodyear und Michelin jeweils mit 33,3% neben Continental (13,3%) und Cooper Tire & Rubbler, Pirelli sowie Sumitomo (jeweils mit 6,7%) an einem GU. Zwar erfüllen die Beteiligten mit ihren Umsätzen und deren geografischer Verteilung auch die Voraussetzungen des Art. 1 der gemäß § 35 Abs. 3 GWB vorrangigen FKVO, jedoch lag kein Zusammenschlusstatbestand (Kontrollerwerb) i.S.v. Art. 3 FKVO vor, da das GU nach der Ausgestaltung des Gesellschaftsvertrags weder von einer der Muttergesellschaften alleine noch von mehreren Mütter gemeinsam kontrolliert wurde.

---

726 EuGH, verb Rechtsprechung 142.

727 EuG, Urteil vom 6. Juli 2010, Rs. T-411/07.

728 EUK, Entscheidung vom 11. Oktober 2007, C (2007) 4600.

729 EuG, Urteil vom 6. Juli 2010, Rs. T-411/07.

730 BKartA v. 26.01.2001, B 3- 110/00- Goodyear/Michelin, Rn. 16.

Die jeweils 33,3%ige Beteiligung von Goodyear und Michelin am GU erfüllte allerdings die Zusammenschlusstatbestände von § 37 I Nr. 3 lit. b GWB und § 37 I Nr. 3 Satz 3 GWB.

*(2) Neuentwicklung*

Im Hinblick auf die Überlegung des One-stop-Prinzips[731] und das Bedenken der Rechtsunsicherheit und einer übermäßigen Ausweitung der Fusionskontrolle[732] wurde der Erwerb der Minderheitsbeteiligung ohne Kontrolle von der Kommission am frühesten in deren Grünbuch über die Revision der FKVO Nr. 4064/89[733] herausgekommen und auch von der ständigen Verwaltungspraxis gefolgt. Dieser Fall Ryanair/Aer Liugus[734] nahm erneut die Erfassung des Erwerbs der Minderheitsbeteiligung ohne Kontrollerwerb zum Anlass und die Änderungsmöglichkeit wurde auch von der Monopolkommission bejaht[735].

a. Anlass: Fall Ryanair/Aer Lingus

Am 27. September 2006 erwarb Ryanair die ersten 19% des Aktienkapitals von Aer Lingus innerhalb eines Zeitraums von weniger als 10 Tagen und am 5. Oktober 2006 machte Ryanair ein öffentliches Übernahmeangebot für das gesamte Aktienkapital von Aer Lingus, um die alleine Kontrolle über Aer Lingus zu erwerben. Während des Angebotszeitraums erwarb Ryanair die weiteren 6% und bis 28. November 2006 besaß Ryanair 25,17% des Aktienkapitals von Aer Lingus. Dieses Zusammenschlussvorhaben im Wege eines öffentlichen Übernahmeangebots wurde von der Kommission wegen Unvereinbarkeit mit dem Gemeinsamen Markt untersagt[736]. Nach der Untersagungsentscheidung erhöhte stattdessen Ryanair auf nun 29%.

b. Ersuchung des Entflechtungsverfahren von Aer Ligus

Die während des Prüfungsverfahrens von Aer Lingus eingelegte Ersuchung an die Kommission, ein Entflechtungsverfahren einzuleiten, um die von Ryanair erworbenen 25,17% zu verkaufen oder aufzugeben, wurde von der Kommission

731 Böge, WuW 2/2004, 138, 139.
732 Böge, WuW 2/2004, 138, 139; Rabenau, Trauhand und Option, S. 127.
733 Kommission, Grünbuch vom 11. Dezember 2001, Rn. 107.
734 EU-Kommission, Entscheidung vom 27. Juni. 2007, COMP/M.4439.
735 Monopolkommission, Hauptgutachten XIX: (2010/2011): Stärkung des Wettbewerbs bei Handel und Dienstleistungen (2012), Rn. 797 ff.
736 EU-Kommission, Entscheidung vom 27. Juni. 2007, COMP/M.4439.

abgewiesen mit der Begründung, dass sie keine Zuständigkeit betreffend die Minderheitsbeteiligung von Ryanair an Aer Lingus habe, da es sich bei der Minderheitsbeteiligung um keinen vollzogenen Zusammenschluss i.S.v. FKVO handele[737]. Auf die Klage von Aer Lingus bestätigte das EuG, dass der Erwerb einer (nicht-kontrollierenden) Minderheitsbeteiligung keinen Zusammenschlusstatbestand verwirkliche, zumindest nicht nach der Verordnung (EG) Nr. 139/2004. Zur Kontrolle von Minderheitsbeteiligung seien allein die nationalen Behörde befugt, sofern dies in nationalen Gesetzen vorgesehen sei, wie etwa in Deutschland nach § 37 IV GWB (und § 37 III lit. b GWB, soweit der Erwerb einer nicht-kontrollierenden Beteiligung in Höhe von 25% betroffen ist).[738]

### c. Änderungsvorschlag der Kommission

Im März 2011 wies der Wettbewerbskommissar Almunia in seinem Vortrag auf, mangels der Erfassung der Minderheitsbeteiligung ohne Kontrollerwerb liege eine Anwendungslücke im europäischen Fusionskontrolle vor und wollte diese Lücke durch die Erfassung der Minderheitsbeteiligung ohne Kontrollerwerb schließen[739]. Die EU-Kommission setzte sich am 20. Juni 2013 in seinen Vorschlägen zur Überarbeitung der europäischen FKVO[740] mit zwei Optionen für die Einbeziehung von Minderheitsbeteiligungen auseinander: a) Die FKVO findet Anwendung auf alle Minderheitsbeteiligungen und dementsprechend muss deren Erwerb dem Anmelde und dem Frist und dem Vollzugsverbot der FKVO unterliegen; b) die Kommission überprüft Ex-post-Einzelfälle von Minderheitsbeteiligungen auf der Grundlage eigener Marktkenntnis und wegen Beschwerden.

## B. Anteilserwerb i.S.v. § 37 I GWB

Durch die Einführung des „wettbewerblich erheblichen Einflusses“ in die 5.GWB-Novelle und des Kontrollerwerbs in die 6. GWB-Novelle charakterisiert sich die Erfassung zum Anteilserwerb formell (§ 37 I Nr. 3 GWB) und „materiell“(in § 37 I GWB Nr. 2 und 4).

---

737 Kommission, Entscheidung vom 11. Oktober 2007, C (2007) 4600.

738 EuG, Urteil. Aer Lingus, Rs. T-342/07 Ryanair/Kommission.

739 Joaquín Almunia, EU merger control has come of age http://europa.eu/rapid/press-release_SPEECH-11-166_en.htm?locale=en, (eingesehen am 03.11.2013).

740 Commission Staff working document: Towards more effective EU merger control, S. 3 ff.

## I. Anteilserwerb. i.S.v. § 37 I Nr. 3 GWB

### *1. Erwerbgegenstand*

#### *(1) Entwicklungsgeschichte*

Von vornherein war die Auslegung des Begriffs der „Anteile" streitig, soweit es sich um das Verhältnis zwischen Kapitalanteilen und Stimmrechten handelte[741]. Das GWB vom 1957[742] erwähnte in § 23 IV GWB a.F. den „Erwerb von Unternehmensanteilen über 25 Prozent des stimmberechtigten Kapitals". In der 2. GWB-Novelle von 1973[743] wurde daraus der „Erwerb von Anteilen, der eine Höhe von 25% Prozent oder 50% Prozent am stimmberechtigten Kapital eines anderen Unternehmens". Diese Beschränkung auf das Erreichen von 25% und 50% des „stimmberechtigten Kapitals" des anderen Unternehmens beseitigte die Anwendbarkeit i.S.v. § 23 II Nr. 2 lit. a. und b GWB a.F. auf Personengesellschaft und auf von einer Kapitalbeteiligung unabhängige Stimmrechte und führte zu „einer offenen Gesetzlücken, d.h. das Gesetz enthält für eine bestimmte Fallgruppe keine Regel, obgleich es nach seiner eigenen Teleologie eine solche Regel enthalten sollte"[744].

Diese Gesetzlücke entsprach nicht „dem Postulat der Lückenlosigkeit der Aufgreifkriterien, also der Erfassung aller Konzentrationsvorgänge, die potentiell gefährliche Wettbewerbs- und Unternehmensstrukturen zur Folge haben können"[745]. Sie wurde daher zuerst teilweise in der 4. GWB-Novelle vom 26.04.1980[746] mit § 23 II Satz 5 a.F. durch die Gleichstellung von den Stimmrechten mit Anteilen am stimmberechtigten Kapital geschlossen, dann in der 5. GWB-Novelle vom 22.12.1989[747] durch die Erfassung des nicht mit einem entsprechenden Stimmrecht verbundenen Kapitalanteils und reiner Stimmrechtsbeteiligungen ohne oder bei nur geringer Kapitalbeteiligung[748]. Seither sind allerding Stimmrechte ohne Kapitalbeteiligung zu qualifizieren.

---

741 Mestmäcker/Veelken, § 37 GWB, Rn. 46.
742 BGBl 1957 I 1081.
743 BGBl 1973 I 917.
744 Canaris/ Larenz, S. 377.
745 Paschke, Zusammenschlussbegriff, S. 16.
746 BGBl 1980 I 458.
747 BGBl 1989 I 2468.
748 Mestmäcker/Veelken, § 37 GWB, Rn. 46. Bechtold, § 37 GWB, Rn. 23.

### *(2) Anteile und Stimmrechte*

#### a. Anteile

Der Begriff der Anteile i.S.v. § 37 I Nr. 3 GWB muss weit und funktional ausgelegt werden und ist als „ein der Verfügung und Verwertung zugängliches subjektives Recht seines Inhabers“[749] zu verstehen. Er umfasst deshalb nicht nur den Erwerb von Geschäftsanteilen an Kapitalgesellschaften, sondern auch den von Beteiligungen an Personengesellschaften[750]. Erfasst werden darin sowohl Aktiengesellschaft, Kommanditgesellschaft auf Aktien, GmbH, als auch OHG, KG, Gesellschaft bürgerlichen Rechts, Partnerschaft[751]. Dies erstreckt sich weiter auf Genossenschaften, Versicherungsvereine auf Gegenseitigkeit sowie Vereine und Zweckverbände nach öffentlichem Recht.[752] Aber die Anteile am Kapital bzw. die Stimmrechte müssen mit den Mitgliedern verbunden sein bzw. in einem Verband existieren, der aus Mitgliedern besteht, weshalb eine rein schuldrechtliche Innengesellschaft nicht erfasst ist[753].

Ob die Gründung einer stillen Gesellschaft unter den Anteilserwerb nach § 37 I Nr. 3 GWB fällt, ist umstritten. Nach der Meinung Paschkes wird die Beteiligung als stiller Gesellschafter nicht erfasst. Die stelle Gesellschaft sei dadurch gekennzeichnet, dass ein Vertragspartner sich an dem Handelsgewerbe eines anderen mit einer Einlage beteilige, die in das Vermögen des anderen übergeht, so dass der andere Alleininhaber des Unternehmens bleibt. Der weder über Kapitalanteile noch Stimmrechte verfügende stille Gesellschafter sei daher nicht an dem Unternehmen, sondern nur an dessen Gewinn beteiligt[754].

#### b. Stimmrechte

Als Stimmrecht im gesellschaftsrechtlichen Sinn wird jede Befugnis des Mitglieds zur Teilnahme an der kollektive Willensbildung verstanden.[755] Das erlangt besondere Bedeutung, wenn auf Grund der Rechtsform kein Raum für Kapitalanteile besteht. „Ein substanzloses für die wettbewerbliche Betätigung

---

749 K. Schmidt, GesR, § 47 III.

750 Vgl. Stepahn, Die Anwendung des Zusammenschlussbegriffs auf Personalgesellschaften, 1989; Bechtold, § 37 GWB, Rn. 23.

751 Kleinmann/Bechtold § 23, Rn. 63; Hirsch/Montag/Säcker/Bach, § 37 GWB, Rn. 53. Mestmäcker/ Veelken, § 37 GWB, Rn. 48.

752 Vgl. Hirsch/Montag/Säcker/Bach, § 37 GWB, Rn. 53.

753 Vgl. Hirsch/Montag/Säcker/Bach, § 37 GWB, Rn. 52.

754 Paschke, Rn. 41.

755 Paschke, Rn. 42. Zöller, Die Schranken mitgliedschaftlicher Stimmrecht, 1963, S. 11.

irrelevantes Recht des Gesellschafters“ bezieht sich auf die Vertragsfreiheit in Gesellschaftsverträgen und kommt fusionskontrollrechtlich nicht in Betracht.[756]

### c. Optionsrechte

Der Erwerbsgegenstand erfasst nicht die Optionen auf Anteilsrechte, Genussscheine oder andere Rechte, die sich auf den künftigen Erwerb von Anteilen beziehen, die u.U. auch erst im Zeitpunkt der (Options-)Ausübung entstehen. Etwas anderes kann gelten, wenn sie bereits konkrete Rechtsstellungen vermitteln, wirtschaftlich also den Anteilen voll entsprechen.[757] Nach Ansicht des BKartA gilt allerdings etwas anderes, wenn der Optionsberechtigte die Option jederzeit durch einseitige Erklärung ausüben kann.[758]

## *2. Erwerbstatbestand*

### *(1) Entbehrlichkeit der Erwerbgrundlage*

Nach einheitlicher Meinung[759] spielen die Erwerbsformen der Rechtsgrundlage keine Rolle. Der Erwerb kann auf vertraglicher oder gesetzlicher Grundlage erfolgen. In Betracht kommen als Erwerbsarten etwa originärer bzw. derivativer Erwerb, bei denen bestehende Anteile vom Veräußerer auf den Erwerber übertragen werden, des Weiteren entgeltlicher bzw. unentgeltlicher Erwerb. Denkbar ist der Erwerb durch Unternehmensneugründung oder Kapitalerhöhung.

Ein besonderer Fall liegt vor, wenn ein Gesellschafter keine Anteile erwirbt, jedoch aufgrund der Herabsetzung der (Gesamt-) Anteile ihm ein entsprechend höherer Anteil am Gesellschaftsvermögen und den Verwaltungsrechten zuwächst.

### *(2) Erforderlichkeit des Vollerwerbs*

Nach einhelliger Meinung ist „Erwerb“ jedenfalls grundsätzlich Vollerwerb, weshalb die Begründung beschränkter dinglicher Rechte, insbesondere von Pfand- und Sicherungsrechten in der Regel nicht ausreicht[760].

Die Frage wird relevant bei der Bestellung eines Nießbrauchs an Gesellschaftsanteilen. Ein solcher Nießbrauch sei zwar nach heute überwiegender

---

756 Paschke, Rn. 43.

757 Zitiert aus Bechtold, § 37 GWB, Rn. 23.

758 Vgl. BKartA E.v. 13.6.1983, WuW/E BKartA 2087, 2089 – „Klöckner/ Steiz“.

759 Emmerich, Kartellrecht, S. 406; Paschke, § 37 GWB, in FK, Rn. 45.

760 Mestmäcker/ Veelken, § 37 GWB, Rn. 49; Hirsch/Montag/Säcker/Bach, § 37 GWB, Rn. 58; Langen/Bunte/Kallfaß, § 37 GWB, Rn. 36. Bechtold, § 37 GWB, Rn. 24. Riesenkampff/Lehr in Bd. 2 GWB, § 37 GWB, Rn. 20.

Ansicht möglich, könne aber infolge der damit verbundenen Aufspaltung der einheitlichen Rechtsposition des Gesellschafters zu Schwierigkeiten führen. Die zuvor streitige Frage, ob die Nießbrauchbestellung am Anteil einer Kapitalgesellschaft einen Erwerbsfall begründet, kommt durch die 5. GWB-Novelle zu ihrem Ende: die Nießbrauch-Bestellung ist mit der Verfügung des Stimmrechts nicht mehr erforderlich. Daher kommt „der Erwerb durch schuldrechtliche Abreden über den Ausschluss des Stimmrechts" in Betracht[761].

### 3. *Aufgreifschwelle: 25% oder 50%:*

#### *(1) Entbehrlichkeit der Kontrollbegründung*

Im Vergleich zu Art. 3 I lit. b) FKVO und § 37 I Nr. 2 und 4 setzt § 37 I Nr. 3 GWB auffällig keine Kontrollbegründung oder anderen Einflussgrad voraus, sondern erfasst zweistufig formale Beteiligungen (i.e. 25% und 50%). Nach der Vorstellung des Gesetzgebers ist der Erwerb von 50% des Kapitals bzw. der Stimmrechte oder sogar von Minderheitsbeteiligungen ab einer Höhe von 25% typischerweise mit einer besonderen gesellschaftsrechtlichen Einflussmöglichkeit, etwa ihm unliebsame Grundsatzentscheidungen der Zielgesellschaft zu blockieren, verbunden.[762]

Das Erreichen jeder einzelnen Stufe begründet einen selbstständigen Zusammenschluss, und jedes auch nur sukzessive Erreichen dieser Schwellenwerte löst ein neues Fusionskontrollverfahren aus, etwa die Aufstockung eines Anteils von 24,99% um 0,01% auf 25% oder von 25% um 25% auf 50%. Demgegenüber wird ein Nichterreichen der Höhe von 25% oder 50% nicht erfasst, ebenso wenig die Aufstockung einer Beteiligung über 25% auf unter 50% bzw. eine Mehrheitsbeteiligung. Diese unterfallen statt dessen § 37 I Nr. 2, oder 4 GWB.

#### *(2) Zurechnung von Anteilsbesitz (§ 37 I S. 2 GWB)*

Zu den Anteilen, die dem Unternehmen gehören, rechnen auch die Anteile, die einem anderen für Rechnung dieses Unternehmens gehören und, wenn der Inhaber des Unternehmens ein Einzelkaufmann ist, auch die Anteile, die sonstigen Vermögen des Inhabers sind (§ 37 I Nr. 3). Daher muss die Prüfung des Erreichens der 25%- bzw. 50%-Beteiligungsschwelle alle vom Erwerber bereits gehaltenen Anteile und auch alle von mit ihm verbundenen Unternehmen gehaltenen Anteile (§ 36 II S. 1 GWB) sowie Anteile, die ein Drittunternehmen auf dessen Rechnung hält (§ 37 I Nr. 3 S. 2 GWB) berücksichtigen. Ist der Inhaber

761 Mestmäcker/Veelken, § 37 GWB, Rn. 50.

762 Begr. Zum RegE. BT-Drs. 13(1998)/9720, S. 43. Bunt, Kartellrecht, S. 355; Hasse, Zusammenschlusskontrolle Taiwan, S. 106.

des Unternehmens Einzelkaufmann, so werden auch alle von dem Unternehmensinhaber gehaltenen Anteile in die Berechnung mit einbezogen.

## II. Kontrollerwerb i.S.v. § 37 I Nr. 2 GWB

### *1. Mehrheitsbeteiligung*

#### *(1) Stimmrechtsberechtigte Mehrheitsbeteiligung*

Vor dem Erlass der 6. GWB-Novelle unterlag der Erwerb der Mehrheitsbeteiligung i.S.v. § 16 I AktG dem Anteilserwerb i.S.v. § 23 II Nr. c GWB a.F. Seit der 6.GWB-Novelle unterfällt der Mehrbeteiligungserwerb nicht mehr § 23 II r. c GWB a.F., sondern § 37 I Nr. 2 GWB. Anders als für § 37 I Nr. 3 ist das Überschreiten bestimmter Aufgreifschwellen irrelevant. Fallen Kapitalmehrheit und Stimmrechtsmehrheit auseinander, ist die Stimmrechtsmehrheit ausschlaggebend, ähnlich wie gem. Art. 3 FKVO[763]. Etwa im Fall UKU/ KKH[764] Bergstraße kann der Erwerb von 90% der Geschäftsanteile zur Annahme der alleinigen Kontrolle führen.

#### *(2) Stimmrechtslose Mehrheitsbeteiligung*

Die stimmrechtslose Mehrheitsbeteiligung fällt in der Regel nicht unter den § 37 I Nr. 2 GWB, da sie keine Kontrolle über das Zielunternehmen begründet. Trotzdem stellt sie einen Zusammenschluss i.S.v. § 37 I Nr. 3 GWB dar.

### *2. Qualifizierte Minderheitsbeteiligung*

#### *(1) 25%- unter 50%*

§ 37 I Nr. 2 GWB erfasst die Aufstockung einer bestehenden Minderheitsbeteiligung im Bereich ab 25% auf eine Schwelle unter 50%, insbesondere „wenn sie nach der Ausgestaltung des Gesellschaftsvertrags oder der Satzung oder im Zusammenwirken mit begleitenden Vereinbarungen besondere Rechte verschafft oder wenn nach den tatsächlichen Umständen, etwa bei Streubesitz der restlichen Aktien, damit zu rechnen ist, dass der Erwerber das Unternehmen faktisch allein kontrollieren kann.“[765]

Im Fall Kurt Krieger/Möbel Walter[766] konnte die Anteilserhöhung von rund 7,5% am stimmberechtigten Kapital des Unternehmens auf 47,5% eine Alleinkontrolle begründen, weil das Zielunternehmen eigene Anteile in Höhe von

763 Dazu siehe Teil 3 A I.

764 Universitätsklinikum Heidelberg AöR/ Universitätsklinikum Heidelberg AöR.

765 Dreifuß, Zusammenschluss durch Anteilserwerb, WuW 9/2000, S. 838.

766 BKart A, B. v. 7.12.2001- Kurt Krieger/Möbel Walter, Rn. 5.

rund 10% hielt und überdies die Hauptversammlungspräsenz in aller Regel unter 90% lag und die restlichen Anteile sind – sofern nicht gestreut – in Paketen von jeweils weniger als 25% auf verschiedene Aktionäre verteilt waren, sodass 47,5% Anteile zur Begründung einer Hauptversammlungsmehrheit ausreichten.

## III. Wettbewerblich erheblicher Einfluss i.S.v. § 37 I Nr. 4 GWB

### *1. Allgemeines*

Der wichtigste Anwendungsfall des § 37 I Nr. 4 ist der Erwerb von Anteilen unter 25% Beteiligung, verbunden mit einem unmittelbaren Einfluss in den Gesellschaftsorganen entweder durch besondere Stimmrechte, Stimmbindungen oder sonstige auf das Abstimmungsverhalten in den Gesellschaftsorganen gerichtete Vereinbarungen oder durch personelle Verbindung.[767]

Die 5. GWB-Novelle 1989[768] fügte den „erheblichen Einfluss“ als einen mit Art. 3 FKVO, § 6 FHG und § 20 AMG nicht vergleichbaren Tatbestand ein. Mittels dieser Zusammenschlussform wurden verschiedene Lücken, vor allem die Minderheitsbeteiligung geschlossen[769], was in der 6.GWB-Novelle im Wesentlichen aufrechterhalten wurde. Sein wichtigster Anwendungsbereich ist der Anteilserwerb unter 25%. Gedacht war an sog. 24,9%-Fälle, wenn die Minderheitsbeteiligung an Konkurrenten mit zusätzlichen Abreden über Informations-, Mitsprache- oder Mitwirkungsrechte des Erwerber verbunden sind.[770] § 37 I Nr. 4 GWB ist aber einerseits mit erheblicher Rechtsunsicherheit belastet[771], und wurde andererseits vor allem wegen der zu vagen Abgrenzung von formeller und

767 OLG Düsseldorf 6.7.2005 WuW/E DE-R 1581, 1583.-Bonner Zeitungsdruckrei; OLG Düsseldorf 23.11.2005 WuW/E DE-R 1639 Mainova/Aschaffenburger VersorgungsGmbH; BKartA 2.4.2004 WuW/E DE-V 977, 979- KG Wochenkurirt; BGH 21.12.2004 WuW/E DE-R 1419 – trans-o-flex.

768 BGBl. I 2486.

769 Vgl. Begr. 1989, S. 13, 19; Emmerich, Kartellrecht, S. 414.

770 Vgl. BKartA 2.4.2004 WuW/E DE-V 977, 979- KG Wochenkurirt; BGH 21.12.2004 WuW/E DE-R 1419 – trans-o-flex.

771 Vgl. BKartA, TB 1985/86, S. 16; BDI, Verbändeanhörung, WuW 1989, S. 32, 34; Emmerich, WM 1988, S. 1773, 1776; Harms, Schwerpunkte des Kartellrechts 1987/88, S. 27, 46; Möschel, ZRP 1989, S. 371, 376; Gerlach, WRP 1989, S. 289, 295; KLING/Thomas, Kartellrecht, 2007, § 20 Rn. 4, m.w.N.

materieller Fusionskontrolle[772] sowie von Fusionskontrolle und Kartellverbot[773] kritisiert. Obwohl eine Angleichung an das EU-Recht mehrmals vorgeschlagen wurde[774], ist aber daran in der nochmaligen Novelle des GWB vom Gesetzgeber festgehalten worden, und zwar mit folgender Begründung: „Sie hat im Laufe der letzten Jahre an Konturen gewonnen und hat sich insbesondere im Bereich der Medien sowie der Energieversorgungsunternehmen als ein notwendiges Korrektiv wettbewerblich bedenklicher Umgehungskonstruktionen erwiesen.“[775] Im Vergleich zu den übrigen Tatbeständen spielt dieser Zusammenschluss aber quantitativ „eine absolut untergeordnete Rolle“[776] und ist auch qualitativ die am wenigsten intensive Zusammenschlussform[777].

## 2. *Tatbestandsmerkmal*

### *(1) Gesellschaftsrechtliche Vermittlung*

Obwohl die gesellschaftsrechtliche Vermittlung nicht im Gesetzesgegenstand zum Ausdruck kommt, kann aus dem Wortlaut „jede sonstige Verbindung von Unternehmen, auf Grund derer (…)“ sowie der Regierungsbegründung zur 5.[778] und 6. GWB-Novelle[779] entnommen werden, dass die Einflussnahme lediglich gesellschaftsrechtlich vermittelt werden muss[780]. Etwa im Fall Gazprom / VNG galt das Vorhaben der GPG, den Verzicht auf 1,88% der Stimmrechte sowie den Verzicht auf ein Aufsichtsratsmandat bei der VNG aufzuheben und dadurch ihren Anteil an VNG auf insgesamt 10,52% zu erhöhen, als eine gesellschaftsrechtlich vermittelte Unternehmensverbindung im Sinne des § 37 Abs. 1 Nr. 4 GWB.[781] Eine Untergrenze wird nicht gegeben, sondern setzt lediglich der Erwerb einer 1%igen Beteiligung voraus.

---

772 Paschke, Zusammenschlussbegriff, S. 57; Dirk Schroeder, WuW 12/2011, S. 1216, 1218.

773 Vgl. Harms, Schwerpunkte des Kartellrechts 1987/88, S. 27, 39; Gerlach, WRP 1989, S. 289, 295.

774 Dirk Schroeder, WuW 12/2011, S. 1216, 1218.

775 Begr. 1998, S. 57.

776 Zigelski, Sabine, Der wettbewerblich erhebliche Einfluss wird 20, WuW 12/2009, S. 1296.

777 Hartog, Der Zusammenschlusstatbestand, S. 16.

778 Begr. 1989., BT-Drucks. 11/ 4610. S. 20.

779 Begr. 1998, S. 57.

780 Eingehend zur Johanna Hartog, S. 27 ff.

781 8. Beschlussabteilung Aktenzeichen: B 8 – 116/11, Gazprom / VNG, Rn. 51.

Bloß faktische bzw. wirtschaftliche Verbindungen, etwa durch Liefer-, Lizenz-, oder Kreditverträge, zum geschäftlichen Verhalten der Gesellschaft reichen dagegen für die Anwendung nicht aus, um eine uferlose Anwendbarkeit zu verhindern[782]. Die gen. gesellschaftsrechtliche Vermittlung muss jedoch nicht bedeuten, dass der wettbewerblich erhebliche Einfluss ausschließlich auf dieser gesellschaftsrechtlichen Basis beruht, sondern es kann eine Gesamtschau aller Umstände erfolgen[783]. Zu berücksichtigen ist somit etwa die Einräumung von Entsenderechten in die Organe der Gesellschaft, bzw. das unternehmerische Interesse an der Beteiligung, insbesondere die wirtschaftlichen Beziehungen zwischen Erwerber und Beteiligungsunternehmen, z.B. ein Lieferanten-Abnehmer-Verhältnis[784]. Im Fall GM/PSA[785] etwa stand der Erwerb von 7% der Anteile und 5,78% der Stimmrechte an PSA durch GM in unmittelbarem Zusammenhang mit der beabsichtigten strategischen Allianz und verwirklicht daher den Zusammenschlusstatbestand des § 37 I Nr. 4 GWB.

## C. Anteilserwerb nach § 6 FHG

### I. § 6 I Nr. 2 FHG

Nach § 6 I Nr. 2 FHG gilt der Erhalt oder der Erwerb von Anteilen oder Einlagen an einem anderen Unternehmen als Zusammenschluss, wenn dadurch die Anteile oder Einlagen mehr als ein Drittel sämtlicher stimmberechtigter Anteile oder des Gesamtkapitals des anderen Unternehmens erreichen. § 6 II FHG regelt zugleich eine Zurechnungsklausel hinsichtlich des Erwerbsgegenstands.

#### *1. Stimmrechtsberechtigte Anteile oder Einlagen*

Der Erwerbsgegenstand erstreckt sich auf stimmrechtsberechtigte Anteile oder Einlagen. Stimmrechtslose Anteile oder Einlagen bleiben daher außer Betracht. § 6 I Nr. 2 FHG-Entwurf unterschied nicht zwischen Anteilen und Einlagebetrag, sondern sprach lediglich vom Begriff „Anteile". Im Weg der Überprüfung des § 6 I Nr. 2 FHG-Entwurf vertraten Wirtschafts- und Justizausschuss des

782 WuW/E DE-R 607- Springer/Strike; OLG Düsseldoirf WuW/E DE-R 647 (652 f.)- WAZ7OTZ; WuW/E DE-R 1390 (1392 ff.)- Wochenkurier/Lausitzer Rundschau; WuW/E DE-V 1639 Mainova /AVG.

783 Vgl. OLG Düsselfdorf, 24.11.2004 „KG Wochenkurier", WuW/E DE-R 1390, 1391.

784 8. Beschlussabteilung Aktenzeichen: B 6-116/11, Gazprom Germania/Wintershall/VNG Verbundnetz Gas AG /E.ON/EnBW/RWE/EWE/NVG/, Thüga, Rn. 52.

785 B9-32/12GM/PSA, Rn. 9.

Legislativ-Yuan folgendes: „Der Erwerbsgegenstand muss nicht nur Anteile, die sich auf AG beziehen, sondern auch den Einlagebetrag. Das ist entsprechend auf andere Gesellschaftsformen anzuwenden. Folglich muss die Kapitalhöhe auch in § 2 FHG eingefügt werden."

In Übereinstimmung mit dieser Aussage hat § 6 I Nr. 2 FHG Anteile und Einlagebetrag übernommen. Deren jeweilige Summe wird als Anteil- bzw. Kapitalhöhe bezeichnet. Die strikte Trennung zwischen Anteilen und Einlagen ist aus fusionsspezifischen Gesichtspunkten irrelevant, soweit der Erwerb dem Erwerber eine Stellung als Anteilseigner bzw. Gesellschafter vermitteln kann. Aus dem Adjektiv „stimmberechtigte" kann man ablesen, dass der Erwerbsgegenstand letztlich auf die dahinter stehenden Stimmrechte abstellt, weshalb richtigerweise stimmrechtslose Anteile und Einlagen außer Betracht bleiben. Diese Meinung hat sich auch in der Verwaltungspraxis durchgesetzt. Beim Anteilserwerb trennt die FTC nicht mehr scharf zwischen Anteilen und Einlagen, sondern verwendet bewusst einheitlich und allgemein den Begriff der „Anteile oder Einlagenbeträge".

## *2. Erwerbshöhe: 30%-Schwelle*

### *(1) Überlegung zur 30%-Schwelle*

Die 30%-Schwelle des taiwanesischen Fusionsrechts ist in formaler Hinsicht nicht vergleichbar mit der deutschen Schwelle in Höhe von 25%. Sie ist jedoch in materieller Hinsicht ähnlich wie die deutsche Schwelle[786], denn sie stellt auf die von dieser Schwelle vermittelte Einflussnahme ab[787]. Die Eindrittel-Schwelle plus einer Aktienstimme kann die wichtigsten und richtungweisenden Entscheidungen der AG (die der Zweidrittel-Mehrheit bedürfen) blockieren. Und auch für die Fusionskontrolle ist diese Schwelle von besonderer Relevanz, weil von ihr nicht zuletzt die Gewinnausschüttung, die Entlassung von Direktoren (Geschäftsführern, Vorstands- und Aufsichtsratsmitgliedern), die Zustimmung zu selbstbegünstigenden Handlungen der Direktoren (möglicher Interessenkonflikt), Satzungsänderungen, Auflösung, Teilung, Zusammenschlüsse und Fusionen usw. abhängen[788].

Auf Grund der Vielzahl von Regelungsbereichen, die mit Zweidrittel-Mehrheit zu beschließen sind, erscheint eine (zusätzliche) 50%-Schwelle nicht erforderlich.[789] Vielmehr ist die Eindrittel-Schwelle „angemessen" und „für die

---

786 Bunt, Kartellrecht, 2. Aufl., S. 355; Hasse, Zusammenschlusskontrolle Taiwan, S. 106.

787 Hasse, Zusammenschlusskontrolle Taiwan, S. 105.

788 Hasse, Zusammenschlusskontrolle Taiwan, S. 105.

789 Hasse, Zusammenschlusskontrolle Taiwan, S. 106.

wettbewerbliche Beeinflussung des übernommenen Unternehmens, etwa in welcher Richtung sich das Unternehmen mittel- und längerfristig strategisch positionieren will und in welchen Bereichen es als Wettbewerber auftreten will"[790]. Das übernehmende Unternehmen könne damit verhindern, dass das Zielunternehmen ihm als Konkurrent entgegentrete, und könne es statt dessen in ihm genehme Bahnen lenken.[791]

### *(2) Zurechnungsklauseln i.S.v. § 6 II FHG*

#### a. § 6 II FHG

Bei der Berechnung der Anteile oder Einlagen nach § 6 I Nr. 2 FHG zählen auch solche Anteile oder Einlagen mit, die vom Unternehmen in einem beherrschenden oder sonst abhängigen Verhältnis stehen. Seit 1995 erwarb die Firma Eastern Multimedia selbst und über seine Holdings Eastern Broadcasting und Eastern Vertriebsberatung die Anteile an mehr als 20 Gesellschaften für Kabelfernsehen, von denen jeweils 75%, 88%, 58%, 76% der stimmberechtigten Anteile gehalten wurden. Die FTC stellte fest, dass nach der Zurechnungsklauseln des § 6 II FHG die von Eastern Multimedia unmittelbar oder mittelbar gehaltenen Anteile bereits die 30%-Schwelle überschritten und mithin ein Zusammenschluss i.S.v. § 6 I Nr. 2 FHG vorlag.[792] Im Fall Xin Wang/Da Gaoxiong[793] erwarb Xin Wang durch ihre Tochtergesellschaft 63,05% Anteile am Zielunternehmen und dieser Vorgang wurde vom FTCebenfalls als Zusammenschluss angesehen.

#### b. Verwaltungsauslegung von 27.03.2012

Am 27.03 2012 erließ die FTC folgende Verwaltungsauslegung: „Das in § 6 II FHG bezeichnete beherrschende oder abhängige Verhältnis soll wie folgt verstanden werden: wenn die stimmberechtigten Anteile oder Einlagen einer Gesellschaft die Hälfte der bereites ausgegebenen stimmberechtigten Anteile oder Einlagen einer anderen Gesellschaft überschreitet, oder eine Gesellschaft die mittelbare oder unmittelbare Kontrolle über Personal, Finanzwesen und Geschäft der andere Gesellschaft erwirbt, eine Hälft von geschäftlichen Gesellschafter oder Vorsitzenden beider Gesellschaft".

790 Hasse, Zusammenschlusskontrolle Taiwan, S. 105.
791 Hasse, Zusammenschlusskontrolle Taiwan, S. 105.
792 Verwaltungsentscheidung 023.
793 Entscheidung der FTC von 09.05.2002, Nr. 0920.

### (3) *Verwaltungspraxis*

a. Entscheidungen

Taiwan Mobile (Taiwan Mobile Co., Ltd.) wollte 45% Anteile an der Mymusic erwerben und dieses Zusammenschlussvorhaben wurde am 28.04.2010 von der FTC freigegeben. Am 16.09.2010 erwarb Taiwan Mobile ohne Anmeldung bei der FTC über ihre 100%ige Tochtergesellschaft mittelbar 10% Anteile an der Mymusic und hielt so insgesamt 55% Anteile an der Mymusic. Die FTC sah diesen Vorgang als Zusammenschluss i.S.v. § 6 I Nr. 2 FHG an und verhängte ein Bußgeld gegen Taiwan Mobile.[794] Im Fall Chongyu AG[795] hatte Chongyu AG 24,67% der Anteile an einem Zielunternehmen gehalten und wollte diese Beteiligung auf 69% aufstocken. Wegen fehlender Anmeldung wurde von der FTC eine Sanktion verhängt. Im Fall YUSCO[796] wurde der Anteilserwerb in Höhe von 34% als Zusammenschluss angesehen. Im Fall Elpida Memory/Rexchip[797] hielt Elpida Memory 48,8% der Anteile an Rexchip. Die geplante Aufstockung auf 52% wurde als Anteilserwerb i.S.v. § 6 I Nr. 2 FHG angesehen.

b. Ausnahmen nach § 11-1 Nr. 1 und Nr. 2 FHG

Nach § 11-1 Nr. 1 und Nr. 2 FHG erfüllt ein Anteilserwerb nicht § 6 I Nr. 2 FHG[798], wenn eines der an dem Zusammenschluss beteiligten Unternehmen bereits mehr als 50% der stimmberechtigten Anteile (oder Einlagen) am anderen Unternehmen hält und sich dann mit diesem Unternehmen zusammenschließt. Eine weitere Ausnahme besteht dann, wenn Unternehmen sich zusammenschließen, an denen mehr als 50% der stimmberechtigten Anteile/Einlagen vom selben Unternehmen gehalten werden.

## 3. *Erwerbsform*

### (1) *Überblick*

Die Erwerbsform muss Vollerwerb sein und umfasst nicht die Begründung eines Pfand- oder Sicherungsrechts. In der Praxis kommt zudem auch der Anteilsaustausch vor, etwa in den Fällen Epistar/Hugaopto[799] und Lam Research/Novellus Systems. Die Aufstockung begründet in der Regel einen Zusammenschluss

---

794 Sanktionsentscheidung gegen Taiwan Mobile Co., Ltd. Nr.

795 Sanktionsentscheidung gegen Chongyu AktG Nr. 097061.

796 Entscheidung der FTC vom 08.05.2009.

797 Freigabeentscheidung der FTC- Kommissionssitzung von 07.07.2010.

798 Siehe: Teil 2 C. III.

799 Freigabeentscheidung der FTC- Kommissionssitzung von 07.07.2010.

i.S.v. § 6 I Nr. 2 FHG, etwa in den Fällen Taiwan Mobile[800] und Elpida Memory/ Rexchip[801].

*(2) Schriftliches Auftragsschreiben*

Der Gesellschafter kann einen Beauftragte bestimmen, der an der Hauptversammlung teilnimmt (§ 172-1 III Hb. 2 GeGTW) und im Rahmen eines Auftragsschreibens das Stimmrecht ausüben muss (§ 177 I GeGTW, § 177-2 GeGTW). Wenn mehr als zwei Gesellschafter denselben Beauftragten bestimmten haben, darf die Summe ihrer Stimmrechte nicht 3% aller Stimmrechte überschreiten. Was über 3% hinausgeht, wird bei Abstimmungen nicht mitgezählt. Ist der Beauftragte allerdings ein Treuhandunternehmen oder ein von der zuständigen Behörde genehmigter Börsenmakler, gilt diese Klausel nicht, § 177 II GeGTW. Die Kommission für die Wertpapiersaufsicht im Finanzministerium hatte die Regelung zum Erwerb mittels Auftragsschreiben erlassen, und zwar im Rahmen der Regelung von solchen Schreiben. Übertragen auf die fusionskontrollrechtliche Bewertung kann die FTC im Wege der Verwaltungsauslegung (Nr. 106)[802] den Erwerb durch Auftragsschreiben als Erwerb im Sinne des Fusionsrechts werten, wenn dadurch mindestens 30% der stimmberechtigten Anteile/Einlagen erworben werden, selbst wenn dieser Erwerb *der Regelung zum Erwerb durch schriftliches Auftragsschreiben* zuwiderlief.

## II. § 6 I Nr. 4 FHG

Der Erwerb von Minderheitsbeteiligungen unterhalb der 30%-Schwelle bewirkt grundsätzlich für sich genommen keinen Zusammenschluss i.S.v. § 6 I Nr. 2 FHG. Wenn weitere Faktoren hinzutreten, kann sogar bereits ein Schwelle von 25% unter § 6 I Nr. 4 FHG fallen. Im Fall LG/Pioneer/Koninklijke Philips/Sony[803] wollten LG, Pioneer, Koninklijke Philips und Sony gemeinsam sämtliche Anteile von One-Red erwerben und gemeinsam zu jeweils 25% die One-Red betreiben. Der Firma One-Red wurden diverse Lizenzen sowie Urheberrechte aus einem Patent Pool für DVD-Produkte eingeräumt und Patent Pool der DVD-Produkt-Urheberrechte eingeräumt. Dieser Vorgang wurde von der FTC als ein ständiger gemeinsamer Geschäfts-Betrieb mit anderen Unternehmen gewertet. Gleiches gilt auch für den Fall Hitachi/Panasonic/Koninklijke Philips/Samsung/ Sony/

800 Sanktionsentscheidung gegen Taiwan Mobile Co., Ltd. Nr. 100126.

801 Freigabeentscheidung der FTC- Kommissionssitzung von 07.07.2010.

802 Beschluss der FTC-Kommissionssitzung Nr. 256.

803 Entscheidung der FTC vom 24.01.2013.

Cyberlink[804], die gemeinsam die 1/6 Anteile von One-Blue und One-Blue Lizenzgeber und Patent Pool eingeräumt wurde.

## III. § 6 I Nr. 5 FHG

Ein Unternehmen erwirbt in der Regel durch Anteilserwerb die Kontrolle über die Personalentscheidung und den Geschäftsbereichen des Zielunternehmens.

### *1. Parallele Anwendung mit § 6 I Nr. 2 FHG*

Unter Umständen kommt eine parallele Anwendung von § 6 I Nr. 2 FHG in Betracht, sodass ein Anteilserwerb zugleich die Tatbestände von Nr. 2 und Nr. 5 dieser Vorschrift erfüllen kann.

#### *(1) Bayern/Aventis*

Im Fall Bayern/Aventis erwarb das Bundesland Bayern 100% der Anteile an der Firma Aventis. Die FTC stellt fest, dass dieser Vorgang nicht nur den § 6 I Nr. 2 FHG, sondern auch § 6 I Nr. 5 FHG erfüllte, weil der Erwerb es dem Bundesland ermöglichte, mittelbar auf den Betrieb/Geschäftsführung und Personalentscheidungen des taiwanesischen Tochterunternehmens von Aventis einzuwirken.[805] Gleiches gilt auch für den Fall Avenger International Limited.[806]

#### *(2) TASC/Hungkai*

Im Fall TASC/Hungkai[807] erwarb TASC 92,88% der Anteile an der Hungkai, was ebenfalls sowohl den Anteilserwerb i.S.v. § 6 I Nr. 2 FHG als auch den Kontrollerwerb i.S.v. § 6 I Nr. 5 FHG erfüllte.

### *2. § 6 I Nr. 5 FHG*

#### *(1) Sanktionsentscheidung gegen Far Eastern Department Stores Co. Ltd.*

In ihrer Entscheidung gegen Far Eastern Department Stores Co. Ltd. vom 27.12.2006[808] vertrat die FTC, dass Far Eastern und deren verbundene Unternehmen nahezu 80% der Anteile und daher mittelbare Kontrolle über den Betrieb

---

804 Entscheidung der FTC vom 31.03.2011.
805 Entscheidung der FTC über Bayern/Aventis.
806 Entscheidung vom 11.06.2008 der FTC.
807 Entscheidung vom 23.02.2006 der FTC.
808 Sanktionsentscheidung gegen Far Eastern Department Stores Co. Ltd. von 27.12.2006, S. 8.

des Geschäftsbetriebes bzw. der Personalentscheidungen erwarben. Dieser unangemeldete Zusammenschluss fiel unter § 6 I Nr. 5FHG und wurde somit untersagt bzw. mit Sanktionen belegt.

*(2) Sanktionsentscheidung gegen Bai-Vermögensverwaltungsgesellschaft*

In der Entscheidung gegen Bai-Vermögensverwaltungsgesellschaft[809] ging es um einen Anteilserwerb an einer Gesellschaft G-Music in Höhe von 58%. Die FTC ging davon aus, dass dieser Vorgang bereits den Geschäftsbetrieb und die Personalentscheidungen der G-Music kontrollierte und wertetet das als Zusammenschluss i.S.v. § 6 I Nr. 5 FHG.

### 3. Qualifizierte Minderheitsbeteiligung unterhalb von 30%

Unterhalb der 30%-Schwelle liegt kein Zusammenschluss i.S.v. § 6 I Nr. 3 vor. Allerdings kann diese Fallgruppe auch § 6 I Nr. 5 FHG betreffen, wenn der Anteilserwerb unmittelbare oder mittelbare Kontrolle über Personalentscheidungen gewährt. Diese Konstellation kam bis heute jedoch noch nicht vor.

# D. Anteilsrechtserwerb i.S.v. § 20 Nr. 2, Alt. 1. AMG

Gemäß § 20 Nr. 2, Alt. 1. AMG liegt ein Zusammenschluss vor, wenn ein Unternehmen die Kontrolle über ein anderes durch Anteilsrechtserwerb erwirbt.

## I. Erwerbsgegenstand

### 1. Übersetzungsproblem

*(1) Meinungsstand*

Die chinesische Bezeichnung „Guqaun (股权)“ besteht aus zwei Wörtern, „Gu (股)“ und „quan (权)“, die jeweils mit „Anteil“ und „Recht“ übersetzt werden. Die Übersetzung des Erwerbsgegenstands „Guquan (股权)“ ist im deutschsprachigen Schrifttum streitig. Nach überwiegender Meinungen wird „quan (股权)“ mit „Anteil (Gu feng股份)[810]“ übersetzt, was dem Begriff der Anteile i.S.v. § 37 GWB entspricht. Z.T. wird es mit „Aktionärsrecht[811] (Gudong quan

809 Sanktionsentscheidung gegen Bai-Vermögensverwaltungsgesellschaft vom 04.12.2006.
810 MAO Xiaofei/Tobias Glas (2008), S. 106.
811 Masseli, Handbuch, S. 87, Fn. 445.

股东权)“ oder „Stimmrecht“ (Biao jue quan表决权)[812] übersetzt[813]. Die entsprichen jedoch nicht der originären chinesischen Fassung. Etwa der chines. Begriff des „Aktionärs“ als Bezeichnung für den Gesellschafter, der aus dem Begriff „Aktionär“ und „Recht“ besteht, gilt im chinesischen Kontext nur für die chinesische Aktiengesellschaft und GmbH.

*(2) „Gu feng“ als „Anteile“*

### a. Grammtische, teleologische Auslegung

Der Anteilsbegriff als feste Rechtsterminologie wird im chinesischen Gesellschaftsrechtssystem nur für die AG verwendet, während die GmbH statt „Anteilen“ „Einlagen“ verwendet[814]. Trotzdem kann der Begriff der Anteile unter dem fusionskontrollspezifischen Gesichtspunkt auf jede Unternehmensform mit Anteilsstruktur „extensiv“ ausgelegt werden. Die Zusammenschlusskontrolle zielt auf die „Vermeidung der Machtkonzentration auf Märkten und die Aufrechterhaltung vorhandener (wettbewerblicher) Strukturen“ und[815] die Rechtsform der Gesellschaft speilte keine entscheidende Bedeutung. und eine weitere Auslegung ist erforderlich.

### b. Historische Auslegung

Historisch trat der Begriff des „Anteils“ im Sinne von „Anteilserwerb“ zuerst in § 27 Nr. 2 des AMG-Entwurfs auf, wurde aber in der letztlichen Gesetzesfassung durch „Anteilsrechtserwerbs“ ersetzt. In seinem am 11.03.2009 veröffentlichten AnMeEnt verwendet das MOFCOM in Art. 3 I erneut den Begriff der „Anteile“[816], nämlich im Zusammenhang des Erwerbs von mindestens 50% der stimmberechtigten Anteile, die einen Kontrollerwerb i.S.v. § 22, Nr. 2 AMG begründet. Der Rechtsanwalt Liu Chunquan[817] kritisierte, dass die Begriffe „Anteile“ und „Anteilsrechte“ nicht miteinander verwechselt werden sollten; die richtige Formulierung sei „Anteilsrechte“, welche auch einheitlich sein sollte, weil sie sowohl AG als auch GmbH betreffen; darüber hinaus sei die Inlandswirkung

812 Chen Zhaoxia, (2008), S. 266.

813 Statt der „gu quan shou gou (股权收购)“ würden die Verfasser Chinas das „gu quan shou gou(股权收购)“ übersehen. Wang, Xiaoye, (2011), S. 264.

814 Diese Differenzierung zwischen „Anteil“ und „Einlage“ entstammt dem taiwanesischen Gesellschaftsgesetz.

815 Stockenhuber, Fusionskontrolle, S. 71.

816 http://fldj.mofcom.gov.cn/article/zcfb/200901/20090106011461.shtml, (eingesehen am 03.11.2013).

817 刘春泉.

ausländischer Gesellschaftsformen, etwa der OHG zu berücksichtigen[818]. In der letztlichen Gesetzesfassung wird nicht „Anteile", sondern „Anteilsrechte" verwendet, u.a. in § 20 AMG.

### c. Systematische Auslegung

Systematisch ausgelegt könnten Anteilsrechte und Anteile durchaus miteinander verwechselt werden. Nach § 22 I Alt. 1 und II Alt. 2 AMG können die beteiligten Unternehmen von der Anmeldepflicht durch Kartellbehörde befreit werden, wenn eines der beteiligten Unternehmen an jedem der anderen Unternehmen mindestens 50% der stimmberechtigten Anteile hält, oder wenn ein und dasselbe nicht beteiligte Unternehmen mindestens 50% der stimmberechtigten Anteile an beteiligten Unternehmen hält. Diese Vorschrift schließt die rein konzerninterne Veränderung aus der fusionsrechtlichen Betrachtung aus und es gilt dann lediglich der Aktiengesellschaft. Die Übersetzung mit „Anteilsrechte" kann auch andere Unternehmensformen, etwa die GmbH, erfassen, wenn und solange das für das Fusionsrecht entscheidende Vetorecht in der gesellschaftsvertraglichen Regelung vorgesehen ist.

Im Vergleich mit „Anteile" stimmt die Übersetzung „Anteilsrecht" nicht nur wörtlich mit der öffentlichen chinesischen Fassung überein, sondern auch entspricht der fusionskontrollspezifischen Rechtsformunabhängigkeit.

## *2. Auslegung des Begriffs des Anteilsrechts*

Anteilsrechtserwerb setzt das Vorhandensein einer Anteilsrechtsstruktur voraus. Allerdings ist problematisch, was – angesichts der Übersetzungsproblematik – unter dem Begriff der „Anteilsrechte" exakt zu verstehen ist.

### *(1) Das gesellschaftsrechtliche Verständnis*

Nach einer Auffassung ist „Anteilsrecht" ein typisch gesellschaftsrechtlicher Begriff und gilt der Anteilsrechtserwerb des AMG daher lediglich für die AG und die GmbH i.S.d. GeGCH; wandeln sich andere Unternehmen ohne anteilsrechtliche Struktur in eine AG oder GmbH um, so kann der Anteilsrechtserwerb anwendbar sein.[819] Beispiele dafür sind (noch) nicht umgewandelte Staats- und Kollektivunternehmen, Personengesellschaften sowie Einzelunternehmen. Andernfalls

---

818 http://gzly.mofcom.gov.cn/website/opinion/www_question_list.jsp?mofcom_no=244, (eingesehen am 03.11.2013).

819 Ye Jun/ Bao Zhi, (2008), S. 22.

würden solche Rechte als Vermögensrecht angesehen werden und daher dem Vermögenserwerb i.S.d. § 20 Nr. 2 AMG unterfallen.[820]

### *(2) Die extensive Auslegung*

Nach a.A. ist „Anteilsrecht" extensiv auszulegen, denn auch außerhalb der anteilsrechtlichen Gesellschaftsformen gemäß dem GeGCh gebe es Unternehmensformen mit vergleichbarer Struktur vorliegen. Diese sollten aus diesem Grunde auch nicht als Vermögensrechte, sondern entsprechend AG und GmbH behandelt werden.[821]

## *3. Stellungnahme*

### *(1) Fusionskontrollspezifische Auslegung*

Anteilsrechtserwerb ist als Zusammenschluss anzusehen, weil dadurch das zuvor selbständige Unternehmen seine Unabhängigkeit verliert und dessen Ressourcen einem anderen Unternehmen zugeordnet werden. Die Anwendung der Fusionskontrolle darf deshalb nicht an der formalen Grenze der Rechtsform stehen bleiben. M.a.W. ist der aus dem GeGCH stammende Anteilsrechtsbegriff fusionskontrollspezifisch auszulegen, soweit der Erwerb der „Anteilsrechte" zum Verlust der Unabhängigkeit eines Unternehmens führt. Auch systematisch gesehen umfasst der Unternehmensbegriff des § 12 I AMG neben AG und GmbH auch Unternehmensformen wie die Personalgesellschaft oder das Partnerunternehmen. Ohne die hier vorgeschlagene rechtsformunabhängige Auslegung des Anteilsrechts käme es zu einer planwidrigen Gesetzlücke.

### *(2) Einzelfälle*

#### a. Einmann-GmbH und staatseigene Einmann-GmbH

Das Gesellschaftsgesetz regelt zwei Sonderformen der GmbH: die Einmann-GmbH und die staatseigene Einmann-GmbH: In der Ein-Mann-GmbH ist nach § 58 I GeGCH deren Gesellschafter eine natürliche oder juristische Person, in die staatseigenen Einmann-GmbH investiert allein der Staat, und die SACSAC und deren untergeordnete Behörden fungieren als Aufsichts- und Managementorgan für das Staatsvermögen. Obwohl lediglich ein Gesellschafter bzw. Anteilsrecht vorhanden ist, kann die Einmann-GmbH auch fusionskontrollspezifisch als „Anteilsrechtsstruktur" angesehen werden.

---

820 Shang Ming, Kommentar zum AMG, S. 170.

821 Shang Ming, Kommentar zum AMG, S. 170.

b. Einzelpersonenunternehmen

Gleiches gilt auch für Einzelpersonenunternehmen, die lediglich von einer natürlichen Person mit chinesischer Staatsangehörigkeit geführt werden, die als Eigentümer für die Unternehmensschulden unbegrenzt haftet, § 2 EPUG.

c. Partnerschaftsunternehmen

§ 2 PUG[822] regelt drei Arten von Partnerschaftsunternehmen: das mit der deutschen OHG vergleichbare gewöhnliche Partnerschaftsunternehmen, das mit der deutschen Partnerschaftsgesellschaft vergleichbare gewöhnliche Partnerschaftsunternehmen besonderer Art und das mit der deutschen KG vergleichbare beschränkt haftbare Partnerschaftsunternehmen.[823] Durch Erwerb des „Anteilsrechts" eines Partners oder mehrerer Partner kann ein Kontrollverhältnis begründet werden.

*(3) Die nicht umgewandelten Staats- und Kollektivunternehmen*

Auf nicht umgewandelte Staats- und Kollektivunternehmen findet die Regelung des Anteilsrechtserwerbs wegen deren besonderer Corporate Governance keine Anwendung. In den volkseigenen Industrieunternehmen besteht gemäß § 7 VeInUG[824] das Geschäftsführerverantwortungssystem: Der Geschäftsführer entscheidet als höchstes Organ alle Angelegenheiten. Die Organisation der KPC (Kommunistische Partei Chinas) überwacht die Durchführung aller Direktiven und Richtlinien der Partei und des Staates im Unternehmen (§ 8 VeInUG). Unter Leitung der Unternehmensgewerkschaft nehmen die Beschäftigten an der demokratischen Steuerung und der demokratischen Überwachung teil (§ 11 VeInUG).

## II. Erwerbsformen

### *1. Vollerwerb*

Es gibt vielfältig Erwerbsformen: entgeltliche und unentgeltliche, originäre und derivative. Aber der Erwerb von Anteilsrechten muss ein unmittelbarer

822 PUG wurde am 23.02.1997 verabschiedet und am 27.08.2006 novelliert. Yuanshi Bu, Einführung, S. 161 ff.; Heuser, Beiträge; Feng Ye, Partnerschaftsunternehmen, 2001.

823 Bu Yuanshi, Einführung, S. 161.

824 Dieses Gesetz wurde von der 1. Sitzung des 7. Nationalen Volkskongresses am 13.04.1988 verabschiedet. (solche Informationen sollten in einer rechtsvergl Arbeit u.U. IN den Text).

Vollerwerb sein. Im Gegensatz zur deutschen Rechtsordnung[825] ist die Begründung eines Nießbrauchs an dem Anteilsrecht unzulässig, weil sich Nießbrauch gemäß § 117 SRG auf andere gehörende Sachen bezieht. Die Pfandrechtsbegründung am Anteilsrecht reicht ebenfalls nicht aus, weil sie gemäß §§ 208, 229 SRG als Sicherheit dient und der Pfandrechtsinhaber vor Eintritt des Sicherungsfalls weder über Substanzbeteiligung noch mitgliedschaftliche Mitwirkungsrechte verfügen darf. Selbst nach Eintritt des Sicherungsfalls genießt der Pfandrechtsinhaber allein die Vermögenswerte, jedoch kein Stimmrecht, weil die Pfandrechtsbegründung am Anteilsrecht auf Vermögenswerte beschränkt wird und dem Pfandrechtsinhaber keine Mitgliedschaftsrechte zustehen.[826]

### 2. *Kapitalerhöhung*

Es ist unstreitig, dass die Kapitalerhöhung eine Erwerbsform ist, z.B. im Fall Foushan Xinhau/Hongtaren, Mitsui/Jingjiang, Pepsi China/Pesi Fuzhou Mitsui/Ejeve. Im veröffentlichten Fall Wal-Mart/Yihaodian hatte Wal-Mart bereits 17,7% der Anteilsrechte an der Yihaodian und wollte über seine Tochtergesellschaft GEC 2 PTE. LTD weitere 33,6% an der Yihaodian erwerben. Dieser Vorgang wurde als Zusammenschlussvorhaben i.S.v. § 20 Nr. 4 AMG bewertet.

### 3. *„Debt-Equity-Swap"*

„Debt-Equity-Swap" ist ebenfalls eine mögliche Erwerbsform. Am 23.11.2011 erließ die SAIC die „Verwaltungsmethode der Registrierung einer Umwandlung von Forderungen in Anteilsrechte an Gesellschaften (VerReUmFA)"[827]. Nach 2 § VerReUmFA wird die Umwandlung von Forderungen in Anteilsrechte einer AG oder GmbH als Kapitalerhöhung zwischen Gläubiger- und Schuldnerunternehmen verstanden. Eine solche Umwandlung in Anteilsrechte kommt insbesondere dann in Betracht, wenn der Gläubiger seine Gegenleistung erhalten hat und die Erfüllung nicht gegen gesetzliche Verbote, Verwaltungsvorschriften, einen Beschluss des Staatsrats oder die Gesellschaftssatzung verstößt (§ 2 Nr. 1), bzw. wenn die Forderung durch Volksgerichtsurteil bestätigt wurde (Nr. 2), bzw. bei Insolvenz des Schuldners, wenn im Sanierungsplan (bzw. im Vergleich) eine Forderung mit einbezogen wird, die einem gerichtlichen Vergleich entstammt

825 Vgl. Säcker/Rixecker/Pohlmann § 1068 BGB, Rn. 24; K. Schmidt/K. Schmidt, Vor § 230, Rn. 14.

826 Shi Tiantao, Gesellschaftsrecht, 2. Aufl., S. 270, 274.

827 Näheres in: Yiying Yang, (2012), ZChinR 2012, S. 114 ff.

(d.h. durch Volksgerichtsentscheidung) und zum Anteilsrecht umgewandelt wurden (§ 3).

## III. Die Erwerbshöhe der „Anteilsrechte“

Fast alle Autoren im Schrifttum sowie das MOFCOM versuchen, eine quantitative Kontrollschwelle festzulegen, um Rechtssicherheit zu gewährleisten[828].

### *1. Mehrheitsbeteiligung*

#### *(1) Schrifttumsmeinung: § 216 II Halbsatz 1. GeGCH*

Nach einheitlicher Auffassung[829] soll die Aufgreifschwelle auf § 217 II Halbsatz 1. GeGCH a.F. (§ 216 II GeGCH n.F.) verweisen. Nach § 216 II GeGCH gilt ein Gesellschafter als beherrschend, wenn seine Einlage bei der GmbH mindestens 50% des Gesamtkapitals erreicht bzw. bei der AG seine mindestens 50% betragen. Nach § 22 I Alt. 1 und II Alt. 1 AMG können die beteiligten Unternehmen von der Anmeldungspflicht durch die Kartellbehörde befreit werden, wenn eines der beteiligten Unternehmen an jedem der anderen Unternehmen mindestens 50% der stimmberechtigten Anteile hält oder wenn ein und dasselbe nicht beteiligte Unternehmen mindestens 50% der stimmberechtigten Anteile hält. § 22 AMG liege zugrunde, dass Kontrolle i.S.d. AMG jedenfalls dann ausgeübt werde, wenn mindestens 50% der stimmberechtigten Anteile gehalten werden.[830]

#### *(2) Verwaltungspraxis*

Stimmrechtsmehrheit kann in der Regel Kontrolle über ein anderes Unternehmen begründen. In der Presseverlautbarung zum Bericht über die Antimonopol-Tätigkeit des MOFCOM 2012 vertritt Shang Ming die Ansicht, der Erwerb von mindestens 51% der stimmberechtigten Anteile könne unproblematisch Kontrolle begründen. Der Extremfall einer 100%igen Anteilsübernahme wie etwa im Fall Marubeni/Gavilon Holdings, LLC Google/Motorola Mobil begründet Kontrolle. Im Fall Homan Peterochemeicals Co./ Lotte Chemical Titan bezog es sich auf 72,32% Anteile. In der Regel begründet die Mehrheitsbeteiligung bei der GmbH ebenfalls Kontrolle, z.B. in den Fällen GCLPY/Koncasolar und

828 Vgl. Wang Xiaoye, Der Brennpunkt der AMG-Gesetzgebung, S. 100.
829 WRB-SANV, Kommentar zum AMG, S. 117; HU Jian, Legislative Auslegung, S. 42; WANG Xianlin (2009), S. 289; SHAN Jiandong/FANG Xiaomin/Wang Bing, Wettbewerbsrechtswissenschaft, (2009), S. 284 f.
830 Masseli, Handbuch, S. 95.

Posco/Daewoo International Corp., wo die erreichte Anteilsschwelle bei 70,19% bzw. 68,15% lag.

### *(3) Stellungnahme*

Grundsätzlich begründet der Erwerb einer Mehrheitsbeteiligung (50% plus eine Aktie/ Anteil) die alleinige oder gemeinsame Kontrolle. Nach § 127 I GeGCH muss jeder gleichartige Anteil bei der AG die gleichen Rechte haben. Nach § 43 GeGCH bemisst sich das Stimmrecht bei der GmbH nach der Einlage, soweit die Gesellschaftssatzung nicht etwas anderes bestimmt.

Bei Personengesellschaften führt eine Mehrheitsbeteiligung nur dann zur (alleinigen) Kontrolle, wenn das Einstimmigkeitsprinzip gesellschaftsvertraglich oder gesetzlich abbedungen ist.[831] Beim Partnerunternehmen hat jeder Partner das gleiche Recht, die Partnerschaftsgeschäfte zu führen (§ 26 I PUG); existiert keine Partnerunternehmens-Vereinbarung oder ist diese insoweit unklar, so werden die Entschlüsse mit mehr als der Hälfte der Stimmrechte gefasst (§ 30 I PUG). Das Einstimmigkeitsprinzip gilt demgegenüber nur bei Disposition über immaterielle Güter und anderer Vermögenswerte (§ 30 I PUG) bzw. wenn es in der Partnerunternehmens-Vereinbarung geregelt ist. Im Extremfall, d.h. wenn die Satzung (der Gesellschaft bzw. des Partnerunternehmens) ein Ablehnungsrecht in Höhe von nur 1% statuiert, kann nicht einmal der Erwerb der anderen 99% Kontrolle begründen.

## *2. Minderheitsbeteiligung*

Die chinesische Fusionskontrolle setzt hinsichtlich der Minderheitsbeteiligung erst beim Erwerb der Kontrolle an. Streitig sind Fäll mit unter 51% der Anteile.

### *(1) Schrifttumsmeinungen*

Obwohl § 216 GeGCH einige Hinweise zum besseren Verständnis des „Erwerbs der Kontrolle" gibt, fehlen Konkretisierung zu möglichen Konstellationen[832], weshalb Verständnisschwierigkeiten bleiben[833]. Nach § 216 II Halbsatz 2. GeGCH gilt als beherrschender Gesellschafter auch der, dessen Einlage/Anteile 50% nicht erreichen, aber dessen Stimmenrechte einen gewichtigen Einfluss auf die Entscheidungen der Gesellschafter- bzw. Hauptversammlung nehmen können.

---

831 Miersch, Kommentar der FKVO, S. 73; auch Krimphove, Europäische Fusionskontrolle, S. 253.

832 Meyer/Chen, RIW 2009, S. 265, 267.

833 Xiaomin Fang, ZWeR 4/2008, S. 385, 394.

*(2) MOFCOM*

a. Kommentar des MOFCOM

Nach dem Kommentar des MOFCOM[834] kann die Erfüllung des Tatbestands des § 48 *Vorläufige Aktienhandelsregeln* als „Anzeichen einer möglichen Kontrollausübung"[835] auch für die Beurteilung eines Kontrollerwerbs durch Anteilserwerb herangezogen werden. § 48 Vorläufige Aktienhandelsregeln besagt, dass die Voraussetzung für einen Kontrollerwerb darin besteht, ein Pflichtangebot bezogen auf den Erwerb an alle übrigen Aktieninhaber abzugeben. Dabei wird darauf abgestellt, dass bereits ein 30%iger Anteil ausreicht, den eine juristische Person, die nicht Gründer ist, an markt- bzw. börsengängigen Aktien einer Gesellschaft mit direkt oder indirekt innehat.[836]

b. Verwaltungspraxis

In den Freigabeentscheidungen finden sich zahlreiche Fälle zum Erwerb einer Minderheitsbeteiligung. In einer veröffentlichen Entscheidung hielt Wal-Mart bereits 17,7% der Anteile an New Haven Holding und wollte diese über seine 100%ige Tochtergesellschaft GEC 2 bis auf 51.3% aufstocken, was vom MOFCOM mit Auflagen genehmigt wurde.

*3. Stellungnahme*

Für einen Kontrollerwerb durch Anteilsrechtserwerb kommt es nicht auf die Überschreitung bestimmter Schwellen an, sondern darauf, ob der Erwerber die Kontrolle über ein anderes Unternehmen erlangt, d.h. einen bestimmenden Einfluss auf das erworbene Unternehmen ausüben kann. Nach dem Wortlaut stellt der Anteilserwerb auf den Kontrollerwerb ab und dementsprechend unterfällt die Minderheitsbeteiligung mit Kontrollerwerb ebenfalls § 20 AMG, der mithin keine Anwendung findet bei Minderheitsbeteiligungen ohne Kontrollerwerb.

## E. Zwischenergebnis

### I. Anteils-, Anteilsrechte

Sowohl die Begriffe der Anteile, der Anteilsrechte und auch des Erwerb werden in der jeweiligen Fusionskontrolle funktional ausgelegt: Die Anteile oder

834 Shang Ming, Kommentar zum AMG, S. 171.
835 Masseli, Handbuch, S. 92.
836 Zitiert aus: Masseli, Handbuch, S. 92.

Anteilsrechte werden rechtsformunabhängig ausgelegt und erfassen sämtliche Beteiligungsformen an einem Unternehmen, insoweit sie eine Stellung als Anteilseigner bzw. Gesellschafter vermitteln können. Bloße Optionen auf Anteilsrechte/Anteile sind wegen mangelnder Verleihung gesellschaftsrechtlicher Einflussmöglichkeit in der Regel qualifiziert.

## II. Erwerbshöhe

### *1. Mehrheitsbeteiligung*

Stimmrechtslose Mehrheitsbeteiligung fällt im Grundsatz nicht unter den Kontrollerwerb gem. Art. 3 I lit. b) FKVO, § 37 I Nr. 2 GWB, § 6 I Nr. 2 FHG sowie § 20 Nr. 2 Alt. 1 AMG, allerdings kann ein Zusammenschluss i.S.v. § 37 I Nr. 3 GWB einen solchen begründen. Die Stimmrechtsbeteiligung kann regelmäßig unter die jeweilige Fusionskontrolle, Art. 3 I lit. b) FKVO, § 37 I Nr. 2, Nr. 3 GWB und § 6 I Nr. 2 FHG und § 20 Nr. 2 Alt. 1 AMG, fallen.

### *2. Minderheitsbeteiligung*

Die reine Minderheitsbeteiligung unterliegt im Grundsatz nicht Art. 3 I lit. b) FKVO und § 20 Nr. 2 Alt. 1 AMG, kann allerdings § 6 I Nr. 3 FHG und § 37 I Nr. 4 GWB erfüllen. Die qualifizierte Minderheitsbeteiligung kann im Grundsatz unter Art. 3 I lit. a) und b) FKVO sowie unter § 20 Nr. 1, 2 Alt. 1 AMG, § 6 I Nr. 3 FHG und § 37 I Nr. 2, Nr. 4 GWB fallen.

## III. Erwerbsform

Die Erwerbsform spielt keine Rolle, insoweit sie im Ergebnis zur Begründung einer Kontrollposition führt. Allerdings reicht die Begründung beschränkter dinglicher Rechte, insbesondere von Pfand- und Sicherungsrechten, nicht aus.

# Teil 6: Gründung eines GU

## A. GU in der FKVO

### I. Entwicklungsgeschichte

Wegen ihrer konzentrativen und kooperativen Auswirkungen betrifft die Gründung eines GU zugleich das Schnittfeld zwischen Kartellverbot nach Art. 101 AEUV und und Zusammenschlusskontrolle nach Art. 3 FKVO. Vor Inkrafttreten der ersten FKVO im Jahr 1990 unterlag. Dieffernziert zunächst danach, ob das GU alle Funktionen einer selbständigen wirtschaftlichen Einheit erfüllt, d.h. ob das Unternehmen auf dem Markt alle Funktionen ausübte, die auch von anderen Unternehmen auf diesem Markt ausgeübt werden.Teilfunktions-GU, die nicht alle Funktionen einer selbständigen wirtschaftlichen Einheit ausüben) beleiben dagegen allein den Art. 1010 ff. AEUV unterworfen, sog. Trennungsprinzip. Diese Unterscheidung hat zugleich Auswirlung auf das anzuwendende Verfahren.

### II. Gründung

Der Begriff der „Gründung“ erfasst sowohl die Neugründung durch zwei oder mehr Unternehmen („greenfield operation“)[837] als auch die „weitere“ Gründung,[838] etwa im Wege der Kapitalerhöhung und Übernahme des gezeichneten Kapitals[839]. Als Gründung gilt auch die Umwandlung eines bisher allein kontrollierten Unternehmens in ein gemeinsam kontrolliertes GU, d.h. der Wechsel von alleiniger zu gemeinsamer Kontrolle,[840] und die Umwandlung eines Teilfunktions-GU in ein Vollfunktions-GU[841].

---

837 Vgl. Sache COMP/M.6896, Rn. 1 – SPAR/ ALLIANZ/ JV; COMP/M.6950, Rn. 1 – UPC/ GPT/ JV,; COMP/M.6905 – INEOS / SOLVAY / JV; KOMM. 03.09.1996 IV/M.788, Rn. 5- AgrEVO/Marubeni.

838 Langen/Bunte/Käseberg, Art. 3 FKVO, Rn. 97.

839 Fall Nr. IV/M.698, Rn. 6-NAW / Saltano /Contrac.

840 Bechtold, Art. 3 FKVO, Rn. 19.

841 Immenga/Mestmäcker/Körber, Art. 3 FKVO, Rn. 125.

## III. Gemeinsame Kontrolle

### *1. Begriff der gemeinsamen Kontrolle*

Nach dem Wortlaut „einen Zusammenschluss im Sinne von Absatz 1 Buchstabe b)" muss die Gründung eines GU das Vorleigen gemeinsamer Kontrolle voraussetzen[842]. Nach der Kommissionsauffassung wird die von den Pattsituationen geprägte gemeinsame Kontrolle begründet, wenn zwei oder mehr Unternehmen oder Personen die Möglichkeit haben, in einem anderen Unternehmen bestimmenden Einfluss auszuüben; der bestimmende Einfluss bedeutet hier in der Regel die Möglichkeit, Aktionen zu blockieren, die das strategische Wirtschaftsverhalten eines Unternehmens bestimmen[843], oder wenn die Muttergesellschaften bei allen wichtigen Entscheidungen, die das GU betreffen, Übereinstimmung erzielen müssen[844].

### *2. Form der gemeinsamen Kontrolle*

#### *(1) Gleiche Stimmrechte oder Setzung der Entscheidungsgremien*

In Betracht kommen vor allem die gleichen Stimmrechte zweier beherrschender Mutterunternehmen im GU und konsequenterweise das Entsendungsrecht der gleichen Zahl in die Entscheidungsorgane des GU[845]. Wegen des Einigungszwangs ist eine formelle Vereinbarung nicht mehr erforderlich; liegt eine solche Vereinbarung vor, darf sie nicht dem Prinzip der Gleichheit der beherrschenden Unternehmen entgegenstehen.[846]

#### a. Cementbouw/Kommission

In der Entscheidung Cementbouw/Kommission stellte das EuG Folgendes fest: „Gleiche Kapitale und gleiche damit verbundene Stimmrechte in der CVK ermöglichen es aber grundsätzlich jedem der Anteilseigner, die strategischen Entscheidungen des Gemeinschaftsunternehmens zu blockieren, etwa Entscheidungen über die Bestellung der Entscheidungsorgane des Gemeinschaftsunternehmens, also des Vorstands und des Aufsichtsrats. Um zu vermeiden, dass es zu einer solchen Blockade kommt, wenn die strategischen Entscheidungen des

842 Vgl. Case No IV/M.544, Rn. 5–13, Unisource / Telefónica; KOMM. 03.09.1996 IV/M.788, Rn. 6–7, AgrEVO/Marubeni.

843 Zuständigkeitsmitteilung, Rn. 62.

844 Zuständigkeitsmitteilung, Rn. 63.

845 Zuständigkeitsmitteilung, Rn. 64.

846 Zuständigkeitsmitteilung, Rn. 64.

Gemeinschaftsunternehmens getroffen werden, müssen die Anteilseigner daher ständig zusammenarbeiten.“[847]

### b. Maersk Data/ Eurogate IT/Global Transport Solutions JV

Im Fall Maersk Data/ Eurogate IT/Global Transport Solutions JV[848] wurde die Gründung einer gemeinsamer Kotnrolle angenommen:

“......MDU and Eurogate will each hold a 50%interest in GTS. The board will consist of 4 members equally appointed by the parties and the voting rights of each board member are in direct proportion with the shareholding of the shareholder responsible for their appointment. Therefore, MDU and Eurogate will control 50% each of the votes. Certain decisions such as the approval of the business plan will require agreement between the parties.“

### c. SPAR/ALLIANZ/JV

Im Fall SPAR/ALLIANZ/JV erwarb SPAR einen Anteil von 50% und übte somit zusammen mit Allianz die gemeinsame Kontrolle über fünf Einkaufszentren aus[849].

### *(2) Vetorechte*

Wenn die beiden beherrschenden Unternehmen nicht die gleichen Stimmrechte haben oder nicht gleich stark in den Entscheidungsgremien vertreten sind oder wo es mehr als zwei Muttergesellschaften gibt, kann die gemeinsame Kontrolle auch vorliegen durch die Minderheitsgesellschafter mit ihrer zusätzlichen Rechten gegen Entscheidungen, die für das strategische Wirtschaftsverhalten des Gemeinschaftsunternehmens wesentlich sind, ein Veto einlegen.[850]

### a. Air France II/ Kommission

Im Fall Air France II/ Kommission[851] besaß TAT als die Mehrheitsaktionärin mit 50.1% des Kapitals von TAT EA die Stimmenmehrheit und besaß auch die Ämter des Präsidenten und des Generaldirektors im Verwaltungsrat von TAT EA. Der „Business Plan“, der die wichtigsten Optionen des GU erhielt, wurde von British Airways und TAT gemeinsam aufgestellt und konnte nicht ohne Zustimmung

847 EuG 23.2.2006, Cementbouw/Kommission, Rs T-282/02, Slg 2006, II-319, Rn. 67.
848 Case COMP/M.3097, Rn. 5-Maersk Data/Eurogate IT/Global Transport Solutions JV.
849 Sache COMP von 28.05.2013, M.6896, Rn. 1 – SPAR/ ALLIANZ/ JV.
850 Zuständigkeitsmitteilung, Rn. 65.
851 Kommission, 27.11.1992, M.259, Air France II/ Kommission.

von TAT geändert werden. Aber da den vom Verwaltungsrat von TAT EA gefassten wichtigen Beschlüsse wenigstens von einem von British Airways ernannten Verwaltungsratsmitglied der Beschlussvorlage zugestimmt werden muss, wurde die Annahme der gemeinsamen Kontrolle von der Kommission aufgenommen und in folgender Rechtsache Air France/Kommission von dem EuGH[852] bestätigt.

b. Conagra/Idea

Im Fall Conagra/Idea[853] bedurften wichtige Entscheidungen über bedeutsame Investitionsvorhaben, die Produktentwicklung und die Ernennung von Geschäftsführern allerdings einer Mehrheit von 75% der Stimmrechte und reichte der Erwerb der mit 26% Stimmrechten verbundenen 20%igen Anteile kontrollbegründend aus.

*(3) Gemeinsame Ausübung der Stimmrechte*

Zwei oder mehr Unternehmen, die eine Minderheitsbeteiligung an einem anderen Unternehmen erwerben und selbst über besondere Vetorechte verfügen, können durch die gemeinsame Ausübung der Stimmrechte de facto und de jure auch die gemeinsame Kontrolle begründen.[854]

a. De jure

Die Grundlage der gemeinsamen Ausübung der Kontrolle lässt sich durch die rechtsverbindliche Vereinbarung verdeutlichen, etwa über eine gemeinsam kontrollierte Holdinggesellschaft, der die Minderheitsgesellschafter ihre Rechte übertragen, oder durch eine Vereinbarung, in der sie sich verpflichten, in der gleichen Weise zu handeln.[855]

aa) NAW / SALTANO / CONTRAC

Im Fall NAW / SALTANO / CONTRAC[856] hielten NAW und Saltano je 3/1 der Geschäftsanteile und mussten die wesentlichen Entscheidungen, die Einfluss auf die unternehmerische Tätigkeit von Contrac hatten, mit einer Stimmenmehrheit von 65% gefasst. Eine gemeinsame Kontrolle erfolgt aufgrund eines

852 Rechtssche T-2/93, Air France/Kommission, EuGH Slg. 1994. S. II-323.
853 Kom., M.010, Rn. 10-Conagra/idea.
854 Zuständigkeitsmitteilung, Rn. 74.
855 Zuständigkeitsmitteilung, Rn. 75.
856 Kommission 26.02.1996, IV/M.698, Rn. 6-NAW / SALTANO / CONTRAC.

Stimmbindungsvertrages, in der Gesellschafterversammlung bei der Stimmrechtsausübung zusammenzuwirken.

#### bb) Costa Crociere/Chargeurs/Accor

Im Fall Costa Crociere/Chargeurs/Accor[857] vereinbarten drei Anteilseigner, die zusammen 53.3% der Anteile an dem GU hielt, ein Stimmpool, innerhalb dessen Entschlüsse über Jahresbudget Geschäftsplan, Geschäftsstrategie, Investitionspolitik etc. nur entschieden werden könnten, wenn seine drei wichtigsten Mitglieder zustimmten.

### b. de facto: Starke gemeinsame Interessen als Klebemittel

Die gemeinsame Ausübung kann aufgrund einer strak gemeinsamen Interessen der Minderheitsgesellschafter erfolgen, sodass bei der Ausübung ihrer Stimmrechte in dem GU nicht gegeneinander handeln; in Ermangelung starken Interessengemeinschaft existiert eine dazu führende, stabile und feste Mehrheit nicht mehr und keine Entstehung der gemeinsamer Kontrolle.[858] Je größer die Zahl der Muttergesellschaften, umso geringer ist jedoch die Wahrscheinlichkeit, dass es hierzu kommt.[859] In Ermangelung einer starken Interessengemeinschaft wird in der Regel die Möglichkeit wechselnder Koalition unter den Minderheitsgesellschaftern die Entstehung einer gemeinsamen Kontrolle verhindert.[860]

#### a) Bereits bisher bestehenden Verbindungen zwischen den Kontrollausübenden

Die gemeinsame Ausübung kann aufgrund einer strak gemeinsamen Interessen der Minderheitsgesellschafter erfolgen, sodass bei der Ausübung ihrer Stimmrechte in dem GU nicht gegeneinander handeln; in Ermangelung starken Interessengemeinschaft existiert eine dazu führende, stabile und feste Mehrheit nicht mehr und keine Entstehung der gemeinsamen Kontrolle.[861] Je größer die Zahl der Muttergesellschaften, umso geringer ist jedoch die Wahrscheinlichkeit, dass es hierzu kommt.[862] In Ermangelung einer starken Interessengemeinschaft wird

---

857 Kommission, 19.7.1993, M.334 „Costa Crociere /Chargeurs/Accor“, Rn. 5 ff.
858 Zuständigkeitsmitteilung, Rn. 77, 80.
859 Zuständigkeitsmitteilung, Rn. 76.
860 Zuständigkeitsmitteilung, Rn. 80.
861 Zuständigkeitsmitteilung, Rn. 77, 80.
862 Zuständigkeitsmitteilung, Rn. 76.

in der Regel die Möglichkeit wechselnder Koalition unter den Minderheitsgesellschaftern die Entstehung einer gemeinsamen Kontrolle verhindern.[863]

### b) Ein hoher Grad gegenseitiger Abhängigkeit

Ein Indiz für das Vorliegen solcher gemeinsamen Interessen ist ein hoher Grad gegenseitiger Abhängigkeit der Muttergesellschaften bei der Verwirklichung der strategischen Ziele des GU, insbesondere wenn jede Mutter einen für das GU lebenswichtigen Beitrag leistet[864]. Der lebenswichtige Beitrag zu dem GU könne etwa Technologie, Kenntnis der örtlichen Marktverhältnisse oder Lieferverträge sein.[865]

#### aa) Hutchision/RCPM/ECT

Im Fall Hutchision/RCPM/ECT[866] verließ Hutchison sich darauf, dass RMPM die Genehmigung künftiger Ausbaupläne von ECT durchsetzt, während RMPM von Hutchison die Besteuerung von Sachverstand und Kapital erwartete, sodass Hutchison und RMPM ganz erheblich voneinander abhängig waren.

#### bb) Industri Kapital/Telia Enterprise

Im Fall Industri Kapital/Telia Enterprise[867] leiste das erhebliche sektorspezifische Wissen des Minderheitsaktionärs Telia einen essentiellen Beitrag zum Erfolg des Unternehmens und zu dem gemeinsamen Ziel der Transaktion.

#### cc) Areclor/Oyak/Erdemir

Die starke Abhängigkeit der Mehrheitsgesellschafter von einem Minderheitsgesellschafter kommt auch in Betracht, etwa das wirtschaftliche und finanzielle Angewisensein des GU auf den/die Minderheitsgesellschafter, oder wenn nur der Minderheitsgesellschafter das für den Betrieb des GU erforderliche und lebenswichtige Know-how erworben, während der Mehrheitsgesellschafter ein reiner Kapitalgeber ist.[868] Im Fall „Areclor/Oyak/Erdemir“[869] konnte Areclor mit ihren 41% Anteilen an dem GU letztlich keine Vetorechte ausüben, aber die Stellung, dass Areclor der einzige Anteilsinhaber mit spezifischem Know-how in diesem

863 Zuständigkeitsmitteilung, Rn. 80.
864 Zuständigkeitsmitteilung, Rn. 77.
865 Zuständigkeitsmitteilung, Rn. 77.
866 COMP/JV.55-Hutchison/RCPM/ECT.
867 Sache COMP/M.2401-Industri Kapital/Telia Enterprises.
868 Zuständigkeitsmitteilung, Rn. 78.
869 Sache COMP/M.4085, Arcelor/Oyak/Erdemir (13. Februar 2006)

Sektor war, stelle einen starken Anreiz für Oyak dar, Arcelors Standpunkte in strategischen Entschädigungen einzubeziehen[870]; dass Oyak und Arcelor auf eine „industriellen Plan" für das GU geeinigt hatten, der auf einer Integration der Tätigkeit von Arcelor und dem GU beruhte, erhöhte Arcelors Einfluss auf die Geschäftspolitik des GU und erhöhte Oyaks Anreiz, keine strategischen Entscheidungen ohne Arcelors Zustimmung zu treffen.[871]

c) Qualifizierte Entscheidungsverfahren

Die Entscheidungsverfahren, die so beschaffen sind, dass die Muttergesellschaften die gemeinsame Kontrolle auch dann ausüben können, wenn nicht ausdrückliche Vetorechte vereinbart wurden oder andere Beziehung zwischen den Minderheitsgesellschaftern des GU bestehen.[872]

aa) Hutchison/RCPM/ECT

Die Beteiligungen und Stimmrechte wurden offenbar auf eine gemeinsame Kontrolle der beiden Parteien über ECT zugeschnitten. Im Fall Hutchison/RCPM/ECT[873] verfügten Hutchison und RMPM zusammen über 70% der Anteile und Stimmrechte, wohingegen für die meisten Entscheidungen eine Mehrheit von 60% ausreichte; ferner stellten sie vier der fünf Aufsichtsratsmitglieder. Auch wenn ABN theoretisch mit einem der beiden strategischen Investoren eine Mehrheit herstellen könnte, zeigte die Beweislage, dass dies bei der Entscheidung über Stimmrechte und Regeln nicht geplant war.

bb) RTL/Veronica/Endemol

Im Fall „RTL/Veronica/Endemol"[874] heilte RTL 51% und Veronica und Endemol über eine Holding zusammen 49% der Anteile am Dritten. Entstand die Parität beider Gruppen durch die Präsenz von jeweils 4 Vertreten in der Teilhaberversammlung des GU, wurde ein kompliziertes Einigungsverfahren vereinbart, das bei Fehlschlagen durch den Stichentscheid des Großaktionär RTL enden sollte.

*(4) Sonstige Überlegung zur gemeinsamen Kontrolle*

Die Kommission führt weiterhin zwei Fälle an.

870 Sache COMP/M.4085, Arcelor/Oyak/Erdemir (13. Februar 2006) Rn. 11.
871 Sache COMP/M.4085, Arcelor/Oyak/Erdemir (13. Februar 2006) Rn. 12.
872 Zuständigkeitsmitteilung, Rn. 78.
873 Sache COMP/JV.55, Hutchison/RCPM/ECT (3. Juli 2001), Rn. 10–12.
874 Komm. IV/M.553, Rn. 6 ff. – RTL/Veronica /Endemol.

a. Unterschiedliche Rolle der Muttergesellschaft

Im Fall der unterschiedlichen Rolle der Muttergesellschaft kann sich die andere Muttergesellschaft im Tagesgeschäft des GU mit einer bescheidenen Rolle begnügen oder überhaupt nicht in Aktion treten, wenn der Grund für ihre Präsenz in diesem Unternehmen eine langfristige Finanzstrategie, das Marken-Image oder Überlegungen grundsätzlicher Art sind. Sie muss jedoch immer die reale Möglichkeit haben, Entscheidungen der anderen Muttergesellschaft aufgrund gleicher Stimmrechte, gleicher Rechte bei der Besetzung der die Unternehmensentscheidungen treffenden Organe oder eines Vetorechts bei strategischen Fragen abzulehnen. Andernfalls handelt es sich um eine alleinige Kontrolle.[875]

b. Ausschlaggebende Stimme

Wenn die ausschlaggebende Stimme nur nach einer Reihe von Schlichtungs- und Einigungsversuchen oder nur in einem sehr begrenzten Bereich eingesetzt werden darf oder wenn der Gebrauch dieser Stimme an eine Verkaufsoption geknüpft ist, die einen erheblichen finanziellen Nachteil bedeuten würde, oder wenn die gegenseitige Abhängigkeit der Muttergesellschaften einen Einsatz der ausschlaggebenden Stimme unwahrscheinlich erscheinen lässt[876].

## IV. Vollfunktionsfähigkeit

### *1. Grundzüge*

#### *(1) Trennung zwischen Vollfunktion- und Teilfunktions-GU*

Wegen der großen Beweglichkeit in den Grauzonen zwischen Marktverhaltenskontrolle nach Art. 101 AEUV und Marktstrukturkontrolle nach FKVO[877] erfuhr die Kommission bei den Abgrenzungskriterien zwischen Kartellaspekt und Fusionsaspekt eine wesentliche Änderung. Die Kommission differenzierte einst die Gründung des GU zwischen konzentrativen und kooperativen GU: Die Gründung des GU, „*das auf Dauer alle Funktionen einer selbständigen wirtschaftlichen Einheit erfüllt und keine Koordinierung des Wettbewerbsverhaltens der Gründerunternehmen im Verhältnis zueinander oder im Verhältnis zu dem GU mit sich bringt,*" galt Art. 3 I I der FKVO 4064/89[878] als Zusammenschluss

875 Zuständigkeitsmittelung, Rn. 81.

876 Zuständigkeitsmittelung, Rn. 82.

877 T. Mäger, in: T. Mäger, Europäisches Kartellrecht, 2. Aufl., § 9, Rn. 3.

878 Eingehend, Lohse, Gemeinschaftsunternehmen nach Inkrafttreten der Fusionskontrollverordnung, ZHR 159 (1995), S. 164–206.

nach der FKVO, während die Gründung eines GU, die eine Koordinierung des Wettbewerbsverhaltens voneinander unabhängig bleibender Unternehmen bezweckte oder bewirkte, unter den Anwendungsbereich des § 101 AUEV (ex-§ 82 EWG) fiel.

Nach dem Inkrafttreten der Änderungsverordnung 310/97 ist das negative Abgrenzungskriterium der fehlenden Koordinierungswirkungen weggefallen[879] und Kooperative GU, die zur Koordinierungsbewirkungen des Wettbewerbsverhaltens ihrer Mütter führen können, sind als Zusammenschluss nach FKVO zu behandeln, sofern sie gemeinschaftsweite Bedeutung i.S.d. § 1 FKVO haben. Die Regelung wurde in der 2. FKVO-Revision 2004 unverändert aufgenommen und die Abgrenzung zwischen Teilfunktions- und Vollfunktions-GU steht im Mittelpunkt bei der Anwendung nach der FKVO und der Art. 101 AEUV.

Teilfunktions- und Vollfunktions-GU ohne gemeinschaftsweite Bedeutung werden vor allem aus der Anwendbarkeit der FKVO herausgenommen. Das erste ist lediglich an Art. 101 ff. AEUV zu messen, während die Gründung eines Vollfunktions-GU ohne gemeinschaftsweite Bedeutung grundsätzlich nach den einschlägigen Bestimmungen der nationalen Kartellrechtsordnungen unterliegt.

*(2) Vollfunktion-GU*

Nach dem Wortlaut Art. 3 I V FKVO muss die Tauglichkeit einer Vollfunktions-GU zugleich Dauerhaftigkeit, Vollfunktion, und Selbständigkeit erfüllen. Das Vollfunktionskriterium ist ausschlaggebend für die Anwendbarkeit der FKVO[880]. Solche Kriterien überscheiden sich untereinander und trennen sich in der Literatur und der Verwaltungspraxis nicht scharf: vertreten werden in der Literatur drei Kriterien:[881] Vollfunktion i.e.S., Unabhängigkeit, Dauerhaftigkeit; bzw. vier Kriterien:[882] Dauerhaftigkeit, Selbständigkeit, Aktives Aufgetreten am Markt und keine reine Hilfsfunktion für die Mütter und zwei Kriterien.[883] Selbst die Kommission erläutert in der Zuständigkeitsmitteilung[884] nicht eindeutig[885]. Die

879 Mestmäcker/Schweitzer, § 24, Rn. 48.ff; Opgenhoff, EWS 1999, S. 372 ff.
880 Zuständigkeitsmitteilung, Rn. 92.
881 Immenga/Mestmäcker/Körber, in I/M, Art 3 FKVO, Rn. 128.
882 Hirsch/Montag/Säcker/Wessely/Wegner, Art 3 FKVO, Rn. 109.
883 Schröer, Art. 3 FKVO, Rn. 123 ff.
884 Zuständigkeitsmittelung, Rn. 91 ff.
885 Siehe: Schulte/Henschen, in: Handbuch Fusionskontrolle, Rn. 1655.

Prüfung der Vollfunktionsfähigkeit muss daher unter dem Gesichtspunkt einer Gesamtschau eines Bündels von Beurteilungsmerkmalen bewertet werden.[886]

### 2. *Vollfunktionsfähigkeit i.e.S.*

Bei dem Abgrenzungskriterium der Vollfunktion kommt es darauf an, ob das GU auf einem Markt tätig sein und die Funktionen ausüben muss, die auch von den anderen Unternehmen in diesem Markt wahrgenommen werden.[887]

#### *(1) Mehr als eine spezifische Funktion für die Muttergesellschaften*

Vollfunktion fordert dass, das GU eine über eine bloße Hilfsfunktion hinausgehende Tätigkeit ausüben muss. Derartige GU haben Hilfsfunktionen in der Geschäftstätigkeit ihrer Muttergesellschaften, etwa wenn ein GU im Wesentlichen auf den Vertrieb bzw. den Verkauf der Erzeugnisse der Muttergesellschaften beschränkt und damit überwiegend als Verkaufsagentur tätig ist.[888] die nur eine bestimmte Hilfsfunktion innerhalb der Geschäftstätigkeit der Muttergesellschaften erfüllen (etwa Forschung und Entwicklung oder Produktionstätigkeiten zu übernehmen, im Wesentlichen als Verkaufsagentur zu fungieren), besitzen in der Regel keine Vollfunktionsfähigkeit[889].

Es lässt sich in Fall Unisource /Telefonica verdeutlichen:

"The primary activity of ITEMA (which is to be renamed Unisource Information Services) is to strengthen the IT operations of the Unisource shareholders in order to improve quality and reduce costs for the shareholders. Its secondary objective is to offer integrated IT solutions on the market. Most of the resources of ITEMA are hired on a secondment basis from the Unisource shareholders. On the basis that the primary purpose of the company is to provide services to the Unisource parents, and that most of the resources are provided by the parents, ITEMA is not in a position to act as an autonomous economic entity and cannot therefore be considered as a full function entity. Its operations therefore fall outside the scope of the Merger Regulation."[890]

---

886 Bechtold, Art. 3 FKVO, Rn. 21; Hirsch/Montag/Säcker/Wessely/Wegner, FKVO Art. 3, Rn. 110; Immenga/Mestmäcker/Körber, Art. 3 FKVO, Rn. 128.

887 Zuständigkeitsmitteilung, Rn. 94.

888 Zuständigkeitsmitteilung, Rn. 95.

889 Zuständigkeitsmitteilung, Rn. 95.

890 KOMM. 6.11.1995 M.544-Unisource /Telefonica.

### *(2) Marktbezug*

Allerdings bedeutet es nicht zwingend, dass das GU gleichermaßen in den Bereichen Entwicklung, Produktion, Beschaffung und Vertrieb tätig ist. Es kommt auf die Art der betroffenen Unternehmen und des relevanten Marktes an[891]. Gibt es einen eigenen Markt für etwa die Forschungs- und Entwicklungsergebnisse des GU und ist dieses frei, Dritte zu beliefern, handelt es sich um ein Vollfunktions-GU, während das GU überwiegend als Geschäftsführungsgesellschaft für die Muttergesellschaft tätig sein und die meisten seiner Ressourcen auch von diesen beziehen soll, etwa ein Produktions-GU lediglich Vorproduktion an seine Muttergesellschaften zu liefern, handelt es sich hingegen lediglich um ein Teilfunktions-GU.[892]

Etwa ein Handelsmarkt ist dadurch gekennzeichnet, dass neben möglicherweise bestehenden vertikal integrierten Unternehmen auch Unternehmen vorhanden sind, die sich auf den Verkauf und den Vertrieb von Produkten beschränken und nicht vertikal integriert sind, und dass unterschiedliche Lieferquellen für die betreffenden Erzeugnisse zur Verfügung stehen[893]. Im Fall AgrEVO/Marubeni[894] beschäftigte das GU sich mit dem bloßen Vertrieb ohne vertikale Integration in die Produktion. Trotzdem wurde der bloße Vertrieb als Vollfunktion angenommen, denn auf dem bettreffenden Markt existierten zahlreiche Unternehmen, diesen ähnlichen Leistungsumfang anzubieten.

## *3. Selbständigkeit*

### *(1) Begriff der Selbständigkeit*

Die Selbständigkeit i.S.v. Art. 3 I V FKVO muss wegen der Vorgabe gemeinsamer Kontrolle eng ausgelegt werden. Im Urteil „Cementbouw" stellte das EuG Folgendes fest: „Dass ein Gemeinschaftsunternehmen ein Vollfunktionsunternehmen und damit in funktionaler Hinsicht wirtschaftlich selbständig sein kann, bedeutet nicht, dass es beim Erlass seiner strategischen Entscheidungen Selbständigkeit genießt. Andernfalls bestünde niemals eine gemeinsame Kontrolle über ein ‚Gemeinschaftsunternehmen', wenn dieses wirtschaftlich selbständig ist."[895] Diese Auffassung ist auch in generalklauselartiger Weise von der

891 T. Mäger, S. 423, Rn. 12.

892 KOMM. 6.11.1995 M.544 -Unisource /Telefonica.

893 Zuständigkeitsfragen, Rn. 102.

894 KOMM. 03.09.1996 IV/M.788, Rn. 9- AgrEVO/Marubeni.

895 Urteil in der Rechtssache T-282/02, Cementbouw/Kommission, Rn. 62, Slg. 2006, II-00319; Zuständigkeitsmitteilung, Rn. 93.

Kommission in die Zuständigkeitsmitteilung aufgenommen worden[896]. Nach dem Maßstab muss Folgendes[897] herausgenommen werden: Weisungsrechte der Muttergesellschaften oder Zustimmungserfordernisse in Geschäftsführungsfragen des operativen Managements[898], vertragliche Ausschließlichkeitsbindung zu den Muttergesellschaften[899], personelle Überschneidungen, insbesondere wenn die Geschäftsführung gleichsam „nebenbei" von Vertretern der Muttergesellschaften erledigt wird[900], eine über eine Anlaufphase hinausrechende Abhängigkeit des GU von den Gründern in finanzieller Hinsicht oder auf Grund eines Mangels an dem GU zur freien Disposition überlassenen Ressourcen[901].

*(2) Hinreichende Ausstattung*

a. Ausstattung

Die Selbständigkeit in operativer Hinsicht muss die Verfügung über die hinreichende Ausstattung in finanzieller, sachlicher und personeller Hinsicht voraussetzen[902], insbesondere ein sich dem Tagesgeschäft widmendes Management und ausreichende Ressourcen wie finanzielle Mittel, Personal, materielle und immaterielle Vermögenswerte oder technologische Kompetenz, um im Rahmen der dem GU zugrunde liegenden Vereinbarung langfristig seine Tätigkeiten ausüben kann[903]. Im Fall ARM/ GIESECKE & DEVRIENT/ GEMALTO/ JV[904] ist die Verfügung des GU über die hinreichende Ausstattung erforderlich, etwa "own management a dedicated team of employees", "adequate funding to perform its activities", "access to sufficient assets and infrastructure to allow it to operate on a lasting basis". Diese dem GU stehende Verfügungsform spielt keine Rolle, insoweit die Ressourcen dem GU zur Verfügung stehen können. Etwa das Personal muss nicht notwendigerweise von dem GU selbst beschäftigt werden, etwa nach der Besonderheit der Branchenüblichkeit kann von einer Zeitarbeitsagentur

896 Zuständigkeitsmitteilung, Rn. 93.

897 Immenga/Mestmäcker/Körber, Art. 3 FKVO, Rn. 152; Zuständigkeitsmitteilung, Rn. 69–73.

898 Gerwing, Kooperative GU, S. 30; Lose, ZHR 159 (1995), S. 181 f.

899 Vgl. Kommission 30.10.2002, M.2938, ABl. 2002 C 297/22, Rn. 7 „SNPE/MADA/JV".

900 Immenga/Mestmäcker/Körber, Art. 3 FKVO, Rn. 152; Schröer/Jakob/Mederer/Kleemann, Art. 3 FKVO, Rn. 96.

901 Immenga/Mestmäcker/Körber, Art. 3 FKVO, Rn. 152.

902 Immenga/Mestmäcker/Körber, Art. 3 FKVO, Rn. 146.

903 Zuständigkeitsmitteilung, Rn. 94. m.w.N., Fn. 86.

904 COMP/M.6564 – ARM/ GIESECKE & DEVRIENT/ GEMALTO/ JV, Rn. 10.

vermittelt oder von Muttergesellschaften abgestellt werden[905]. Das Personal kann auch von Müttern übernommen werden[906] und im Fall Brenntag/Briesterfeld/JV[907] übernahm das GU 348 Mitarbeitern von den Müttern.

### b. Hinreichender Grad

Der hinreichende Grad bestimmt sich nach der Besonderheit der Branchenüblichkeit.[908]

#### aa. SAP/Siemens/JV

Im Fall SAP/Siemens/JV[909] reichte die Kapitalausstattung durch Erbringen der Bareinlagen, die erforderlichen technischen Ressourcen (der Internet-Software), Abschluss eines zeitlich unbeschränkten und nicht-exklusiven Lizenzvertrags zu marktüblichen Konditionen, das Nutzungsrecht an einem Behördenwegweiser aus, für Gemeinschaftsunternehmen auf Dauer alle Funktionen auszuüben, die auch von anderen Anbietern elektronischer Marktplätze wahrgenommen wurden.

#### bb. RSB/Tenx/Fuel Logistics

In der Entscheidung RSB/Tenx/Fuel Logistics[910] wurde die Vollfunktionsfähigkeit ablehnt, denn das GU verfügte nicht über die für die Erbringung von Transportleistungen für nukleares Material erforderliche Ausrüstung, wie Spezialcontainer, Verpackungsmaterial und -anlagen, Transportmaterial sowie das erforderliche technische Know-how für die Ausbildung des Personals und konnte die Dienstleistung des GU daher nicht professionell und sicher ausführen[911].

#### cc. ENW/Eastern

Im Fall „ENW/Eastern" hatte das GU keine ausreichende Ausstattung wie finanzielle Mittel, Personal sowie Vermögenswerte personelle, langfristig wirtschaftliche Tätigkeit auszuüben. Insbesondere das GU hat geringe finanzielle Autonomie. Dessen Personal übernahm aus seinen Mutterunternehmen und

---

905 Zuständigkeitsmitteilung, Rn. 94.

906 Hirsch/Montag/Säcker/Wessely/Wegner, Art. 3 FKVO, Rn. 114.

907 Kom.M.2992, Rn. 7- Brenntag/Biesterfeld/JV.

908 Hirsch/Montag/Säcker/Wessely/Wegner, Art. 3 FKVO, Rn. 113; Entwurf Zuständigkeitsmitteilung, Rn. 90, Dieser Entwurf wurde nicht von dem öffentlichen Normtext aufgenommen.

909 Fall Nr. COMP/M.2138 SAP/Siemens/ GU, Rn. 7.

910 Kom. M.904, RSB/Tenx/Fuel Logistics, Rn. 8–9.

911 Hirsch/Montag/Säcker/Wessely/Wegner, Art. 3 FKVO, Rn. 118.

„the parties will provide or secure the provision of a number of services to the joint venture, such as marketing, tendering, information technology, metering and financial support. In connection with the last point, the parties have expressely agreed that if parental support is requested by trading counterparties those counterparties may seek the parents' guarantees to support Compass's payment obligations“[912].

dd. Flachglas/Vegla

Im Fall Falchglas/Vegal[913] trat das GU wegen unzureichender Ressourcen nicht durch eigenständige Tätigkeit, sondern im Wesentlichen über Dritte auf dem Markt auf, so dass das GU selbst nach einer Anlaufphase von fünf Jahren in einem erheblichen Umfang nicht als eigenständiger Anbieter, sondern über Subunternehmer sowohl beim Sammeln als auch bei der Aufbereitung von Flachglasscherben tätig war. Insbesondere war ein Ausbau eines eigenständigen, flächendeckenden Netzes von lokalen Sammel- und regionalen Aufbereitungsanlagen wiederum in einem erheblichen Umfang auf finanzielle Zuwendungen seiner Mutter angewiesen.

*(3) Marktpräsenz*

a. Erforderlichkeit der Marktpräsenz

Das GU muss eigenen Marktzugang bzw. eigene Marktpräsenz haben[914]. Im Fall ARM/ GIESECKE & DEVRIENT/ GEMALTO/ JV:

"The JV will sell TEE solutions primarily to third parties, such as Original Equipment Manufacturers ("OEMs") of CE devices and semiconductor manufacturers. It will also sell the cryptographic keys to its TEE solution primarily to third parties, including OEMs, Mobile Network Operators ("MNOs") and Trusted Service Managers ("TSMs"). While Gemalto and G&D may become resellers of TEE solutions for the JV, the JV will likely not depend on sales to its parent companies."[915]

Da es keine eigene auf Dauer angelegte Geschäftstätigkeit auf dem Markt ausübt und typischerweise auch nicht über die notwendigen Ressourcen für eine unabhängige Tätigkeit verfügt, wird das GU mit Immobilienbeteiligungen, die in der Regel aus steuerlich und anderen finanziellen Gründen gebildet werden,

912 Case No IV/M.1315, Rn. 9 – ENW / EASTERN.

913 13.04.1992 IV/M.168, Rn. 21 – Flachglas/Vegla.

914 Zuständigkeitsmitteilung, Rn. 95.

915 COMP/M.6564 – ARM/ GIESECKE & DEVRIENT/ GEMALTO/ JV, Rn. 10.

normalerweise nicht als Vollfunktions-GU angesehen, insoweit es dem Zweck dient, mit Hilfe der finanziellen Ressourcen der Muttergesellschaften Immobilien für die Muttergesellschaften zu erwerben und/oder zu halten.[916]

b. Besonderheit der Anlaufphase

Bei der Ermittlung eines GU muss berücksichtigt werden, ob dieses GU in der Anlaufphase besteht, die normalerweise je nach den auf dem betreffenden Markt vorherrschenden Bedingungen prinzipiell ca. drei Jahre nicht überschritten werden darf[917]. Hängt das GU nur in der Anlaufphase fast vollständig von den Verkäufen an die bzw. den Käufen beiden Muttergesellschaften ab, wird dies in der Regel seinen Charakter als Vollfunktions-GU nicht beeinträchtigen. Nach der Anlaufphase kann das GU selbst als einen aktiven Marktteilnehmer eine eigenständige Marktplatz belegen und mit Dritten eine Geschäftsbeziehung unterhalten. Besteht kein Markt für das Angebot des GU und ist auch nicht zu erwarten, dass sich ein solcher Markt demnächst entwickeln wird, scheidet eine Marktteilnahme aus.[918]

### *4. Dauerhaftigkeit*

Nach dem Wortlaut muss das GU auf Dauer angelegt werden und das lediglich für einen kurzen Zeitraum gegründet GU ist nicht zu qualifizieren, etwa wenn ein GU für ein bestimmtes Vorhaben wie etwa den Bau eines Kraftwerks gegründet wird, nach Abschluss des Baus jedoch nicht mehr am Betrieb dieses Kraftwerks beteiligt sein wird[919]. Die dauerhafte Übertragung hinreichender personeller, materieller und immaterieller Ressourcen auf das GU gilt als ein Indiz für die Dauerhaftigkeit[920]. Die Bestimmungen für Unvorhergesehenes, z.B. die Insolvenz des GU oder grundlegende Meinungsverschiedenheiten zwischen den Muttergesellschaften[921] können nicht als entsprechender Nachweis gegeben sein. Der unbefristete Zeitraum kann ausreichen[922] und wenn in der Vereinbarung eine Frist für

---

916 Zuständigkeitsmitteilung, Rn. 96.

917 Zuständigkeitsmitteilung, Rn. 97; Schulte/Henschen, in: Handbuch Fusionskontrolle, Rn. 1656.

918 Z. Bechtold Rn. 22. KOMM. 13.4.1992 M.168 Flachglas/Vegla.

919 Immenga/Mestmäcker/Körber, Art. 3 FKVO, Rn. 159; Zuständigkeitsmitteilung, Rn. 103.

920 Zuständigkeitsmitteilung, Rn. 103.

921 Sache IV/M.891, Deutsche Bank/ Commerbank/J.M.Voith (23.4.1997)

922 Case No COMP/M.6564 – ARM/ GIESECKE & DEVRIENT/ GEMALTO/ JV, Rn. 10.

die Dauer des GU festgelegt ist, sofern diese Frist ausreicht, um eine dauerhafte Veränderung in der Struktur der betroffenen Unternehmen herbeizuführen[923].

Ein bestimmter Mindestzeitraum ist in der Verwaltungspraxis nicht gegeben. Jedenfalls reichen drei Jahre nicht aus, aber ein Zeitraum von fünf Jahren akzeptiert war, sofern eine automatische Verlängerung für den Fall der Nichtkündigung vorgesehen war[924].

## B. Gründung des GU im GWB

### I. Meinungsstand

#### *1. Schrifttumsmeinungen*

Seit der Einführung der Fusionskontrolle im Jahr 1973 stand und steht die wettbewerbliche Beurteilung der Gründung eines GU immer im Vordergrund. In der deutschen kartellrechtlichen Diskussion sind Spezialitätstheorie[925] und Trennungstheorie[926], Zweischrankentheorie[927], Immanenztheorie[928], die Investitionstheorie[929], die Rechtsfolgentheorie[930] und die Subordinationstheorie[931], usw.[932] vertreten worden.

#### *(1) Zweischrankentheorie*

Die Zweischrankentheorie, d.h. Doppelkontrolle, vertritt, die Gründung eines GU den § 1 ff. GB und § 35 ff. GWB Normenkomplexe unterliegen soll, insoweit es um „kooperative GU" geht. Diese Meinung hat sich am meitesten im Schrifttum[933] durchgesetzt und auch von der höchstrichterliche bestätigt.

---

923 Vgl. Sache COMP/M.2903, DaimlerChrysler/Deutsche Telekom/JV(30.4.2003)

924 Zuständigkeitsmitteilung, Fn. 94, m.w.N.

925 Ebel, BB 1974, S. 749, 755.

926 Benisch FS Kaufmann, S: 71, 79 ff.; Leube, ZHR 141 (1977), S. 313, 329; Ulmer, ZHR 141(1977), S. 466, 473 f.; ders. WuW 1979, S. 433, 439.

927 Koch, WiR 1974, S. 29.

928 Von Gamm, AG 1978, S. 329, 331; Schmidt, AG 1987, S. 333, 336 f.

929 Huber, GU, S. 65–134.

930 Börner, GU, S. 202 ff.; ders. DB, 1984, S. 2674, 2677.

931 Satzky, GU und Kartellverbot, S. 128.

932 Theorie der Koordinierung fortbestehender Wettbewerbsinteressen, siehe Losche, Kartellfreie GU, S. 57 ff. Optionstheorie, siehe : Steindorff, Wettbewerb durch Gemeinschaftsunternehmen, Beilage Nr. 1 zu BB 1988, S. 12 ff.

933 Mestmäcker, GU, 1980; Möschel, Rechts der Wettbewerbsbeschränkung, Rn. 202.

### *(2) Trennungstheorie*

Die Trennungstheorie von Benisch unterscheidet zwischen kooperativen und konzentrativen GU[934]. Das Unterscheidungskriterieium ist abhängig davon, ob lediglich die Teil-und Hilfsfunktion (z. B. Beschafftung, Vertrieb, Werbung), oder ob die Vollfunktion eines Unternehmen auf das GU ausgeliedertwerden; das GU mit Teil-und Hilfsfunktion unterliegt dem Kartellverbot, und dagegen das GU mit Vollfunktion der Zusammenschlusskontrolle.[935] Der von Baur vorgeschlagene Kriterieum von „funktional selbständigen" und „funktional unselbständigen"[936] übereinstimmt mit diesem Kriterieum.[937]

### *(3) Spezialitätstheorie*

Weil das GU sei ausdrücklich in § 23 GWB a.F. geregelt und die Unterscheidung zwischen der Übertragung einzelner und der Übertragung aller Funktionen sei problematisch sei,[938] lehnt die Spezialitätstheorie diese Unterscheidung zwischen kooperativen und konzentrativen Vorgängen ab[939] und sieht unter Berufung auf das „Konzentrationsprivileg"[940] § 23 ff. GWB a.F. stets als lex specialis für GU gegenüber dem allgemeineren Kartellverbot an[941] und die Gründung eines GU im wessentlichen nur der Fusionskontrolle unterwerfen soll. § 1 GWB ist anwendbar, lediglich wenn weitergehende Verträge zwischen den Gesellschaftern geschlossen würden[942] oder das GU im wessentlichen als Instrument zur Koordinierung ihres Verhaltens fugieren[943].

### *(4) Immanenztheoire*

Die Immanenztheorie stammt aus der amerikanischen Lehre von den Ancillary Restraints. Nach dieser Lehre sind z.B. Nebenabreden in Vertragswerken, die zur Erreichung eines wettbewerbsneutralen Hauptzwecks erforderlich sind, vor dem

934 Benisch, FS Kaufmann (1972), S. 73, 79 ff.
935 Benisch, Kooperationsfibel, S. 287.
936 Baur, Missbrauch, S. 179ff.
937 Huber, GU, S. 65.
938 Ebel, Zusammenschlussbegriff, BB 1974, S. 749, 754.
939 Ebel, Zusammenschlussbegriff, BB 1974, S. 749, 754; Kartellrechtliche Entscheidungspraxis 1974, BB 1975, S. 98; Wolff, BB 1966, S. 920, 923.
940 Baur, Missbrauch, S. 169 ff.
941 Ebel, Kartellrechtliche Entscheidungspraxis 1974, BB 1975, S. 98.
942 Ebel, NJW1973, S. 1578.
943 Steindorff, BB 1970, S. 827.

Zugriff des Kartellverbots abgeschirmt ebenso wie Maßen, die die Funktionalität einer Rechtsinstitution sichern oder fördern.

### *(5) Investitionstheorie*

Nach der Investitionstheorie wird innerhalb der kooperativen GU nach dem Wesentlichen Zweck der Gründung differenziert: sei wesentlicher Zweck die fortlaufende Koordinierung des Verhaltens der Gründerunternehmen als Anbieter oder Nachfrager am Markt, so sei der Zusammenschluss nach § 1 GWB z beurteilen; sei wesentlicher Zweck dagegen die gemeinschafltiche Investition, so sei § 1 GWB unanwendbar.[944]

### *(6) Rechtsfolgentheorie*

Für die Auswahl unter den Zwecken des Art. 66 EGKSV komme es nicht zuletzt an auf den heuristischen Wert für die Beantwortung der Frage, wie sich ein Zusammenschluss im Sinne des Art. 66 von einem Kartell im Sinne des Art. 65 EGKSV unterscheidet. Die beiden genannten Zweck von Art. 66 EGKSV, Verhinderung einer marktbeherrschenden Stellung und Förderung der Voraussetzungen, die von sich aus die rationellste Verteilung der Produktion auf dem höchsten Leistunghsstand sichern, finden sich nun auch in Art. 65 EKGSV. Daher ist nicht zu erwarten, dass sich der spezifische Unterschied zwischen dem Objekt des Art. 65, dem Kartell, und dem des Art. 66, dem Zusammenschluss, aus diesem Gesetzeszweck ergeben kann, der beiden Artikeln gemeinsam ist. Eine auf den Unterschied zwischen beiden Artikeln abgestellte Interpretation müsste sich auf zwei verschiedne Zwecke stützen können, deren einer nur in Art. 65 und deren anderer nur in Art. 66 EGKSV zu finden ist.

Es scheine kaum noch möglich, differierende Zwecke der beiden Vorschriften aus ihren beiden Tatbeständen zu entnehmen. Das sei nicht notwendig. Denn die beiden Artikel würden sich in der Rechtsfolge und damit in einem ganz entscheidenden Zweck unterscheiden. Der Zweck eines Rechtsatzes ist die Anwendung seiner Rechtsfolge. Von hier aus habe man noch nicht versucht, dem Unterschid zwischen Zusammenschlüssen und Kartellen auf die Spur zu kommen.[945]

---

944 Huber, GU, S. 129.

945 Börgner, GU S. 179, 205.

### *(7) Subordinationstheorie*

Nach der Subordinationstheorie, auch „Marktmachtprivileg“[946], sei eine ausnahmsweise Verdrängung des Kartellverbots durch die Fusionskontrolle gerechtfertigt, wenn bei wertender Betrachtung der Wettbewerbsbeschränkung durch Maßnahme, die in der Koordination des Marktverhaltens liege, gegenüber der Wettbebwerbsbeschränkung durch Zustand, die als Folge der Zusammenfassung der Ressourcen der Beteiligten eintrette, eine Untergeordenete Bedeutung zukomme.[947] Darauf werden zwei Kriteriein aufgestellt, nämlich „ob das zu beurtelende GU in derjenigen Weise die Grundlage für eine Herausbildung von Marktmacht bildet, die deren diferenzierte Beurteilung nach den § 23 ff. GWB a.F. wertungsmäßig geboten erscheinen lässt“[948] und „ob sich die Koordinierung des Marktverhlatens der Mütter auf den Tätigkeitsbereich des GU beschränktoder oder ob sie sich auch auf die sonsitgen wettbewerblichen Interessen der Mütter bezieht.“[949]

### *(8) Theorie von der Austauschbarkeit oder ersatzbarkeit der Ressourcen*

Das GU müsse die Möglichkeit haben, benötige, aber ihm fehlende Ressourcen unabhängig von den Müttern am freien Markt zu beschaffen. Je schwer erforderlich Ressourcen auf dem freinen Markt erhältlich seien, desto notwendig sei ihre Übertragung durch die Gründer an das GU. Eine verbeleibende Eigentümerstellung der Gründer an bestimmten Vermögenswerten sei umso bedenklicher, je schwieriger es für das GU sei, ein gleichwertiges Surrogat am Markt zu erhalten. Im Einzelfall sei eine brachenabhängige Betrachtungsweise erforderlich. Aus dem Kriterium ergebe sich auch die bereits festgestelle Rangfolge hinsichtlich der Bedeutung der einzelnen Mittel für die Selbständigkeit des GU. Sie reiche von den bedeutdamen immateriellen Vermögensgütern über Fachpersoneal und Anlagen, Fabriken, Machinen bis hin zur weniger bedeutsamen Überlassung von allgemeinem Personal und finaziellen Mitteln.[950]

---

946 Satzky, GU und Kartellverbot, S. 130.
947 Satzky, GU und Kartellverbot, S. 129.
948 Satzky, GU und Kartellverbot, S. 130 f.
949 Satzky, GU und Kartellverbot, S. 131 f.
950 Gerwing, Kooperative GU, S. 39.

### 2. Rechtspraxis

Das BKartA hatte in seinen Verwaltungsgrundsätze[951] je nach ihrer Ausgestaltung zwischen kooperativen GU, die dem Verbot des § 1 GWBunterleigen können und konzentrativen GU, die ausschließlich der Fusionskontrolle unterliegen. Im den „OAM"-Beschluss hatte der BGH die „Trennungstheorie" bejaht. Seit der grundlegenden Mischwerke-Entscheidung vom 1. Oktober 1985[952] sind Fusionskontrolle nach §§ 35 GWB und Kartellverbot §§ 1 GWB grundsätzlich nebeneinander angewendet worden. Die Unterscheidung zwischen kooperativen und konzentrativen GU bietet eine – jedoch nicht allein entscheidende- Abgrenzungshilfe dafür, ob nach den hierfür maßgebenderen Gesamtumständen des Einzelfalle, die Gründung eines GU allein den Fusionstatbestand erfüllt oder auf Grund der Auswirkungen auf die Marktverhältnisse auch dem Kartellverbot des § 1 GWB unterliegen[953]. Diese Meinung ist in der Ostfleisch-Entscheidung vom 8. Mai 2001[954] sowie „Gratiszeitung Hallo" vom 23. Juni 2009[955] festzuhalten.

## II. § 37 I GWB

Nach den Fallsachverhalten können allen vier Zusammenschlusstatbestände des § 37 I GWB in die Gründung eines GU eingreifen[956]. Übertragen die Mutterunternehmen das ganze Vermögen oder der wesentliche Teil des Vermögens auf GU, geht es sich um § 37 I Nr. 1 GWB[957]. Die Gründung eines GU kann § 37 I Nr. 2 S. 1 mit „dem gemeinsamen Kontrollerwerb durch mehrere Unternehmen", § 37 I Nr. 3 S. 3 GWB (Fiktion der Teilfusion der Mütter) und § 37 I Nr. 4 GWB erfüllen[958].

### 1. Vermögenserwerb i.S.v. § 37 I GWB

Nach § 37 I GWB stellt der Erwerb des Vermögens eines anderen Unternehmens ganz oder zu einem wesentlichen Teil einen Zusammenschluss dar. Er kann bei der Neugründung oder „weiteren" Gründung eines GU stattfinden, etwa wenn

951 Verwaltungsgrundätze des BKartA im Tätigkeit 1978, BT-Drucks. 8/2980.
952 BGH Urt. v. 1.10.1985 – KVR 6/84- BGH 69, 96 – Mischwerke; Immenga, ZHR 150 (1986), 366 ff.
953 BGH Urt. v. 1.10.1985 – KVR 6/84- BGH 69, 96 – Mischwerke.
954 BGH Urt. v. 8.5.2001 – KVR 12/99- BGH 147, 325 – Ostfleich.
955 BGH Urt. v. 23.6.2009 – KVR 58/07-NJW-RR 2010, 615 – Gratiszeitung Hallo.
956 Polley/ Grave, WuW 10/2003, S. 1012.
957 Romina Polley/Carsten Grave, WuW 10/2003, S. 1012.
958 Emmerich, S. 409, Rn. 33.

die Mutterunternehmen eine oder mehrere Tochtergesellschaften als Ganzes auf das GU verschmelzen[959] oder wenn die von der Mutterunternehmen eingebrachten Vermögenswerte die tragende Grundlage für die Stellung des einbringenden Mutterunternehmen auf dem Markt darstellen. Aber es liegt kein erneuter Zusammenschluss vor, wenn die Mutterunternehmen dem GU nur finanzielle Mittel zuführen. Das gilt selbst dann, wenn das GU damit die Erweiterung seines Tätigkeitsbereiches finanziert. Auch das spiegelt letztlich einen allgemeinen Grundsatz der Zusammenschlusskontrolle wider: Kontrollpflichtig ist der Übergang einer bereits existenten oder zumindest einer potenziellen Marktstellung, d.h. unternehmerisch nutzbarer Ressourcen.[960]

### *2. Kontrollerwerb i.S.v. § 37 I Nr. 2 GWB*

#### *(1) Verweis auf den Erwerb der gemeinsamen Kontrolle i.S.v. Art. 3 FKVO*

Die Gründung eines GU kann durch den Erwerb gemeinsamer Kontrolle i.S.v. § 37 I Nr. 2 begründet werden, insoweit ein gemeinsamer Einfluss auf das Wettbewerbspotential des abhängigen Unternehmens in dem Sinne besteht, dass die gemeinsame mitkontrollierenden Unternehmen die Möglichkeit haben, die eigenen Wettbewerbsinteressen im Verhältnis zueinander und gegenüber dem abhängigen Unternehmen abzustimmen und durchzusetzen[961].

Diese Klausel übernahm in der 6. GWB-Novelle den Gesetzeswortlaut i.S.V. Art. 3 I lit. b) FKVO klargestellt, die europäische inhaltliche Konkretisierungserfahrung zu berücksichtigen, kann für seine Kommentierung weitgehend auf die Ausführung zum Erwerb einer gemeinsamen Kontrolle Art. 3 I lit. b) FKVO verwiesen werden.

#### *(2) Unentbehrlichkeit der Vollfunktionsfähigkeit*

Der Gesetzgeber übernahm in der 6. GWB-Novelle nicht die Vollfunktions-GU i.S.v. Art. 3 IV FKVO; und die Gründung eines GU durch den Erwerb gemeinsamer Kontrolle verlangt nicht die Vollfunktionsfähigkeit. Daher unterscheidet § 37 I GWB nicht zwischen einer Vollfunktions- und Teilfunktions-GU, sondern geht weiter: Die Gründung eines Teilfunktions-GU kann zugleich wie die Gründung eines Vollfunktions-GU den Zusammenschluss i.S.v. § 37 I GWB darstellen, obwohl sie lediglich einzelne Aufgabe wie die Forschung und Entwicklung

959 K. Wesgtermann/Bergmann, S. 160.

960 Romina Polley/ Carsten Grave, WuW 10/2003, S. 1010, 1016.

961 BGH WuW/E 2337 ff., 2339- Hussel/Mara.

oder Produktion für ihrer Tätigkeit verfügen sowie keinen eigenen Markttag haben.[962]

### 3. *Anteilserwerb i.S.v. § 37 I Nr. 3 S. 3 GWB*

#### *(1) Überblick*

§ 37 I Nr. 3 S. 3 GWB stellt die typische Rechtsgrundlage der Gründung des GU dar, d.h. „Erwerben mehrere Unternehmen gleichzeitig oder nacheinander Anteile im vorbezeichneten Umfang (25% oder 50%) an einem anderen Unternehmen, gilt dies hinsichtlich der Märkte, auf denen das andere Unternehmen tätig ist, auch als Zusammenschluss der sich beteiligenden Unternehmen untereinander." Diese Klausel berücksichtigt den mit der Gründung eines GU typischerweise verbunden Gruppeneffekt[963]. Obwohl der frühere Zusatz „(Gemeinschaftsunternehmen)" wegen der Einführung des Kontrollerwerbs in der 6.GWB-Novolle weggelassen worden ist, übernahm § 37 I Nr. 3 Satz 3 GWB inhaltlich gleichwörtlich Art. 3 I I Nr. 2 Satz 3 GWB a.F. und daher ist dessen Wegfall lediglich redaktionell von Bedeutung.

#### *(2) „gleichzeitig oder nacheinander"*

Es ist unerheblich, ob die Mütterunternehmen die Anteile gleichzeitig aufgrund eines gemeinsamen strategischen Vorhabens erwerben oder ob die Anteile ohne besondere Abstimmung und zeitliche Nähe neben- oder nacheinander erworben werden.[964] Diese Klausel enthält zwei Typen: Vertikalzusammenschlüsse zwischen dem GU und jeder Muttergesellschaft, die mit mindestens 25% an dem GU beteiligt ist[965], andererseits die Horizontalzusammenschlüsse der Mütter untereinander, dies freilich nur für den, Markt des GU, so dass im Rahmen der Fusionskontrolle nicht nur die Umsatzlöse jeder Mutter mit denen des GU, sondern auch die der Mütter untereinander" und zwar insgesamt, zusammenzurechnen sind[966].

---

962 Schulte/Henschen, in: Handbuch Fusionskontrolle, Rn. 946.

963 BKartA WuW/E DE-V 1607 (1609 f.) – Edeka/Tengelmann; LMR/Risenkampffl Lehr, § 37 GWB, Rn. 31. Mestmäcker/Veelken, § 37 GWB, Rn. 67.

964 Bechtold /Bechtold, § 37 GWB, Rn. 32.

965 BKartA AG 1985, 337- Badenwerk/Rhein-Neckar AG.

966 Emmerich, Kartellrecht, S. 408; Bechtold, § 37 GWB, Rn. 34; Langen/Bunte/Kallfaß, § 37 GWB, Rn. 44.

*(3) 20% und 50%*

Nach diesen Schwellen werden von der fiktiven Teilfusion der Mütter mindestens zwei und höchstens vier am GU beteiligte Unternehmen erfasst. Wegen der formalen Kriterien der 25% oder 50% Schwelle setzt diese Gründung des GU kein Vorliegen der besonderen Einflussrechte der Mutterunternehmen auf das GU[967] voraus.

### *4. Erwerb des erheblich wettbewerblichen Einflusses i.S.v. § 37 I Nr. 4 GWB*

Nach § 37 I Nr. 4 GWB liegt ein Zusammenschluss vor, wenn jede sonstige Verbindung von Unternehmen, auf Grund deren ein oder mehrere Unternehmen unmittelbar oder mittelbar einen wettbewerblich erheblichen Einfluss auf ein anderes Unternehmen ausüben können. Als subsidiären Zusammenschlusstatbestand soll ein Aufgreifen von einer Gründung eines GU ermöglichen, etwa wenn zwei oder mehrere Unternehmen Minderheitsbeteiligungen von weniger als 25% der Anteile oder Stimmrechte erwerben.

## C. Gründung von GU nach dem FHG

## I. Gleichbehandlung des GU

### *1. Änderung des Beurteilungskriteriums*

Auf der 00398. Kommissionssitzung vertrat die FTC: „Für die Behandlung einer Gründung eines GU kommt es darauf an, ob ein echtes Zusammenschlussvorhaben oder ein reines Kooperationsverhalten vorliegt“[968]. Dieses Kriterium entsprach in der Tat dem einstigen europäischen Kriterium, nämlich bei Gründung des GU zwischen konzentrativen und kooperativen GU zu differenzieren[969], was auch vom Schrifttum aufgenommen wurde[970].

### *2. Dafeng Media Group/DigiTai TV Ltd.*

Seit der Entscheidung Dafeng Media Group/DigiTai TV Ltd.[971] hat die Verwaltungspraxis auf dieses Kriterium verzichtet. In diesem Fall vertrat die FTC:

---

967 T. Mäger, S. 420, Rn. 2.

968 Kommissionsitzung Nr. 00398.

969 He ZhiMai, § 6 FHG, Rn. 132, Rn. 143.

970 Chen Wensheng/ Chen Fengjin, Regelungsmodell für das GU, S. 46.

971 Sanktion gegen Dafeng Media Group/DigiTai TV Ltd.

„Die Gründung eines GU hat die Funktion, Ressourcen zu integrieren und die Effizienz zu erhöhen sowie die Wettbewerbsfähigkeit kleinerer bzw. mittlerer Unternehmen zu stärken. Allerdings kann das zu einer Wettbewerbsgefahr führen, z.B. Marktverteilung, Marktzutrittsverhinderung, Marktkonzentration. Das umfasst zwei Fälle: z.T. will sich das Mutterunternehmen zwecks Vermeidung von Wettbewerb nicht mehr mit dem Geschäftsbereich des GU betätigen bzw. nicht mehr länger dasselbe (sog. homogene) Produkt produzieren (sog. „Stifling effect"). Der andere Fall betrifft Mutterunternehmen, die bei nunmehr gemeinsamen Interessen die Gesamthaftung für das Risiko bzw. die gemeinsame Kontrolle übernehmen und mit dem GU eine wirtschaftliche Einheit bilden. Beide Fälle führen zur Verstärkung bzw. Verminderung der Wettbewerbsverhältnisse und unterliegen somit der Fusionskontrolle durch die FHG". Nach dieser Auffassung spielt § 6 I Nr. 4 FHG die Vollfunktionsfähigkeit des GU keine entscheidende Rolle.

## II. Rechtsgrundlage

### *1. Zusammenschlusskatalog*

Nach dem Zusammenschlusskatalog kann die Gründung eines GU jeden Zusammenschlusstatbestand erfüllen. In den beiden Fällen 7-11/Rakuten[972] und Taiwan Cooperative Bank/BNP Paribas Cardif[973] wollten jeweils eine 49% zu 51% Situation begründen. Die FTC sah in beiden Fällen einen Anteilserwerb i.S.v. § 6 I Nr. 2 FHG als gegeben. Gleiches gilt für den Vermögenserwerb nach § 6 I Nr. 3 und Nr. 4 Alt. 2 FHG bzw. den Kontrollerwerb nach § 6 I Nr. 5 FHG. Im einem Fall errichteten FETnet und acht weitere Muttergesellschaften ein GU. FETnet erwarb 50% von dessen Anteilen und kontrollierte den Geschäftsbetrieb sowie die Personalentscheidungen. Auch hier sah die FTC die Neugründung eines GU als Zusammenschluss i.S.v. § 6 I Nr. 2, Nr. 4, Nr. 5 FHG an.

### *2. § 6 I Nr. 4 Alt. 1 FHG*

#### *(1) Grundsatz*

Nichtsdestoweniger unterliegt die Gründung eines GU hauptsächlich § 6 I Nr. 4 Alt. 1 FHG, d.h. vor allem dem Kriterium des ständigen gemeinsamen Geschäftsbetriebs. Nach Auffassung der FTC[974] und des Schrifttums findet dieses Kriterium auch bei der Gründung eines GU gem. § 6 I Nr. 4 Alt. 1 FHG Anwendung.

---

972 Entscheidung der FTC (Nr. 097001).

973 Beschluss Nr. 909 der Kommissionssitzung.

974 Kommentar zum FHG von der FTC, S. 66.

*(2) Verwaltungspraxis*

a. Cashbox Partyworld Co., Ltd/ Holiday Co.

Im Fall Cashbox Partyworld Co., Ltd/Holiday Co., Ltd[975] ging es lediglich um ein Hilfsfunktions-GU. Nachdem die FTC den Übernahmeplan von Holiday untersagt hatte, gründeten Holiday und Cashbox gemeinsam zwei GU und gemeinsam boten Kundendienste sowie Dienstleistungen anderer Geschäftsbereiche über ihre GU an. Dieser Vorgang wurde von der FTC Zusammenschluss des § 6 I Nr. 4 FHG angenommen.

b. LG /Pioneer/Koninklijke Philips /Sony

Im diesem Fall erwarben LG, Pioneer, Koninklijke Philips sowie Sony[976] gemeinsam jeweils 25%inge Anteile an der One-Red und räumten gemeinsam One-Red dem Lizenzgeber für Patent Pool der DVD-Produkt-Urheberrechte ein. Dieser Vorgang wurde von der FTC als ständiger gemeinsamer Geschäftsbetrieb mit anderen Unternehmen i.S.v. § 6 I Nr. 4 FHG bewertet.

## III. Neugründung eines GU als Sonderproblem

Nach dem Inkrafttreten des FHG war es sehr streitig, ob die Neugründung eines GU dem FHG unterliegen sollte.

### *1. Verwaltungsauslegung (Nr. 012)*

China-Fluggesellschaft beabsichtigte mit 16 weiteren travel agent die Gründung der China-Fluggesellschaft-Reiseagentur, an der China-Fluggesellschaft 55% Anteile hielt. Auf ihrer 26. Kommissionssitzung verneinte die FTC die Anmeldepflicht und vertrat durch die Verwaltungsauslegung Nr. 012 folgendes zu diesem Fall: „§ 6 I Nr. 2 FHG gilt lediglich für das bereits bestehende Unternehmen und finde keine Anwendung auf die Neugründung eines Zielunternehmens. Solche Neugründungen können – ähnlich wie in Fällen des § 11-1 FHG – nicht bei der FTC angemeldet werden. Nur wenn die bereits bestehenden Unternehmen durch die Neugründung einen Kartellverstoß begehen oder eine marktbeherrschende Stellung missbrauchen (bzw. sich sonst unlauter im Wettbewerb verhalten), können die entsprechenden Vorschriften des FHG Anwendung finden". Diese Verwaltungsauslegung wird im Schrifttum kritisiert. Der Wortlaut "anderes

975 Sanktion Nr. 099040gegen Cashbox Partyworld Co., Ltd/Holiday Co., Ltd.

976 Entscheidung der FTC von 24.01.2013. Ähnliches geschah in Hitachi/Panasonic/ Koninklijke Philips/Samsung/Sony/Cyberlink.

Unternehmen" sowie der Zweck der präventiven Fusionskontrolle dürfe die Neugründung eines Unternehmens aus dem Anwendungsbereich des § 6 I FHG ausschließen[977]. Denn sonst könnte die Bewertung eines Zusammenschlussvorhabens als wettbewerbsgefährdend durch die Neugründung umgangen werden[978].

### *2. Die 561. Kommissionssitzung der FTC*

Aufgrund der o.g. Kritik wurde die 012. Verwaltungsauslegung auf den achtmaligen Kommissionssitzungen der FTC zur Diskussion gestellt. Auf der 561. Kommissionssitzung bejahte die FTC schließlich am 08.08.2002 eine Anmeldepflicht auch bei Neugründung: „Bei der Beurteilung einer potentiellen Wettbewerbsgefährdung kommt es nicht darauf an, ob das Zielunternehmen bereits besteht. Die Neugründung eines Unternehmens muss auch in Betracht gezogen werden. Verwaltungsauslegung Nr. 012- tritt am 20.08.2002 außer Kraft". Verschiedentlich äußerten Unternehmen Kritik an dieser neuen Verwaltungsauslegung. Diese sei unvereinbar mit der Wirtschaftsliberalisierung und könne zu hohen Verwaltungsaufwendungen führen, weil ein Zusammenschluss durch Neugründung aufgrund ihrer noch rudimentären Eigenschaft keinen genügenden Beweis liefere. Dem begegnete die FTC durch Hinweis darauf, dass der Hintergrund der damaligen 012. Verwaltungsauslegung den damaligen Anfangszustand der Anwendung des FHG berücksichtigt habe und nun angesichts der Entwicklung neue Lösungen für die Wirtschaft gefunden werden müssten. Zudem habe die Rechtsvergleichung gezeigt, dass Neugründung ausnahmslos der Zusammenschlusskontrolle unterliegen. Strukturell bestehe zwischen dem Erwerb eines vorhanden Zielunternehmens und der Neugründung kein Unterschied. Auch die Praxis habe bereits derartige Fälle gezeigt, wo bestehende Unternehmen gemeinsam ein neues Unternehmen gründen, um eine höhere Machtkonzentration zu erlangen.

### *3. Verwaltungspraxis*

Die bisherige Verwaltungspraxis kennt bereits die Neugründung als Erwerbsform. Im Fall CHT/Easycard/7-11[979] errichteten diese Firmen durch die Neugründung ein GU, was von der FTC als Zusammenschluss i.S.v. § 6 I Nr. 2. Nr. 4 FHG angesehen wurde. Im Fall FETnet wurde die Neugründung eines GU als Zusammenschluss i.S.v. § 6 I Nr. 2, Nr. 4 und Nr. 5 FHG eingestuft.

---

977 Lai Heyuan, S. 54; Huang Maorong, S. 57.

978 Huang Maorong, S. 57.

979 Entscheidung der FTC vom 31.03.2011 gegen CHT/ Easycard/7-11.

# D. Gründung eines GU nach AMG

## I. Gemeinsame Kontrolle

Nach der Statistik des MOFCOM betrug die Gründung eines GU im Jahr 2010 24% und 2011 30%[980]. Nach der Auffassung des MOFCOM-Kommentars[981] ist die rechtliche Grundlage der Gründung eines GU allein § 20 Nr. 3 AMG. Aber die europäische, deutsche und taiwanesische Erfahrung zeigt, dass die Gründung eines GU häufig auch durch Anteils- und Vermögenserwerb i.S.v. § 20 Nr. 2 AMG gegründet werden kann. Anderes als Art. 3 FKVO werden die Merkmale „eine oder mehrere Personen“ bzw. „eine oder mehrere Unternehmen“ im AMG nicht genannt. Es liegt jedoch ein Besonderheit in der chinesischen Sprache vor: Man kennt keinen Artikel, sodass das Substantiv „Unternehmen“ i.S.v. Singular und Plural verstanden werden kann[982]. Deshalb kann eine Kontrolle auch nach dem AMG allgemein ebenso wie die gemeinsam ausgeübt werden. Diese Grundtypen der alleinigen[983] und gemeinsamen Kontrolle hat sich in Verwaltungspraxis und Schrifttum[984] durchgesetzt. Daher muss die Gründung eines GU das Vorleigen der gemeinsamen Kontrolle durch Mutterunternehmen voraussetzen.

## II. Gründung

### *1. Meinungsstand*

In den vom MOFCOM vorgeschlagenen AnMeEnt[985] wurde der Begriff der Gründung eindeutig und mehrfach als „Neugründung“ ausgelegt, z.B. AnMeEnt vom 20.01.2009: „Der Vorgang, dass zwei oder mehrere Unternehmen ein neues gründen, stellt einen Zusammenschluss i.S.v. § 20 AMG dar.“ Mit dem Wegfall dieses Klauseln beleibt diese Frage noch offen. In seiner Verwaltungspraxis kommt die Gründung eines GU am häufigsten als Neugründung durch zwei oder mehr Unternehmen („greenfield operation“) vor: alle veröffentlichten Fälle und alle in der Freigabe-Auflistung erwähnte Fälle[986] bezogen sich lediglich

---

980 http://www.mofcom.gov.cn/article/zt_jzzcflnh/lanmutwo/201301/20130100003607.shtml, (eingesehen am 03.11.2013).

981 Shan Ming, (2007), S. 175.

982 Vgl. Wu Yue, Rechtsfragen der Unternehmensgruppen China, S. 198.

983 Freigabe-Auflistung Nr. 448.

984 Wang Xiaoye, (2011), S. 265.

985 Etwa AnM-Einholung von Meinungen am 20.01.2009.

986 Siehe Teil D III 2 (2).

auf Neugründung. Im Schrifttum wird der Begriff der Gründung entweder noch nicht erklärt[987] oder lediglich unter der Neugründung[988] verstanden.

### 2. *Bewertung*

Aus der Verwaltungspraxis und der gescheiterte Ministeriumsregelung des MOFCOM und Schrifttumsmeinung ergibt sich, dass das Verständnis zu dem Begriff der Gründung enger als europäische, deutsche und taiwanesische Erfahrung ist. Trotzdem kommt keine „Lücke" bei der Erfüllung der Aufgreifkriterien im Ergebnis vor: die „weitere" Gründung, etwa im Wege der Kapitalerhöhung und Übernahme des gezeichneten Kapitals kann in andere Klauseln fallen.

## III. Behandlung der Gründung eines GU

### 1. *Auffassungen im Schrifttum*

#### *(1) h. M.: Angeleichung an Art. 3 I V FKVO*

Nach h. M. im Schrifttum[989] soll das Abgrenzungskriterium zwischen Vollfunktions- und Teilfunktions-GU aus dem FKVO herangezogen werden, weil lediglich das Vollfunktions-GU der Fusionskontrolle unterliege[990], während die Gründung eines Teilfunktions-GU, etwa zum Vertrieb der Erzeugnisse des Mutterunternehmens nach der Monopolvereinbarung gem. § 13 ff. AMG zu bewerten ist[991]. Die (bisherige) Darstellung des europäischen Vollfunktions-GU ist allerdings nur knapp und unvollständig. Prof. Wang Xiaoye vertritt die Auffassung, die Feststellung des europäischen Vollfunktions-GU bestimme sich lediglich nach drei Kriterien, nämlich: die gemeinsame Kontrolle von mindesten zwei Mutterunternehmen, eine selbständige wirtschaftliche Einheit und die Dauerhaftigkeit.[992] Aber die zentralen Punkte des Vollfunktions-GU, d.h. Vollfunktionsfähigkeit und Selbständigkeit, werden – wie auch sonst im Schrifttum – nicht erläutert[993].

---

987 Etwa Wang Xiaoye, (2011), S. 265; Shi Jianzhong, Komentar zum AMG, S. 256.

988 Ding Maozhong/Lin Zhong, (2012), S. 10.

989 Wang Xiaoye, (2011), S. 265; Shang Ming, Kommentar zum AMG, S. 175; Ding Maozong/Lin Zhong, S. 11 ff.

990 Wang Xiaoye, (2011), S. 265; Shang Ming, Kommentar zum AMG, S. 175; Ding Maozong/Lin Zhong, S. 11 ff.

991 Wang Xiaoye, Antimonopolgesetz, S. 265; Ding Maozong/Lin Zhong, S. 11 ff.

992 Wang Xiaoye, Antimonopolgesetz, S. 265.

993 Ding Maozong/Lin Zhong, S. 12; Zhan Hao/Jiao Haitao, AMG und Anmerkung, S. 263.

### (2) M.M.: Gleichbehandlung aller Arten von GU

Ein GU werde durch zwei oder mehrere unabhängig bleibende Unternehmen gemeinsam kontrolliert. Nicht nur Vollfunktions-, sondern auch Teilfunktions-GU sollten im Rahmen der Zusammenschlusskontrolle angemeldet und geprüft werden.[994] Damit lehnt diese Ansicht die Differenzierung zwischen Vollfunktions- und Teilfunktions-GU ab[995]. Zum einen sei diese Differenzierung schwierig und kompliziert. Zum anderen gebe es in China keine effektive Rechtsdurchsetzung gegenüber solchen Teilfunktions-GU, die als verdecktes Kartell dienen. Das MOFCOM könne als „aktivste" Kartellbehörde auch Unternehmen kontrollieren, die durch geschickte Transaktionsgestaltung die Kartellverbotsaufsicht umgehen wollen.

## 2. Auffassung des MOFCOM: Gleichbehandlung aller GU

### (1) Gescheiterte Versuche durch Ministerregelung

Das MOFCOM änderte seine Beurteilung des GU. Am 20.01.2009 erließ das MOFCOM die AnM-Einholung von Meinungen. Gem. deren § 3 II galt die Neugründung eines GU als Zusammenschluss i.S.d. § 20 AMG, unabhängig von Voll- bzw. Hilfsfunktion. Diese Bestimmung war allerdings am 16.03.2009 vom MOFCOM erlassenen AnMeEnt weggefallen. Nach Art. 3 I AnMEnt wurde die Neugründung eines GU als Zusammenschluss i.S.d. § 20 AMG angesehen, wenn mindestens zwei Mutterunternehmen gemeinsam ein dauerhaftes, selbständiges, neues Unternehmen gründeten. Nahm aber das neue begründete Unternehmen lediglich eine spezifische Funktion für das Mutterunternehmen (z.B. hinsichtlich Entwicklung, Verkauf oder Produktion) wahr, galt dieser Vorgang nicht als Zusammenschluss i.S.v. § 20 AMG. Aber die öffentliche Art. 3 I AnM übernahm diesen Inhalt i.S.v. Art. 3 I AnME nicht, sondern wiederholte lediglich den Inhalt des § 20 AMG.

### (2) Verwaltungspraxis

#### a. Veröffentlichte Entscheidungen

Bis zum 06.12.2012 veröffentlichte das MOFCOM drei GU-Entscheidungen, in denen der Zusammenschluss mit Auflagen genehmigt worden war.

994 Jia Yuan, Gemeinschaftsunternehmen, S. 198 ff.

995 Jia Yuan, Gemeinschaftsunternehmen, S. 198 ff.

### a) GE China/CSCLC

Im Fall GU von GE China/CSCLC[996] wollte GE China über GE Infrastructure Technology Company mit CSCLC (China Shenhua Coal to Liquid and Chemical co., Ltd.) ein paritätisch beteiligtes GU gründen, das die Lizenzvergabe für Kohle-Wasser-Schlamm-Vergasungstechnologie an Dritten durchführen sollte. In seiner Entscheidung erläuterte das MOFCOM nicht, ob es dies als Vollfunktions-GU ansah. Auch dem Medienbericht war nichts Näheres zu entnehmen.

Aber das MOFCOM erwähnt,

"The market for licensing of coal slurry gasification technologies in China is highly concentrated, with only three major competitors, including GE Infrastructure Technology Company with its coal-water slurry gasification technology, Yankuang East China Sciences and Technology with its opposed multi-injector cola-water slurry gasification technology and Northwest Chemical Research Institute with its multi-component slurry gasification technology of GE Infrastructure Technology Company has the highest market share."

"In summary, Shenhua Group is the largest supplier of the raw coal for coal-water slurry gasification technology, and GE Infrastructure Technology Company has the largest share in the market for coal slurry gasification technology. The joint venture between GE China and CSCLC to provide licensing of coal-water slurry gasification technology may restrict competition technology, by taking Shenhua Group's advantage in raw coal and by controlling the supply of raw coal."[997]

Aus der Auflage und Marktstruktur ergibt sich, dass diese Grünung eines GU der Hilfsfunktion für die Mutterunternehmen dient und auch kein selbständiges Marktpräsenz.

### b) Henkel /Tiande

Im Fall GU Henkel/Tiande[998] ging es um die Gründung des GU Henkel Holding über die 100%ige Tochter Cyanoacrylate Monomer, die fast alle Rohstoffe bei Henkel einkaufte, die in China und weltweit 45–50% des Rohstoffmarktes beherrscht.

---

996 Eine informelle englische Übersetzung: http://www.jonesday.com/files/upload/11-22-11_Alert_Attachment2.pdf, (eingesehen am 03.11.2013).

997 Eine informelle englische Übersetzung: http://www.jonesday.com/files/upload/11-22-11_Alert_Attachment2.pdf, (eingesehen am 03.11.2013).

998 Der englische Text: http://english.mofcom.gov.cn/article/policyrelease/questions/201203/20120308033072.shtml, (eingesehen am 03.11.2013).

„Considering Henkel Hong Kong and Tiande Chemical establishing a joint venture company may produce effects of precluding and restricting competition in the cyanoacrylate monomer market, MOFCOM decided to approve this concentration with additional restrictive conditions and required both parties to fulfill the following obligations:

(A). Tiande Chemical should supply ethyl cyanoacetate to all downstream customers based on the principles of fairness, rationality and non-discrimination, including not selling products at unreasonably high prices, not giving more favorable supply conditions to Weifang Degao, and not communicating competitive information with Henkel Holding and Weifang Degao."

### c) ARM/Giesecke & Devrient/Gemalto

Der Zusammenschlusssachverhalt „ARM/Giesecke & Devrient/Gemalto"[999] können in dem veröffentlichten Kontext nicht dargelegt werden. Trotzdem meldete sich dieses Zusammenschlussvorhaben auch bei der EU-Kommission und daher kann dieser bei der EU-Kommission angemeldete Zusammenschlussachverhalt[1000] herangezogen werden.

"The agreement bringing about the JV (the "JV Agreement") attributes to each shareholder [...] veto rights over strategic decisions [...]. Further, the JV Agreement establishes that ARM will hold 40% of the JV's equity and each of G&D and Gemalto will own 30% of the JV's equity. Hence, each of the notifying parties to the JV will have veto rights over the JV's strategic decisions."[1001] "The JV qualifies as a full-function joint venture as it will operate on the market autonomously from its parent companies, performing all the functions of undertakings normally active on the same market."[1002]

### d) Maersk /MSC / CMA CGM

In der zwieten Untersagungentscheidung Maersk /MSC / CMA CGM[1003] unterscheidet das MOFCOM zuerst sich zwischen kooperativen und konzentrativen GU. MSC und CMA CGM wollten ein „shipping Network" in der Reform einer limited liability partnership in England und Wales errichten, die das Betriebsgeschäft für die Containerschiffsfahrt in der Asien-Europa-Schifffahrtslinie,

999 MOFCOM, Bekanntmachung [2012] Nr. 87.
1000 Case No COMP/M.6564 – ARM/ GIESECKE &. DEVRIENT/ GEMALTO/ JV.
1001 Case No COMP/M.6564 – ARM/ GIESECKE &. DEVRIENT/ GEMALTO/ JV, Rn. 8.
1002 Case No COMP/M.6564 – ARM/ GIESECKE &. DEVRIENT/ GEMALTO/ JV, Rn. 10.
1003 MOFCOM, Bekanntmachung des Handelsministeriums (2014) Nr. 46.

Transpazifischen Schifffahrtslinie, und Transatlantischen Schifffahrtslinie einheitlich verwaltet. Das MOCOM wies im Entscheidungskontext daruf hin, dass

„Die traditionellen Schifffahrt-Allianzen kooperieren sich durch Gemeinsamennutzungsvereinbarung zur Schiff, Schiffsraumaustauschvereinbarung, und dessen Mitglieder der Allianzen betreiben sich selbstständig. Diese Kooperationsform gehört zu einer lockeren. Das von am diesem Zusammenschluss Beteiligen gegründete Netzbetreibzentrum wird alle Transportkapazität auf der globalen Schifffahrtlinie integrieren; bei der Kooperationsform, Betriebsverfahren und Kostenverteilung hat diese Allianz einen wesentlichen Unterschied mit der traditionellen und gehört zu der engen Verbindung. Im Verlauf der Untersuchung wird festgestellt, dass die traditionelle Schifffahrt-Allianz durch Gemeinsamennutzungsvereinbarung zur Schiff, Schiffsraumaustauschvereinbarung erfolgt; in diesem Fall werden die alltägliche Geschäftsverwaltung dem Netzbetreibzentrum zugesprochen, und die Beteiligte verfügen lediglich über die Technikverwaltung der Schiff. Während beim Geschäftsbetriebsverfahren die (traditionelle) Schifffahrt-Allianz den Geschäftsbetrieb durch Kommission verwaltet, die sich aus Vertreter jeder Schifffahrtslinie zusammensetzt, verwaltet in diesem Fall das Netzbetriebszentrum nach dem vorgegeben Arbeitsverfahren selbstständig den Geschäftsbetrieb. Während bei der Kostenverteilung die Mitglieder der (traditionelle) Schifffahrtlinie-Allianz selbständig die Betriebskosten ihrer selbständigen Schiffe tragen, und jeweils als eigenständige bilanzielle Einheit gelten, gelidert in diesem Fall sich alle Schifffahrtlinie durch Regelung zum Voyage Cost (einschließlich Charterkosten, Bunkerzuschlag, Hafengebühr, Kanalgebühr) in einige bilanzielle Einheiten, und alle Kosten einheitlich abgerechnet und verteilt. Die Mitglieder der traditionelle Schifffahrtlinie-Allianz können leere Containerräumen an andere Mitglieder oder Dritte verkaufen oder an Dritt untervermieten; in diesem Fall werde die Verwaltung aller leeren Containerräume einheitlich dem Netzbetreibzentrum zugesprochen. Bei der Schiffssuspension entscheiden die Mitglieder der traditionellen Schifffahrtallianz zusammen; im diesem Fall wird es jedoch vom Netzbetriebszentrum getroffen. Zusammenfassend vertritt das MOFCOM diese Meinung, dass dieser Zusammenschluss einen wesentlichen Unterschied mit den traditionellen Allianzen hat.“

### b. Freigabe-Entscheidung: Gulfstream Aerospace/Deer Jet/GCAT

Im Fall Gulfstream Aerospache/Deer Jet/GCAT[1004] wollten laut Medienbericht die genannten drei Fluggesellschaften ein GU Gulfstream Beijing gründen.

1004 湾流航空公司在首都机场开设公务机服务中心.

Als Business-Jet-Dienstleistungszentrum beschäftigte sich das GU mit MRO-Dienstleistungen (Wartung, Reparatur und Überholung). Zugleich stellte das GU Mitarbeiter der Gulfstream und Deer Jet ein. Aus diesem Zusammenschlussvorhaben ergibt sich, dass dieses GU eine Hilfsfunktion für die Mutterunternehmen wahrnimmt.

### 3. *Stellungnahme*

#### *(1) Auslegung nach dem Wortlaut*

Wertvoll für die Auslegung sind die Verwaltungspraxis und die M.M. Bei aller Differenzierung zwischen Vollfunktions- und Hilfsfunktions-GU ist unter Anwendung allgemeiner Auslegungsgrundsätze zunächst mit der Wortlautauslegung zu beginnen. Es handelt sich hier um eine ungeschriebene Zusammenschlussform, die aus § 20 Nr. 2 und Nr. 3 AMG abgeleitet wird. Der AMG-Gesetzgeber übernahm sie also keineswegs aus Art. 3 I V FKVO; zudem kommt das Abgrenzungskriterium zwischen einer Voll- und Teilfunktions-GU nicht in § 20 AMG zum Ausdruck. Die h.M liefert keine starke oder aussagekräftige Begründung. Die Angleichung an Art. 3 I V FKVO hat schon sich somit über den Wortlaut des § 20 AMG hinweggesetzt und sollte als Erfahrungsmaterial bei der zukünftigen Gesetzgebung (de lege ferenda) problematisiert werden.

#### *(2) Systemaitk*

Nach § 28 I AMG soll ein Zusammenschluss untersagt werden, wenn er den Wettbewerb zu beschränken oder zu beseitigen geeignet ist. § 13 II AMG definiert Monopolvereinbarungen als Vereinbarungen, Beschlüsse oder abgestimmte Verhaltensweisen, die den Wettbewerb ausschließen oder beschränken. Beide materiellrechtlichen Beurteilungskriterien weisen keinen wesentlichen Unterschied bei der Behandlung der Verhaltens- und der Zusammenschlusskontrolle auf.[1005]

#### *(3) Rechtspolitische Überlegung*

Nach der Zuständigkeitsverteilung unter drei Kartellbehörden ist das MOFCOM ausschließlich zuständig für die Zusammenschlusskontrolle und andere wettbewerbsbeschränkende Abreden werden der NCDR und dem SAIC zugewiesen. Da die Rechtsfigur eines GU in die Grauzone zwischen Struktur- und Verhaltenskontrolle verläuft, kann die Gründung eines GU das Zuständigkeitsstreitigkeitsproblem

---

1005 Jia Yuan, Gemeinschaftsunternehmen, S. 198 ff.

unter drei Kartellbehörden auslösen. Mangels eines gewachsenen methodischen Bewusstseins in dem noch jungen chinesischen Kartellrecht sowie dessen Verwaltungspraxis und ohne klares und vollständiges Verständnis der europäischen Erfahrungen kommt die Diskussion über die Gründung eines GU als Kartellproblem und Fusionskontrollproblem sowohl in Schrifttum als auch in der Verwaltungspraxis nicht vor. Wie die gescheiterte Versuche durch Ministerregelung des MOFCOM gezeigt, wollt das MOFCOM die europäische Trennung zwischen Vollfunktion- und Teilfunktions-GU nicht übernehmen, damit das MOFCOM die Zuständigkeit für die Hilfsfunktions-GU erhalten bleibt. Das Intransparenz des Verfahrens und die fehlende Begründung in der Verwaltungspraxis bedecken auch die Zuständigkeitsstreitigkeit unter drei Kartellbehörden. Die Gleichbehandlung der Gründung eines GU beim MOFOCM entspricht dem Effizienzprinzip und Rechtsprinzipien, damit die fraglichen Vorgänge nicht mehr am höchsten Drei Kartellbehörde überprüft werden können.

## E. Zwischenergebnis

### I. Form der Gründung

Die Form der Gründung im europäischen, deutschen und taiwanesischen Recht umfasst sowohl die Neugründung durch zwei oder mehr Unternehmen („greenfield operation"), als auch die „weitere" Gründung. Als Gründung gelten auch die Umwandlung eines bisher allein kontrollierten Unternehmens in ein gemeinsam kontrolliertes GU, d.h. den Wechsel von alleiniger zu gemeinsamer Kontrolle, sowie die Umwandlung eines Teilfunktions-GU in ein Vollfunktions-GU. Hingegen umfasst „Gründung" im chinesisch-festländischen Recht lediglich die Neugründung.

### II. Form der GU

#### *1. Gründung eines GU nach Art. 3 I V FKVO*

Die Gründung eines GU im europäischen Recht setzt das Vorliegen gemeinsamer Kontrolle sowie Vollfunktion, Selbstständigkeit und Dauerhaftigkeit voraus. Die Vollfunktionsfähigkeit bedeutet im Wesentlichen, dass das GU auf einem Markt tätig sein und die Funktionen ausüben muss, die auch von anderen Unternehmen in diesem Markt wahrgenommen werden. Die Selbständigkeit bezieht sich nicht auf den Erlass strategischer Entscheidungen, sondern das Tagesgeschäft in operativer Hinsicht, was zugleich bedeutet, dass das GU über hinreichende Ausstattung verfügt und eigenen Marktzugang bzw. eigene Marktpräsenz haben muss. Das GU muss auch auf Dauer angelegt sein.

## *2. Gründung eines GU nach § 37 GWB*

Nach den Fallsachverhalten können alle vier Zusammenschlusstatbestände des § 37 I GWB in die Gründung eines GU eingreifen, und die Gründung eines GU knüpft daher nicht an das Vorliegen einer gemeinsamen Kontrolle bzw. eines Vollfunktions-GU an.

## *3. Gründung eines GU nach FHG*

Ähnlich wie die deutsche Fusionskontrolle kann die Gründung eines GU in Taiwan in allen vier Zusammenschlusstatbeständen gegeben sein. Die taiwanesische Fusionskontrolle unterscheidet nicht zwischen Vollfunktions- und Hilfsfunktions-GU und deren Anwendbarkeit setzt nicht das Vorliegen einer gemeinsamen Kontrolle voraus.

## *4. Gründung eines GU nach AMG*

Die Gründung eines GU setzt nach festländischem Recht das Vorliegen gemeinsamer Kontrolle voraus. Allerdings ist die Vollfunktionsfähigkeit nicht erforderlich.

# Teil 7: Vermögenserwerb

## A. FKVO

### I. Rechtsgrundlage

#### *1. Anwendbarkeitsmöglichkeit*

Der Vermögenserwerb kann zugleich in die Fusion i.S.v. Art. 3 I lit. a) FKVO und den Kontrollerwerb i.S.v. Art. 3 I lit. b) FKVO fallen.

##### *(1) Fusion i.S.v. Art. 3 I lit. a)*

Eine Fusion kann nach Art. 3 I lit. a) FKVO sowohl durch zwei oder mehr bisher voneinander unabhängige Unternehmen als auch Unternehmensteile erfolgen. Bei der Neugründung verschmelzen zwei oder mehr Unternehmen als Gesamtvermögen und bei der Übernahme geht es darum, dass ein Zielunternehmen als Gesamtvermögen in einem anderen Unternehmen aufgeht, wobei Letzteres seine Rechtspersönlichkeit behält, während Ersteres als juristische Person untergeht.[1006] Die wirtschaftliche Fusion kommt auch in Betracht, wenn zwei oder mehr Unternehmen jeweils als Gesamtvermögen oder deren jeweilige Vermögensteile sich einer gemeinsamen wirtschaftlichen Leitung unterstellen.

##### *(2) Kontrollerwerb i.S.v. Art. 3 I lit. b. FKVO*

Nach Art. 3 I lit. b) FKVO kann der Zusammenschluss durch den Erwerb von Vermögenswerten bewirkt werden, wenn dadurch die Kontrolle über die Gesamtheit oder über Teile eines oder mehrerer anderen Unternehmen erworben wird; andererseits wird in Art. 3 I I lit. a) FKVO ergänzt, wobei „insbesondere Eigentums- oder Nutzungsrechte an der Gesamtheit oder an Teilen des Vermögens des Unternehmens“ als mögliche Mittel der Kontrollerwerbs benannt werden. Daher sieht FKVO den Vermögenserwerb als Kontrollform des Kontrollerwerbs vor.

#### *2. Kontrollerwerb i.S.v. Art. 3 I lit. b. FKVO als Hauptrechtsgrundlage*

Trotzdem ist die Anwendbarkeit der Fusion i.S.v. § lit. a) FKVO sehr einschränkend und unterliegt der Vermögenserwerb im Grundsatz dem Kontrollerwerb Art. 3 I lit. b) FKVO. Denn die Fusion i.S.v. Art. 3 I lit. a) FKVO wird nicht auf den Vermögenserwerb, sondern spezieller „eine bestimmte gesellschaftliche

---

1006 Vgl. Zuständigkeitsmitteilung, Rn. 9.

Strukturierung des Zusammenschlusses"[1007] zugeschnitten. Ein anderer Beweis ist bei der Behandlung der Passiva: Gegenstände des Vermögenserwerbs i.S.v. Art. 3 I lit. b FKVO erfassen nicht Passiva, während nach der Fusion Art. 3 I lit. a FKVO Passiva mit allen anderen Vermögen als Gesamtheitsvermögen übernommen werden können. Mit Recht bewertet die Kommission diesen Fall den Kontrollerwerb i.S.v. Art. 3 I lit. b) FKVO.

## II. „Teile des Vermögens des Unternehmens"

### *1. Vermögensbegriff*

Der Vermögensbegriff muss fusionskontrollspezifisch ausgelegt werden[1008] und erfasst alle einem Unternehmen zustehenden geldwerten Güter und Rechte[1009], die unternehmerisch genutzt werden können[1010], insbesondere Werte, die ein Geschäft darstellen können, z.B. eine Tochtergesellschaft, die Abteilung eines Unternehmens, in manchen Fällen Marken und Lizenzen, Patente oder Urheberrechte, mit denen am Markt Umsätze erzielt werden[1011].

### *2. Erforderlichkeit der Wesentlichkeit*

Während der Erwerb des kompletten Unternehmensvermögens sich unstreitig der FKVO[1012] unterstellt, stellt sich die Frage bei dem Vermögensteil. Stattdessen „zu wesentlichen Teil" i.S.v. § 37 I Nr. 1 GWB angesprochen zu werden, bringen lediglich „Teile des Vermögens des Unternehmens" im Art. 3 I I lit. b) FKVO zum Ausdruck. Es ist streitig, ob neben der unternehmerischen Nutzung die Wesentlichkeit wie § 37 I Nr. 1 GWB erforderlich ist.

#### *(1) M.M.*

Zum Teil wird vertreten, dass dieser Begriff des Vermögensteils nicht mit dem Begriff des wesentlichen Vermögensteils i.S.v. § 37 I Nr. 1 GWB gleichgesetzt

---

1007 Hirsch/Montag/Säcker/Wessely/Wegner, Art. 3 FKVO, Rn. 17.

1008 Karl, Zusammenschlussbegriff, S. 201; Albert, Patente in der Fusionskontrolle, S. 33.

1009 Wenz, Der Begriff der Kontrolle, S. 72; Immenga/Mestmäcker/Körber, Art. 3 FKVO, Rn. 49; Karl, Zusammenschlussbegriff, S. 201; Pohlmann, Unternehmensverbund, S. 136; Krimphove, Europäische Fusionskontrolle, S. 249; Mestmäcker/Schweizer, § 24, Rn. 18.

1010 Miersch, Kommentar der FKVO, S. 103.

1011 Zuständigkeitsmitteilung, Rn. 34.

1012 Schröer, Art. 3 FKVO, Rn. 55; Spangler, Zusammenschluss, S. 42.

werden könne, sondern „insgesamt weiter auszulegen" sei[1013]. Folglich könne jede Form der einem Unternehmen zustehenden Ressourcen uneingeschränkt durch die konkrete unternehmerische Nutzung dem Vermögensbegriff unterliegen.[1014] Dass im Fall „Kelt/American Express"[1015] und „Digital/Philips[1016]" kein wesentlicher Vermögensteil, sondern „related asset"[1017] angesprochen wurden, könne als Beweis herangezogen werden[1018].

*(2) h. M.*

Nach überwiegender Meinung muss der Begriff der „Teile des Vermögens des Unternehmens" eine teleologische Einschränkung erfahren, sodass die Wesentlichkeitsanforderung in den Begriff der „Teile des Vermögens des Unternehmens" hinzugefügt werden muss[1019]. Im Fall „Mannesmann/Philips" vertrat die Kommission ebenfalls: „Durch den Erwerb der wesentlichen von Philips in den Geschäftsbereichen PCS und PAE gehaltenen Vermögenswerte übernimmt Mannesmann auch die Kontrolle über diese Unternehmensteile. Das Vorhaben stellt daher einen Zusammenschluss im Sinne von Artikel 3 (1) b Fusionskontrollverordnung dar."[1020]

*(3) Bewertung*

Die europäische Fusionskontrolle dient der übermäßigen Unternehmenskonzentration aufgrund externen Wachstums im Hinblick auf ihre Auswirkungen auf die Wettbewerbsstruktur in der Union.[1021] Unter diesem fusionskontrollspezifischen Gesichtspunkt ist diese Wesentlichkeitsqualität der Vermögensteile daher erforderlich, denn das zusätzliche Erfordernis der Wesentlichkeit übernimmt diese Abgrenzungsfunktion zwischen dem der Fusionskontrolle unterliegenden externen Wachstum von Unternehmen und dem unbeschränkt zulässigen internen

1013 Karl, Zusammenschlussbegriff, S. 203.
1014 Karl, Zusammenschlussbegriff, S. 203.
1015 Entscheidung v. 20.8.1991, Sache IV/M 1116 „Kelt/American Express", Rn. 1.
1016 Entscheidung v. 2.9.1991, Sache IV/M129 „Digital/Philips".
1017 Entscheidung v. 2.9.1991, Sache IV/M129 „Digital/Philips", Rn. 5.
1018 Karl, Zusammenschlussbegriff, S. 203.
1019 Albert, Patente in der Fusionskontrolle, S. 34; Westermann, Die Einwirkung, S. 169; Sedemund/Motag in Dauses, H. I§ 2 Rn. 11; Krimphove, Europäische Fusionskontrolle, S. 249; Schröer, Art. 3 FKVO, Rn. 46.
1020 Kommission Fall Nr. IV/M.1053 Mannesmann/Philips, Rn. 6.
1021 Vgl. Erwägungsgrund FKVO, Rn. 6.

Wachstum.[1022] In diesem Sinn verhindert das zusätzliche Erfordernis der Wesentlichkeit, dass unwesentliche Teile in Betracht kommen. Karl selbst vertritt auch, dass „unbedeutende“ Vermögensteile außer Betracht bleiben müssen.[1023]

### *3. Marktrelevanz von Vermögenswerten*

#### *(1) Vorhandene Marktstellung: Marktumsatzzuweisung*

Der rein quantitative Gesichtspunkt durchsetzt sich nicht in der Schrifttumsmeinung[1024]. Die Kommission vertritt ebenfalls, dass die Erlangung der Kontrolle über Vermögenswerte nur dann als Zusammenschluss angesehen werden kann, wenn diese die Gesamtheit oder einen Teil eines Unternehmens bilden, d.h. einen Geschäftsbereich mit eigener Markpräsenz, dem eindeutig ein Marktumsatz zugeordnet werden kann.[1025] Diese Marktumsatzzuordnung entspricht der Anforderung der Umsatzschwellen i.S.v. § 1 FKVO und der Umsatzberechnung i.S.v. § 5 II FKVO[1026] und wird von der überwiegenden Schrifttumsmeinung aufgenommen[1027]. Im Fall Delta Air Lines/Plan Am ging es sich um den Erwerb des Geschäftsbereich „North Altantic air transport“ von Pan Am und die Streckenrechten und sog. Slots, d.h. Zeitfenstern und Nutzungsrechten an Flughafeneinrichtungen waren wegen der Zuweisung der konkrete Umsätze zu qualifizieren[1028]. Dieser Grundsatz wurde auch im Fall „Vattenfall/Elsam und E 2“[1029] beim Erwerb von Kraftwerken bejaht.

#### *(2) Potentielle Marktstellung*

Die Möglichkeit der Umsatzzuordnung ist hinreichende, nicht aber notwendige Bedingung[1030]. Nach diesem Kriterium verneint die Kommission die Tauglichkeit

---

1022 Vgl. Emmerich, Kartellrecht, S. 401; Spangler, Zusammenschluss, S. 43; Stockenhuber, Fusionskontrolle, S. 71 f.

1023 Karl, Zusammenschlussbegriff, S. 204.

1024 Immenga/Mestmäcker/Körber, Art. 3 FKVO, Rn. 49; Schulte/Henschen, in: Handbuch Fusionskontrolle, Rn. 1047.

1025 Zuständigkeitsmitteilung, Rn. 24.

1026 Spangler, Zusammenschluss, S. 45; Albert, Patente in der Fusionskontrolle, S. 41.

1027 Stockenhuber, Fusionskontrolle, S. 109 f.; Körber, Art. 3 FKVO, Rn. 59; Schulte/Henschen, in: Handbuch Fusionskontrolle, Rn. 1045; Busche/Röhling/Schütz, Art. 3 FKVO, Rn. 27.

1028 Kommission v. 13.9.1991, M.130, Rn. 3- Delta Air Lines/Pan Am.

1029 Sache COMP/M.3867, Vattenfall/Elsam und E 2 (22. Dezember 2005).

1030 Albert, Patente in der Fusionskontrolle, S. 45; Vgl. Hirsch/Montag/Säcker/Wessely/Wegner, Art. 3 FKVO. Rn. 56.

der einfachen Outsourcing-Transaktion, indem der Outsourcing-Dienstleister die vormals interne Tätigkeit (nur) für das ausgliedernde Unternehmen erbringt, dabei jedoch kein Vermögen oder Personal übernimmt, weil diese vom ausgliedernden Unternehmen dem externen Dienstleister zur Verfügung gestellt werden, stelle keinen Zusammenschluss dar,[1031] und bejaht den Fall, wobei der Outsourcing-Dienstleister nicht nur eine bestimmte Tätigkeit übernimmt, die zuvor intern durchgeführt wurde, sondern auch die damit verbundenen Vermögenswerte und/oder Personal, wenn die über tragenden Vermögenswerte eine Unternehmen oder einen Teil eines Unternehmens, d.h. einen Geschäftsbereich mit eigenen Marktpräsenz, bilden.[1032]

Etwa die bisher im Markt ungenutzten oder gerade erst entwickelten Vermögensteile, die keine der Umsatzzuordnung vergleichbare Marktstrukturänderung sind.[1033] Solche übertragenden Vermögenswerte müssen mindestens die Kernelemente enthalten, die es einem Käufer ermöglichen, innerhalb eines Zeitrahmens, der in etwa der Anlaufphase für GU entspricht, eine Markpräsenz aufzubauen.[1034] Solche Konstellation sind die Fertigungsanlagen für Vorprodukte oder Rechenzentren, unveröffentlichte Manuskripte, bisher im relevanten Markt unbenutzte Titel- und Herausgaberechte für ein Magazin oder andere Mittel, die der Käufer benötigt, um rasch in den Markt einzutreten[1035].

## III. Erwerbstatbestand

Der Erwerbstatbestand ist funktional und weit zu fassen[1036]. Gemäß Art. 3 I I lit. a) FKVO kann der Erwerb von Vermögenswerten sowohl durch den Übertragung des Eigentums also auch durch die Einräumung von Nutzungsrechten erfolgen. Der Abschluss von Unternehmenspacht- und Betriebsübertragungsverträgen[1037] sind kontrollbegründend. Im Fall „Bosch/ Rexroth[1038] oblag nach dem abgeschlossenen Betriebspachtvertrag die Ausübung des Geschäftsbetriebs der Rexroth allein Bosch, die das gepachtete Unternehmen im eigenen Namen und für eigene Rechnung betrieb. Zu diesem Zweck überließ Rexroth Bosch alle Gegenstände des Unternehmens zur Nutzung. Aber das bloße Sicherungseigentum

1031 Zuständigkeitsmitteilung, Rn. 25.
1032 Zuständigkeitsmitteilung, Rn. 26.
1033 Vgl. Spangler, Zusammenschluss, S. 55.
1034 Zuständigkeitsmitteilung, Rn. 26.
1035 Zuständigkeitsmitteilung, Rn. 26.
1036 Staudenmayer, Zusammenschlussbegriff, S. 90.
1037 Immenga/Mestmäcker/Körber, Art. 3 FKVO, Rn. 49.
1038 Komm., 4.12.2000, M.2060, „Bosch/ Rexroth“, Rn. 11.

verschafft keine Kontrolle, weil es mit keiner unmittelbaren Verfügungsmacht verbunden ist.[1039]

## B. Vermögen nach § 37 I GWB

### I. Vermögenserwerb i.S.v. § 37 I Nr. 1 GWB

Nach § 37 I Nr. 1 GWB liegt ein Zusammenschluss vor, wenn ein Unternehmen das Vermögen eines anderen Unternehmens ganz oder zu einem wesentlichen Teil erwirbt.

#### *1. Vermögensbegriff*

##### *(1) Begriff*

Der Vermögensbegriff erfasst die Gesamtheit aller geldwerten Güter und Rechte eines Unternehmens ohne Rücksicht auf Art, Verwendung und gesonderte Verwertbarkeit[1040], sofern sie verkehrsfähig ist.[1041] In Betracht kommen Sachgüter aller Art, wertvolle Schutzrechte, insbesondere Patente, eine Marke so wie etwa noch die Titel- und Verlagsrechte an einer Zeitung, die Kundenbeziehungen eines Anzeigenblattes, wichtige Lieferverträge, die Absatzorganisation.[1042] Sogar eine arzneimittelrechtliche Zulassung fällt darunter, weil es dem Zulassungsinhaber das Recht, das zugelassene Arzneimittel in Verkehr zu bringen gewährt, und verkörpert einen wirtschaftlichen Wert, der nicht nur durch den Gebrauch, sondern auch durch einen Verkauf oder die Einräumung des Mitvertriebsrechts

---

1039 Vgl. Stockenhuber, Fusionskontrolle, S. 111 f.; Schrörer, Art. 3 FKVO, Rn. 48; Schütz in GK Art. 3 FKVO Rn. 34: Immenga/Mestmäcker/Körber, Rn. 51.

1040 KG WuW/E 4771 ff., 4775 Folien und Beutel; KG, 22.5.1985 „Coop Schleswig-Holstein/ Deutscher Supermarkt“ WuW/E OLG S. 3591, 3593.

1041 KG, 22.5.1985 „Coop Schleswig-Holstein/ Deutscher Supermarkt“ WuW/E OLG S. 3591, 3593. Mestmäcker/Veelken, § 37 GWB, Rn. 14; Hirsch/Montag/Säcker/Bach, § 37 GWB, Rn. 8; Langen/Bunte/Kallfaß, § 37 GWB, Rn. 7; Schulte/Just/Schulte, § 37 GWB, Rn. 5; Emmerich, Kartellrcht, S. 478, Rn. 4.

1042 Emmerich, Kartellrecht, S. 401.Vgl. BGHZ 119, 117 134f.= AG 1993, 36- Melitta/ Kraft (Frapan); KG, WuW/E OLG 4637= AG 1991, S. 276, 277- Bote vom Grafeld/ Mainpost; OLG Düsself, WuW/E DER 1504, 1505- National Geographic, BKartA, AG 1999, 426- TLZV/WAZ; WuW/E DEV 195, 197- NJWE-WettbR 2000, 126- Westfälische Ferngas/Westfälische Gasversorgung(VEW).

realisiert werden kann.[1043] Nach einheitlichen Meinungen[1044] muss das Passivmögen ausgeschlossen werden.

### *(2) Einschränkung auf die unternehmerische Nutzung*

Aber diese Frage, ob die Vermögensgegenstände unternehmerisch genutzt sein müssen, ist völlig umstritten. Mestmäcker/Veelken gehen davon aus, die bisherige und geplante Nutzung sei unerheblich und diese Frage ergebe sich nicht beim Vermögensbegriff, sondern bei der Frage eines Vermögenserwerbs zu „einem wesentlichen Teil",[1045] nach dem wegen der Einigung des Vermögensteils zur Übertragung der Marktstellung des Veräußerers nicht unternehmerische genutzte Vermögensgegenstände ausgeschlossen werden könnten.

Nach überwiegender Meinung[1046] muss der Vermögensbegriff lediglich auf unternehmerisch genutzte oder sofort wieder genutzte Vermögensgegenstände beschränkt werden, weil ein zur Addition von Markteinfluss führender Konzentrationsvorgang vorliegt, der eine Anwendung des Fusionskontrollrechts rechtfertigt.[1047] Ausgesondert werden müssen daher etwa das Vermögen von dem insolvent gewordene und keine Marktposition verfügende Unternehmen oder Investitionsgütern, die von dem veräußernden Unternehmen zur Weiterveräußerung hergestellt werden[1048].

## *2. „Zum einen wesentlichen Teil"*

### *(1) Meinungsstand*

#### a. Quantitativer Ansatz

Nach Meinung von Rittner[1049] und Kleinmann/Bechtold[1050] muss die Einigung der Wesentlichkeit nicht unter dem Gesichtspunkt des Veräußerers, sondern

---

1043 Hirsch/Montag/Säcker/Bach, § 37 GWB, Rn. 9.

1044 Mestmäcker/Veelken, § 37 GWB, Rn. 14; Kleinmann/Bechtold § 23 GWB, Rn. 44.

1045 Mestmäcker/Veelken, § 37 GWB, Rn. 14, Fn. 39. Zugesimmte: Albert, Patente in der Fusionskontrolle, S. 54.

1046 Paschke, § 37 GWB, in FK, Rn. 8; Hirsch/Montag/Säcker/Bach, § 37 GWB, Rn. 10; Kleinmann/Bechtold, § 23 GWB, Rn. 45; Bechtold, Kartellgesetz, § 37 GWB, Rn. 5; Schütz in: GemKomm, § 37 GWB, Rn. 10; Emmerich, Kartellrecht, S. 400 f.

1047 Paschke, § 37 GWB, in FK, Rn. 8.

1048 Hirsch/Montag/Säcker/Bach, § 37 GWB, Rn. 9.

1049 Kleinmann, BB 1975, S. 244.

1050 Kleinmann/Bechtold, 1. Aufl. 1977, § 23, Rn. 47; Bechtold, Das neue Kartellrecht, 1981, S. 126 f.

dem des Marktverhältnisses bewertet werden. Aus der Formulierung „ganz" und „zum Teil" könnte sich ergeben, dass ähnlich wie § 419 BGB a. F., sie auf eine quantitative Relation des übertragenden Teils zum Restvermögen des Veräußerers abstellte und das Wort „Wesentlichkeit" nun einmal in engster Verbindung mit dem „ganz" stand und beides sich nach der grammatikalischen Ordnung nur auf ein und dieselbe Größe bezögen[1051] und „Wesentlichkeit" als „fast als Ganzes" von einem anderen Unternehmen verstanden werden könnten[1052]. Die Begrenzung des „Vermögenserwerbs" auf den wesentlichen Teil sei mithin eine „Bagatellklausel", die sicherstellen solle, dass nicht bereits bei unbedeutenden Erwerbsvorgängen ein Fusionskontrollverfahren durchgeführt werden müsse.[1053] Kroitzsch gelangt zu einer ähnlichen Schlussfolgerung, dass der „wesentliche Teil" in einer „unwesentlichen" Minderung des Ganzen besteht.[1054] Als sachdienliche Kriterien können solche Bezugsgröße, etwa Verkehrs- und Buchwerte, Umsatzerlöse, Gewinnhöhe und Beschäftigtenzahl herangezogen werden[1055].

### b. Parallele Ansätze

Da dieses quantitative Kriterium zur Bevorzugung von Großunternehmen und einer ungerechtfertigten Benachteiligung kleinerer Unternehmen führen muss[1056], ergeben sich die parallelen Kriterien.

Das BKartA geht zunächst davon aus, es komme neben der Relation des veräußerten Teils zum Gesamtvermögen des Veräußerers auf die Auswirkungen der Übertragung auf die Marktverhältnisse an; entscheidend sei die wettbewerbspolitische Bedeutung des veräußerten Vermögensteils[1057]. Diese Rechtsauffassung wird noch in seinem Merkblatt[1058] festgehalten. Auf dessen Grundlage ergänzte im Fall „Zementmahlange" das KG weiterhin, dass die Entstehung marktbeherrschender

1051 Rittner, BB 1975, S. 581, 583, 584.

1052 Rittner, BB 1975, S. 581, 583, 584.

1053 Röhling, DB 1973, 1585, 1586; Rittner, DB 1975, S. 581 ff.; nach Ebel, BB 1974, S. 749, 750.

1054 Kroitzsch, WuW 1977, S. 235 ff.

1055 Kleinmann/Bechtold, § 23 Rn. 50, S. 263; Kling/Thomas, S. 715, Rn. 16. Abweichend: Greuner, GURU1976, S. 285.

1056 Mestmäcker, § 23 GWB, Rn. 47, in: Immenga/Mestmäcker, 1. Aufl. 1981; Lanzenberger, Fusionskontrolle durch das Bundeskartellamt, S. 81 ff.

1057 BKartA, TB 1973, S. 69; 1974, S. 31; Pressemitteilung des BakrtA, WuW 74, S. 410f.; Lanzenberger, Auslegungsproblem, S. 75, 81; ders. Rechtsfragen der Fusionskontrolle, S. 29, 36; ders. Praxis der Fusionskontrolle, S. 53, 59; Niederleithinger, Praxis der Marktbeherrschungs- und Fusionskontrolle im Zeitraum 1974/75, S. 73, 79f.

1058 Siehe Merkblatt zur deutschen Zusammenschlusskontrolle V 3.

Stellung zu verhindern als Normzweck des § 23 GWB a. F. und das qualitative Kriterium angesprochen, dass die Wettbewerbsverhältnisse sich veränderten bzw. marktbeherrschende Stellungen sich verstärkten[1059].

In der Entscheidung „Zementmahlanlage“ stellte der BGH fest:

„Als ein wesentlicher Teil ist einmal ein solcher anzusehen, der in seinem Verhältnis zum Gesamtvermögen des Veräußerers quantitativ ausreichend hoch ist. Zum anderen ist darunter aber auch jede betriebliche Teileinheit zu verstehen, die im Rahmen der gesamten nach außen gerichteten wirtschaftlichen Tätigkeit des Veräußerers unabhängig von dessen Größe qualitativ eine eigene Bedeutung hat. Dabei kann als eine solche betriebliche Teileinheit jede Zusammenfassung von persönlichen und sachlichen Mitteln gewertet werden, die sich von den anderen Betriebsteilen z. B. aufgrund ihrer organisatorischen Selbständigkeit oder ihrer räumlichen Trennung oder ihres speziellen Produktions- oder Vertriebsziels deutlich unterscheidet.“[1060]

Diese Auffassung wurde wiederum auch in seiner Entscheidung „National Geographic I“ festgehalten, das Merkmal der Wesentlichkeit sei nicht nur quantitativ, sondern vor allem qualitativ zu beistimmen[1061].

### c. Qualitativer Ansatz

#### a) Rechtsprechung

##### aa) Kettenstichnähmaschinen

In der „Kettenstichnähmaschinen“-Entscheidung hat der BGH herausgestellt, bei dem Erwerb des Vermögens eines anderen Unternehmens zu einem Teil gewinne unter dem hier maßgebenden Gesichtspunkt der Zusammenschlusskontrolle ein Teil Bedeutung vor allem insoweit, als sein Erwerb die Stellung des Erwerbs auf den Markt zu verändern in der Lage sei. Dies ergebe sich schon aus dem ursprünglichen Zweck des § 23 GWB a. F., nämlich der Gewinnung einer vollen Übersicht auf dem Gebiet der Unternehmenskonzentration als auch aus dem Sinn und Zweck der jetzt in § 23 II GWB a. F. festgelegten Legaldefinition des Tatbestandsmerkmals. Kaum als wesentlich könne in diesem Zusammenhang dagegen das mengenmäßige Verhältnis des veräußerten Teils zum Vermögen des Unternehmens angesehen werden, das sich von diesem Teil als

---

1059 Beschluß des KG vom 25.10.74 „Zementmahlange“, WuW/E OLG 1534 ff.

1060 BGH 20.11.1975 WuW/E BGH 1377 „Zementmahlanlage“; BGH 13.3.1979 WuW/E 1570; BGH 23.10.1979 WuW/E BGH 1655 „Zementmahlanlage II“.

1061 BGHZ 170, 130 (132 f. Rn. 11)- National Geographic I.

wirtschaftlichem Potential endgültig löse, ohne auf das erwerbende Unternehmen einen Einfluss zu gewinnen.[1062]

### bb) Warenzeichenerwerb

Ferner in dem Beschluss „Warenzeichenerwerb"[1063] hat der BGH festgestellt, bei der Anwendung dieser Norm komme es nicht darauf an, ob der erworbene Teil bezogen auf das Vermögen des veräußernden Unternehmens quantitativ ein „wesentlicher Teil" ist. Eine andere Auslegung der Vorschrift macht das Vorliegen eines Zusammenschlusstatbestandes davon abhängig, wie groß das bei dem Veräußerer verbleibende Restvermögen ist. Bei sonst gleichen Voraussetzungen und gleichen Auswirkungen auf die Marktverhältnis wäre dann etwa der Erwerb eines Betriebs als Zusammenschluss zu behandeln, wenn er der wesentlicher Teil des Vermögens des Veräußerers ist, nicht jedoch wenn er zu dem Vermögen eines Großunternehmens gehört. Dieses Ergebnis wäre mit Sinn und Zweck des Gesetzes schwer zu vereinbaren. Dass die Vorschrift des § 23 II GWB a. F. nicht so verstanden werden muss, kommt bereits in ihrem Wortlaut zum Ausdruck, in dem nicht etwa vom Erwerb des Vermögens eines anderen Unternehmens „ganz oder im wesentlichen" die Rede ist, sondern vom Erwerb des Vermögen „ganz oder zu einem wesentlichen Teil".

### b) Schrifttumsmeinung

In den Schrifttumsmeinungen wird auch davon ausgegangen, dass für dieses Wesentlichkeitskriterium darauf ankommt, ob die Kontrolle über sie dem Inhaber der Kontrolle die Möglichkeit vermittelt, in die Marktstellung des Veräußerers einzutreten[1064]. Hirsch/Montag/Säcker/Bach stellt weiterhin drei Kriterien auf: Abtrennbarkeit vom übrigen Vermögen des Unternehmens, Transportfunktion für die Marktstellung des Veräußerers auf dem relevanten Markt und Spürbarkeit der durch den Erwerb beim Erwerber eintretenden Vorteile für die Marktstellung.[1065]

### *(2) Stellungnahme*

Die Beurteilung des Wesentlichkeitskriteriums berührt die Abgrenzungszone zwischen den rein privatrechtlichen und fusionskontrollrechtlichen Abgrenzungszonen. Als Zusammenschlusstatbestand in der Fusionskontrolle muss der

---

1062 BGH 13.3.1979 WuW/E BGH 1570, 1573 „*Kettenstichnähmaschinen*".

1063 BGH, 07.07.1992, WuW/E BGH 2783, 2786- Warenzeichenerwerb.

1064 Schulte/Just/Schulte, § 37 GWB, Rn. 13; Bechtold, § 37 GWB, Rn. 19; Hirsch/Montag/Säcker/Bach, § 37 GWB, S. 519, Rn. 29.

1065 Hirsch/Montag/Säcker/Bach, § 37 GWB, Rn. 28 f.

Vermögenserwerb nach der Zielsetzung der Fusionskontrolle vorgenommen werden. Während der rein privatrechtliche Vermögenserwerb sich grundsätzlich auf die Privatautonomie, namentlich das unbeschränkt zulässige interne Wachstum, bezieht, stellt der fusionskontrollrechtliche Vermögenserwerb auf das der Fusionskontrolle unterworfene externe Wachstum ab[1066]. Hinsichtlich der fusionskontrollrechtlichen Bewertung hat das quantitative Kriterium weniger Bedeutung und liefert kein überzeugendes Indiz für die Abgrenzung zwischen internen und externen Wachstum. Die jüngere Rechtsprechung des BGH betrachtet nur solche Vermögensgegenstände als wesentlich, die die tragende Grundlage für die Marktstellung des Veräußerers darstellen und deshalb geeignet sind, die Stellung des Erwerbers spürbar zu stärken.

### 3. *Erwerbstatbestand*

#### *(1) Erforderlichkeit des Inhaberwechsels*

Nach einheitlicher Meinung[1067] setzt der Erwerb einen Inhaberwechsel der betroffenen Vermögen voraus, nämlich die Übernahme diejenigen Position des Veräußerers. Mangels des Inhaberwechsels unterfallen die folgenden Fälle nicht dem Erwerbstatbestand, etwa der „mittelbare" Erwerb durch einen Dritten, der an dem (unmittelbaren) Erwerber beteiligt ist[1068], Sicherungseigentum und Sicherungszession von Rechten[1069], die bloße Beauftragung mit der Ausführung unternehmerischer Funktionen im Wege von Dienstverträgen[1070]. Gleiches gilt auch für die Einräumung dinglicher oder obligatorischen Nutzungsrechte an einem ansonsten beim Veräußerer verbleibenden Vermögensgegenstand[1071]. Etwa in der Entscheidung „National Geographic I"[1072] hatte der BGH festgestellt, dass der in Rede stehende Lizenzvertrag für die deutschsprachige Ausgabe der Zeitschrift „National Geographic" keinen Zusammenschluss nach § 37 I GWB

---

1066 Vgl. BGHZ 170, 130 (132 f. Rn. 11)- National Geographic I.

1067 Paschke, § 37 GWB, in FK, Rn. 12; Mestmäcker/Veelken, § 37 GWB, Rn. 15; Riesenkampff/Lehr, § 37 GWB, Rn. 6; Langen/Bunte/Kallfaß, § 37 GWB, Rn. 12; Hirsch/Montag/Säcker/Bach, § 37 GWB, Rn. 11; Emmerich, Kartellrecht, S. 401; KG WuW/E OLG 3591, 3599 – Coop Schleswig-Holstein/Deutscher Supermarkt.

1068 Bechtold, § 37 GWB, Rn. 6.

1069 Langen/Bunte/Kallfaß, § 37 GWB, Rn. 12; Hirsch/Montag/Säcker/Bach, § 37 GWB, Rn. 11.

1070 OLG Düsseldorf, WuW/E DE-R 1805 – MSV; Riesenkampff/Lehr, § 37 GWB, Rn. 6.

1071 Langen/Bunte/Kallfaß, § 37 Rn. 12; Hirsch/Montag/Säcker/Bach, § 37 GWB, Rn. 11; Emmerich, Kartellrecht, S. 401.

1072 BGHZ 170, 130, 132 – National Geographic I.

begründe. Betrifft der Vermögensgegenstand das Nutzungsrecht selbst ist, fällt dieser Erwerb wegen der Übertragung des Vollnutzungsrechts in den Vermögenserwerb i.S.v. § 37 I Nr. 1 GWB.

*(2) Entbehrlichkeit der Erwerbsform*

a. Unerheblichkeit des Rechtsgrunds

Da die Fusionskontrolle auf das Ergebnis und nicht auf den Geschehensablauf abstellt[1073], spielen die Erwerbsart keine entscheidende Rolle. Die Erwerbsform kann sowohl auf dem privatrechtlichen Rechtsgeschäft, etwa ein Kauf, ein Tausch, eine Sacheinbringung, eine Testament, eine Schenkung usw., als auch auf staatlichem Hoheitsakt oder Gesetz, etwa Zwangsversteigerung usw. berufen; erfasst werden gleichfalls die Einzelfallübertragung oder Gesamtrechtsnachfolg.

b. Umwandlung

Bemerkenswert ist der Erwerb der Umwandlung. In der 6. GWB-Novelle ist dieser Zusatz „durch Umwandlung oder in sonstiger Weise" weggefallen. Diese Novellierung ist äußerlich und „rein redaktionell",[1074] und die Umwandlung entfällt nach wie vor dem Vermögenserwerb § 37 I Nr. 2 GWB und erfasst die rechtliche Fusion (Verschmelzung)[1075], Vermögensübertragung[1076]. Die Spaltung kommt auch in Betracht[1077]. Die Spaltung und die Aufspaltung zur Neugründung[1078] sind wegen der Beteiligung der Anteilseigner des übertragenden Rechtsträger im selben Verhältnis an dem bzw. den aufnehmenden Rechtsträger ausgegrenzt. Allerdings scheidet der Formwechsel wegen Nichtverbindung mit einer Vermögensübertragung aus[1079].

## II. Kontrollerwerb i.S.v. § 37 I Nr. 2 GWB

Die zweite Rechtsgrundlage findet sich im Kontrollerwerb i.S.v. § 37 I Nr. 2 GWB, die einhergehend mit der nahezu wörtlichen Übernahme des Kontrollerwerbs im Wege der 6. GWB-Novelle eingeführt wurde. Der Erwerb von Eigentums- oder

1073 Langen/Bunte/Kallfaß, § 37 GWB, Rn. 11.

1074 RegBergr. 6. GWB.Novelle, S. 57; Langen/Bunte/Kallfaß, § 37 GWB, Rn. 13; Hirsch/Montag/Säcker/Bach, § 37 GWB, Rn. 13.

1075 Siehe, Teil 3 B I.

1076 Mestmäcker/Veelken, § 37 GWB, Rn. 11.

1077 Mestmäcker/Veelken, § 37 GWB, Rn. 10.

1078 Hirsch/Montag/Säcker/Bach, § 37 GWB, Rn. 14.

1079 Mestmäcker/Veelken, § 37 GWB, Rn. 12.

Nutzungsrechten an dem Vermögen oder an Teilen des Vermögens des anderen Unternehmens i.S.v. § 37 I Nr. 2 lit. a GWB überschneidet sich im Wesentlichen mit dem i.S.v. § 37 I Nr. 1 GWB, und § 37 I Nr. 2 GWB die meisten Fälle des Vermögenserwerbs i.S.v. § 37 I Nr. 1 GWB mitumfasst[1080].

### *1. Anforderung der Wesentlichkeit des Vermögens*

Der Gesetzgeber übernahm unverändert den Wortlaut der „Teile des Vermögens" i.S.v. Art. 3 I lit. b FKVO und das Problem der Wesentlichkeitskriterien bringt es wiederum mit sich.

#### *(1) Quack/Quack*

Quack/Quack vertreten, um dem § 37 Abs. 1 Nr. 1 im Verhältnis zum § 37 Abs. 1 Nr. 2 eine eigenständige Bedeutung zu erhalten, sei es „unumgänglich, § 37 Abs. 1 Nr. 2 dahin auszulegen, dass der isolierte Erwerb einer Marke oder eines vergleichbaren Vermögenswerts, der die Grundlage für die Marktstellung des Veräußerers bildet, keine Kontrolle „über die Gesamtheit oder Teile eines oder mehrerer anderer Unternehmen" i. S. d. § 37 Abs. 1 Nr. 2 verschafft"[1081]

#### *(2) h. M.*

Nach überwiegender Meinung[1082] ist die Auslegung des Vermögensteils i.S.v. § 37 I Nr. 2 GWB –zur Vermeidung von Wertungswidersprüchen[1083]- deckungsgleich mit der des „wesentlichen" Vermögensteils i.S.v. § 37 I Nr. 1 GWB. Der BGH bestätigt in seiner ständigen Rechtspraxis diese Meinung. Im Fall „Warenzeichenerwerb" wies der BGH ausdrücklich darauf hin, dass die Regelung des Art. 3 I lit. b) FKVO auch die in § 23 II Nr. 1 GWB a.F. genannten Fälle des Erwerbs von wesentlich Vermögensteilen eines Unternehmensteils eines Unternehmens als Fall des Kontrollerwerbs erfasse[1084]. Im Fall „National Geographic I" verdeutlicht der BGH, „Zwar enthält § 37 Abs. 2 Nr. a anderes als § 37 Abs. 1 GWB keine entsprechende Einschränkung……. Doch besteht Einigkeit darüber,

1080 Semler/Volhard/M. Bechtold, § 25, Rn. 36.

1081 Quack/Quack in: FS Geiss, S. 648.

1082 Langen/Bunte/Kallfaß, § 37 GWB, Rn. 17; Risenkampff/Lehr, in: L/M/R § 37 GWB, Rn. 10; Mestmäcker/Veelken, § 37 GWB, Rn. 36; Emmerich, Kartellrecht, S. 401; Schulte/Peter, Handbuch Fusionskontrolle, Rn. 134.

1083 Albert, Patent in der Fusionskontrolle, S. 56.

1084 BGHZ 119, 117, 122 („Warenzeichenerwerb") = WuW/E BGH 2783, 2785 ff.= NJW 1993, S. 264, 266.

dass im Rahmen des § 37 Abs. 1 Nr. 2 a GWB insofern derselbe Maßstab wie bei § 37 Abs. 1 GWB anzulegen ist.“[1085]

## 2. *Erfassung der Marktpotential*

Diese Frage, ob die Vermögensteile, die über keinen Marktumsatz verfügen, allerdings mit einer potentiellen Marktposition verbunden sind, als wesentlich angesehen werden können, hat sich entzündet an dem Fall National Geographic. In diesem Fall schossen der Verlag Gruner + Jahr (GJ), der spanische Verlag RBA und der amerikanische Verlag „National Geographci Soceity“ (NGS) einen Vertrag über die ausschließlichen Lizenz an den Marken- und Urheberrechten für eine deutschsprachige Ausgabe der Zeitschrift NG. Zuvor war GJ alleiniger Rechtsinhaber der Marken- und Titelrechte an NG gewesen, hatte aber noch eine deutsche Ausgabe von NG nicht herausgebracht.

### *(1) Rechtspraxis*

#### a. BKartA

In diesem Fall vertritt das BKartA, unerheblich sei es im vorliegenden Fall, dass zum Zeitpunkt des Erwerbs der Lizenz für die deutschsprachige Ausgabe der Zeitschrift „National Geographic“ noch kein Umsatz mit der deutschsprachigen Ausgabe der Zeitschrift erzielt worden sei, da diese Ausgabe bis dahin nicht erhältlich gewesen sei. So sei das amerikanische „National Geographic“ Magazin mit 45 Millionen Lesern das größte Wissenschafts- und Geographie-Magazin der Welt. Die Marke „National Geographic“ zähle bei den populären Wissenszeitschriften zu den bekanntesten Marken weltweit – und zwar bereits lange vor dem Erscheinen einer deutschsprachigen Ausgabe. Diese Marktgeltung hatte „National Geographic“ bereits, als noch keine deutschsprachige Ausgabe des Magazins herausgegeben wurde. Auf der besonders starken Stellung der Zeitschrift der hier betroffenen Market „National Geographic“ verkörpern die Herausgeber- und Titelrechte einen wesentlichen Teil des Betriebs des Unternehmens im Sinne § 23 II Nr. 3 lit.c) GWB a.F. und damit auch einen wesentlichen Vermögensteil im Sinne des § 37 I GWB.

#### b. OLG Düsseldorf

Nach der Ansicht des OLG Düsseldorf sei es nicht geeignet, eine Marktstellung des Veräußerers auf dem relevanten Markt zu übertragen und dadurch die Stellung des

---

1085 BGH, 10.10.2006 „National Geographic“ WuW/E DE-R 1979, 1980.

Erwerbers spürbar zu stärken. Der Zusammenschlusstatbestand des § 37 I Nr. 2 lit. a GWB sei in einem solchen Fall nur erfüllt, wenn der Lizenznehmer auf Grund der Lizenz in eine bereits vorhandene aktuelle Marktposition des Lizenzgebers einrücke.[1086]

c. BGH

Der BGH vertrat folgende Auffassung, „Nach dem im Streitfall allein in Betracht kommenden qualitativen Ansatz liege in den Lizenzrechten der deutschsprachigen Ausgabe von „National Geographic" kein wesentlicher Vermögensteil, weil NGS mit Hilfe der entsprechenden Nutzungsrechte für die deutschsprachige Ausgabe keine Marktstellung auf dem deutschen Markt begründet habe, die durch den Lizenzvertrag auf die Erwerber übertragen worden sei. Die potentielle Marktrelevanz eines bisher nicht genutzten Vermögensteils sei nicht ausreichend, um einen der Zusammenschlusskontrolle unterliegenden Vermögensgegenstand anzunehmen. Voraussetzung sei stets, dass der Veräußerer auf dem relevanten Markt tätig und der zu veräußernde Vermögensteil tragende Grundlage seiner Marktstellung sei, in die der Erwerber eintrete. Dies entspreche auch der Praxis der Europäischen Kommission, die im Abschluss eines Lizenzvertrags nur dann eine als Zusammenschluss zu beurteilende Übertragung eines Vermögensteils sehe, wenn es sich um ein Geschäft handele, dem eindeutig ein Umsatz auf dem relevanten Markt zugeordnet werden könne."[1087]

*(2) Schrifttumsemeinungen*

Dementsprechend werden zwei verschiedene Meinungen im Schrifttum vertreten. Die meisten Schrifttumsmeinungen[1088] und die Auffassung der Monopolkommission[1089] bejahen diese Ansicht des BGH und OLG Düsseldorf. Hingegen vertritt Carsten F. Albert ausgehend von dem Zweck der Fusionskontrolle: „Unter einem wesentlichen Vermögensteil sind dann auch solche Unternehmenspotential zu verstehen, die nicht zwingend die Möglichkeit des Eintritts des Erwerbs in eine bereits aufgebaute Markstellung des Veräußerers auf dem für die Fusionskontrolle relevanten Markt bieten. Vielmehr ist auf die wettbewerbliche

1086 OLG Düsseldorf von 15.6.2005, IV Kart 24/04(V), WuW/DE-R 1504.1507 Nationa Geographic.

1087 BGH von 10.10.2006, KVR 32/05, BGHZ 170, 130 Tz. 12-National Geographic I.

1088 Bechtold, § 37 GWB, Rn. 7; Hirsch/Montag/Säcker/Bach, § 37 GWB, Rn. 28; Emmerich, Kartellrecht, S. 401.

1089 Monopolkommission, HG VVI, Mehr Wettbewerb auch im Dienstleistungsektor! (2004/2005), Rn. 449.

Bedeutung des Vermögens abzustellen, sodass richtigerweise die Wirkung des Erwerbs des Vermögensteils auf die Marktstellung des Veräußerers maßgebend ist."[1090]

### *(3) Stellungnahme*

Der Ansicht des BKartA und Carsten F. Albert ist zu folgen. Einigkeit besteht darüber, dass bei der Wesentlichkeit des Vermögensteils auf den Zweck der Fusionskontrolle abgestellt werden muss[1091], sodass das externe Wachstum durch Vermögenserwerb ausgenommen werden muss. Die ausschließliche Lizenz an den Marken- und Urheberrechten für die deutschsprachige Ausgabe kann mittels der tragenden Grundlage für die Marktstellung vermitteln.

### *3. Erwerb*

Nach § 37 I Nr. 2 S. 2 GWB umfasst die Kontrollerwerbsmittel den Erwerb von Eigentums- und Nutzungsrechten an einer Gesamtheit oder an Teilen des Vermögens eines anderen Unternehmens (lit. a) und der Kontrollerwerb durch Rechte oder Verträge, die einen bestimmenden Einfluss gewähren (lit. b). § 37 I Nr. 2 GWB erfasst auch die Einräumung besonderer Rechte, etwa die Begründung bloßer Nutzungsrechte bzw. der Abschluss bestimmter Verträge, die nicht den Vermögenserwerb i.S.v. § 37 I GWB fallen[1092]. Nach dem Willen des Gesetzgebers sollen u.a. die Fälle des früheren § 23 Abs. 2 Nr. 3 lit. c) GWB a.F. (Verpachtung oder Überlassung eines Betriebes in sonstiger Weise ganz oder zu einem wesentlichen Teil) darin einschließen[1093].

## III. Schlussfolgerung

Der Vermögenserwerb kann zugleich § 37 I Nr. 1 und Nr. 2 GWB erfüllen. Nach § 37 I GWB liegt ein Zusammenschluss vor, wenn ein Unternehmen entweder das Vermögen eines anderen Unternehmens ganz oder zu einem wesentlichen Teil (§ 37 I Nr. 1 GWB)oder wenn es die Kontrolle über die Gesamtheit oder Teile eines anderen Unternehmens (§ 37 I Nr. 2 lit. a GWB)erwirbt. § 37 I Nr. und

1090 Carsten F. Albert, Patente in der Fsionskontrolle, S. 62.

1091 Carsten F. Albert, Patente in der Fsionskontrolle, S. 62; BGHZ 170, 130 (132 f. Rn. 11)-National Geographic I; Teil 6 B I 2 (3).

1092 Schulte/Just/Schulte, § 37 GWB, S. 319, Rn. 11; Emmerich, Kartellrecht, S. 401.

1093 BKartA, 2.8.2004, B6 – 26/04, Ausgabe der Zeitschrift National Geographic, S. 13.

Nr. 2 lit. a GWB überscheiden sich miteinander im Wesentlichen und § 37 I Nr. 2 die meisten Fälle des Vermögenserwerbs i.S.v. § 37 I Nr. 1 GWB mitumfasst[1094].

## C. Vermögenserwerb nach § 6 I FHG

### I. § 6 I Nr. 1 FHG

In Vorgänge, bei denen ein Unternehmen als Gesamtvermögen in ein anderes Unternehmen übergeht, kann § 6 I Nr. 1 FHG eingreifen. Doch dessen Anwendbarkeit ist sehr eingeschränkt. Einerseits muss sich der Erwerbgegenstand auf das Gesamtvermögen beziehen. Andererseits ist die Fusion nach § 6 Nr. 1 im Vergleich mit dem Vermögenserwerb nach § 6 I Nr. 3 auf eine bestimmte gesellschaftliche Strukturierung des Zusammenschlusses ausgerichtet. Die Verwaltungspraxis stuft in der Regel den Erwerb des Gesamtvermögens als Vermögenserwerb i.S. des § 6 I Nr. 3 FHG ein, denn insoweit ergibt sich keine Veränderung der Organisationsform des Unternehmens. Im Fall CTBC Life/Manulife[1095] wurde der Erwerb des Gesamtvermögens an der Manulife seitens der FTC als Vermögenserwerb gem. § 6 I Nr. 3 FHG angehen. Ähnlich auch im Fall Yuan Da Bao Lai/Ding Fu[1096]: dort wurde der Erwerb Gesamtbetriebs und des Vermögens als Vermögenserwerb des § 6 I Nr. 3 eingestuft.

### II. § 6 Nr. 3 FHG

Nach § 6 I Nr. 3 FHG liegt ein Zusammenschluss bei Übernahme oder Pacht des Betriebs oder des Vermögens eines anderen Unternehmens ganz oder zu einem wesentlichen Teil vor.

#### *1. Vermögensbegriff*

##### *(1) Nebeneinander zwischen Betrieb und Vermögen*

Beim Nebeneinander von „Betrieb“ und „Vermögen“ kann auf die Formulierung des §§ 185 I Nr. 2 GeGTW und 27 I UFGTW zurückgegriffen werden. Aber in der gesellschaftsrechtlichen Rechtsprechung des OGHTW[1097] und der h. M. im

1094 Semler/Volhard/M. Bechtold, § 25, Rn. 36.

1095 Beschluss der FTC-Kommissionssitzung vom 02.10.2013, CTBC Life /Manulife (中信人壽公司/宏利人壽公司).

1096 Entscheidung der FTC-Kommissionssitzung von 03.10.2012(元大寶來證券公司受讓鼎富證券公司全部營業及財產)

1097 Zivilurteil im 1982 (Nr. 1099). (1982年度台上字第1099号民事判决).

Schrifttum[1098] ist der Betrieb als Unterfall des Vermögens zu behandeln. In der Rechtsprechung wird lediglich der Vermögensbegriff erörtert. Etwa im Zivilurteil Nr. 1909 von 1982 erörterte das OFHTW bei der Auslegung des wesentlichen Betriebs und Vermögens ausschließlich den Begriff des Vermögens und die Auslegung des wesentlichen Betriebs wurde nicht angesprochen. Das Nebeneinander von Vermögen und Betrieb im FHG hat ebenfalls keine wirkliche Bedeutung: In Überstimmung mit der gesellschaftsrechtlichen Rechtsprechung und der h. M. im Schrifttum[1099] differenziert auch die Verwaltungspraxis der FTC nicht zwischen Betrieb und Vermögen.

#### *(2) Begriff des Vermögens*

#### a. Überwiegende Auffassung im Schrifttum

Im überwiegenden Schrifttum[1100] wird der Vermögensbegriff privatrechtlich ausgelegt und erfasst alle materielle (etwa Anlage, Waren usw.) und immateriellen Vermögenswerte (etwa Forderung, Schuld, Kreditfähigkeit, Firmenwert). Der privatrechtliche Vermögensbegriff darf m.E. nicht uferlos auf den Vermögensbegriff des § 6 I Nr. 3 FHG übertragen werden, sondern muss der fusionskontrollrechtlichen Zweckbeschränkung unterliegen. Hiernach sind Schuld bzw. Passiva nicht wirtschaftlich verwertbar und deren Erwerb kann nicht zur Übertragung der Marktstellung des Veräußerers auf den Erwerber führen und muss daher aus dem Vermögensbegriff herausgenommen werden.

#### b. Verwaltungspraxis

Die FTC verfolgt in der Verwaltungspraxis ein fusionskontrollspezifisches Verständnis. Im Fall „Chuyun Jiann/Taijung CATV/Chang Jung Cable TV[1101] wurde der Kundenstamm als Betriebsteil i.S. des § 6 I Nr. 3 FHG bezeichnet. Im Fall Yahoo! Taiwan Holdings/YAHOO! TAIWAN INC[1102] umfasst der Erwerbsgegenstand den Internet-Service, etwa die internet-Such-maschine, Email, Information, Instant Messaging, Auktionen sowie Werbebotschaften.

1098 Liu, Lianyu, Theorie des Gesellschaftsgesetzes und Forschung der Rechtsprechung (3), S. 201. Wang Zhicheng, Unternehmensumwandlungsgesetz Taiwans, S. 152.
1099 Vgl. He ZhiMai, § 6 FHG, S. 204.
1100 Vgl. He ZhiMai, § 6 FHG, S. 204.
1101 010. Entscheidung der FTC von 11.01.2011.
1102 Entscheidung der FTC(Nr. 6005).

### 2. *Wesentlichkeitskriterium des Vermögensteils*

Unstrittig ist der Erwerb des Gesamtvermögens[1103]. Die Frage nach der Wesentlichkeit eines Vermögensteiles stellt sich bei der Beurteilung des Erwerbs von Vermögensteilen.

#### *(1) 420. Kommissionsitzung*

Auf der 420. Kommissionsitzung wurde von der FTC festgestellt, „Die Wesentlichkeit des überlassenen Teils ist sowohl durch Vergleich mit dem absoluten Vermögen bzw. der Betriebsgröße als auch qualitativ hinsichtlich der relativen Bedeutung für das überlassende Gesamtunternehmen zu ermitteln. Entscheidend ist vor allem, ob sich die Marktposition der beteiligten Unternehmen dadurch ändert. Zu berücksichtigende Kriterien bei der vergleichenden Bewertung der Wesentlichkeit sind der Unternehmenswert, das Gewicht einzelner Geschäftsfelder und die Bedeutung der Produktion, des Absatzes, des Vertriebs und anderer marktwesentlicher Faktoren, jeweils bezogen auf das überlassende Unternehmen und den überlassenen Teil, und ob die Überlassung die wirtschaftliche Macht und die Marktposition des übernehmenden Unternehmens vergrößert“[1104].

#### *(2) Verwaltungspraxis der FTC*

Aber dieser Verwaltungsauslegung folgt die Verwaltungspraxis der FTC nicht.

##### a. Der Fall „Yang Ming Shan/ Shinkansen“

Im Fall „Yang Ming Shan/Shinkansen“[1105] ging die FTC am 11.01.2001 von folgendem aus: „Der Programmempfang aus den Fernsehsendern und die Programmübertragung an die Fernsehteilnehmer stellen die Kernelemente des Betriebs dieses Unternehmens dar und die Einkünfte aus diesem Segment machen den Hauptteil des Gesamteinkommens aus. Daher liegt ein Vermögenserwerb i.S.d. § 6 I Nr. 3 FHG vor.“

---

1103 Vgl. Entscheidung der FTC-Kommissionssitzung von 03.10.2012, Yuan Da Bao Lai/ Ding Fu, (元大寶來證券公司受讓鼎富證券公司全部營業及財產); Entscheidung der FTC-Kommissionssitzung vom 02.10.2013, CTBC Life /Manulife (中信人壽公司/宏利人壽公司).

1104 Vgl. Hasse, Zusammenschlusskontrolle Taiwan, S. 107.

1105 010. Entscheidung der FTC von 11.01.2001.

### b. Der Fall „Chuyun Jiann/Taijung CATV/Chang Jung Cable TV“

Diese genannte Rechtsauffassung wurde im Fall Chuyun Jiann/Taijung CATV/Chang Jung Cable TV[1106] bestätigt.

#### aa) Die Auffassung der Beklagten

Die Beklagte definierte die wesentlichen Betriebe des anderen Unternehmens als sämtliche bzw. wesentliche Vermögensteile, Passiva, alle Produktanlagen des Zielunternehmens, insoweit sie langfristig als das Instrument zur Wertsteigerung des Vermögens des Zielunternehmens fungierten. Chuyun Jiann übernahm nicht die Anteilsrechte oder andere Instrumente zur Wertsteigerung des Vermögens, sondern lediglich bereits bestehende Forderungen gegen Taijung CATV und Chang Jung Cable TV, die auf den Fernsehverträgen zwischen beiden Sendern (Taijung CATV und Chang Jung Cable TV) und ihren Kunden basierten. Aber zwischen Chuyun Jiann und den Kunden beständen noch keine neuen Fernsehverträge, sondern lediglich darauf gerichtete Willenserklärungen. Die Kunden könnten selbst entscheiden, neue Dauerverträge mit Chunyun abzuschließen. Wollten die Kunden diese Verträge nicht mehr abschließen, musste Chuyun Jiann ohne weiteres die im Voraus entrichteten Gebühren zurückgeben. Damit würden jedoch praktisch gesehen lediglich „Informationen“ über potenzielle Forderungen gegen Kunden weitergegeben. Das aber sei weder langfristig angelegt noch besitze es Wertsteigerungsfähigkeit und falle daher nicht unter „Vermögenserwerb“ i.S. des § 6 I Nr. 3 FHG.

#### bb) Meinung der FTC

Obwohl der Übertragungsgegenstand sich formell lediglich die Informationen der Kunden beziehe, würde er Fortsetzung der Vertragsleistung des Fernsehempfangs sowie die daraus folgenden Fernsehgebühren enthalten. Gegen die Meinung der Beklagten ging die FTC davon aus:

“The Fair Trade Law regulates enterprise merger in order to prevent restraints on competition and unfair competition resulting from the concentration of economic strength in individual enterprises. Under the Fair Trade Law, if a merger satisfies a specific threshold requirement, the enterprise must first apply for approval with the Fair Trade Commission (the “Commission”). In the case of cable television (transmission) enterprises, if income from their television signal

1106 Entscheidung der FTC von 20.1.2000, Sanktionsentscheidung gegen Chuyun Jiann / Taijung CATV / Chang Jung Cable TV (台中群行傳播股份有限公司等因事業結合行為違反公平交易法).

services accounts for 90% or more of their total income, it can be deemed with certainty that television signal services are the major part of their operations. The source of that income is derived from the number of subscribers and unit subscription fees. As a result, the transfer of subscriber rights and obligations of related enterprises constitutes the transfer of the major part of their operations. This is also sufficient to cause related enterprises to experience external economies. As the subscribers of a cable television (transmission) system enterprise directly affect its main income and costs, the number of subscribers is extensively used by agencies and organizations in the determination of the market share of a cable television (transmission) system enterprise. Therefore, the transfer of Taijung CATC and Chang Hung's subscriber rights and obligations to Chyun Jiann constituted a merger under Article 6(1)(iii) of the Fair Trade Law."[1107]

### 3. *Erwerbsformen*

Nach dem Wortlaut beschränkt sich die Erwerbsform auf Übernahme und Pacht.

#### *(1) Übernahme*

Der Begriff der Übernahme muss fusionskontrollspezifisch ausgelegt werden. Er erfasst nicht nur den Eigentumserwerb, sondern auch die Begründung anderer dinglicher Rechte, weil aus wettbewerbsrechtlicher Perspektive betrachtet die Begründung des Nutzungsrechts die gleichen wettbewerblichen Auswirkungen haben kann wie die Übertragung des Eigentums. Im Fall Chung Hwa Pulp Corporation/Yuen Foong Yu Paper MFG Corp., Ltd[1108] überließ Yuen Foong seine Anglagvermögen und Betrieb an Fhung Hwa und wurde von der FTC als Zusammenschluss nach § 6 I Nr. 3 FHG angesehen.

#### *(2) Pacht*

Der Begriff der Pacht erfasst auch die Begründung obligatorischer Rechte. Im Fall BAN YU PAPER MILL Co., Ltd/Yuen Foong Yu Paper MFG Corp., Ltd[1109] pachtete Yuen Foong das Gesamtvermögen von Ban Yu und wurde von der FTC als Zusammenschluss nach § 6 I Nr. 3 FHG angesehen.

1107 Decisions: Chyun Jiann Co., Ltd, in: FTC, Cases and Materieals on Fair Trade law of the republic of China, Vol. 4(2000), S. 18, Rn. 5.

1108 Entschediung der FTC vom 25.04.2013 auf der 1068. Kommissionsitzung.

1109 Entscheidung der FTC vom 16.06.2005 auf der 710. Kommissionsitzung.

## III. § 6 Nr. 4 FHG

### *1. § 6 Nr. 4 Alt. 1 FHG*

Der ständige gemeinsame Geschäftsbetrieb i.S. des § 6 Nr. 4 Alt. 1 FHG erfasst auch die Gründung eines GU und die Entstehung einer wirtschaftlichen Einheit. Der Vermögenserwerb fällt daher unter § 6 Nr. 4 Alt. 1 FHG, wenn zwei oder mehr Unternehmen sich als Gesamtvermögen oder ihre jeweilig wichtigen Vermögensteile sich einer gemeinsamen wirtschaftlichen Leitung unterstellen, bzw. dann, wenn ein Mutterunternehmen seine Abteilung, Tochtergesellschaft oder Vermögensteils in ein solches GU einbringt.

### *2. § 6 Nr. 4 Alt. 2 FHG*

Der Auftrag zur Geschäftsführung i.S. des § 6 I Nr. 4 Alt. 2 FHG wird im Schrifttum[1110] und im Kommentar der FTC[1111] als Vorgang definiert: der Auftraggeber beauftragt ein Unternehmen (Beauftragter), seine gesamte Geschäftsführung im Namen des Auftraggebers zu betreiben, wobei Gewinne und Verluste vom Auftraggeber übernommen werden[1112]. Da das zum Erwerb der Entscheidungsmacht über die Geschäftsführung führt und die Marktmacht des Auftraggebers verstärkt, muss der Auftrag zur Geschäftsführung der Fusionskontrolle unterliegen.[1113]

## IV. § 6 Nr. 5 Alt. 1 FHG

Wenn der Vermögenserwerb zur (unmittelbare bzw. mittelbare) Kontrolle des Betriebs eines anderen Unternehmens führt, unterliegt das dem Kontrollerwerb des § 6 I Nr. 5 Alt. 1 FHG. Da der Betrieb i.S.v. § 6 I Nr. 5 FHG sich im Wesentlichen mit dem Tatbestand des § 6 I Nr. 3 FHG überschneidet, steht der Beispielstatbestand in offener Konkurrenz zum Vermögenserwerb gemäß § 6 I Nr. 3 FHG, sodass ein Vermögenserwerb nach § 6 I Nr. 3 und Nr. 5 FHG bewertet wird.

---

1110 He Zhimai, in: Liao-Kommentar, § 6 FHG, Rn. 131; Chen Wensheng/Chen Fengjin, Die Regelungsmodell zum GU, in Journal of National Kaohsiung Uninivesity of Applied Sciences, (2006), S. 33, 38.

1111 FTC-Kommentar, S. 66.

1112 He Zhimai, in: Liao-Kommentar, § 6 FHG, Rn. 131.

1113 He Zhimai, in: Liao-Kommentar, § 6 FHG, Rn. 131.

## D. Vermögenserwerb nach § 20 AMG

### I. Vermögenserwerb gem. § 20 Nr. 2, Alt. 2 AMG

Nach § 20 Nr. 1 AMG kann ein Zusammenschluss durch Fusion erfolgen. Das kommt insbesondere dann vor, wenn ein Unternehmen als Gesamtvermögen in einem anderen aufgeht. Trotzdem sieht das MOFCOM solche Vorgänge nicht als Vermögenserwerb i.S. des § 20 Nr. 2 Alt. 2 AMG, sondern als Fusion i.S. des § 20 AMG. Im nicht angemeldeten Fall China Unicom/China Netcom[1114], in der veröffentlichten Entscheidung Uralkali/Silvinit[1115], Baxter/Gambro AB[1116] sowie in der unveröffentlichten Entscheidung Slat Lake Potash/Slat Gruppe[1117] war die Übernahem eines Unternehmens als in Form eines Gesamtvermögens gegeben. Allerdings wurden sie von der FTC nicht als Zusammenschluss des Vermögenserwerbs i.S. des § 20 Nr. 3 Alt. 2 AMG, sondern als Fusion nach § 20 Nr. 1 AMG angesehen. Die Ursache dafür liegt darin, dass die Fusion auf die Entstehung einer neuen wirtschaftlichen Einheit oder Organisationsstruktur abstellt, wie die europäische Kommission[1118] und die FTC[1119] gezeigt haben.

Wie der Kontrollerwerb über ein anderes Unternehmen durch Vermögenserwerb im Einzelnen begründet wird, ist sehr umstritten.

#### *1. Schrifttumsmeinungen*

##### *(1) M.M.*

Nach einer Meinung erfolgt der Kontrollerwerb über ein anderes Unternehmen durch Anteilserwerb oder Beherrschungsvertrag, wonach das erwerbende Unternehmen über die Personalwahl bzw. die Beschlüsse des geschäftsführenden Organs des anderen Unternehmens entscheiden kann. Allerdings bezieht sich der Vermögenserwerb lediglich auf das Vermögen, aber keinesfalls auf den Anteilsrechtserwerb bzw. den Kontrollerwerb. Der Kontrollerwerb durch Vermögenserwerb gem. § 20 Nr. 2, Alt. 2 AMG sei eine sprachliche Fehlleistung des

1114 Siehe: Teil 2 C IV 2.

1115 MOFCOM Bekanntmachung [2011] Nr. 33.

1116 MOFCOM Bekanntmachung [2013] Nr. 58.

1117 MOFCOM Bekanntmachung [2009] Nr. 80.

1118 Hirsch/Montag/Säcker/Wessely/Wegner, Art. 3 FKVO, Rn. 18.

1119 Teil 5 C I.

Gesetzgebers und solle als „die Kontrolle über einen Geschäftsbereich durch den Vermögenserwerb“[1120] zu lesen sein.

Diese Meinung verweist insoweit richtigerweise auf das Problem, dass ein Unternehmen durch den Erwerb von Teile (anders als beim Anteilsrechtserwerb) in die Lage versetzt wird, die Kontrolle über ein anderes Unternehmen mit Rechtspersönlichkeit zu erlangen. Allerdings kann das Kontrolle begründen, z.B. wenn die Gesamtheit eines Unternehmens mit Rechtspersönlichkeit Erwerbsgegenstand ist.

*(2) h. M.*

a. Die Ansicht von Prof.Wang Xiaoye

a) Inhalt

In ihrem Plädoyer befürwortet Prof. Wang Xiaoye, dass der Vermögenserwerb zur Kontrolle über ein anderes Unternehmen führen könne. Sie definiert den Vermögenserwerb in § 20 Nr. 2, Alt. 2 AMG als die Transaktion, durch welche ein Unternehmen durch den Erwerb des Eigentums oder der Nutzungsrechte des gesamten Vermögens oder wesentlicher Teile davon die Kontrolle über ein anderes Unternehmen erwerbe. Sie gibt weiterhin ein Beispiel an: Ein Unternehmen könne durch das Markrecht eines anderen Unternehmens einen bestimmenden Einfluss auf ein anderes Unternehmen ausüben[1121] und zur Begründung einer Kontrolle über ein anderes Unternehmen[1122] reiche es aus, wenn das Unternehmen der 50% der Vermögensanteile an einem anderen Unternehmen erwerbe. Nach ihrer Meinung muss das Unternehmen gem. § 12 I AMG als rechtlich und wirtschaftlich selbständig verstanden werden: Der rechtliche unselbständige Unternehmensteil, etwa eine Werkstatt oder Verkaufsstelle, dürfe nicht als Unternehmen angesehen werden; die rechtlich selbständige Organisationen ohne wirtschaftliche Selbständigkeit sei auch nicht als Unternehmen gem. § 12 I AMG einzuordnen.[1123] Die Tauglichkeit der Vermögensteile nach § 20 AMG sei davon abhängig, ob der Erwerb des Vermögens zur Abhängigkeit eines anderen Unternehmens vom Erwerber führen könne[1124].

---

1120 Cheng Guoqi, Geschäftsübertragung als Gegenstand des AMG, in: Rechtswissenschaft im Norden, 2008 (6).

1121 Wang Xiaoye, (2011), S. 264.

1122 Wang Xiaoye, Anmerkung zur Zusammenschlusskontrolle Chinas, in: dies., Der Brennpunkt der AMG-Gesetzgebung, 2007, S. 95, 100.

1123 Wang Xiaoye, (2011), S. 77; ders., (2008), S. 79.

1124 Zhan Hao, Unternehmenskauf AMG, S. 63.

b) Bewertung

Es ist zutreffend, dass sich der Erwerbergegenstand auf die Gesamtheit des Unternehmens bezieht. Es ist aber nicht haltbar, bei dem Übergang der Diversifikation von Geschäftsaktivitäten zur Fokussierung. Etwa im Fall „Seagate/Samsung“[1125] betätigte sich Samsung in fünf Geschäftsbereichen: Digital Media, Telekommunikation Network, Digital Appliance, Semiconductor und LCD. Der Verkauf des Festplattengeschäfts an Seagate kann die Kontrolle über Samsung begründen, weil bei Samsung noch andere Geschäftsbereiche verbleiben. Lediglich wenn Seagat als Gesamtvermögen einschließlich der o.g. Geschäftsbereiche an Seagate verkaufte wird, kann diese Kontrolle über Samsung begründet werden.

b. Shang Ming/Kong Ling/Ye Jun

a) Inhalt

Shang Ming ist Leiter des AMA-MOFCOM und Kongling Richterin des Oberesten Volksgerichts der VR China und Ye Jun ein Jura Professor. Sie gehen in einem Aufsatz davon aus, dass der Vermögenserwerb in der Praxis sehr häufig sei, während die Begründung der Kontrolle über ein anderes Unternehmen durch Vermögenserwerb selten sei. Theoretisch umfasse der Vermögenserwerb gem. § 20 Nr. 2, Alt. 2 AMG lediglich zwei vorstellbare Fallgruppen: i.e. die Einräumung der Eigentumsrechte bzw. gewerblicher Schutzrechte an einem anderen Unternehmen oder Kontrollerwerb über ein Unternehmen durch eine Übertragung von Forderungen.

b) Bewertung

Beide Fallgruppen sind streitig. Die erste gibt keine klare Antwort auf die o.g. Frage, wie die Kontrolle über ein anderes Unternehmen durch die Einräumung des Vermögens an einem anderen Unternehmen begründet werden kann. Vielmehr kann die Übertragung der Forderung eines Unternehmens an den Erwerber keineswegs die Kontrolle über das Unternehmen begründen, weil die Übertragung einer Forderung sich auf die Änderung des Gläubigers, keineswegs auf den Inhalt der Forderung bezieht.

## *2. Auffassung des MOFCOM*

### *(1) Vermögenserwerb gem. § 2 Halbsatz 2 BestAuslInvest vom 2009*

Der Vermögenserwerb gem. § 2 Halbsatz 2 BestAuslInvest von 2009 wird vom dem MOFCOM als Transaktion definiert, durch die ein von einem ausländischen

1125 MOFCOM Bekanntmachung [2011] Nr. 90.

Investor errichtetes Unternehmen Vermögensgüter eines chinesischen Unternehmens kauft (bzw. betreibt) oder ein ausländischer Investor mit Vermögensgütern, die aus einem chinesischen Unternehmen gekauft wurden, eine neues Unternehmen errichtet (bzw. betreibt). Das ermöglicht, dass ein Erwerb eines Vermögensteils, der nicht zur Begründung von Kontrolle über ein anderes Unternehmen, aber zur Marktstrukturänderung führen kann, unter die Aufgreifkriterien fällt. Der Vergleich zum Vermögenserwerb nach § 20 Nr. 2 Alt. 2 AMG ergibt, dass auf das Tatbestandsmerkmal „Kontrolle über andere Unternehmen zu erwerben" verzichtet wurde und der Vermögenserwerb i.S. des § 2 Halbsatz 2 BestAuslInvest nicht mehr an der Kontrolle angeknüpft hat.

*(2) Verwaltungspraxis*

a. Freigabe-Auflistung

In der Freigabe-Auflistung kommt eine Fülle von Fällen mit dem Erwerb eines Vermögensteils vor. Im Fall Ericsson/Nortel Networks[1126] wollte Ericsson einen „Vermögensteil" von Nortel Networks; im Fall Sony/Seiko Epson[1127] wurde das „betroffene Vermögen", nämlich die LCD-Sparte, als Erwerbsgegenstand angesehen. Im Fall Nokia Siemens Networks/Motorola[1128] war „das betroffene Vermögen" die Mobilfunk-Netzwerktechnik, d.h. ein „Vermögensteil"; im Fall Ericsson/GZE wurde „das betroffene Vermögen" veräußert.[1129] Alle Entscheidungen berücksichtigen nicht diese Frage, ob der Erwerb der Gesamtheit oder Teile des Vermögens zu dem Erwerb der Kontrolle über ein anderes Unternehmen mit Rechtspersonlichkeit führen kann, sondern stellt auf das Vermögen oder Unternehmensteil, d.h. Unternehmen ohne Rechtspersönlichkeit selbst ab.

b. Veröffentlichte Entscheidung

In der vom MOFCOM veröffentlichten Entscheidung Seagate/Samsung handelte es sich um Festplattengeschäft sowie die gesamte Infrastruktur, Anlagen und andere Vermögenswerte, die der Entwicklung, Produktion und dem Vertrieb der Festplatten dienten. Das MOFCOM begründete nicht, ob dieses Vorhaben den Tatbestand § 20 Nr. 2 AMG erfüllt und behandelte auch nicht die Frage, ob dieser Vermögenserwerb die Kontrolle über Samsung begründen

1126 Freigaben-Auflistung Nr. 16.
1127 Freigaben-Auflistung Nr. 41.
1128 Freigaben-Auflistung Nr. 300.
1129 Freigaben-Auflistung Nr. 337.

kann. Hingegen untersuchte das MOFCOM eingehend den Konzentrationsgrad auf dem Festplatten-Markt:

„Der Marktkonzentrationsgrad auf dem Festplattensparten-Markt erhöht sich ständig seit den letzten zehn Jahren. Fünf Unternehmen besitzen im Jahr 2010 fast alle Marktanteile: Seagate belegt einen Marktanteil in Höhe von 33%, Western Digital 29%, Viviti Technologies 18%, Toshiba 10% und Samsung 10%."[1130]

### 3. *Stellungnahme*

#### (1) *Wortlaut und Systematik*

Die Frage, wie der Erwerb eines Unternehmens- oder Vermögensteils die Kontrolle über ein anderes „rechtlich selbständiges" Unternehmen begründen kann, wird von vornherein irrtümlich gestellt, und somit geht auch der Lösungsversuch von vornherein m.E. in die falsche Richtung. Das Kernproblem oder die richtige Richtung liegt in der Auslegung von § 12 I AMG sowie der Auslegung von zu „einem anderen Unternehmen" in § 20 Nr. 2 Alt. 2 AMG: Nach § 20 Nr. 2 AMG kann die Kontrolle über ein anderes Unternehmen durch Anteilsrechts- oder Vermögenserwerb erlangt werden. Nach § 12 I AMG erfasst der Begriff des Unternehmens neben natürlichen und juristischen Personen (Unternehmen mit Rechtspersönlichkeit) auch andere Organisationen in Gestalt von der Unternehmensteilen[1131]. Die Kontrollerwerb durch Anteilserwerb und

#### (2) *Teleologische Auslegung*

Vor diesem Hintergrund muss der Begriff „eines anderen Unternehmens" funktional ausgelegt werden. Für die Frage, wie der Begriff des Unternehmens als „Unternehmensteile „oder Unternehmen mit (eigener) Rechtspersönlichkeit" ausgelegt wird, kommt es daher auf die unterschiedlichen Kontrollformen, nicht jedoch auf das Nebeneinander von Vermögenserwerb und Anteilsrechtserwerb an: Beim Anteilsrechtserwerb soll „ein anderes Unternehmen" als ein rechtlich selbstständiges Unternehmen mit eigener Anteilsstruktur ausgelegt werden, damit die Entscheidungsmacht durch den Anteilsrechtserwerb gewährleistet wird. Beim Vermögenserwerb muss „ein anderes Unternehmen" ein Unternehmen mit Rechtspersönlichkeit sein, dabei allerdings auch Unternehmensteile ohne eigene Rechtspersönlichkeit erfassen. Die gleiche Auslegung von „eines anderen Unternehmens" sowohl beim Vermögenserwerb als auch beim Anteilsrechtserwerb

---

1130 MOFCOM Bekanntmachung [2011] Nr. 90.

1131 Siehe Teil 4 D II 2 (2).

bewirkt allerdings unvermeidlich eine Gesetzlücke, weil ein Unternehmen die Kontrolle über ein anderes mit Rechtspersönlichkeit durch den Erwerb der Unternehmensteile nicht erlangen kann. Etwa das Einzelunternehmen gehört nach § 40 Justizauslegung des ZPOCH einer „anderen Organisation" an, aber bei der Fusionskontrolle stellt es dennoch ein rechtlich selbständiges Unternehmen dar.

## II. Vermögensbegriff

### *1. Grundsatz*

#### *(1) Wurzel des Vermögenbegriffs*

Für den Begriff „Vermögen" im Sinne von § 20 AMG verwendet der MAG-Gesetzgeber nicht die Bezeichnung „Cai Chang (财产)" des SRG, sondern übernimmt den aus § 20 I UBFS[1132] stammenden Begriff „Zi Chang (资产), der aus vergangenen Geschäften und Angelegenheiten des Unternehmens gebildet und vom Unternehmen innegehabt/besessen bzw. kontrolliert werden kann und voraussichtlich dem Unternehmen wirtschaftlichen Nutzen bringt. Durch diese Übernahme der bilanzrechtlichen Bezeichnung wollte der Gesetgeber vermutlich bewusst zum Ausdruck bringen, dass der Vermögenserwerb nach AMG jedenfalls nicht zivilrechtlich ausgelegt werden sollte.[1133]

#### *(2) Fusionskontrollspezifische Auslegung*

Aber dieses Verständnis gilt allein für bilanzrechtliche Zwecke. Dort wird es als Grundbegriff herangezogen, um Erkenntnis über den Zustand der Unternehmensfinanzen zu gewinnen. Darüber hinausgehende Auslegungen sind unter fusionsspezifischen Gesichtspunkt aber durchaus erforderlich. Als Vermögen kann in bestimmten Branchen z.B. die Gewerberlizenz betrachtet werden, die allerdings nicht unter den Vermögensbegriff des § 20 I UBFS fällt. Die Telekommunikationslizenz stellt auch einen Teil des Vermögens des Veräußerers dar, weil nach§ 7 I und III TKV nur die Unternehmen mit Telekommunikationslizenz das Telekommunikationsgewerbe ausüben darf. Ähnliches gilt für die Kohleförderungs- bzw. Kohlengewinnungslizenz der §§ 19 III und 22 KohlG. Der Begriff

1132 Buchführungsstandard – Grundstandard: Erlass des Finanzministeriums mit VO Nr. 33 am 15.02.2006, in Kraft getreten am 01.01.2007.

1133 Shang Ming, Kommentar zum AMG, S. 173; Masseli, Handbuch, S. 87. Aber Masseli geht davon aus, dass der gewöhnliche Kaufvertrag über Vermögensgegenstände keinen Zusammenschluss i.S.d. AMG darstellt.

„Geschäftsbereich" ist dort ebenfalls genauer zu qualifizieren, obwohl er in der VBAVG neben dem des „Vermögens" steht.

Das Vermögen muss aktiv am Wirtschaftsgeschehen teilnehmen. Eine vorübergehende Stilllegung ist möglich, sofern der Betrieb unmittelbar wieder aufgenommen werden kann. In der freigegebenen Entscheidung Sanyuan/Sanlu[1134] übernahm Sanyuan alle Konkursvermögen von Sanlu, das Landnutzungsrecht, Festvermögen, Maschinen und Anlage.

## 2. *Abgrenzung*

### *(1) Schulden/Passiva als Vermögen?*

Gemäß § 2 VI VMFU stellt die Zusammenschlusskontrolle auf Grundsätze des Fusionsrechts ab, wonach bei der Unternehmensfusionen die Bildung von Monopolen verhindert werden soll. Davon ausgeschlossen sind Vorgänge, wo ein Unternehmen durch Verkauft des „Chang Quan (产权)"[1135] seine juristische Persönlichkeit verliert oder die Substanz der juristischen Person geändert wird. Nach § 4 VMFU erfasst der Zusammenschluss auch Schuldenübernahme (Abs. 1), Vermögenskauf (Abs. 2), Aufnahme von Anteilen (Abs. 3) und Anteilsrechtserwerb (Abs. 4). Schuldenübernahme bedeutet, dass ein Unternehmen das Vermögen eines anderen in Aktiva und Passiva ausgleicht.

Die Einstufung der Schuldenübernahme als Zusammenschlussform wird z.T. im Schrifttum[1136] bejaht, auch im amtlichen Kommentar des WRB-SANV[1137]. Diese Auffassung ist unter dem fusionskontrollrechtlichen Aspekten wegen fehlender wirtschaftlicher Verwertbarkeit und daher fehlender Marktstrukturänderung abzulehnen. Die Passiva darf nicht als tägliches Vermögen bewertet, weil die Passiva nicht die Marktstrukturänderung bewirken kann.

### *(2) Anteil bzw. Anteilsrecht als Vermögen?*

#### a. Verfassungsrechtlicher bzw. politischer Einfluss

Die Vermögensordnung Chinas gliedert sich in Privateigentum und Staats- bzw. Kollektiveigentum, die jeweils eine unterschiedliche Verfassungsstellung

1134 Freigaben-Auflistung Nr. 52. (三元集团收购三鹿集团部分破产财产).

1135 In dem chinesischen Kontext stellt der Begriff „Chang Quan (产权)" keinen feststehenden Begriff dar und aber sondern manchmal als Obergriff der Vermögensrechte und Anteilsrechte zu behandeln.

1136 Hujian, Legislative Auslegung zur Fusionskontrolle des AMG, in: Shi Jiansan, (2008), S. 6; Wu Guosheng, Merger &Aquisition und Antimonopolprüfung, S. 15.

1137 WRB-SANV, Kommentar zum AMG, (2007), S. 117.

haben[1138]: Während das gesetzmäßige Privateigentum der Bürger unverletzlich ist und nur im Hinblick auf die Erfordernisse des öffentlichen Interesses enteignet oder beschlagnahmt werden kann (§ 13 VerfRCH), ist das sozialistische öffentliche Eigentum „heilig" und unantastbar; der Staat schützt das sozialistische öffentliche Interesse und allen Organisationen und Individuen ist es verboten, sich gleich mit welchen Mitteln staatliches oder kollektives Eigentum anzueignen oder solches zu zerstören (§ 12 VerfRCH). Diesen äußerst hohen Schutzgrad des öffentlichen Eigentums will der einfache Gesetzgeber ausdehnen, indem er den einheitlichen Begriff – „Vermögen" – verwendet, sodass alle Vermögensformen und Rechte, insoweit sie Bezug auf öffentliches Eigentum nehmen, erfasst sind. Gemäß § 2 SUVG wird das unternehmerische Staatsvermögen als die durch staatliche Investitionen gebildeten Rechtsinteressen definiert, die nicht nur Unternehmensvermögen, sondern auch Anteile oder Anteilsrechte der Gesellschafter umfassen. Nach der von der Wertpapieraufsichtskommission Chinas verabschiedete VRwVbG unterliegt die Restrukturierung von wesentlichem Vermögen dem AMG (§ 10 Nr. 1 VRwVbG). Der Begriff des Vermögens gem. § 12 I, II VRwVbG lassen sich in das Vermögen mit und solches ohne Anteilsrechte unterteilen. In der chinesischen Gesellschaftsrechtswissenschaft wurden die Anteile oder Anteilsrechte als Vermögen, d.h. entweder als Eigentum[1139] oder Forderung[1140], angesehen.

1138 Zinser, Jura 2013(2), S. 67, 68.

1139 Dieser Meinung zufolge wird der Anteil als Unterfall des Eigentums angesehen und die Regelung zum Sachenrechtsgesetz soll auch für das Anteilsrecht gelten. Die Einlage zur Gesellschaft bedeute die Übertragung des Besitzes bzw. der Nutzung. Die Verfügung bedeutet Verfügung über Anteile, wodurch die Gesellschafter durch die Ausübung der Anteilsrechte eine Kontrolle über das Gesellschaftsvermögen erwerben können und Dritte auch nicht eingreifen dürften. Inzwischen verbleibe das Eigentum beim Gesellschafter. Das nach der Liquidation übrig bleibende Vermögen muss ebenfalls an die Gesellschafter zurückgegeben werden, bei denen die Gesellschafter über das Eigentum tatsächlich verfügten. Siehe, Wang Liming, Doppelte Struktur des Unternehmenseigentums in der AG, Rechtwissenschaft Chinas, 1/1989.

1140 Nach anderer Meinung gehören die Anteilsrechte zu den Forderungen. Die Einlage der Gesellschafter bedeute den Eigentumsübergang an die Gesellschaft und daher verfügen die Gesellschafter nicht mehr über das Eigentum. Die Gesellschaft ist einziger Eigentümer und die Vermögen stehen ihr nach ihrem eigenen Willen zur Verfügung. Anteilsinhaber erhalten lediglich das Recht, Dividenden zu fordern. Es ist besonders bedeutsam in der heutigen Welt, bei der die Anteilsinhaber kein Interesse am Betrieb der Gesellschaft haben und das Anteilsrecht sich schon vom Eigentum zur Forderung entwickelt. Daher stellt dies einen schuldrechtlichen Vertrag dar und die Gesellschaft

## b. Verwechslung zwischen Vermögen und Anteilsrecht

Die enge Verknüpfung von Vermögens- und Anteils (Anteilsrechts) Begriff hat vermutlich einen großen Einfluss auf den AMG-Gesetzgeber, was man z.B. an den nebeneinander stehenden Begriffen Vermögenserwerb und Anteilserwerb in § 20 Nr. 2 AMG und im § 22 AMG sieht. In der Verwaltungspraxis stellt sich dieses Problem immer bei den Fällen der Staatsunternehmen. Bei Zusammenschlussvorhaben mit Anteilsrechtserwerb spricht das jeweilige Staatsunternehmen bei der Anmeldung beim MOFCOM von „Anteilsrechtserwerb" als „Vermögenserwerb". Obwohl etwa das Zusammenschlussvorhaben der HuJing GmbH/Bai Huo AG[1141] sich auf 100% Anteilserwerb bezog, nahm die SASAC (Abteilung in Chongqing) ebenso wie die Wertpapieraufsichtskommission einen Vermögenserwerb an. Nach dem AMG-Kommentar des WRB-SANV wird ein Unternehmen mittels des Vermögensankaufs, Vermögensaustauschs bzw. der Pfändung des Vermögens dem Grundsatz nach zum Inhaber mit beherrschendem Anteil bzw. faktischen Kontrollinhaber des anderen Unternehmens.[1142]

## c. Bewertung

Nach heutiger überwiegend Meinung gehört der Anteil nicht zum Umfang des Vermögens[1143]. Die Gleichstellung zwischen Vermögen und Anteilsrecht widerspricht sowohl dem Kartell- als auch dem Gesellschaftsrecht: Vermögenserwerb erfolgt zwischen Erwerber und Zielunternehmen, während Anteilsrechtserwerb/Anteilserwerb jedoch zwischen Erwerber und Anteilsinhaber; Vermögenserwerb bezieht sich auf die Veränderung des Zielunternehmens, und zwar keine Auswirkungen auf die Stellung der Anteilsinhaber, während Anteilserwerb keine unmittelbare Auswirkung auf das Vermögen des Zielunternehmens hat. Beide Vorgänge unterscheiden sich hinsichtlich Schuldrisiko und Steuerart erheblich. In anderen veröffentlichten Entscheidungen wird diese Gleichstellung zwischen Vermögens- und Anteilsrechtserwerb vom MOFCOM ablehnt. Bis 2010 entschied das MOFCOM über 113 Fälle von Anteilsrechts- und lediglich über zwölf Fälle von Vermögenserwerb, von denen 8 Fällen beide Formen

umfasst eine Reihe von Schuldverträgen. Dazu siehe: Guo Feng, Abhandlung zum Unternehmenseigentum in der AktG.

1141 MOFCOM-[2009]-Nr. 68, HuJing GmbH/Bai Huo AG.

1142 WRB-SANV, Kommentar zum AMG, (2007), S. 117.

1143 Shi, Jianzhong, Kommentar zum AMG, S. 255.

nebeneinander standen.[1144] Daher muss das Anteilsrecht aus dem Vermögensbegriff herausgenommen werden.

## III. Kriterium des wesentlichen Teils

In Anlehnung an Art. 3 I lit. b) FKVO, § 37 I Nr. 2 GWB, § 6 I Nr. 3 FHG und im Gegensatz zu § 37 I Nr. 1 GWB spricht der Wortlaut nicht von „wesentlichem Teil". Trotzdem muss, wie die Art. 3 I lit. b) FKVO[1145], 37 I Nr. 2 GWB zeigt[1146], diese teleologische Reduktion in die Vorschrift hineingelesen werden.

### *1. Auffassungen im Schrifttum*

#### *(1) Quantitatives Kriterium*

##### a. Verweisung auf das VRwVbG

Nach einer Meinung ist die Qualifizierung „wesentliche Teile" nach der gesellschaftsrechtlichen Bestimmung u.a. in § 2 I VRwVbG zu beurteilen, d.h. die börsennotierte AktG und die von ihr kontrollierte Gesellschaft überschreiten bei dem Vermögenserwerb die ges. geregelte Schwelle des Vermögens, das nicht zur alltäglichen Geschäftstätigkeit gehört, sodass eine schwerwiegende Veränderung im Hauptgeschäft, dem Vermögen oder Einkommen der börsennotierten Gesellschaft erfolgt. Diese ges. geregelte Schwelle bestimmt sich nach § 11 I VRwVbG:

§ 11 I VRwVbG lautet: "If the purchase or sales of assets by a listed company or the company it controls or controlled by it meets one of the following standards, a material assets reorganization is constituted:

(1) Total assets purchased or sold account for not less than 50% of the total assets in the audited consolidated financial statement of the last fiscal year of the listed company;
(2) The business income generated in the last fiscal year by the assets purchased or sold accounts for not less than 50% of the business income of the listed company in the audited consolidated statement of the last fiscal year of the listed company;
(3) Net value of the assets purchased or sold accounts for not less than 50% of the net value of the total assets at the year end in the audited consolidated

1144 Shang Ming: Gesetzgebung und Praxis zur Fusionskontrolle des AMG in: Kommission China der Wettbewerbspolitik und-rechts der WTO (Hrsg.), Report on competition law and policy of China 2011, S. 3.

1145 Teil 6 A II 2.

1146 Teil 6 B II 1.

statement of the last fiscal year of the listed company and exceeds RMB50 million."[1147]

b. 50%-Schwelle

Prof. Wang Xiaoye bemerkte als erster, dass diese Wesentlichkeit des Vermögensteils gegeben ist, wenn der Vermögensteil quantitativ mindesten 50% des Gesamtvermögens des Veräußerers ist[1148]. Obwohl nicht näher begründet, hat sich diese Meinung sowohl im Schrifttum[1149] als auch bei der AMG-Gesetzgebung durchgesetzt. Der Unternehmenszusammenschluss kann von der Anmeldepflicht des § 22 AMG befreit werden, wenn eines der beteiligten Unternehmen am anderen mindestens 50% des Vermögens besitzt, oder ein und dasselbe nicht beteiligte Unternehmen mindestens 50% des Vermögens jedes der beteiligten Unternehmen besitzt.

*(2) Parallele Anwendung: Quantitatives und qualitatives Kriterium*

Nach a. A.[1150] sollten beide Gesichtspunkte als Abgrenzungskriterium herangezogen werden. Vor allem müsse das fragliche Vermögen nach dem quantitativen Verhältnis des veräußerten Teils zum Gesamtvermögen des Veräußerers bewertet werden. Wenn das fragliche Vermögen für den Veräußerer wesentlich sei, könne dessen Erwerb zum Erlangen einer Kontrolle führen. Mit dem fraglichen Vermögensgegenstand sei jeglicher gemeint, der sich entweder auf die Geschäftsfortführung oder die Überlegenheit im Wettbewerb beziehe. Der qualitative Gesichtspunkt sei als Beurteilungselement entscheidend und deshalb komme auch der Erwerb eines Bruchteils am Gesamtvermögen in Betracht, wenn dieser unentbehrlich für den Geschäftsbetrieb sei, weil gerade dessen Erwerb zur Kontrolle führen könne[1151].

---

1147 Provisions on Issues Concerning Regulating the Material Asset Reorganizations of Listed Companies, CLI.4.104356(EN), www.lawinfochina.com.

1148 Wang Xiaoye, Anmerkung zur Zusammenschlusskontrolle Chinas, in: Wang Xiaoye, Der Brennpunkt der AMG-Gesetzgebung, S. 95, 100; dies., Zusammenschlusskontrolle nach dem AMG: Auslegung zum AMG (5), Business China, 2008/3, S. 18, 18.

1149 Wang Jing, Vorschlag des MOFCOM zur Konkretisierung des Zusammenschlusses des AMG, Legal Dail, 28.12.2012, http://epaper.legaldaily.com.cn/fzrb/content/20121228/Articel06002GN.htm, (eingesehen am 03.11.2013); Mey/Chen, RIW 2009(5), S. 265, 267.

1150 Zhan Hao, Unternehmenskauf AMG, S. 63.

1151 Zhan Hao, Unternehmenskauf AMG, S. 63.

#### *(3) Qualitatives Kriterium*

Prof. Shi Jinazhong vertritt, „Die Kontrolle über das Vermögen, insbesondere das Kernvermögen eines Unternehmens, bedeutet zugleich, dass dessen Markverhalten und Marktmacht von einem anderen Unternehmen kontrolliert werden, so dass eine Marktstrukturänderung zu erwarten ist."[1152] Er führt den Fall Yunan Air/Nordwest Air/China Eastern Air an: im Jahr 2005 waren sämtliche Geschäftsbereiche und Vermögen von Yunan Air und Nordwest Air an China Eastern Air veräußert worden und dementsprechend wurden ihre Markanteile von China Eastern Air kontrolliert.[1153]

## *2. Auffassung des MOFCOM*

### *a. MOFCOM-Kommentar*

#### a) Inahlt

Der MOFCOM-Kommentar geht davon aus, dass der funsionskontrollrechtliche Vermögensbegriff zum zivilrechtlichen einen wesentlichen Unterschied aufweist. Nach dieser fusionskontrollrechtlichen Beurteilung können Transaktionswert, Nutzbarkeit, Betriebsfähigkeit als Indiz herangezogen werden[1154].

#### aa) Transaktionswert

Der Transaktionswert ist ein wichtiges, aber nicht entscheidendes Kriterium. Als Beispiel ist der Vergleich zwischen Landnutzungsecht und Fertigungslinie von kleinen Unternehmen zu nennen. Obwohl der Kaufpreis eines Landnutzungsrechts in der Regel viel teurer als der einer Fertigungslinie von kleinen Unternehmen ist, gilt die Fertigungslinie von kleinen Unternehmen als das fusionsontrollechtliche Vermögen, aber das Landenutzungsrecht nicht[1155]. Nach § 4 Leitansichten[1156] gilt der Transaktionswert als unentbehrlicher Teile der Anmeldedokumente.

---

1152 Shi Jianzhong, Komentar zum AMG, S. 253.
1153 Shi Jianzhong, Komentar zum AMG, S. 253.
1154 Shang, Ming, (2007), S. 173 f.; Ye Jun/ Bao Zhi, (2008), S. 52; Vgl. Masseli, Handbuch, S. 87 f.
1155 Shang, Ming, (2007), S. 173 f.; Ye Jun/ Bao Zhi, (2008), S. 52; Vgl. Masseli, Handbuch, S. 87 f.
1156 Leitansichten über die Anmeldung von Unternehmenszusammenschlüssen vom MOFCOM.

### bb) Produktionsmitteltauglichkeit

Das fusionskontrollrechtliche Vermögen selbst soll das grundlegende unentbehrliche Produktionsmittel sein, das nach dem Erwerb unmittelbar oder nach einer geringen Verarbeitung/Modifikation genutzt werden kann[1157].

### cc) Betriebsfähigkeit

Die Veräußerung des Vermögen muss dazu führen, dass der Verkäufer die Betriebsfähigkeit zum Teil oder ganz verliert bzw. dass der Erwerber die entsprechende Betriebsfähigkeit erlangt[1158].

## b) Verwaltungspraxis

Die vorgezeichnete Kriterien berücksichtigen zumeist nur den durch den Vermögensteil vermittelten Einfluss, nicht aber die Marktstrutkuränderung, und werden daher von der Verwaltung nicht angewendet.

### aa) Huiyuan/Coca Cola: Transportfunktion der Marktstellung

Im Fall Huiyuan/Coca Cola[1159] betraff den Kontrollerwerb durch den Anteilserwerb i.S.v. § 20 Nr. 2 Alt. 1 AMG. Aber bei der Darlegung des Vermögenserwerbs, die den Kontrollerwerb durch den Anteilserwerb auslöst, vertrat das MOFCOM,

„Marken sind ein Schlüsselfaktor, der einen wirksamen Wettbewerb auf dem Grtränkemarkt beeinflusst. Nach Vollendung des Zusammenschlusses wird die Beherrschungskraft der Coca-Cola Company auf dem Saftmark durch die Kontrolle der beiden bekannten Saftmarkten ‚Meijing' und ‚Huiyuan' deutliche verstärkt, hinzu kommt, dass aufgrund ihrer bereits bestehenden beherrschenden Stellung auf dem Markt für kohlensäurehaltige Getränke wowie der entsprechenden Überjtragungseffekte, der Zusammenschluss die Schranken für den Eintritt potentiller Wettbewerb in den Saftgetränkenmarkt deutlich erhöhen wird."[1160]

---

1157 Shang, Ming, (2007), S. 173 f.; Ye Jun/ Bao Zhi, (2008), S. 52; Vgl. Masseli, Handbuch, S. 87 f.

1158 Shang, Ming, (2007), S. 173 f.; Ye Jun/ Bao Zhi, (2008), S. 52; Vgl. Masseli, Handbuch, S. 87 f.

1159 Eine deutsche Übersetzung, Siehe: Masseli, Handbuch, S. 341.

1160 Eine deutsche Übersetzung, Siehe: Masseli, Handbuch, S. 343.

Obwohl diese Begründung zur Untersagungsbegründung dient, berücksichtigte richtigwiese das MOFCOM die Transportfunktion durch den Vermögenserwerb für die Marktstellung des Veräußerers auf dem relevanten Markt.

#### bb) Seagate/Samsung: Erhöhung des Konzentrationsgrades

In der vom MOFCOM veröffentlichten Entscheidung Seagate/Samsung[1161] handelte sich es um alle betroffenen (Vermögens-) Teile des Festplattengeschäfts sowie die gesamte Infrastruktur, Anlagen und anderer Vermögensteile, die der Entwicklung, Produktion und dem Vertrieb der Festplatten dienten. Trotz fehlender weiterer Begründung kann man den Aussagen entnehmen, dass das MOFCOM sein Augenmerk vornehmlich auf die Erhöhung des Konzentrationsgrades gerichtet und somit im Wesentlichen in der Tat die europäische fusionskontrollrechtliche Marktumsatzzuweisung übernommen hat.

### *3. Stellungnahme*

Nach all dem bleibt festzuhalten: die Beurteilung der Wesentlichkeit des Vermögensteils muss fusionskontrollrechtlich, aber nicht gesellschaftsrechtlich ausgelegt werden. Das gesellschaftsrechtliche quantitative Kriterium dient der Vorbeugung der Missbräuche durch Vorsitzenden oder Manager und mithin dem Drittinteressenschutz (Gläubiger, Aktionäre). Fusionsrechtlich darf die gesellschaftsrechtliche Auslegung der Wesentlichkeit des Vermögens nicht übernommen werden. Sondern es ist auf das Wettbewerbspotenzial, das dem Erwerber durch den Vermögenserwerb zuwächst, abzustellen. Für das Kriterium der Wesentlichkeit der Vermögensteile kommt es mithin entsprechend dem Zweck der Aufgreifkriterien bzw. der Fusionskontrolle auf die wettbewerbliche Auswirkung auf die Markstellung des Erwerbers an. Die in der Verwaltungspraxis entwickelte „Transportfunktion" der Marktstellung sowie die Überprüfung auf Erhöhung des Konzentrationsgrades verdient trotz der fehlender Begründung im Grundsatz Zustimmung, da diese Kriterien den Einfluss des Vermögenserwerbs auf die Marktstruktur identifizieren helfen. In welchem Verhältnis der erworbene Vermögensteil zu dem beim Veräußerer verbleibenden Vermögen steht, etwa 50% des Vermögens eines anderen Unternehmens, vermittelt demgegenüber kein eindeutiges Indiz für die Marktstrukturänderung, wie auch die europäische und deutsche Erfahrung gezeigt haben.

---

1161 MOFCOM Bekanntmachung [2011] Nr. 90.

## IV. Erwerbsformen

### *1. Das funktionale Verständnis*

#### *(1) Rechtsformneutralität*

„Qude (取得)" ist im chinesischen Kontext ein prägnanter und breiter Begriff und daher zu Recht gewählt worden, denn er umfasst alle Erwerbsformen hinsichtlich des Vermögens anderer Unternehmen, ohne Rücksicht auf ihre rechtliche Ausgestaltung bzw. Form, etwa Gesamtrechtsnachfolge durch Umwandlung und Einzelrechtsnachfolge durch Kauf, Tausch, Sacheinbringung oder Schenkung. Nach § 13 I VRwVbG umfasst der Vermögenserwerb auch die Neuerrichtung eines Unternehmens, Sacheinbringung am bereits bestehenden Unternehmen (Nr. 1), Begründung eines Treue-, Pacht- oder Auftragsverhältnisses hinsichtlich des Vermögens des anderen Unternehmens (Nr. 2) oder dessen Annahme als Schenkung bzw. Schenkung an ein anderes Unternehmen (Nr. 3).

#### *(2) Entbehrlichkeit der synallagmatischen Austauschverhältnisse bzw. des Kriteriums der Entgeltlichkeit*

Der Erwerbsbegriff ist unabhängig von der Entgeltlichkeit oder vom Vorliegen eines synallagmatischen Austauschverhältnisses, wie § 13 I Nr. 3 VRwVbG es ausdrücklich vorschreibt. Die unentgeltliche Übertragung von Staatsvermögen kommt oft beim Vermögenserwerb unter Staatsunternehmen vor, wobei das Vermögen eines Staatsunternehmens unentgeltlich an ein anderes Staatsunternehmen übertragen wird. Bemerkenswerterweise zeichnet sich dieser Vermögenserwerb in der BestAuslInvest von 2009 dadurch aus, dass ein vom ausländischen Investor errichtetes Unternehmen Vermögensgüter eines chinesischen Unternehmens kauft (und dieses betreibt) oder ein ausländischer Investor mit Vermögensgütern, die er aus einem chinesischen Unternehmen gekauft hat, eine neues Unternehmen errichtet und betreibt. Es zeigt sich deutlich, dass das MOFCOM den Begriff des „Kaufs" „(shougou 收购)" nicht durch den Begriff „Erwerb" ersetzt, obwohl das MOFCOM betonte, dass sich die BestAuslInvest am AMG orientiert.

### *2. Begründung von dinglichem Sicherungsrecht als Erwerbsform?*

#### *(1) Dingliches Sicherungsrecht*

Nach einhelliger Meinung[1162] kommt die Begründung eines Eigentums- oder Nutzungsrechts in Betracht. Die Frage stellt sich bei der Begründung von dem

1162 Wang Xiaoye, (2011), S. 264. Zhan Hao, Unternehmenskauf AMG, S. 63; Shang Ming/Kong Ling/Ye Jun, 4/2012, S. 39, 43; Fang Liwei, (2008), S. 65, 77; Hujian,

dinglichen Sicherungsrecht, die sich in Hypothek, Pfandrecht und Zurückbehaltungsrecht (§§ 170 SRG) unterteilen lassen. Hypothekengegenstände im SRG können bewegliche Sachen, Immobilien und Rechte[1163] und deren Zusammenfassung[1164] sein. Es fällt vor allem auf, dass auch die „Floating Charge" auch in das SRG aufgenommen worden ist und ein Unternehmen, ein Einzelgewerbetreibender oder Dorflandpächter sämtliche aktuellen und zukünftigen beweglichen Vermögensgüter des Betriebs hypothekarisch belasten darf[1165]. Pfandrecht und Zurückbehaltungsrecht gehen mit dem unmittelbaren Besitz Hand in Hand. Pfandrechtsgegenstände können bewegliche Sachen und Rechte sein[1166], Gegenstand des Zurückbehaltungsrechts muss eine bewegliche Sache sein.

### *(2) h. M.*

Nach überwiegender Meinung[1167] einschließlich des amtlichen Kommentars[1168] kann die Begründung von dinglichen Sicherungsrechten am Vermögen auch als Erwerbsform angesehen werden. Bei der Kritik der Einführung der schwebenden Belastung in das chinesische Sachenrechtsgesetz vertrat Prof. Manfred Wolf in seinem Vortag „Entwurf des SRG Chinas unter rechtsvergleichenden Aspekten" an der Renmin Universität in Peking die Ansicht, die schwebenden Belastung könnte dem Hypothekengläubiger eine Monopolstellung einräumen, da ein Gläubiger den Eingriff des anderen Gläubigers an dem Hypothekengegenstand beseitigen könne, sodass eine Gefährdung der Wettbewerbsordnung erfolgen könne.[1169]

---

Legislative Auslegung zur Fusionskontrolle des AMG, in Shi Jiansan, (2008), S. 5, 6.

1163 Sie werden in § 179 I SRG gesondert aufgelistet.

1164 Gemäß § 179 II SRG kann der Besteller gleichzeitig eine Hypothek an mehreren der im vorheigen Absatz aufgeführten Vermögensgegenstände bestellen.

1165 Bu Yuanshi, Einführung, S. 147; § 181 SRG.

1166 Pfandrecht kann sich auf Sachen und Rechte beziehen.

1167 Hujian, Legislative Auslegung der Fusionskontrolle im AMG, in Shi Jiansan, (2008), S. 5, 6.

1168 WRB-SANV, Kommentar zum AMG, (2007), S. 141; Shang Ming/Kong Ling/ Ye Jun, 4/2012, S. 39, 42.

1169 Manfred Wolf, http://www.civillaw.com.cn/article/default. asp?id=24531, (eingesehen am 03.11.2013).

*(3) Stellungnahme*

Die Begründung des dinglichen Sicherungsrechts dient der wertmäßigen Sicherheit einer Forderung. Vor dem Eintritt des Sicherungsfalls[1170] hat der Sicherungsgeber noch kein Verfügungsrecht über den Sicherungsgegenstand. Bei Begründung der Hypothek muss er den Sicherungsgegenstand unmittelbaren besitzen; der Sicherungsgeber darf weiterhin den Sicherungsgegenstand nicht nutzen. Begründung eines Pfandrechts darf der Sicherungsberechtigte ohne die Genehmigung der Sicherungsgebers den Gegenstand der Pfandrechts weder nutzen noch verwerten (§ 214 SRG). Daher hat die Begründung des Sicherungssachrechtes als solche keine Auswirkung auf die Wettbewerbsstruktur und kann nicht als taugliche Erwerbsform behandelt werden.

### 3. *Begründung des Besitzes als Erwerbsform?*

*(1) Problemstellung*

Das SRG enthält keine Definition des „Besitzes", sondern schützt lediglich den Besitz. Nach überwiegender Meinung[1171] wird der Besitz als tatsächliche Beherrschung, Kontrolle und Verfügung an beweglichen und unbeweglichen Sachen definiert. Nach einer Meinung erfüllt die Begründung des „Besitzes" ebenfalls einen Erwerbstatbestand, insoweit Besitzwille und tatsächliche Kontrolle bestehen[1172].

*(2) Stellungnahme*

Diese Meinung ist offensichtlich nicht haltbar in der Zusammenschlusskontrolle, weil die fusionsrechtlich relevante Kontrolle über ein anderes Unternehmen oder Unternehmensteile gegenüber der tatsächlichen Kontrolle einen wesentlichen Unterschied aufweist. Die tatsächliche Kontrolle über Sachen dient als Publizitätsmittel zum Schutz des tatsächlich bestehenden Zustands. Demgegenüber

---

1170 Beim Eintritt der Erfüllung der fälligen Schuld und der von den Parteien vertraglich vereinbarten Voraussetzungen kann man mit dem Besteller vereinbaren, dass der Besteller mit dem Gegenstand der Hypothek zu deren angerechneten Wert oder mit dem durch dessen Versteigerung oder freihändigen Verkauf erzielten Erlös bevorzugt befriedigt wird. Kommt keine Vereinbarung über die Realisierung der Hypothek zustande, so kann der Hypothekar verlangen, dass das Volksgericht den Gegenstand der Hypothek versteigert oder freihändig verkauft (§ 195 SRG).

1171 Hu Kangsheng, Kommentar zum SRG, S. 512; Liang Huixing/Chen Huabing, Sachenrechtsgesetz, 4. Aufl., S. 399; Wen, Shiyang, Lehrbuch zum Sachenrechtsgesetz, S. 279.

1172 Zhan Hao, Unternehmenskauf AMG, S. 63.

bezieht sich die fusionsrechtliche Kontrolle auf die Ausübung der Kontrolle über Vermögen oder Vermögensteile, die Einfluss auf den Wettbewerb hat.

# E. Zwischenergebnis

## I. Betroffene Rechtsgrundlage

Unter dem fusionskontrollspezifischen Gesichtspunkt unterscheidet der Vermögenserwerb sich kaum von der Fusion. Der Vermögenserwerb fällt daher unter die Fusion i.S.v. Art. 3 I lit. a), den Kontrollerwerb i.S.v. Art. 3lit. b) FKVO, § 37 I Nr. 1 und Nr. 2 GWB, § 6 I Nr. 1, Nr. 3, Nr. 4, Nr. 5 FHG, § 20 Nr. 1 und Nr. 2 AMG fallen. In der Praxis fällt der Vermögenserwerb am häufigsten unter Art. 3lit. b) FKVO, § 37 I Nr. 1 GWB, § 6 I Nr. 3 FHG. § 20 Nr. 2 Alt. 2 AMG. Trotzdem stellt der Tatbestand der Fusion auf die Entstehung einer wirtschaftlichen Einheit ab. Der Vermögenserwerb unterliegt § 37 I Nr. 1 und Nr. 2 GWB. Der Vermögenserwerb fällt meist nicht unter den jeweiligen Tatbestand der Fusion, sondern den jeweiligen Tatbestand des Kontrollerwerbs i.S.v. § 20 Nr. 2 Alt. 2 AMG fallen. Unter fusionskontrollspezifischen Gesichtspunkten unterscheidet sich der Vermögenserwerb kaum von der Fusion. Er fällt daher unter die Fusion i.S.v. Art. 3 I lit. a), den Kontrollerwerb i.S.v. Art. 3lit. b) FKVO, § 37 I Nr. 1 und Nr. 2 GWB, § 6 I Nr. 1, Nr. 3, Nr. 4, Nr. 5 FHG, § 20 Nr. 1 und Nr. 2 AMG fallen. In der Praxis fällt der Vermögenserwerb am häufigsten unter Art. 3lit. b) FKVO, § 37 I Nr. 1 GWB, § 6 I Nr. 3 FHG. § 20 Nr. 2 Alt. 2 AMG. Trotzdem stellt der Tatbestand der Fusion auf die Entstehung einer wirtschaftlichen Einheit ab. Der Vermögenserwerb unterliegt § 37 I Nr. 1 und Nr. 2 GWB. Der Vermögenserwerb fällt meist nicht unter den jeweiligen Tatbestand der Fusion, sondern den des Kontrollerwerbs i.S.v. § 20 Nr. 2 Alt. 2 AMG.

## II. Vermögen

Der Vermögensbegriff muss fusionskontrollzweckmäßig ausgelegt werden und erfasst daher alle einem Unternehmen zustehenden geldwerten Güter und Rechte, die unternehmerisch genutzt werden können, insbesondere Werte, die ein Geschäft darstellen, z.B. eine Tochtergesellschaft, die Abteilung eines Unternehmens, in manchen Fällen Marken und Lizenzen, Patente oder Urheberrechte, mit denen am Markt Umsätze erzielt werden (können). Allerdings darf das Passivvermögen nicht darin einbezogen werden.

Der „wesentliche Vermögensteil" ergibt sich aus dem Zweck der Fusionskontrolle, obwohl es nicht so wie in § 37 I Nr. 1 GWB in der FKVO, § 37 I Nr. 2 GWB, § 6 I Nr. FHG, § 20 Nr. 2 AMG zum Ausdruck kommt. Zum wesentlichen

Vermögensteil werden drei Ansätze vertreten, namentlich der quantitative, der qualitative und die sog. parallelen Kriterien. Das qualitative Kriterium ist als ein fusionskontrollspezifisches maßgeblich, der Wert des Vermögens kann jedoch auch als Beweis herangezogen werden.

## III. Erwerb

Gemäß Art. 3 I lit. a) FKVO kann der Erwerb von Vermögenswerten sowohl durch Übertragung des Eigentums also auch durch die Einräumung von Nutzungsrechten erfolgen. Der Abschluss von Unternehmenspacht- und Betriebsübertragungsverträgen ist mithin Kontrolle begründend. Gleiches gilt auch für § 37 I Nr. 3 GWB. Aber gemäß § 37 Nr. 1 GWB erfasst der Erwerb lediglich den Wechsel des Vollrechts.

# Teil 8: Fazit

## A. Deutsche Fassung

1. Der Zusammenschlussbegriff betrifft die Jurisdiktion der Kartellbehörde. Momentan gibt es keine einheitliche und unabhängige kartellrechtliche Verwaltungsbehörde: dem MOFCOM kommt die Fusionskontrolle zu, und die anderen zwei Kartellbehörden sind zuständig für andere kartellrechtliche Angelegenheiten. Es besteht somit die Gefahr, dass der Erwerb einer Minderheitsbeteiligung oder die Gründung eines GU politisiert ausgelegt wird. Das MOFCOM und dessen AMA unterliegen jeweils dem Staatsrat und dem MOFCOM, die jedoch zugleich die Industriepolitik wahrnehmen. Das führt dazu, dass der Fusionsplan zwischen Staatsunternehmen der Zusammenschlusskontrolle entzogen werden könnte, sodass auch noch die Durchsetzung der Zusammenschlusskontrolle politisiert werden könnte. Eine unabhängige und einheitliche Verwaltungsbehörde soll eingerichtet werden, das ist jedoch noch nicht in Sicht.
2. Eine ausreichende Begründung und die Veröffentlichung der Verwaltungsentscheidung sind erforderlich. Einerseits begünstigen sie Vorhersehbarkeit und Akzeptanz der Entscheidung sowie eine funktionsgerechte Kommunikation mit Wissenschaftlern. Andererseits können sie dem MOFCOM beim Erlass von Mitteilung helfen, um zusätzliche Erfahrungen zu sammeln.
3. Hinsichtlich der Auslegungsmethode ist im Kartellrecht auf den jeweiligen Fall abzustellen. Im Kartellrecht besteht keine spezifische Auslegungsmethode. Bei der Auslegung des Zusammenschlussbegriffs soll der Methodenkanon, also die grammatische, historische, systematische sowie teleologische Auslegung Anwendung finden. Weil das AMG vom europäischen, deutschen und taiwanesischen Kartellrecht stark beeinflusst wird, kommt der Rechtsvergleichung als „fünfte" Auslegungsmethode eine gewichtige Bedeutung zu. Innerhalb der Auslegungsmethoden ist jedoch die teleologische Auslegung maßgeblich.
4. Die h. M. vertritt, dass der Fusionsbegriff nicht faktisch, sondern rechtlich verstanden werden sollte; das würde jedoch m.E. nach zu einer Regelungslücke führen. Einerseits orientiert sich die Struktur des § 20 im Grundsatz an Art. 3 FKVO, sodass etwa die gegenseitige Beteiligung nicht erfasst werden könnte. Daher muss der Begriff der Fusion zugleich faktisch verstanden werden.
5. Nach § 20 Nr. 2 AMG ist beim Erwerb von Anteilsrechten als Zusammenschlussform der Kontrollerwerb vorausgesetzt. Fragewürdig sind in diesem Zusammenhang die beiden ausgegrenzten Fälle, nämlich die, in denen die

Beteiligten bereits 50% der Stimmrechte erworben haben bzw. mehr als 50% der Stimmrechte von Dritten gehalten werden. Die Ausgrenzung ist fraglich, weil in besonderen Fällen, etwa wenn die Unternehmenssatzung für eine strategische Entscheidung Einstimmigkeit oder eine besondere/qualifizierte Mehrheit für die Beschlussfassung vorschreibt (bzw. in Ermangelung solcher besonderen Gesellschaftsvereinbarungen). Draus ergibt sich dann nämlich in § 22 AMG eine Gesetzeslücke. Der Erwerb der Minderheitsbeteiligung kann auch zur Kontrolle führen, wenn besondere rechtliche oder faktische Umständen hinzutreten. Der Erwerb muss Vollrechtserwerb sein, und die Begründung von beschränkt dinglichen Rechten oder des Besitzes reichen nicht aus.

6. Die häufig im Schrifttum und in der Praxis gestellte Frage, wie ein Unternehmen durch Vermögenserwerb ein anderes Unternehmen erwirbt, kann durch die funktionale Auslegung geklärt werden. Danach kann „Unternehmen" als Gesamtheit oder Teil eines Unternehmens ausgelegt werden. Der Begriff der „sonstigen Organisation" im Unternehmensbegriff i.S.v. § 12 I AMG liefert einem solchen Verständnis geradezu ein „Einfallstor".
7. Das Nebeneinander von Kontrolle und bestimmendem Einfluss ist ein Redaktionsversehen. Der Begriff der Kontrolle ist die Fähigkeit, auf ein anderes Unternehmen Einfluss ausüben zu können. Die Einflussnahme muss wirtschaftlich, aber nicht hoheitlich sein.
8. Die Gründung eines GU kann einheitlich behandelt werden. Nach § 28 I AMG soll ein Zusammenschluss untersagt werden, wenn er den Wettbewerb zu beschränken oder zu beseitigen geeignet ist. § 13 II AMG definiert Monopolvereinbarungen als Vereinbarungen, Beschlüsse oder abgestimmte Verhaltensweisen, die den Wettbewerb ausschließen oder beschränken. Beide materiellrechtlichen Beurteilungskriterien weisen keinen wesentlichen Unterschied bei der Behandlung der Verhaltens- und der Zusammenschlusskontrolle auf.

## B. Englishe Fassung

1. The object of the Concentration of Business Operators under Chinese Anti-monopoly Law ("AML") has a direct influence on the choice of a competent governing authority. Currently, China does not have an independent and integrated Anti-monopoly Implementation Authority. The existing three Anti-monopoly Authorities (namely, the State Administration for Industry and Commerce, the National Development and Reform Commission and the Anti-monopoly Bureau of Ministry of Commerce) are facing problems such as interdepartmental competition or lack of self-independence, which makes the interpretation and implementation of Concentration of Business Operators,

apted to be more political-oriented: (1) on the one hand, current Chinese AML lacks detailed stipulations on many specific issues, for example, no authority has been designated to govern or regulate concentrations arising from the establishment of a joint venture or acquisition of minority equity. This in practice may result in competition or fight among the existing three Anti-monopoly Authorities to gain jurisdiction or to shrink its responsibilities over these specific issues; and (2) on the other hand, the existing three Anti-monopoly Authorities are all under the State Council's administration and lack of self-independence, which makes the regulation on concentration easily to be compromised to the industrial policies instead of competition policies. In a word, whether to establish an independent and integrated anti-monopoly authority in China or just to make improvement to the existing three Anti-monopoly Authorities is an issue needs serious and careful consideration.

2. The publication of administrative adjudication for Concentration of Business Operators cases with detailed analysis will greatly enhance the concerning parties' ability to predict the final adjudication and make the final adjudication easier to be accepted. Moreover, such publication will also help MOFCOM to collect abundant first-hand materials to classify Concentration of Business Operators and enable MOFCOM to work out more detailed guidance.
3. The interpretation of the competition law shall be carried out on a case-by-case basis without any specific interpretation method. When interpreting the definition of Concentration of Business Operators, traditional interpretation methods such as literal interpretation, historical interpretation, systematical interpretation and teleological interpretation shall be adopted. Additionally, take into consideration of the fact that Chinese AML is deeply influenced by European's competition laws and regulations, by way of example, the definition of the Concentration of Business Operators under Chinese AML basically comes from Article 3 of EC Merger Regulation No. 139/2004, comparative interpretation, as the fifth interpretation method, is also of great significance. Among all above-mentioned five different interpretation methods, teleological interpretation is the most crucial one and shall be strictly carried out.
4. Scholars and practitioners generally hold the idea that Mergers of the Business Operators under Section 1, Article 20 of Chinese AML only refers to mergers with legal implications but not with economic implications. However, the author of this book thinks otherwise. The definition of Concentration of Business Operators under Chinese AML is basically transplanted from European's experience. If Section 1, Article 20 does not apply to those mergers with economic implications, then current definition of Concentration of Business Operators will not be able to cover all concentration circumstances which may affect the

market structure and therefore will result in legal loopholes. From this aspect, it is quite necessary to import European's experience in regulating mergers with economic implications into Section 1, Article 20 of Chinese AML.

5. According to Section 2, Article 20 of Chinese AML, the criteria for deciding whether equity acquisition is subject to concentration regulation is depending on whether such acquisition will result in obtaining the controlling right of the other business operators. Meanwhile, Article 22 of the Chinese AML provides two situations under which no notification for concentration needs to be made to the competent Anti-monopoly authority: (1) one of business operators involved in the concentration holds equity that representing more than 50% voting rights in each of the other business operators; and (2) equity that representing more than 50% voting right in each of the business operators involved in the concentration is held by the same business operator which is not the party of concentration. Such exemptions seem to indicate the legislators' view that holding equity representing at least 50% voting rights in a business operator will inevitably bring in controlling right. The fact is, when business operators have agreed otherwise specifically in the articles of associations or joint venture contracts, holding equity representing more than 50% voting rights will not necessarily bring in controlling rights over the other business operators. Therefore, there is a gap and legal loopholes between Section 2, Article 20 and Article 22 of the Chinese AML, which will also make it impossible to exert the function of the definition of the Concentration of Business Operators fully and comprehensively. Acquisition of minority equity can also bring in controlling right. Acquisition of equity shall refer to obtaining the ownership of the equity, and shall not include the circumstances of setting encumbrances or possession over the equity.
6. Assets mentioned in Section 2, Article 20 of Chinese AML shall refer to all materials in kind or right that have values and capacity to circulate in the market, but shall not include any debts or equity. Acquisition of assets shall refer to obtaining the ownership and use right of such assets, but shall not include the circumstances of setting encumbrances or possession over the assets.
7. Scholars and practitioners have always confused about how to obtain controlling rights over the other business operators through assets acquisition. The root cause for such confusion is lack of functional interpretation of the business operators. Acquisition of assets of a business operator shall refer to the acquisition of either whole or parts of such business operator. The definition of Other Entities in Article 12 of AML, which defines business operator in China, provides the basis for such functional interpretation.

8. Section 3, Article 20 of Chinese AML provides a circumstance to obtain controlling rights or exercise decisive effect on the business operator through contract or other means. Parallel criteria: obtaining controlling rights or exercise decisive effect in this Section 3 is actually legislator's compiling mistake. The definition of Control is to exercise decisive effect on other business operators and such decisive effect shall be economic and shall not include any effect generated from government act. This Section 3 functions as a general catch-all clause and shall also cover the circumstance of concurrent personnel appointment.
9. Section 2, Article 13 of Chinese AML says, the monopolistic agreement under this Law shall refer to protocols, decisions, or other coordinated behavior for eliminating or restricting competition. Section 1, Article 28 of Chinese AML reads that if a concentration of business operators has the effect of restricting or eliminating competition, then the Anti-monopoly Authorities shall make decisions to prohibit such concentration. From this point of view, the establishment of joint venture shall also subject to same concentration regulation.

# Literaturverzeichnis

## I. Texte in deutscher und englischer Sprache


Adomeit, Klaus/Hähnchen, Susanne: Rechtstheorie für Studenten, 6. Aufl., 2012.

Albers, Michael: Fusionskontrolle zwischen Wettbewerbs-und Industriepolitik, CR 1990, S. 414 ff.

Albers, Michael: Auslegungsfragen und praktische Anwendung der europäischen Fusionskontrolle, Schwerpunkt des Kartellrechts 1990/91, FIW(146). Zit.: Albers, Auslegungsfragen.

Albert, Carsten F., Patente in der Fusionskontrolle, 2011.

Baader, Emil: Vom richterlichen Urteil: Reflexionen über das „Selbstverständliche", 1989.

Bardong, Andereas: Die deutsche Fusionskontrolle nach der 8. GWB-Novelle, NZKart 8/2013, S. 303ff.

Basedow, Jürgen: Weltkartellrecht: Ausgangslage und Ziele, Methoden und Grenzen der internationalen Vereinheitlichung des Rechts der Wettbewerbsbeschränkungen, 1998. Zit.: Basedow, Weltkartellrecht.

Bartel, Kristin: Wettbewerbsprobleme auf dem deutschen Energiemarkt durch Unternehmenszusammenschlüsse, 2011. Zit.: Bartel, Wettbewerbsproblem.

Baur, Jürgen Fritz: Der Missbrauch im deutschen Kartellrecht, 1972. Zit.: Baur, Missbrauch.

Bechtold, Rainer: Die Grundzüge der neuen EWG-Fusionskontrolle, RIW 1990, S. 253 ff.

Bechtold, Rainer: Das neue Kartellrecht, 1981.

Bechtold, Rainer: Kartellgesetz, Gesetz gegen Wettbewerbsbeschränkungen, 7. Aufl., 2013.

Bechtold, Rainer/Bosch, Wolfgang/Brinker, Ingo/Hirsbrunner, Simo: EU-Kartellrecht, 2. Aufl., 2009.

Benisch, Werner: Das Gemeinschaftsunternehmen in der zweiten Kartellgesetznovelle, in: Horst Bartholomeyczik/Kurt H. Biedenkopf/Helmut von Hahn (Hrsg.), Beiträge zum Wirtschaftsrecht, FS für Heinz Kaufmann zum 64. Geburtstag, 1972. Zit.: Benisch, GU.

Benisch, Werner: Kooperationsfibel, 4. Aufl., 1973.

Böhlk, Hans-Joachi: Der Zusammenschlussbegriff in der Fusionskontrolle, Dissertation, 1979.

Böge, Ulf: Reform der Europäischen Fusionskontrolle, WuW 2/2004, S. 138ff.

Bornkamm, Joachim: Die Masterfoods-Entscheidung des EuGH: Bindung der Zivilgerichte an Kommissionsentscheidungen – Lehren für das neue Kartellverfahren?. Zit.: Bornkamm, ZWeR 2003

Börner, Werner: Gemeinschaftsunternehmen im Wettbewerbsrecht von EWGV und EGKS, in: FIW, Heft 80, Huber/Börner, Gemeinschaftsunternehmen im detuschen und europäischen Wettbewerbsrecht, 1978. Zit.: Börner, GU.

Brendan J. Sweeney: The Internationalisation of Competition Rules, 2010.

Brink, Stefan: Über die richterliche Entscheidungsbegründung, 1999.

Bu Yuanshi: Einführung in das Recht Chinas, 2009. Zit.: Yuanshi Bu, Einführung.

Busche, Jan/Röhling, Andreas (Hrsg.), Band 4: Europäisches Kartellrecht Kölner Kommentar. Zit.: Busche/Röhling/Bearbeiter.

BKartA: Tätigkeitsbericht 1973

BKartA: Tätigkeitsbericht 1974.

BKartA: Tätigkeitsbericht 1978

BKartA: Tätigkeitsbericht 1985/1986

BKartA: Tätigkeitsbericht 1999/2000

Budzinski, Oliver: Würde eine unabhängige europäische Wettbewerbsbehörde eine Bessere Wettbewerbspolitik machen? Ilmenau Economics Discussion Papers, Vol. 17, No. 78.

Bunte, Hermann-Josef: Kartellrecht, 2. Aufl., 2008.

Bunte, Hermann-Josef: Entwicklungen in der Kartellrechtsrechtsprechung und-Praxis seit der 4. GWB/Novelle 1980: Teil 1, JZ 1985, S. 725 ff. Zit.: Bunte, JZ 1985.

Bydliniski, F.: Juristische Methodenlehre und Rechtbegriff, 1991.

Canaris, Claus-Wilhelm/Larenz, Karl: Methodenlehre der Rechtswissenschaft, 3. Aufl., 1993. Zit.: Canaris/Larenz.

Cahill, Brian F./Dreyer, Joachim u.a.: Die Europäische Fusionskontrolle, in: Peter Oberender (Hrsg), 2000.

Chen Zhaoxia: Probleme der europäischen Fusionskontrolle nach der Reform der FKVO, 2008.

Chiao-Ching Husu: Die öffentlichen Unternehmen in Taiwan, Dissertation, Tübingen, 1998.

Christensen, Rahph/Kundlich, Hans: Theorie richterlichen Begründens, 2001.

Cook, John/Kerse, Christopher: EC Merger Control, 5th Revised edition (25. Februar 2009).

Deichfuß, Hermann: Der Zusammenschluss durch Anteilserwerb nach der 6. GWB- Novelle, WuW 9/2000, S. 834 ff.

Dirksen, Dirk/Barber, Horst: Kontrollpflichtige Zusammenschlüsse durch Anteilserwerb, EWS 4/1992, 98–103.

Drexl, Josef/Amann, Melanie, Jurist Josef Drexl im Gespräch: „Eine unabhängige Kartellbehörde ist in China undenkbar“, F.A.Z., 02.10.2007, Nr. 229/ S. 14.

Duijm, Bernhard: Die Unabhängigkeit von Kartellbehörden, ORDO, 1999, Bd. 50.

Ehricke, Ulrich: Die Doppelmacht der Kommission in Wettbewerbssachen – ein Plädoyer für die Etablierung einer eigenständigen und unabhängigen EG- Wettbewerbsbehörde, WuW 04/2008, S. 411. Zit.: Ehricke, WuW 04/2008.

Erichsen, Hans-Uwe/Ehlers, Dirk: Allgemeines Verwaltungsrecht, 13. Aufl.

Ebel, Hans-Rudolf: Der Zusammenschlussbegriff der Fusionskontrolle: ein Beitrag zu § 23 GWB, BB 1974, 749.

Ebel, Hans-Rudolf: Kartellrechtliche Entscheidungspraxis 1974, BB 1975, S. 1134 ff.

Ebel, Hans-Rudolf: Novellierung des Gesetzes gegen Wettbewerbsbeschränkungen, NJW 1973, S. 1577 ff.

Ebenroth, Carsten Thomas/Rösler, Patrick: Die Anwendbarkeit des Zusammenschlussbegriffes nach Art. 3 Fusionskontrollverordnung auf Lean Production Strukturen, RIW 1994, S. 533 ff.

Emmerich, Volker: Kartellrecht, 13. Aufl., 2014.

Engisch, Karl: Einführung in das juristische Denken, 11 Aufl., 2010.

Engisch, Karl: Logische Studien zur Gesetzesanwendung, 3. Aufl., 1963.

Esser, Josef: Vorverständnis und Methodenwahl in der Rechtsfindung, 1970.

Eucken, Walter: Grundsätze der Wirtschaftspolitik, 1952, 6. Auf., 1990.

Feng, Ye: Das chinesische Gesetz über Partnerschaftsunternehmen: Im Vergleich zum deutschen Recht, 2001. Zit.: Feng Ye, Partnerschaftsunternehmen.

Fessel, Susanne: Strukturelle Grenzen kartellrechtlicher Regulierung, 1995.

Fikentscher, Wolfgang/Drexl, Josef: Der Draft International Antitrust Code, RIW 1994, 93–99.

Fischer, Klaus: Wettbewerbliche Einheit und Fusionskontrolle, 1986.

Fair Trade Commission: Cases and Materieals on Fair Trade law of the republic of China, Vol. 4 (2000).

Gamm, Otto-Friedrich Frhr. von: Das Gemeinschaftsunternehmen im Kartell- und Fusionskontrollrecht unter Berücksichtigung kartellbehördlicher Unbedenklichkeitserklräungen und allgemeiner Verwaltungsgrundsätze, AG 1987, S. 329ff. Zit.: von Gamm, AG 1987.

Gerwing, Bernd: Kooperative Gemeinschaftsunternehmen im EWG-Kartellrecht unter besonderer Berücksichtigung der Abgrenzungsfrage, 1994. Zit.: Gerwing, Kooperative GU.

Giradet, Florens: Internationales Fusionskontrollrecht- Konflikt und Konvergenz,- Eine Untersuchung mit Schwerpunkt auf dem Europäischen und US-amerikanisches Fusionskontrollrecht anhand der Zusammenschlussvorhaben Boeing/MDD und GE/Hoeywell. 2006.

Glöckner, Jochen: Kartellrecht – Recht gegen Wettbewerbsbeschränkungen, 2012. Zit.: Glöckner, Kartellrecht.

Göldner, Detlef Göldner: Verfassungsprinzip und Privatrechtsnorm in der verfassungskonformen Auslegung und Rechtsfortbildung: Verfassungskonkretisierung als Methoden- und Kompetenzproblem, 1969.

Gräfer, Jens: Die Erfassung von Minderheitsbeteiligungen durch das Europäische Wettbewerbsrecht: unter besonderer Berücksichtigung des Zusammenschlussbegriffs in der Fusionskontrollverordnung, 2004. Zit.: Gräfer, Erfassung von Minderheitsbeteiligungen.

Greuner, Hansgeorg: Zu den Begriffen „wesentlicher Teil" und „beteiligtes Unternehmen" bei der Fusionskontrolle, GURU 1976.

Grosser, D: Bedeutet wirtschaftliche Macht zugleich Politische Macht, in: Der Bürger im Staat 4/1973.

Gruber, Johannes Peter: Die „wirtschaftliche Betrachtungsweise" nach § 20 KartG, ÖZK, 3/2011.

Günther, Eberhard: Die Auslegung unbestimmter Rechtsbegriffe des GWB, in: Wettbewerbsordnung in Spannungsfeld von Wirtschafts- und Rechtswissenschaft, FS für Gunter Hartmann, S. 123 ff. Zit.: Günther, FS Gunter Hartmann.

Häberle, Peter: Grundrechtsgeltung und Grundrechtsinterpretation im Verfassungsstaat – Zugleich zur Rechtsvergleichung als „fünfter" Auslegungsmethode, JZ 1989. 913 (916 ff.);

H. Stephen Harris/Peter J. Wang/Mark A. Cohen/Yizhe Zhang: Anti-Monopoly Law and Practice in China, 2011.

Häberle, Peter: Grundrechtsgestaltung und Grundrechtsinterpretation im Verfassungsstaat-zugleich zur Rechtsvergleichung als „fünfte" Auslegungsmethode, JZ 1989, S. 913 ff. Zit.: Häberle, JZ 1989.

Hasse, Jens: Zusammenschlusskontrolle in der Republik China (Taiwan) und Deutschland im Rechtsvergleich, 2010. Zit.: Hasse, Zusammenschlusskontrolle Taiwan.

Hartog, Johanna: Der Zusammenschlusstatbestand des wettbewerblich erheblichen Einflusses, 2010.

Haucap, Justus/Kühling, Jürgen: Europa braucht eine Monopolkommission, in: FAZ, 12.08.2010.

Hedemann, Justus Wilhelm: Die Flucht in die Generalklauseln, 1933.

Heiderhoff, Bettina: Grundstrukturen des nationalen und europäischen Verbrauchervertragsrechts, München 2004. Zit.: Heiderhoff, Grundstruktur.

Heuser, Robert, (Hrsg.), Beiträge zum chinesischen Zivil- und Wirtschaftsrecht, 2005. Zit.: Heuser, Beiträge.

Heuser, Robert/Sprick, Daniel: Das rechtliche Umfeld des Wirtschaftens in der VR China, 2013. Zit.: Heuser/Sprick, Umfeld des Wirtschaftens.

Hill, Hans, Zur Rechtsprechung des Kartellsenats, in: Krüger-Nieland, Gerda (Hrsg.): FS 25 Jahre Bundesgerichtshof, S. 173ff.

Hirsbrunner, Simon: Neue Entwicklungen der Europäischen Fusionskontrolle, EuZW 8/2009, S. 239 ff. Zit.: Hirsbrunner, Europäische Fusionskontrolle.

Homburger, Eric: Recht und private Wirtschaftsmacht: Ein Versuch zur Erhellung wechselseitiger Bezüge, 1993. Zit.: Homburger, Wirtschaftsmacht.

Huber, Ulrich: Gemeinschaftsunternehmen im deutschen und europäischen Wettbewerbsrecht in: FIW, Heft 80, Huber/Börner, Gemeinschaftsunternehmen im detuschen und europäischen Wettbewerbsrecht, 1978. Zit. Huber, GU.

Hüffer, Uwe, Kommentar AktG, 7. Aufl., 2007.

Hirsch, Günter/Montag, Frank/Säcker, Franz Jürgen (Hrsg.): Münchener Kommentar zum Europäischen und Deutschen Wettbewerbsrecht (Kartellrecht), Aufl. 1, 2007. Zit.: Hirsch/Montag/Säcker/Bearbeiter.

H. Kahlenberg/C. Peter, in: Loewenheim/Meessen/Riesenkampff, Kartellrecht, GWB.

Immenga, Ulrich: Marktrecht, in: Walter Hadding (Hrsg), Festgabe Zivilrechtslehrer 1934/1935.

Immenga, Ulrich: Gemeinschaftsunternehmen als Kartell und Zusammenschluss: ein Grundsatzurteil des BGH, ZHR 150(1986), S. 366–373. Zit.: Immenga, ZHR 150 (1986).

Immenga, Ulrich/Mestmäcker, Ernst-Joachim, Wettbewerbsrecht Band 1., EU Teil 1, 2, Kommentar zum Europäischen Kartellrecht, 5. Aufl. 2012. Zit.: Immenga/Meistmäcker/Bearbeiter.

Immenga, Ulrich/Mestmäcker, Ernst-Joachim, Wettbewerbsrecht, Band 2. GWB, Kommentar zum Deutschen Kartellrecht, 5. Auflage 2014. Zit.: Immenga/Mestmäcker/Bearbeiter.

Ipsen, Jörn: Richterrecht und Verfassung, 1975.

Jansen, Norber: Die Zusammenschlusskontrolle im Krankenhaussektor, 2012.

Jäckering, Werner: Die politischen Auseinandersetzungen um die Novellierung des Gesetzes gegen Wettbewerbsbeschränkungen, 1977.

Jiandong, Shao: Unternehmensgruppen und Zusammenschlußkontrolle in China: Empfiehlt sich eine Regelung nach deutschem Modell? 1996.

Jochum, Georg: Europarecht unter Berücksichtigung des Vertrages von Lissabon, 2. Aufl., 2012. Zit.: Jochum, Europarecht

Kantzenbach, Erhard: Wettbewerbspolitik in der globalisierten Weltwirtschaft, in: Theurl/Semelkal, (Hrsg.), Globalisierung, 2001, S. 233–255.

Karl, Matthias: Der Zusammenschlussbegriff in der europäischen Fusionskontrollverordnung: eine Untersuchung unter Berücksichtigung der Entscheidungspraxis der Kommission der Europäischen Gemeinschaften, 1996. Zit.: Karl, Zusammenschlussbegriff.

Kessler, Jürgen; Preisbindungsverbot und Agenturvertrieb: zur funktionalen Auslegung materieller Kartellnormen, WuW 12/1985. Zit.: Kessler, WuW 12/1985.

Langen, Eugen/Hermann-Josef, Bunte, Kartellrecht, Band 1: Deutsches Kartellrecht, 12. Aufl., 2014. Zit.: Langen/Bunte/Bearbeiter.

Langen, Eugen/Hermann-Josef, Bunte, Kartellrecht, Band 2: Europäisches Kartellrecht, 12. Aufl., 2014. Zit.: Langen/Bunte/Bearbeiter.

Karsten Schmidt (Hrsg.), Münchener Kommentar zum Handelsgesetzbuch, 3. Aufl., 2014. Zit.: Karsten Schmidt/Bearbeiter.

Klein, Roland: „Vorläufige Vorschriften über Zusammenschluss mit und Erwerb von inländischen Unternehmen durch ausländische Investoren“, in Robert Heuser/Roland Klein (Hrsg.): Die WTO und das neue Ausländerinvestitions- und Außenhandelsrecht der VR China: Gesetz und Analyse, 2004.

Kleinmann, Werner/Bechtold, Rainer: Kommentar zur Fusionskontrolle, 1. Aufl. 1977.

Kleinmann, Werner/Bechtold: Rainer, Kommentar zur Fusionskontrolle, 2. Aufl. 1989.

Kleinmann, Werner: Anmerkung zum Beschluss des Kammergerichts vom 25.10.1974, BB 1975.

Kling, Michael/Thomas, Stefan: Kartellrecht, 2007.

Koch, Eckart: Kartellverbot und Fusionskontrolle nach der zweiten Novelle des GWB, WiR 1974.

Koch H.-J./Rüßmann: Juristische Begründungslehre, 1982.

Kögel, Rainer: Die Angleichung der deutschen an die europäische Fusionskontrolle, 1996. Zit.: Kögel, Die Angleichung.

Köhler, Helmut: „Gemeinsame Kontrolle“ von Unternehmen aufgrund von Minderheitsbeteiligungen im Europäischen Kartellrecht, EuZW, 20/1992

Körber, Torsten: Die Konkurrentenklage im Fusionskontrollrecht der USA, Deutschlands und der Europäischen Union, 1996. Zit.: Körber, Die Konkurrentenklage.

Koger, Arnold, Die konzernbezogenen Ausnahmen im österreichischen und europäischen Kartellrecht, Dissertation, Wien, 2010

Krimphove, Dieter: Europäische Fusionskontrolle, 1992.

Kroitzsch, Hermann: Der Erwerb eines wesentlichen Vermögensteils des § 23 Abs. 2 Nr. 1 GWB, WuW 77.

Kuo-Ching Wang: Die Gründung einer Tochtergesellschaft in Taiwan, in: Marcus Lutter (Hrsg.), Die Gründung einer Tochtergesellschaft im Ausland, 3. Aufl., 1995, Zit.: Kuo-Ching Wang, Gründung einer Tochtergesellschaft in Taiwan.

Larenz, Carl: Methodenlehre der Rechtwissenschaft, 6. Aufl., 1991.

Landzettel, Stefan: Unterschiede und Gemeinsamkeiten des deutschen und europäischen Fusionskontrollrechts: ein problemorientierter Vergleich, 1995. Zit.: Landzettel, Unterschiede und Gemeinsamkeiten.

Leube, Jutta: Anwendbarkeit der §§ 1 und 23 ff GWB auf Gemeinschaftsunternehmen, ZHR 141 (1977), 313 ff.

Lanzenberger, Fritz: Fusionskontrolle durch das Bundeskartellamt, in: Auslegungsfragen zur zweiten GWB-Novelle, FIW-Schriftenreihe, Heft 66, 1974, S. 81 ff.

Lanzenberger, Fritz: Rechtsfragen der Fusionskontrolle, der Schwerpunkt 1973/1974. Praxis der Fusionskontrolle, Schwerpunkte 1975/76.

Loewenheim, Ulrich/Meessen, Karl M./Riesenkampff, Marx, Kartellrecht, 2. Aufl. 2009. Zit.: Riesenkampff/Lehr, § 37 GWB.

Lohse, Andera: Kartellfreie Gemeinschaftsunternehmen im europäischen Wettbewerbsrecht, 1992. Zit.: Lohse, Kartellfreie GU.

Lohse, Andera: Gemeinschaftsunternehmen nach Inkrafttreten der Fusionskontrollverordnung: Die neue Bekanntmachung der Kommission über die Unterscheidung zwischen konzentratiiven Gemeinschaftsunternehmen als Ergebnis einer wirtschaftlicheren Betrachtungsweise in der Verwaltungspraxis, ZHR159 (1995), 164–206. Zit.: Lohse, ZHR 159 (1995).

Lorenz, Moritz: Das neue chinesische Kartellgesetz, Schwerpunkt des Kartellrechts 2007/2008, S. 81ff.

Lorenz, Moritz: Das neue chinesische Kartellgesetz, in: FIW (Hrsg.) Schwerpunkte des Kartellrechtsm 2007/2008.

Lorenz, Moritz/Sturm, Wolfgang: Das zukünftige Kartellrecht Hongkongs: Eine Analyse mit Bezügen zu den neuen Kartellgesetzen der VR China, Singapurs und Vietnams, GRUR Int 2008, S. 113.

Lübbig, Thomas/Klasse, Max: Kartellrecht im Pharma- und Gesundheitssektor, 2007.

Lücke, Jörg, Begründungszwang und Verfassung: Zur Begründungspflicht der Gerichte, Behörden und Parlamente, 1987.

Madjarov, Peter: Rechtsvergleich als Auslegungsmethode, GreifRecht, Heft 16, Oktober 2013.

Mäger, T.: Europäisches Kartellrecht, 2. Aufl., 2011.

Massch, Beate: Auslegung von Normen: ein spezifisches Problem im Kartellrecht? ZHR 150 (1986). Zit.: Massch, Auslegung von Normen, ZHR 150.

Masseli, Markus: Handbuch chinesische Fusionskontrolle, 2011. Zit.: Masseli, Handbuch.

Masseli, Markus: The Application of Chinese Competition Law to Foreign Mergers: Lessons from the Draft New Guidelines, Journal of European Competition Law & Practice, September 20, 2011 S. 1 ff.

Mesenbrink, Lars: Das Antimonopolgesetz der VR China im Spannungsfeld zwischen Politik und Wettbewerbsrecht, 2010.Zit.: Mesenbrink, Spannungsfeld zwischen Politik und Wettbewerbsrecht

Meyer, Peter/Chen, Zhaoxia: Fusionskontrolle in der VR China, RIW 2009, S. 265ff.

Mestmäcker, Ernst-Joachim: Gemeinschaftsunternehmen im Kartellrecht, 1980. Zit.: Mestmäcker, GU.

Mestmäcker, Ernst-Joachim: Gemeinschaftsunternehmen im deutschen und europäischen Konzern- und Kartellrecht, in: Mestmäcker, Ernst-Joachim/Blaise, Jean-Bernard/Donaldson, David T. (Hrsg.), Gemeinschaftsunternehmen im Konzern- und Kartellrecht, S. 9 ff.

Mestmäcker, Ernst-Joachim: Europäisches Wettbewerbsrecht im Zeichen der Globalisierung, in: Schwarze, Jürgen (Hrsg.), Europäisches Wettbewerbsrecht im Zeichen der Globalisierung.

Mestmäcker, Ernst-Joachim/Schweitzer, Heike: Europäisches Wettbewerbsrecht, 2. Aufl., 2004. Zit.: Mestmäcker/Schweitzer.

Miersch, Michael: Kommentar zur EG-Verordnung Nr. 4064/89 über die Kontrolle von Unternehmenszusammenschlüssen, 1991. Zit.: Miersch, Kommentar der FKVO.

Miersch, Michael: Die europäische Fusionskontrolle: Inhalt und Problematik der EG- Fusionskontroll-VO Nr. 4064/89 in materieller und wettbewerbspolitischer Sicht, 1991.

Mock, Martina: Entwicklung der Kartellrechtsgesetzgebung, in: Heuser, Robert (Hrsg.), Beiträge zum chinesischen Zivil- und Wirtschaftsrecht, S. 193 ff.

Möller, Christian: Die wirtschaftliche Betrachtungsweise im Privatrecht, 1997.

Möschel, Wernhard: Recht der Wettbewerbsbeschränkungen, 1983.

Monopolkommission: Ökonomische Kriterien für die Rechtsanwendung Hauptgutachten V, 1982/1983.

Monopolkommission: Wettbewerbspolitik in Zeiten des Umbruchs, Hauptgutachten XI, 1994/1995.

Monopolkommission: Mehr Wettbewerb auch im Dienstleistungssektor!, Hauptgutachten VVI, (2004/2005).

Monopolkommission: Hauptgutachten 2010/2011, Stärkung des Wettbewerbs bei Handel und Dienstleistungen.

Moosecker, Karlheinz: Fusionskontrolle und Rechtssicherheit, GRUR 1978.

Müller, Friedrich/Christensen, Ralph: Juristische Methodik, Band I, Grundlagen: öffentliches Recht, 2. Aufl. 2004.

Müller-Graf, in: Handkommentar zum EUV/EGV, Art. 85 EGV

Münzel, Franz: Unternehmens- und Gesellschaftsrecht der VR China, 1989.

Würdinger, Hans: Arten und Formen der Unternehmenszusammenschlüsse i.S.d.neuen §§ 23 bis 24 GWB, WuW 11/1973. Zit.: Würdinger, WuW 11/1973

Muthorst, Olaf: Grundlagen der Rechtswissenschaft, 2011.

Niederleithinger, Ernst: Praxis der Marktbeherrschungs- und Fusionskontrolle im Zeitraum 1974/75, Schwerpunkt 1974/75.

Niemeyer, Hans-Jörg: Europäische Fusionskontrolle, BB 1991, Beilage 25.

Nolte, Nobert: Beurteilungsspielräume im Kartellrecht der Europäischen Gemeinschaft und der Bundesrepublik Deutschland, 1997. Zit.: Nolter, Beurteilungsspielräume.

Noster, Anna: Die abgekürzte Urteilsbegründung im Strafprozess: Verfassungskonforme Konkretisierung des richterlichen Ermessens, 2010.

Oppermann, Thomas/Classen, Claus Dieter/Nettesheim, Martin: Europarecht, 5. Aufl., 2011. Zit.: Oppermann/Classen/Nettesheim, Europarecht.

Opgenhoff, Carolin: Behandlung von Gemeinschaftsunternehmen nach der EG-Fusionskontrollverordnung, EWS 1999, S. 372 ff.

Pampel, Gunnar: Rechtsnatur und Rechtswirklungen von Mitteilungen der Kommission im europäischen Wettbewerbsrecht, WuW01/2005.

Paschke, Marian: Der Zusammenschlussbegriff des Fusionskontrollrechts, 1989. Zit.: Paschke, Zusammenschlussbegriff.

Paschke, Marain: § 37 GWB, in: Frankfurt Kommentar zum GWB, Zit.: Paschke, § 37 GWB FK.

Pfeiffer, Gerd: Grundfragen der Rechtskontrolle im Kartellverfahren, in: Schwerpunkte des Kartellrechts 1978/79, Verwaltungs- und Rechtsprechungspraxis. Zit.: Pfeiffer, Grundfragen der Rechtskontrolle.

Pohlmann, Petra: Der Unternehmensverbund im europäischen Kartellrecht, 1999. Zit.: Pohlmann, Unternehmensverbund.

Pohlmann, Petra: GWB-Novelle: Der neue Zusammenschlusstatbestand des Fusionskontrollrechts, DZWir 1998, S. 397–401. Zit.: Pohlmann, DZWir 1998.

Pohlmann, Petra: Keine Bindungswirkung von Bekanntmachungen und Mitteilungen der Europäischen Kommission, WuW 10/2005, S. 1005–1009. Pohlmann in MünchKomm BGB, § 1068.

Polley, Romina/Grave, Carsten: Die Erweiterung eines bestehenden Gemeinschaftsunternehmens als Zusammenschluss, WuW 10/2003.

Quack, Karlheinz: Vermögenserwerb als Zusammenschlusstatbestand in der Fusionskontrollverordnung des Rates der Europäischen Gemeinschaften vom 21. Dezember 1989, in: Lowenheim, Ulrich/Raiser, Thomas (Hrsg.): FS Fritz Traub zum 65. Geburtstag, Zit.: Quack, Karlheinz, FS Traub.

Quack, Karlheinz/Quack, U.: Die Zusammenschlusstatbestände des § 37 Abs. 1 GWB im Lichte des Art. 3 der Fusionskontrollverordnung, in: Brandner, Hans Erich/Geiß, Karlmann (Hrsg.), FS für Karlmann Geiß zum 65. Geburtstag, 2000. Zit.: Quack/Quack, in FS Geiß.

Rauschenbach, Gerhard: Die besondere Bedeutung des Verwaltungsermessens und dessen richterliche Kontrolle bei der Anwendung der neuen Vorschriften, in: Auslegungsfragen zur Zweiten GWB-Novelle, 1974. Zit.: Rauschenbach, Verwaltungsermessens und dessen richterlicher Kontrolle.

Rabenau, Stefanie: Treuhand und Option in der deutschen und europ?ischen Fusionskontrolle, 2006.

Raiser/Veil, Recht der Kapitalgesellschaft, 3. Aufl., 2001 Großkomm. AktG/Windbichler § 17 Rdn.

Rieder, Werner: Die Vierte Kartellgesetznovelle um Spannungsfeld zwischen Politik und Ökonomie, 1982.

Rittner, Fritz: Kapitalerhöhung und Kapitalherabsetzung als Zusammenschlusstatbestände, in: Festschrift von Martin Luther. Zit.: Rittner, FS Luther.

Rittner, Fritz: Die Tatbestände des Zusammenschlusses nach § 23 Abs. 2 GWB, BB 1975 Rittner, Fritz, Die sogenannte wirtschaftliche Betrachtungsweise in der Rechtsprechung des Bundesgerichtshofs, 1975.

Rittner, Fritz/Dreher, Meinrad: Europäisches und deutsches Wirtschaftsrecht: Eine systematische Darstellung, 2008. Zit.: Rittner/Dreher, Wirtschaftsrecht.

Röhling, Eike: Die Fusionskontrolle nach dem neuen Kartellgesetz, DB (1973).

Röthel, Anne: Normkonkretisierung im Privatrecht, 2004.

Röhl, Klaus F./Röhl, Hans Christian: Allgemeine Rechtslehre, 3. Auflage 2008. Zit.: Röhl/Röhl.

Rösler, Hannes: Rechtsvergleichung als Erkenntnisinstrument in Wissenschaft, Praxis und Ausbildung, JuS 1999, S. 1186. Zit. Rösler, JuS 1999.

Rüthers, Bernd/Fischer, Christian/Birk, Axel: Rechtstheorie, 6. Aufl., 2011.

Rüthers, Bernd: Methodenfragen als Verfassungsfragen? Rechtstheorie 40 (2009), S. 253.

Säcker, Franz Jürgen: Allgemeine Auslegungsgrundsätze zum Mitbestimmungsgesetz 1976, ZHR 148 (1984).

Säcker, Franz Jürgen: Die Konkretisierung vager Rechtssätze durch Rechtswissenschaft und Praxis: Rechtsquellentheoretische und methodologische Bemerkungen, ARSP 58 (1972).

Säcker, Franz Jürgen: Einleitung, Münchener Kommentar zum BGB, 5. Aufl. Säcker, Franz Jürgen: Chinesische Fusionskontrolle im Zeichen des Protektionismuss, WuW 2009, S. 603.

Säcker, Franz Jürgen: Das Kartellverbot und seine Umgehung, in: Kartellrecht in Theorie und Praxis, Festschrift für Cornelis Canenbley zum 70. S., 397 ff.

Säcker, Franz Jürgen: Chinesisches Aus für die Reederei-Allianz, WuW 2014, S. 1031

Säcker, Franz Jürgen (Hrsg.): Energierecht, Band 2, 3. Aufl., 2014. Zit.: Säcker/ Bearbeiter.

Sandrock, Otto: Sinn und Methode zivilistischer Rechtsvergleichung, 1966.

Sandrock, Otto: Die Einheit der Wirtschaftsordnung, 1971.

Satzky, Horst: Gemeinschaftsunternehmen und das Kartellverot des § 1 GWB, Dissertation, Kiel, 1989. Zit.: Satzky, GU und Kartellverbot.

Savigny, Fr. C. von: System des heutigen Römischen Rechts, Band 1 (1840, Neudruck 1981).

Schelsky, Helmut: Einsamkeit und Freiheit: Idee und Gestalt der deutschen Universität und ihrer Reformen, 2. Aufl., 1971.

Schmalz, Dieter: Methodenlehre für das juristische Studium, 4. Aufl., 1998. Zit.: Schmalz, Methodenlehre.

Schmidt, André/Voigt, Stefan: Die prozeduralen Aspekt der Fusionskontrolle: Die vergessene Seite der Reform, in Jahrbuch für Wirtschaftswissenschaften, Bd. 56., S. 164–184.

Schmidt, Karsten: Gemeinschaftsunternehmen im Recht der Wettbewerbsbeschränkungen, AG 1987, S. 333 ff. Zit.: Schmidt, AG 1987.

Schmidt, Karsten: Gemeinschaftsunternehmen, Wettbewerbsverbote und Immanenztheorie– Zwei Lehrstücke zwischen Gesellschafts- und Kartellrecht: „Nord-KS/Xella“ (2008) und „Gratiszeitung Hallo“ (2009), in: FS für Franz Jürgen Säcker zum 70. Geburtstag: Zit.: Schmidt, FS Säcker.

Schulte, Josef L.: Änderung der Fusionskontrolle durch die 6. GWB-Novelle, AG 7/1998.

Schulte, Josef L./Just, Christoph (Hrsg.): Kartellrecht: GWB, Kartellvergaberecht, EU-Kartellrecht, Kommentar, 2012. Zit.: Schulte/Just/Bearbeiter.

Schulte, Josef L. (Hrsg.): Handbuch Fusionskontrolle, 2. Aufl., 2013. Zit.: Schulte/Bearbeiter.

Schulte, Josef L. (Hrsg.): Handbuch Fusionskontrolle, 2. Aufl., 2010. Zit.: Schulte/Bearbeiter.

Schulte, Josef L. (Hrsg.): Handbuch Fusionskontrolle, 2. Aufl. Zit.: Schulte/Peter.

Schmidt, Martin: Konkretisierung von Generalklauseln im europäischen Privatrecht, 2009. Zit.: Schmidt, Konkretisierung von Generalklauseln.

Seliger, Bernhard: Ein unabhängiges Kartellamt für Europa –ordnungs- und wettbewerbspolitische Aspekte, WuW 11/1997. Zit.: Seliger, WuW 11/1997.

Shyr-Hau, Shyr: Die Konzentrationsbekämpfung durch Fusionskontrolle im Rundfunkbereich, 1996.

Sonnenschein, Jürgen: Anzeigepflicht und Kontrolle des weiteren Zusammenschlusses einer Unternehmensverbindung, ZGR 1/1977, 35ff.

Spangler, Simon: Zusammenschluss durch die Lizenzierung von Immaterialgüterrechten: Die Verwirklichung der Zusammenschlusstatbestände der europäischen, deutschen und US-amerikanischen Fusionskontrolle durch die Lizenzierung von Immaterialgüterrechten, 2010.

Staudenmayer, Dirk: Der Zusammenschlussbegriff in Artikel 3 der EG- Fusionskontrolle VO, 2002. Zit.: Staudenmayer, Zusammenschlussbegriff.

Steindorff, Ernst: Politik des Gesetzes als Auslegungsmaßstab in Wirtschaftsrecht, in: Paulus/Diederichsen/Canaris: FS für Karl Larenz zum 70. Geburtstag, Zit.: Steindorff, FS Larenz.

Steindorf, Ernst: Zur Novellierung des Kartellrechts, BB 1970, S. 824 ff.

Steindorff, Ernst: Wettbewerbliche Einheit und kartellrechtliche Vermutungen, 1982.

Steindorff, Ernst: Wettbewerb durch Gemeinschaftsunternehmen, Beilage Nr. 1 zu BB 1988. Zit.: Steindorff, Belage BB.

Stockenhuber, Peter: Die Europäische Fusionskontrolle: Das materielle Recht, 1995. Zit.: Stockenhuber, Fusionskontrolle.

Stockenhuber, Peter: Europäisches Kartellrecht, 1999.

Stockmann, Kurt: Das Bundeskartellamt im 51. Jahr, ZWeR 2/2008.

Schröer, Hennig, in: Frankfurter Kommentar zum Kartellrecht, Art. 3 FKVO. Zit.: Schröer, Art. 3 FKVO.

Schröter, Helmuth/Jakob, Thinam/Mederer, Wolfgang: Kommentar zum Europäischen Wettbewerbsrecht, 1. Aufl., 2003. Zit.: Schröter/Jakob/Mederer/Bearbeiter.

Stephan, Klaus-Dieter: Die Anwendung des Zusammenschlussbegriffs auf Personalgesellschaften, 1989. Zit.: Stephan, Anwendung des Zusammenschlussbegriffs.

Tessin, Claus/Röhling, Peter J.: Die Beurteilung von Optionen nach deutschem und europäischem Kartellrecht, in: Festschrift für Karlheinz Quack zum 65. Geburtstag am 3. Januar 1991, S. 681 ff. Zit.: Tessin/Röhling, FS Quack.

Ulmer, Peter: Überlegungen zur wirtschaftlichen Betrachtungsweise im Kartellrecht, WuW 1971.

Ulmer, Peter: Gemeinschaftsunternehmen im EG-Kartellrecht, WuW 1979, S. 433 ff. Zit.: Ulmer, WuW 1979.

Ulshöfer, Mattias: Kontrollerwerb in der Fusionskontrolle, 2003. Zit.: Ulshöfer, Kontrollerwerb.

Vasbender, Iris: Das europäische Konzept der Nebenabreden im europäischen und deutschen Kartellrecht, 2006. Zit.: Vasbender, Das europäische Konzept der Nebenabreden.

Veelken, Winfried/Karl, Matthias/Stefan, Richter u.a. (Hrsg.): Die europäische Fusionskontrolle: Grundzüge und Einzelfragen zur Verordnung (EWG) Nr. 4064/89.

Voigt, Stefan: Mehr Rechtssicherheit in der Europäischen Fusionskontrolle? WuW 9/2003, S. 879–906.

Weber, Max: Wissenschaft als Beruf, 11. Aufl., 2011.

Weber, Ralph: Einige Gedanken zur Konkretisierung von Generalklauseln durch Fallgruppen, AcP 192. Zit.: Weber, AcP 192.

Wenz, Alexander: Der Begriff der Kontrolle im europäischen und deutschen Fusionskontrollrecht, 2007. Zit.: Wenz, Der Begriff der Kontrolle.

Westermann, Kathrin: Die Einwirkungen der europäischen auf die deutsche Fusionskontrolle, 1996.

Williams, Mark: Competition Policy and law in China, Hong Kong and Taiwan, 2005.

Wiedemann: Kartellrecht, 2. Aufl., 2008. Zit.: Wiedermann/Bearbeiter.

Wolff, Jürgen: Wettbewerbsbeschränkende Wirkungen der Gründung gemeinsamer Produktionsunternehmen und ihre Beurteilung nach den §§ 1, 23 GWB, BB 1996, S. 920 ff.

Xiaofei, Mao/Glass, Tobias: Das chinesische Antimonopolgesetz im Lichte des deutschen Kartellrechts, ZWeR 2008, S. 88 ff.

Xiaofei Mao: Eine neue Epoche für die private Durchsetzung des Kartellrechts in China? ZWeR 3/2012, S. 349 ff.

Xiaoye, Wang: Monopole und Wettbewerb in der chinesischen Wirtschaft: eine kartellrechtliche Untersuchung unter Berücksichtigung der US-amerikanischen und deutschen Erfahrungen bei der Fusionskontrolle, Dissertation, 1993.

Yiliang, Dong: Zusammenschaltung in der Telekommunikationsregulierung der VR China, 2009. Zit.: Yiliang, Dong, Zusammenschaltung.

Yiying, Yang: Analyse der Verwaltungsmethode bezüglich der Umwandlung von Forderungen in Anteilsrechte an Gesellschaften, in: ZChinR 2/2012, 114–119.

Yongliu, Zheng: Das Wirtschaftsrecht Chinas, 1997.

Yeong-Chin Su: Wettbewerbsrecht als ein neues Element in Taiwans Rechtssystem und Wirtschaftsleben, in: Großm Bernhard/Sack, Rolf/M.J.Möllers, Tomas/Drexl, Josef/Heinemann, Anderas (Hrsg.), FS Wolfang Fikentscher zum 70. Geburtstag.

Yuan, Jia: Gemeinschaftsunternehmen im europäischen, amerikanischen und chinesischen Kartellrecht, Dissertation, 2011.

Yue, Wu: Rechtsfragen der Unternehmensgruppen und transnationalen Gesellschaften in China: Eine Untersuchung im Lichte des deutschen Konzernrechts, 2003. Zit.: Yue, Wu: Rechtsfragen der Unternehmensgruppen China.

Zhuo-Ning Su: Der Aufbau der Gerichsbarkeit in Taiwan, VRÜ 45 (2012).

Zigelski, Sabine: Der wettbewerblich erhebliche Einfluss wird 20, WuW 12/2009, S. 1261–1270.

Zinser, Rebecka: Die chinesische Sachenrechtsordnung, 2/2013 Jura.

Zweigert, Konrad/Kötz, Hein: Einführung in die Rechtsvergleichung auf dem Gebiete des Privatrechts, 3. Aufl. Zit.: Zweigert/Kötz, Rechtsvergleichung.

## II. Literaturliste in chinesischer Sprache

Abteilung für Abkommen und Vorschriften des MOFCOM (商务部条法司编), Shang Ming (Hrsg.): Gesetzesauslegung und Anwendung zum AMG. (《中华人民共和国反垄断法》理解与适用), Law Press, (法律出版社), 2007. Zit.: Shang Ming, Kommentar zum AMG.

Bai Huilin（白慧林）: Das Rechtsproblem des Kontrollrechts der Holdinggesellschaft (控股公司控制权法律问题研究), Peking Uni- Verlag (北京大学出版社), 2010.

Chen Wensheng/Fengjin, Chen (陳文生/陳丰津): Regelungsmodelle zum Gemeinschaftsunternehmen (合資公司之規範模式), Journal of National Kaohsiung University of Applied Sciences (高雄應用科技大學學報), Vol. 35 (2006).

Chen Guoqi (陈国奇): Geschäftsübertragung als Aufgreifkriterium des AMG (作为反垄断法规制对象的营业转让), in: Rechtswissenschaft im Norden (《北方法学》), 6/2008.

Chen YingQin (陳櫻琴): Auslegungsmethoden des Wirtschaftsrechts am Beispielfall des FHG (論經濟法之法律解釋方法—以公平交易法為例): Finanz- und Wirtschafts-, Rechtswissenschaft in Zhongyuan (中原財經法學), 3/1997, S. 231–246. Zit.: ChenYingQin, Auslegungsmethoden des Wirtschaftsrechts.

Deng Feng (邓峰): Allgemeines des Gesellschaftsrechts (普通公司法), Verlag der Volksuniversität (中国人民大学出版社), 2009.

Ding Maozong/Lin Zhong (丁茂中/林忠): Theorie und Rechtspraxis zur Zusammenschlusskontrolle (经营者集中控制制度的理论与实务), Fudan-Universität-Verlag, (复旦大学出版社), 2013.

Fang Liwei (方立维): An Study on Rules of FIE(s) Acquiring China Listed Companies under the Mainland China Anti-Monopoly Law Yuedan-Zivil- und Handelsrecht (外资企业兼并收购中国大陆上市公司的反垄断法规 则), Yuedan-Zivil-und Handelsrecht (月旦民商法杂志), 8/2008.

Feng Guo (冯果): Gesetzesauslegungslehre und überkommene Rechtsmethoden: die zukünftig überwiegenden Forschungsmethoden des Wirtschaftsrechts, (法 解释学等传统法学方法：未来中国经济学的主流研究方法), Zeitschrift für Chongqing-Universität im Bereich der Sozialwissenschaft (重庆大学学 报社会科学版), 5/2008, S. 130 ff. Zit.: Feng Guo, Gesetzauslegungslehre.

Guo Feng (郭锋): Abhandlung zum Unternehmenseigentum in der AktG, (股份制企业所有权问题的探讨), in: Rechtswissenschaft Chinas, (《中国法学》), 3/1988.

Hsu, Huoo-ming (吴秀明): Ursprünge und Entwicklung des Wettbewerbsrechts (竞争法制之发轫与展开), Yuanzhao-Verlag (元照出版公司), 2004.

Hsu, Huoo-ming (吴秀明): Eröffnungsansprache zur Sitzung über „Rückblick und FTC: Zukunft der zwanzigjährigen Durchsetzung des FHG (公平交易法施行二十週年回顧與前瞻), Verlag der FTC (公平交易委员会出版社), 2013.

Hu Jian (胡健): Legislative Auslegung zur Fusionskontrolle des AMG (反垄断法中“经营者集中”的立法解读), in: Shi Jiansan (史建三), Berichte des zum Recht des Merger & Acquisition in China im Jahr 2008 (中国并购法

报告：2008年), Law Press (法律出版社), 2009. Zit.：Hu Jian, Legislative Auslegung.

Hu Kangsheng (胡康生): Kommentar zum SRG der VR China (中华人民共和国物权法释义), Law Press (法律出版社), Aufl. 1., 2007. Zit.: Hu Kangsheng, Kommentar zum SRG.

Jiao Haitao (焦海涛): Abgrenzungskriterium des Unternehmensbegriff i.S.v. AMG (论《 反垄断法》中经营者的认定标准), Rechtswissenschaft Ost (东方法学), 5/2008. Zit.: Jiao Haitao, Unternehmensbegriff.

Huang Mao-zong (黄茂荣), Methode der Rechtswissenschaft und das moderne Zivilrecht (法学方法与现代民法), Verlag der China-Universität für Politik-und Rechtwissenschaft (中国政法大学出版社), 2003.

Huang-Maozong (黄茂荣): Zusammenschluss zwischen Produzenten und Abnehmern nach FHG (公平交易法中廠商之結合行為), 1993.

Jin Fengliang (金枫梁): Verfassungskontrolle zu § 26 III Gesetz über das Recht zur Bewirtschaftung übernommenen Landes (《农村土地承包法》第26条第2 款的合宪性控制), Privatrechtsforschung (私法研究), 2013.

Lai Heyuan (賴源河): Feststellung der fusionskontrollpflichtigen Anwendungsschwelle, (事業結合申請許可門檻之判定), Yuedan-Jurazeitschrift (月旦法學雜誌), 27/2000.

Li Shuguang (李曙光): Grammatische Auslegung des Wirtschaftsrechts und Forschungsschwerpunkt der Theorie (经济法词义解释与理论研究的重心), Tribune of Political Science and Law (《政法论坛》), 6/2005, S. 3–16. Zit.: Li Shuguang, Grammatische Auslegung des Wirtschaftsrechts, 2005(6).

Liang Huixing, Wang Liming (梁慧星/王利明), Probleme der Wirtschaftsrechtstheorie (经济法的理论问题), Verlag der China- Universität für Politik- und Rechtwissenschaft (中国政法大学出版社), 1986.

Liang Huixing/Chen Huabing (梁慧星/陈华 彬): Sachenrechtsgesetz (物权法), Law Press. (法律出版社), 4. Aufl., 2007.

Liu Kung-Zhong (刘孔中): Lehrbuch zum FHG (《公平交易法》), YuanZhao-Verlagesgesellschaft (元照出版公司), 2003.

Liu Lianyu (刘连煜): Theorie des Gesellschaftsgesetzes und Forschung der Rechtsprechung (3), (公司法理论与判决研究三), YuanZhao- Verlagesgesellschaft (元照出版公司), 2002.

Liu, Shuilin (刘水林): Eine ganzheitliche Auslegung zur Grundkategorie des Wirtschaftsrechts (经济法基本范畴的整体主义解 释), Xiamen-Uni-Verlag (厦 门大学出版社), 1. Aufl., 2006.

SAIC/CASS (国家工商行政管理 总局公平交易局/中国社会科学院): Selected Antimonopoly Cases and Investigation and Analysis on the Chinese Administrative Antimonopoly Enforcement, (《反垄断典型案例及中国反垄

断执法调查》)， Literaturverlag für Sozialwissenschaft, (社会科学文献出版 社)， 2007.

Shang Ming/Kong Ling/Ye Jun (尚明/孔玲/叶军): Erläuterung der an dem Zusammenschluss beteiligten Unternehmen: Darstellung zur Bestimmung der beteiligten Unternehmen (界定参与集中的经营者浅析), Rechtsanwendung (《法律适用》), 4/2012, S. 39 ff.

Shang Ming (尚明): Einschätzung zum Antimonopolrecht und Entfaltung zur Fusionskotrolle (正确识反垄断法依法开展经营者集中审查) in: Kommission Chinas zu der Wettbewerbspolitik und – Rechts der WTO

Shang Ming (尚明): Gesetzgebung und Praxis zur Fusionskontrolle des AMG (经营者集中反垄断审查立法和执法实践) in: Kommission China der Wettbewerbspolitik und-rechts der WTO (中国世界贸易组织研究会竞争政策与法律专业委员会) (Hrsg.), Report on competition law and policy of China 2011(中国竞争法律与政策研究报告2011年), Law Press (法律出版社), 2011.

Shao Jiandong/Fang Xiaomin/Wang Bing/Tangjin (邵建东/方小敏/王炳/唐晋): Wettbewerbsrechtswissenschaft (竞争法学), Verlag der Volksuniversität ( 中国人民大学出版社), Aufl. 1., 2009.

Shi Jianzhong (史建中): Kommentar und Theorie des AMG (反垄断法法典释评与学理探源), Verlag für Volksuniversität (中国人民大学出版社), 2008. Zit.: Shi Jianzhong, Komentar zum AMG.

Shi Jichun, Verständnis und Anwendung des AMG (反垄断法理解与适用), China Legal Publishing House (中国法制出版社)， 2007. Zit.: Shiji Chun, Anwendung des AMG.

Shi Tiantao (施天涛): Gesellschaftsrecht (公司法), Law Press (法律出版社), 2. Aufl., 2006.

Su Yeong-Chin (苏永钦): Sozialer Hintergrund der Verfassungskontrolle (合宪性控制的社会背景), in: ders., Theorie und Praxis der Verfassungskontrolle (合宪性控制的理论与实务), Yuandan-Verlag AktG (月旦出版社股份有限公司), 1994.

Wang Ducun (汪渡村): Lehrbuch zum FHG (公平交易法)， Wutunan- Verlagsgesellschaft, 2007.

Wang Liming (王利明): Doppelte Struktur des Unternehmenseigentums in der AktG： Eine Auseinandersetzung mit Herrn Guo-Feng (论股份制企业所有权的二重结构与郭锋同志商榷)， Rechtwissenschaft Chinas (《中国法学》), 1/1989.

Wang Tez-chien (王泽鉴): Grundriss des Zivilrechts (民法概要), Verlag der China- Universität für Politik- und Rechtwissenschaft (中国政法大学出版社), 2003.

Wang Xianlin (王先林): Wettbewerbsrechtswissenschaft (《竞争法学》), Verlag der Volksuniversität (中国人民大学出版社), 2009.

Wang Xianlin（王先林）: Gleichheitssatz bei der Anwendung des AMG (论中国反垄断法的平等适用), Forschung für Rechtsstaat (法治研究), 2007(5).

Wang Xiaoye (王晓晔), Anmerkung zur Zusammenschlusskontrolle Chinas (中国反垄断法"经营者集中"的评析), in: dies., (王晓晔), (Hrsg.), Der Brennpunkt der AMG-Gesetzgebung (《反垄断立法热点问题研究》), S. 95–112, Verlag der Literatur der Sozialwissenschaft (社会科学出版社), S. 95–112, 2007.

Wang Xiaoye (王晓晔): Zusammenschlusskontrolle nach dem AMG：Auslegung zum AMG (5) (《反垄断法》的经营者集中控制制度:《反垄断法》解释之五), Business China (中国商业), 2008/3, 18 ff.

Wang Xiaoye (王晓晔): Dreijährigen Durchsetzung des AMG und Rechtsstaat (中国反垄断法执法三年和依法治国), in: Chinesische Kommission der Wettbewerbspolitik und des Rechts der WTO (中国世贸组织研究会竞争政策与法律专业委员会) (Hrsg.): Report on competition law and policy of China (中国竞争法律与政策研究报告), 2010.

Wang Xiaoye (王晓晔): Lehrbuch zum Antimonopolgesetz (反垄断法), Law Press (法律出版社), 2011.

Wang Zhicheng (王志诚): Unternehmensumwandlungsgesetz Taiwans (企業組織再造法制), YuanZhao- Verlagesgesellschaft (元照出版公司), 2005.

Wen, Shiyang (温世扬): Grundzüge zum Sachenrechtsgesetz (物权法要义), Law Press (法律出版社), 2007.

WRB-SANV ( 全国人大常委会法制工作委员会经济法室) (Hrsg.): Die Erklärung der Gesetzesnormen, Gesetzgebungsbegründung des zum AMG und anderen betroffenen Bestimmungen, (反垄断法的条文说明、立法理由及相关 规定), Verlag der Peking Universität（北京大学出版), 2007.

Wu Guosheng (吴国盛): Merger &Aquisition und Antimonopolprüfung (企业并购与反垄断审查), in: Shi Jiansan (史建三) (Hrsg.), Bericht über Recht des Merger &Aquisition China im Jahr 2009 (中国并购法报告2009), 2009.

Wu Yue (吴越): Realistische Stellung der Wirtschaftsrechtswissenschaft und deren Methoden (经济法学现实地位与思索方法之考察), Tribune of Political Science and Law (《政法论坛》), 5/2006.

Xia Zhengnong (夏征农)(Hrsg.): Meer der Wörter (辞海)(Bd. 1), Shanghai-Lektionsverlag (上海辞书出版社), 1999.

Xiang Jing (相靖): Antimonopolproblem in den Franchiseverträgen (特许经营中的反垄断法问题), Journal of Southwest University (Social Sciences Edition), 1/2011.

Ye Jun/Bao Zhi (叶军/鲍治): An Anatomy of Merger and Acquisitions of Domestic Enterprises by Foreign Investors—From Legal perspective (外资并购境内企业的法律分析), Law Press (法律出版社), 2. Aufl., 2008.

Yue Caisheng (岳彩申): Szientismus und Argumentation: Angelpunkt der Wirtschaftsrechtsentwicklung (科学的方法与论证:经济法学发展的关键), Sozialwissenschaft ( 《社会科学》 ), 7/2007.

Zhan Hao (詹昊): Praxis des Unternehmenskaufs nach dem AMG ( 《<反垄断法>下的企业并购实务》 ), Law Press (法律出版社), 2008. Zit.: Zhan Hao, Unternehmenskauf AMG.

Zhan Hao/Jiao Haitao (詹昊/焦海涛): AMG und Anmerkung zu chinesischen und ausländischen Fällen (反垄断法与中外案例评 析), Verlag der Peking Universität (北京大学出版社), 2008. Zit.: Zhan Hao/Jiao Haitao, AMG und Anmerkung.

Zhang Gu (张谷): Zweifel am Neuhumanismus: Eine Anmerkung zum Aufsatz „Zwei Entwurfsdenken zwischen Neuhumanismus und Materialismus" von Xu Guodong (质疑新人文主义—评徐国栋《两种民法典起草思路：新人文主义对物文主义》), in Xu Guodong, Auseinandersetzungen zum Entwurf des chinesischen BGB (中国民法典起草思路论战), Verlag der Universität Chinas für Politik-und Rechtswissenschaft (中国政法大学出版社), 2001. Zit.: Zhang Gu: Zweifel an dem Neuhumanismus.

Zhang Shouwen (张守文): Probleme der Wirtschaftsrechtsmethoden (经济法学方法论问题刍议), Universitätszeitschrift der Peking Universität, (Philologische und Sozialistische Wissenschaft), (北京大学学学报哲学社会科学版, 2004(4), S. 70–80.

## III. Internetquellen

Cui Zhicheng, Anmeldung, Annahme und Beratung der Zusammenschlusskontrolle, 崔志成, 经营者集中的申报、立案和商谈http://www.euchinacomp.org/attachments/article/101/PPT%208%20-Cui%20Zhicheng-CN.pdf.

商务部召开"2012年反垄断工作进展"新闻发布会http://www.gov.cn/gzdt/2012-12/30/content_2302199.htm.

ECFA: http://www.wantchinatimes.com/UploadFiles/ECFA.pdf.

Competition Ordinance http://www.legislation.gov.hk/blis_pdf.nsf/6799165D2FEE3FA94825755E0033E532/F2091B1D7DE087EC48257A240054AA88/$FILE/CAP_619_e_b5.pdf.

Sun Miao, Regelung und Praxis der Antimonopolprüfung der Zusammenschlusskontrolle, 孙淼, 经营者集中反垄断审查制度与实务 http://www.euchinacomp.org/attachments/article/100/PPT%207%20Sunmiao-CN.pdf.

Zhang Hao, Die Gründung einer Strategischen Allianz zwischen Master und Pesi. 张昊,康师傅牵手百事中国 建立在华战略联盟. 经济观察网, http://www.eeo.com.cn/2011/1104/215003.shtml.

http://www.bundeskartellamt.de/wDeutsch/bundeskartellamt/Organisation/Organisation.php.

Überblick der FTC: http://www.ftc.gov.tw/internet/english/doc/docDetail.aspx?uid=198&docid=12193公平交易委员会概况.

Über das Institut: http://enreg.eu/ueber-das-institut/AMG der VR China: http://lehrstuhl.jura.uni-goettingen.de/chinarecht/070830.htm.

Kommissar Monti eröffnet den wettbewerbspolitischen Dialog mit China, Reference: IP/03/1587, Event Date: 24/11/2003, http://europa.eu/rapid/press-release_IP-03-1587_de.htm.

湾流航空公司在首都机场开设公务机服务中心, http://news.carnoc.com/list/214/214098.html.

Eine informelle englische Übersetzung: http://www.jonesday.com/files/upload/11-22-11_Alert_Attachment2.pdf.

http://www.ftc.gov.tw/internet/english/doc/docDetail.aspx?uid=655&docid=12106.

Wettbewerbspolitik in der Europäischen Union, Abrufbar: http://ec.europa.eu/dgs/competition/factsheet_general_de.pdf.

http://www.bundeskartellamt.de/wDeutsch/bundeskartellamt/Organisation/Organisation.php.

案件数量攀升我国成为经营者集中反垄断审查重要司法辖区 http://german.mofcom.gov.cn/column/struktur2011.shtml.

Western Digital/Hitachi: http://www.jonesday.com/files/upload/03-09-12%20Alert%20Attachment.pdf.

国务院关于经营者集中申报标准的规定（英文译本）http://fldj.mofcom.gov.cn/article/c/200903/20090306071501.shtml.

http://www.herbertsmithfreehills.com/-/media/HS/TSIL2902125.pdf.

Manfred Wolf, Entwurf des SRG Chinas unter rechtsvergleichenden Aspekten, http://www.civillaw.com.cn/article/default.asp?id=24531,从比较法的角度审视中国物权法草案—"民商法前沿"系列讲座现场实录第230期.

Joaquín Almunia, EU merger control has come of age, http://europa.eu/rapid/press-release_SPEECH-11-166_en.htm?locale=en.

http://www.mofcom.gov.cn/article/zt_jzzcflnh/lanmutwo/201301/20130100003607.shtml, Henkel/Tiande商务部公告2012年第6号关于附加限制性条件批准汉高香港与天的化工组建合营企业经营者集中反垄断审查决定的公告.

Freigaben-Auflistung Nr. 52. (三元集团收购三鹿集团部分破产财产).

**Veröffentlichungen des Instituts für deutsches und europäisches Wirtschafts-, Wettbewerbs- und Regulierungsrecht der Freien Universität Berlin**

Herausgegeben von Franz Jürgen Säcker

Band 1 Franz Jürgen Säcker (Hrsg.): Deutsch-russisches Energie- und Bergrecht im Vergleich. Ergebnisse einer Arbeitstagung vom 31. März / 1. April 2006. 2007.

Band 2 Franz Jürgen Säcker / Walther Busse von Colbe (Hrsg.): Wettbewerbsfördernde Anreizregulierung. Zum Anreizregulierungsbericht der Bundesnetzagentur vom 30. Juni 2006. 2007.

Band 3 Dirk Zschenderlein: Die Gleichbehandlung der Aktionäre bei der Auskunftserteilung in der Aktiengesellschaft. Zum Problem der Zulässigkeit der Weitergabe von Informationen an einzelne Aktionäre und Dritte. 2007.

Band 4 Simone Kirchhain: Die Anwendung der Vertikal-GVO auf innerstaatliche Wettbewerbsbeschränkungen nach der 7. GWB-Novelle. 2007.

Band 5 Franz Jürgen Säcker: Der Independent System Operator. Ein neues institutionelles Design für Netzbetreiber? 2007.

Band 6 Stefanie Otto: Allgemeininteressen im neuen UWG. § 1 S. 2 UWG und die wettbewerbsfunktionale Auslegung. 2007.

Band 7 Jochen Eichler: Vertragliche Dritthaftung. Eine Auseinandersetzung mit der Frage der Dritthaftung von sogenannten Experten und anderen Auskunftspersonen im Rahmen des § 311 Abs. 3 BGB. 2007.

Band 8 Markela Stamati: Die Anforderungen der operationellen Entflechtung nach den Beschleunigungsrichtlinien der Europäischen Kommission. Umsetzung in Deutschland und Griechenland. 2008.

Band 9 Franz Jürgen Säcker: The Concept of the Relevant Product Market. Between Demand-Side Substitutability and Supply-Side -Substitutability in Competition Law. 2008.

Band 10 Renate Rabensdorf: Die Durchgriffshaftung im deutschen und russischen Recht der Kapitalgesellschaften. Eine rechtsvergleichende Untersuchung. 2009.

Band 11 Franz Jürgen Säcker: Der beschleunigte Ausbau der Höchstspannungsnetze als Rechtsproblem. Erläutert am Beispiel der 380-kV-Höchstspannungsleitung Lauchstädt – Redwitz – Grafenrheinfeld mit Querung des Rennsteigs im Naturpark Thüringer Wald. 2009.

Band 12 Helen Mahne: Eigentum an Versorgungsleitungen. 2009.

Band 13 Franz Jürgen Säcker (Hrsg.): Russisches Energierecht - Gesetzessammlung. 2009.

Band 14 Franz Jürgen Säcker / Maik Wolf: Integrierte Energieversorgung in geschlossenen Verteilernetzen. Zum Gestaltungsspielraum des Gesetzgebers zur Neuregelung des § 110 EnWG im Lichte des Dritten EG-Energiepakets. 2009.

Band 15 Franz Jürgen Säcker (Hrsg.): Das Dritte Energiepaket für den Gasbereich. Deutsch-Englische Textausgabe mit einer Einführung. 2009.

Band 16 Franz Jürgen Säcker (Hrsg.): Das Dritte Energiepaket für den Elektrizitätsbereich. Deutsch-Englische Textausgabe mit einer Einführung. 2009.

Band 17 Thomas Dörmer: Die Unternehmenspacht. Rechtsstellung der Vertragsparteien unter besonderer Berücksichtigung der Pflicht des Unternehmenspächters zur ordnungsgemäßen Unternehmensführung sowie der Rechtslage bei Vertragsbeendigung. 2010.

Band 18 Klaas Bosch: Die Kontrolldichte der gerichtlichen Überprüfung von Marktregulierungsentscheidungen der Bundesnetzagentur nach dem Telekommunikationsgesetz. 2010.

Band 19 Geng-Sook Leem: Einheitliche Corporate Governance-Grundsätze für die Europäische Aktiengesellschaft (SE). Eine rechtsvergleichende Untersuchung anhand der Ausgestaltung der SE im deutschen und britischen Recht. 2010.

Band 20 Wiebke Gebhardt: Gentechnik und Koexistenz nach der Gesetzesnovelle von 2008: Zivilrechtliche Haftung im Vergleich Deutschland und USA. 2010.

Band 21 Cathrin Isenberg: Die Geruchsmarke als Gemeinschaftsmarke. Schutzfähigkeit und Einsatzmöglichkeiten. 2010.

Band 22 Franz Jürgen Säcker / Jochen Mohr / Maik Wolf: Konzessionsverträge im System des europäischen und deutschen Wettbewerbsrechts. 2011.

Band 23 Judith Antonia Loeck: Die unzumutbare Belästigung nach der UWG Novelle 2008 und dem Gesetz zur Bekämpfung unerlaubter Telefonwerbung und zur Verbesserung des Verbraucherschutzes bei besonderen Betriebsformen. 2011.

Band 24 Jörg Jaecks: Konzernverrechnungsklauseln und verwandte einseitige Verrechnungsbefugnisse im Mehrpersonenverhältnis. 2011.

Band 25 Franz Jürgen Säcker: Marktabgrenzung, Marktbeherrschung, Markttransparenz und Machtmissbrauch auf den Großhandelsmärkten für Elektrizität. 2011.

Band 26 Susanne Wende: Die einheitliche Auslegung von Beihilfen- und Vergaberecht als Teilgebiete des europäischen Wettbewerbsrechts. 2011.

Band 27 Leonie Kempel: Die Anwendung von Art. 102 AEUV auf geistiges Eigentum und Sacheigentum. Die Voraussetzungen des Kontrahierungszwangs nach Art. 102 AEUV und der Essential-Facility-Doktrin unter besonderer Berücksichtigung der Unterschiede zwischen geistigem Eigentum und Sacheigentum. 2011.

Band 28 Christoph Schuldt: Werbejingles – schützenswerte Kompositionen!? Die urheberrechtliche und markenrechtliche Schutzfähigkeit von Werbejingles vor unbefugter Nachahmung. 2012.

Band 29 Lydia Scholz: Die Rechtfertigung von diskriminierenden umweltpolitischen Steuerungsinstrumenten. Eine Untersuchung der Reichweite der Warenverkehrsfreiheit und ihrer Begrenzung durch den Umweltschutz als Vertragsziel am Beispiel der deutschen Energiefördergesetze EEG und KWKModG. 2012.

Band 30 Franz Jürgen Säcker: Investitionen in Kraftwerke zur Sicherung einer zuverlässigen Elektrizitätsversorgung nach der Energiewende. Rechtliche und ökonomische Rahmenbedingungen. 2012.

Band 31 Florian Leib: Kartellrechtliche Durchsetzungsstrategien in der Europäischen Union, den USA und Deutschland. Eine rechtsvergleichende Darstellung. 2012.

Band 32 Holger Hoch: Marktverschlusseffekte und Effizienzen vertikaler Zusammenschlüsse. Kartellrechtliche Beurteilung nach europäischem und deutschem Recht. 2012.

Band 33 Sebastian Kemper: Gasnetzzugang in Deutschland und in Spanien. 2012.

Band 34 Elena Timofeeva: Unbundling in der russischen Elektrizitätswirtschaft im Vergleich zum deutschen und europäischen Energierecht. 2012.

Band 35 Gisela Drozella / Harald Krebs: Marktbeherrschung im Bereich Stromerzeugung / Stromgroßhandel. Eine kritische Analyse der neueren Sicht des Bundeskartellamts. 2013.

Band 36 Christian Rehm: Die Einzel- und Gesamtverantwortung der Vorstandsmitglieder der Aktiengesellschaft. Die Verantwortung für die Leitung und Geschäftsführung im mehrköpfigen Vorstand in der unabhängigen und der herrschenden AG. 2013.

Band 37 Ann-Christin Richter: Mengen- und umsatzbezogene Rabatte marktbeherrschender Unternehmen in den Grenzen des Art. 102 AEUV. 2013.

Band 38 Nikolaos Pitsos: Die erhebliche Behinderung des wirksamen Wettbewerbs (SIEC-Test) im Fusionskontrollrecht. Zugleich ein Beitrag zur Problematik der oligopolistischen Marktbeherrschung unter Vergleich mit dem amerikanischen SLC-Test. 2013.

Band 39 Mirko Heinemann: Das Markenzeichen als Anknüpfungspunkt des Markenimages. 2013.

Band 40 Sylvia Lorenz: Der Immaterialgüterschutz virtueller Ladengeschäfte. Ein Vorschlag für die rechtliche Erfassung virtueller Güter. 2014.

Band 41 Anke Reimers: Wettbewerbsrechtliche und regulatorische Analyse der Kapazitätenvergabe an Grenzkuppelstellen im Elektrizitätsbinnenmarkt. 2014.

Band 42 Franz Jürgen Säcker / Carsten König / Lydia Scholz: Der regulierungsrechtliche Rahmen für ein Offshore-Stromnetz in der Nordsee. 2014.

Band 43 David Preisendanz: Der Humor in der vergleichenden Werbung. 2014.

Band 44 Martin Gerig: Vollendung des EU-Energiebinnenmarktes vs. nationale Marktabschottungen. Europarechtskonformität mitgliedstaatlicher Fördermaßnahmen und Kapazitätsmärkte am Beispiel Deutschlands. 2014.

Band 45 Jan Patrick Ehinger: Dritthaftung für Kunstexpertisen und Aufnahmebestätigungen in den Catalogue raisonné. Ein Beitrag zur Expertenhaftung. 2014.

Band 46 Julia Gerzen: Das Recht der Gesellschafter-Fremdkapitalfinanzierung. Rechtsvergleichende Analyse der Behandlung von Gesellschafterdarlehen vor und in der Insolvenz der GmbH nach deutschem und russischem Recht. 2014.

Band 47 Laura Börger: Die gerichtliche Kontrolldichte bei der Überprüfung von Entscheidungen der Europäischen Kommission auf dem Gebiet der Fusionskontrolle. 2014.

**Veröffentlichungen des Instituts für Energie- und Regulierungsrecht Berlin**

Band 48 Daniel Simon Travers: Kopplungsangebote. Eine Studie zum Vertrags- und Lauterkeitsrecht. 2015.

Band 49 Anna Olbryś-Sobieszuk: EU-rechtliche Schranken der Glücksspielwerbung in Deutschland, Großbritannien und Polen. 2015.

Band 50 Franz Jürgen Säcker/Lydia Scholz/Thea Snøfrid Bygjordet Sveen: Renewable Law in Europe – Challenges and Perspectives. 2015.

Band 51 Lina Berezgova: Festlegung von Stromnetzentgelten in Deutschland und Russland. Eine rechtsvergleichende Untersuchung der anreizbasierten Regulierungsvorgaben. 2015.

Band 52 Fengliang Jin: Aufgreifkriterien in der Fusionskontrolle. Eine rechtsvergleichende Untersuchung des europäischen (Art. 3 FKVO), deutschen (§ 37 GWB), taiwanesischen (§ 6 FHG) und festlandchinesischen (§ 20 AMG) Rechts. 2015.

www.ingramcontent.com/pod-product-compliance
Ingram Content Group UK Ltd.
Pitfield, Milton Keynes, MK11 3LW, UK
UKHW041825290926
8980IPUK00002B/75

9 783631 659182